江苏艺术基金资助项目　南通市文化广电和旅游局重点课题

李方膺研究

中国美术南通现象
课题研究编委会　编

江苏凤凰美术出版社

序

毛炜峰

　　南通地处大江之委海之端，自古人文荟萃，人杰地灵，南通美术近百年来大家辈出、经典迭现。濠河畔借水园中的李黄、李堂父子结"五山画社"雅集联吟、切磋书画，"扬州八怪"李方膺、"江北个道人"丁有煜与郑板桥、李鱓等书画交游、时誉显赫。20世纪初中国美术向现代转型之际，在张謇"实业救国""教育救国"探索实践中，近代南通根植中国现代文明土壤，走出了陈师曾、王个簃、高冠华等众多画坛名师耆宿，现当代赵无极、袁运甫、袁运生、范曾、沈行工、王冬龄、范扬、邬烈炎、周京新、刘伟东、冷冰川、管怀宾、徐累、王法等一大批活跃在美术界的领军人物，以及坚守本土的尤无曲、康平、沈启鹏、侯德剑等众多知名美术家，"中国美术南通现象"不断被美术界和社会各界感知和认证。

　　南通美术这一现象得到南通市委、市政府高度重视。2013年，国内知名美术理论家、南通籍著名美术家们经研讨正式提出"中国美术南通现象"命题，2014年，我市把这一命题作为重要文化项目，由南通市文化广电和旅游局（时文化广电和新闻出版局）作为重点课题立项。经过十年持续的研究与推广，"中国美术南通现象"这个概念化的命题终成为有理论专著、学术支撑的文化品牌。通过在北京、南京等省内外城市举办展览、传播推广，南通这一独特的地缘文化现象得到美术界和社会各界的关注和赞同，研究成果已编辑出版《中国美术南通现象研究文集》等系列丛书7部共计8本。"中国美术南通现象"课题研究获江苏艺术基金2016年度美术创作项目资助，《20世纪"中国美术南通现象"研究展》获国家艺术基金2019年度传播交流推广项目资助。

　　《李方膺研究》是入选2016年度江苏艺术基金首批资助的项目之一，研究成果已通过评审现正式出版。本书对"扬州八怪"之一的清代著名画家贤吏、南通人李方膺生平成就进行了系统梳理和研究，在对其书法、绘画全面研究的同时，还详细考证了李方膺的家世生平、诗文论著，以及后世评价。李方膺父亲李玉鋐官至福建按察使，是一位勤政爱民的廉吏，李方膺承袭家风、家学，在青年时代即立下鸿愿"奋志为官、努力作画"，先后在山东和安徽各地担任知县，为官十五年，一身正气，因不善逢迎多次遭诬陷弹劾，但始终不改为民担当的初心。其笔下的松、竹、梅、兰，正是他高洁品格的真实写照，"扬州八怪"之首郑板桥赞誉其画梅"为天下先"。时至今日，对李方膺研究成果颇丰，本书在前人基础和新挖掘史料基础上又有深化和拓展，更为全面地展示他清正为官、创新为艺的人生之路。

中华民族是一个有品格、有情操，有着"外师造化，中得心源"独特审美的民族，中国传统美术是值得研究的文化宝藏。期待"中国美术南通现象"课题研究可以将南通美术这块"富矿"挖好用活，厚植南通文化底蕴，引领"大家辈出、经典迭现"的中国美术南通现象绵延赓续，将特色文化资源转化为助推南通文旅高质量发展的"引擎"，续写江海文化繁荣发展的时代新篇章。

是为序。

作者系南通市文化广电和旅游局党组书记、局长

目 录

上篇　绪论

第一章　李方膺与扬州八怪

第一节　扬州八怪概述

一、名之由来

"扬州八怪"之说，由来已久。在扬州方言中，"八怪"形容人长得很丑，称为"丑八怪"，也有作"丑巴怪"的，是民间的俗称。"八"，有时并不表示确切的数字，如形容时间太长，称"八更八点"；形容人脑子有问题，称"八折"，这些词里的"八"都是约数，并且在不同的语境中所表达的意思也不同。由此可见，"八怪"并非单一确指八个人，而是这一类人的约称。至于"怪"，后人多牵强附会，认为这些人为人处世怪异，其实只是他们的画风有别于当时上层社会所欣赏的"四王"（王时敏、王鉴、王翚、王原祁）。所谓"扬州八怪"是指清康熙、雍正、乾隆三朝在扬州卖画的一批"怪"画家，他们的绘画风格与当时的正统画家有着明显的区别，其思想行为也表现出一些有别于时代社会习俗的举动。就绘画而言，"扬州八怪"不拘于前人陈规，追求个性，富于创新，抒发真实情感，令人耳目一新。所以当时在思想保守的人眼里，他们的画自然也就显得有些"怪"了。

二、形成原因

扬州自隋唐以来，即以经济繁荣而著称，虽历经兵祸战事破坏，但由于区位优势，地处水陆交通要冲，土地肥沃，物产丰富，战乱之后，总是很快又恢复繁荣。进入清代，虽惨遭十日屠城，但经康雍乾三朝发展，又呈繁荣景象，成为中国东南沿海一大都会和全国贸易中心。富商大贾，四方云集，尤其以盐业兴盛，富甲东南。经济的繁荣，也促进文化艺术的兴盛。各地文士名流，汇集扬州。在当地如周亮工、王士禛、卢见曾等文化官员的倡导下，经常举办诗文诵会。诗文创作，载誉全国。有些盐商，富可敌国，本身亦爱附庸风雅，对四方名士来扬州，多延揽接待。扬州因而吸引了全国各地的众多名士，其中有不少诗人、作家、艺术家。所以，当时的扬州，不仅是东南的经济中心，也是文化艺术的中心。

富商大贾为了满足自己奢侈生活的需要，大量消费精美的工艺品、珍宝珠玉和鲜衣美食，在书画方面更是着力搜求。流风所及，中产之家乃至平民中稍有富裕者，亦求书画悬之家中，以示风雅。民谚有"家中无字画，不是旧人家"之说。对字画的大量需求，吸引和产生了大量的画家。据《扬州画舫录》记载，本地画家及各地来扬州的画家，稍具名气者就有一百多人，其中不少是当时的名家，"扬州八怪"中不少画家就是其中声名显赫者。

以"扬州八怪"为代表的扬州画派的作品，无论是取材立意，还是构图用笔，都有鲜明的个性。这种艺术风格的形成，与当时画坛上的创新潮流和人们审美趣味的变化有着密切联系。中国绘画至明末清初保守思想的宠围，以临摹抄仿为主流，画坛缺乏生气。这一萎靡之风激起有识之士和英才画家的不满。在扬州便出现了力主创新的大画家石涛。石涛提出"笔墨当随时代""无法而法"的口号，宛如空谷足音，震动画坛。石涛的理论和实践开"扬州一派"。稍后，终于孕育出了"扬州八怪"等一批具有创新精神的画家群体。

三、所指何人

"扬州八怪"究竟指哪些画家，说法不尽一致。有人说是八个，有人说不止八个；有人说这八个，有人说另外八个。据各种著作记载，计有十五人之多，其中有六种说法：

六种说法	八怪姓名	出处
汪鋆说	李鱓、李葂等	《扬州画苑录》
凌霞说	郑燮、金农、高凤翰、李鱓、李方膺、黄慎、边寿民、扬法	《天隐堂集》
李玉棻说	罗聘、李方膺、李鱓、金农、黄慎、郑燮、高翔、汪士慎	《瓯钵罗室书画过目考》
葛嗣浵说	金农、郑燮、华喦等	《爱日吟庐书画补录》
陈衡恪说	金农、罗聘、郑燮、闵贞、李方膺、汪士慎、黄慎、李鱓	《中国绘画史》
黄质说	李方膺、汪士慎、高翔、边寿民、郑燮、李鱓、陈撰、罗聘	《古画微》

因清末李玉棻《瓯钵罗室书画过目考》是记载"八怪"较早而又最全的，所以一般人还是以李玉棻所提出的八人为准。即汪士慎、郑燮、高翔、金农、李鱓、黄慎、李方膺、罗聘。至于有其他人提到的其他画家，如阮元、华岩、闵贞、高凤翰、李葂、陈撰、边寿民、扬法等，因画风接近，也可并入。因"八"字可看作数词，也可看作约数。

四、怪在何处

"扬州八怪"究竟"怪"在哪里，说法不一，"怪味异趣"表现在诸多方面。

（一）曲折坎坷的身世

有些人认为他们为人怪异。从实际看，并不如此。八怪本身，经历坎坷，他们有着不平之气，有无限激愤，对贫民阶层深表同情。他们凭着知识分子敏锐的洞察力和善良的同情心，对丑恶的事与人，加以抨击，或著于诗文，或表诸书画。这类事在中国历史上虽不鲜见，但也不常见。人们以"怪"来看待，也就很自然了。但他们的日常行为，都没有超出当时礼数的范围，并没有晋代文人那样放纵，装痴作怪，哭笑无常。他们和官员名士交流，参加诗文酒会，表现都是一些正常的人。所以，从他们生活行为中来认定他们的"怪"是没有道理的。如果真要寻"怪"，可能就在他们的作品之中。

（二）独辟蹊径的立意

"八怪"（金农、汪士慎、黄慎、李鱓、郑燮、李方膺、高翔、罗聘）画家，在艺术上不愿走别人已开创的道路，而是要另辟蹊径。他们要创造出"掀天揭地之文，震惊雷雨之字，呵神骂鬼之谈，无古无今之画"，来自立门户。就是要不同于古人，不追随时俗，独创风格。他们的作品有违时人欣赏习惯，人们觉得新奇，也就感到有些"怪"了。在生活上他们大都历经坎坷，最后走上以卖画为生的道路。他们虽然卖画，却是以画寄情，在书画艺术上有更高的追求，"臣非老画师"，不愿流入一般画工的行列。他们的学识、历练、艺术修养、笔墨功力和立意创新的艺术追求，已不同于一般"作家"，达到立意新、构图新、技法新的境界。

（三）不落窠白的技法

中国绘画历史悠久，源远流长，其中文人画自唐宋兴盛起来，逐步丰富发展，形成一套完整的理论体系，留下了大量作品，足资后人楷模。晚明清初以来，中国各地出现了众多画派，各具特色，争雄于画坛。其中影响最大的莫过以"四王"为首的娄东、虞山画派，而在扬州则形成了以金农、郑燮为首的"扬州八怪"画风。但他们对继承传统和创作方法有着不同的见解。"四王"画派，讲求临摹古人，以遵守古法为原则，以力振古法为己任，并以"正宗"自命。他们的创作方法，如王翚所说，作画要"以元人笔墨，运宋人丘壑，而泽以唐人气韵，乃为大成"。他们跟在古人后面，亦步亦趋，作品多为仿古代名家之作，不敢越雷池半步，形成一种僵化的局面，束缚了画家的思想与笔墨。而"扬州八怪"的技法则不落窠臼。

（四）挥洒自如的笔墨

"扬州八怪"诸家也尊重传统。但他们与"四王""正宗"不同。他们继承了徐渭、朱耷、石涛等人的创作方法，"师其意不在迹象间"，不死守临摹古法。如郑板桥推崇石涛，他向石涛学习，也是"撒一半，学一半，未尝全学"。石涛对"扬州八怪"艺术风格的形成有重要影响。他提出的"师造化""用我法"，反对"泥古不化"，要求画家到大自然中去汲取创作素材，强调作品要有强烈的个性。他认为"古人须眉，不能生我之面目；古人肺腑，不能入我腹肠。我自发我之肺腑，揭我之须眉"。石涛的绘画思想，为"扬州八怪"的出现奠定了理论基础，并为"扬州八怪"在实践中加以运用。"扬州八怪"从大自然中去发掘灵感，从生活中寻找题材，下笔自成一家，不愿与人相同，在当时是让人耳目一新的。人们常常把异于常见的东西，视为怪异。因而对"八怪"那种抒发自我心灵、纵横驰骋的作品，感到新奇，视之为"怪"。也有一些习惯于传统的画家，认为"八怪"的画超出了法度，就对"八怪"加以贬抑，说他们是偏师，属于旁门左道，说他们"示新于一时，只盛行于百里"。赞赏者则夸他们的作品用笔奔放，挥洒自如，不受成法和古法的束缚，打破当时画坛僵化局面，给中国绘画带来新的生机，影响和哺孕了后来像赵之谦、吴昌硕、齐白石、徐悲鸿等艺术大师。

（五）特立高标的品行

"扬州八怪"对当时盛行于官场的卑污、奸恶、趋炎附势、奉承阿谀等作风深恶痛绝。"八怪"中除李方膺、李鱓、郑板桥做过小小的知县外，其他人均一生以"鲁连""介之推"为楷模，至死不愿做官。就是做过官的郑板桥也与常官不同。他到山东上任时，首先在旧官衙墙壁上挖了百十个孔，使之通到街上，说是"出前官恶俗气"，表示要为官清廉。"扬州八怪"一生的志趣大都融汇在诗文书画之中，绝不粉饰太平。当"八怪"以非主流的姿态出现于画坛时，他们并不仅仅是要树立自己的风格。从某种意义上说，他们的画风是对艺术日趋贵族化的一种反叛。他们用诗画反映民间疾苦，发泄内心的怨愤和苦闷，表达自己对美好思想的追求与向往。"八怪"最喜欢画梅、兰、竹、菊、松、石。他们以梅的孤傲、石的坚冷、竹的清高、兰的幽香、松的伟岸，表达自己的志趣。贴近平民生活情感，贴近都市趣味时代精神，是他们自觉不自觉的追求。他们笔下所流露出的不平之鸣和野逸之气，影响一代又一代人。其中罗聘画鬼，说"凡有人处皆有鬼"，并说鬼的特点是"遇富贵者，则循墙蛇行，遇贫贱者，则拊膺蹑足，揶揄百端"。这哪里在画鬼，分明是通过鬼态撕下了披在那些趋炎附势、欺压贫民的贪官污吏身上的人皮，还他们本来面目。在大兴文字狱的文化桎梏时代，他们却敢于与众不同，标新立异，变着法儿讽刺时弊。无怪乎，当时一督抚摇头直称"怪哉、怪哉"。

第二节　李方膺入"八怪"之因由

清乾隆时期的李斗在其《扬州画舫录》中，记载了从清初到乾隆末，扬州本地和外地来扬的画家多达559人，其中知名画家有100多人，如金农、李鱓、黄慎、郑燮、汪士慎、高翔、罗聘皆在其中，唯独没有李方膺。但李方膺又被其他史论者、画者纳入"扬州八怪"之列，其中缘由是什么？

关于这个问题的解答，管劲臣做过深入研究。第一是籍贯原因。李方膺本籍江南通州，他之列入"扬州八怪"，过去曾有人感到例外，以为既不像高翔、李鱓、郑燮的祖籍扬州或隶属扬州，又不像汪士慎、金农、黄慎、罗聘那样长期在扬州卖画，以致有人将他除外而改为闵贞。因为闵贞在扬州生活并卖过画。其实李方膺在27岁以前，和李鱓、郑燮一样，同为隶属扬州，是广义上的扬州人。通州自明朝以来，即为扬州府辖属的一个散州，清雍正二年，升直隶州，后与扬州脱离了隶属关系。也就是说，自此之后李方膺的籍贯，才由江南扬州府通州变成江南通州。他的长兄方曹，是康熙四十七年以扬州府学学额入学的秀才。他本人入学在康熙五十六年，通州还是扬州府辖。他兄弟俩应试时填写籍贯，一定填写的是扬州府通州，扬州人把他看作同府属的扬州人，也是可以理解的。

后来有人要以闵贞来替换李方膺，是不明白扬州与通州历史渊源的关系。管劲臣认为李斗写《扬州画舫录》全载"八怪"的其他人，单独没有他，原因也在于此。[1]

但是，我们认为不一定。李斗是乾隆时扬州人，他对雍正二年才改变的通州与扬州隶属关系的事，比之我们现代人更了解。李方膺未收录《扬州画舫录》书中的原因，的确是因为他并未在扬州生活和卖画。而李斗的《扬州画舫录》是对当时在扬州生活或卖画于扬州的画家们的实录，连那些名不见经传的无名画家皆一并收录，怎么会唯独忘了李方膺呢？这就是第二个理由，李方膺确实没有在扬州生活及卖画的经历。有学者研究他在扬州的绘画生活，其实只能证实，李方膺几次路过扬州时，在杏园等旅舍画过画[2]，甚至于他与汪士慎、李鱓于乾隆十二年秋合作《花卉图》一事皆有疑问。如此重要的聚会，蒋华在其《汪士慎年谱》及《汪士慎的交游》中均无记载。另，乾隆二十年，李方膺、郑板桥与李鱓在扬州合作《三友图》，此事赵鹏就有过质疑。[3]此第二次合作作画，仅见于《郑板桥集补遗》文字记载。

第二是品格原因。李方膺的人品，放之八怪之中，足以熠熠生辉，其为官为人不在其他任何人之下。正如管劲臣所云：其实方膺之得在"八怪"之列，首先是人品、画格和其他七人相当。他们都继承古来名家的遗产，都从近人或时人汲取了特长，并且各有创造，具备自己的独特风格。关于李方膺的品格，在本书第六章有阐释，在此不再赘述。

第三是画风怪的原因。"扬州八怪"，关键在"怪"，怪在其画、其书。而八怪虽然皆怪，但各人又"怪"而不同。

郑板桥怪在"奇"。徐悲鸿云："板桥先生为中国近三百年最卓绝的人物之一。其思想奇，文奇，书画尤奇。观其诗文及书画，不但想见高致，而且寓仁悲于奇妙，尤为古今天才之难者。"

金农怪在"拙"。观金农书画，无不参以古拙的金石笔意，风格古雅拙朴，其隶书古朴，自创一格，号称"漆书"，源自古碑与古代漆匠棺材扶头上面的扁平漆书之形。

1　管劲臣.《李方膺叙传》,《中华文史论丛》, 1981 年 3 辑。

2　洪丽莎、吴越滨.《李方膺在扬州的绘画生活》, 扬州大学扬州八怪研究所 第四批审批立项项目成果 项目编号：2015 YZBG03。

3　赵鹏.李方膺年谱,《扬州八怪年谱》（下）, 江苏美术出版社 1993 年 5 月 1 版, 第 358 页。

　　李方膺怪在"倔"。他不仅人的秉性憨直，还特别倔强、兀傲，身处宦海波澜，对上不谀，只要认准了理，哪怕罢官下狱，也从不服软，啸（傲）尊者，号如其人，画如其人。他的画中的"风竹""风松""风梅"，毫不屈服于风霜雷电。正是李方膺强烈倔强的画风，方正倔强的人品，敢于标新立异，是为列入"扬州八怪"之因由。

第二章　李方膺家世生平

第一节　家世

家世显赫，往往是其子孙后代的骄傲。李鱓自命为李纲之后人，薛永年认为，若非误信传闻，便是有意自我标榜为名臣之后，用在画作上，其实大有做广告之嫌。这在封建时代，亦司空见惯，不足为奇！其实，不仅是封建社会、资本主义社会及当今社会，多数人都会以名人之后而荣耀。有人戏言，李鱓称为李纲后人，那李方膺就称是李泌后裔。想想倒也有点像，李泌虽为几代唐皇赏识，却累遭佞臣诬陷、排斥，身世相似。《李氏世谱》查实，李鱓虽非李纲之后，却是明相李春芳的子孙。而李方膺呢，因《李氏家乘》毁于"文革"，也不知他是哪位李氏名人之后。但据扬廷撰《五山耆旧今集·卷七》李玉鉉传，大致可以得知李方膺的家世。

一、家世概述

李方膺，字虬仲，一字秋池，号晴江、抑园、本田、衣白山人，乳名龙角。康熙三十五年（1696）生于扬州府南通州的一户耕读世家。

明洪武初，始迁祖元佩随朱元璋平定吴地，至通州定居下来。前几代名字无从考据，传至第四代李华（太高祖）禀贡生，至明正德十六年累官户部郎中，高祖李贡于明嘉靖三十年任建昌知府；以后几代人直至他祖父李达生都是读书人，仅是秀才，未能进入仕途。达生更因逢甲申事变，明王朝亡，而"弃诸生，介然以终"。祖上虽做过官，也没有留下丰厚的遗产，几代穷秀才，使家境近于耕读人家，直至李方膺父亲李玉鉉才有所改变。

李玉鉉生于清顺治十六年（1659），父亲和兄玉铉、祖苞、玉镛也都是秀才。家境一般。玉铉，住州城东北近郊静海乡徐涧（今兴仁镇）[1]半村半廊处，靠祖遗十亩耕地维持生计，过着半耕半读、亦儒亦农的生活。他二十四岁入学，与兄吾齐、存素读书于钟秀山。直

1　南通市江海文化研究会编.《南通市农村文化遗产目录·通州卷》，第1066页。

到三十九岁这年（1705）才乡试中举，第二年又幸运中了进士，走上仕途。先在京城做内阁中书舍人，后以母老乞养归。时太淑人方婴微疾，弥留之际连嘱云：做官要不得一钱。守孝期满回京，被外放到广东省西宁县任知县，后又入京，任户部主事，接着又递升兵部郎中。到了雍正元年又外放，出守楚雄。四年后，再度奉召入京引见，改任福建粮驿道，再递升福建按察使。仕途还算顺利。致仕后，在当年东二西河，与人合股开设西典当。[2]

李方膺兄弟四人，他年最幼。长兄方曹，号萧斋，康熙二十一年（1682），诸生。二哥彩升（1686—1723），号荆州。他是一位擅画兰竹的高手，而且明于吏治，以廪生授广西省桂林训导。到任后便修整"宣成书院"，并亲率学生，努力提高当地文化。后有苗民作战，随军平剿有功，晋为府同知。在他未赴任前，其父任知府的楚雄城要修筑城墙，制府高其倬（大画家高其佩堂弟）便请他去佐理此事，仅三个月，工程就已完毕，但他因辛劳过度，病死于楚雄署中，年仅三十九岁。遗有《西宁风土记》四卷和《课余庄诗草》一卷。三哥方龙，号药田。青少年时随父亲在漳州署中读书，早年是秀才，直至乾隆三年（1738）才中了举人，后因双亲年老不再应试，家居以终。

李方膺事迹容后详表。李方膺的儿子李霞，字赤中，岁贡生。康熙五十六年（1717）入学。据云其貌不扬，又不修边幅，健饮豪啖，著文千言，倚马可成，笔致流畅，见解精深。传云有一次学使闻其文名，有意提拔他，先拿出自己的诗稿给他看，本想让他当众奉承几句，不料他却指责说："你的诗学苏东坡，也只学得一点皮毛。"其个性憨直如父，以后就不再应试，又无其他生计，在父亲死后就从寺街住宅迁往北部北土山村舍居住，靠教书维持生计。数年后，其父好友袁枚取其父画嘱他题句，他写了七绝一首"一枝一蕊带烟霞，绘事由来属我家。忆昔先君交海内，子才子外是梅花。"时人认为对长辈不敬，袁枚认为亲切真实，很好。可见有其父必有其子。时方膺妻陈氏仍健在，她亦乐善好施。为解亲族姻兄困难，将祖遗二百余亩田也卖了，自家生活越入窘境。李霞晚景有"扶杖不雕惟断竹，着衣都碎似残云"。著有《残云诗草》。

跃曾是李霞子，方膺孙。字季潜，号红桥。岁贡生，乡谥文悫先生。乾隆二年（1737）入学。天资聪敏，记忆力极强，读书过目不忘。李方膺在合肥听说时，感叹"我囊无余

2 南通市江海文化研究会编.《南通市农村文化遗产目录·通州卷》，第 1079 页。

钱，一身清白，终于得到了这样一个好孙子"。跃曾年少时很负才名，但屡试不中，直到五十岁以后才出贡。他又从北郊迁居城南，宅旁有一小隙地，称为"约园"。以教书自给，此后双目渐渐失明。远近人闻其才名，前来求教，口授如流，靠人给微薄报酬，聊以糊口，苦度余生。著有《约园文抄》。州官唐仲冕爱其才华，为之作序。李方膺这一家由任福建按察使的玉铉和历任知州、知县的方膺的官宦门第逐步衰落下来，真应了那句古语：君子之泽，五世而斩。

李凤音，号桐花女史，霁女，诸生，黄金印室，著有《写韵轩集》，今佚。

李杜，号芸香道人，霞女，诸生，顾蕙芳室，著有《墨颠斋闺咏》。

李方膺的侄辈们都是读书人。侄儿李霁，字瞻云，号岑村，是一位多才多艺的贡生。乾隆丁丑南巡，献诗并集经史寿言篆印为图献上，受到赏赐。也曾为画家郑板桥刻"二十年前旧板桥"印，板桥作画常用此印，并亲切称他为"年家子"。印界人称其与篆刻家沈凤齐名。著有《岑村诗集》《城南草堂印谱》《梦滇道人印谱》（李鱓为该作作序）等。李雯，字望云，附贡生，性至孝，因照顾老母，不外出做官，以闭门读书为乐。著《说文编珠》《读雅笔记》《春秋烈女表正》《铁道人偶吟》等。还有李彬，字飞石，虽为举人，但未能入仕，后以儿子任知县，受赠知县衔。

李方膺的侄孙们亦走读书求仕之路。懿曾，字拾珊，幼承家学，学问广博，但三次入试皆中副车，便不再应试。曾向皇上进献诗章，被陈设在毓庆宫，声名大噪，考职以州同任用，未去就任，后授铜陵教谕，尚未上任，便去世了。著有《扶海楼集》《乡乐府》《紫琅山馆集》等。景曾，字后鳌，拔贡，做过云南省大姚县令，后逝于任上。宝曾，字光绪，号葆堂，举人，做过四川省高县、郫县县令，着重办学教化百姓。任江津时，遇灾年，未经申请开仓赈灾民，自赔仓米价五千余金终无悔。后升蓬州知州，致仕归家仍见义勇为，为百姓推重。著有《璞存诗略》。李绍曾，字滇传，号真泉，雯季子，《淮海英灵集》《江苏诗徵》俱载。著《蓉浦小草》，惜今不传。

李方膺的侄曾孙，均为一般读书人。其中李琪比较优秀。李琪，字东美，少有异才，颇有名气，贡生，屡试不中。他为文人汪芸巢的《咏兰轩集》作过序；为其父懿曾刊《扶海楼续集》及诗集；为曾叔祖李方膺的《山东水利略》已失残页补全，并作跋刊印；纂修《李氏家乘》；为保存地方文献做过贡献。他怀才不遇，寄孤愤于诗酒，酒酣耳热，则嬉笑怒骂，诗文率真，玩世不恭，又不肯求人，以致近于乞食为生。著有《幼学壮海》《南通竹枝词》等。其在《竹枝词》中自注"叔曾祖晴江公梅花楼，以画得名，今亦易主"。

世间草木荣枯，人事兴衰，朝代更迭，周而复始，不可避免。李氏家族又再次从繁盛走向衰落。

二、南通州李氏世系概述

（一）南通州李氏世系表人物简介

李元佩

江西新干县迁通一世祖。

李华 四世祖

字伯（百）华，号苍雨，考授国子博士，累官工部郎中。

李贡 五世祖

字龙潭，号牧夫，嘉靖丙午年入州学，选授江西建昌府知府，妣陈氏，诰封宜人。

李敕 六世祖

字养虚，号太素，万历丁亥年入州学。

李延祥 七世祖

字瑞征，号南园，妣朱氏，诰赠淑人。

李延龄 七世祖

字寿玉，号石鲸，万历戊午年入州学。

李道生 八世祖

字子务，崇祯乙亥年入州学。

李讷 八世祖

字子木，顺治辛卯年入州学。

李达生 八世祖

字子上，号孚尹，妣陈氏诰赠淑人。

李玉铉 九世

字吾齐，号吾溪，康熙壬子年入州学。

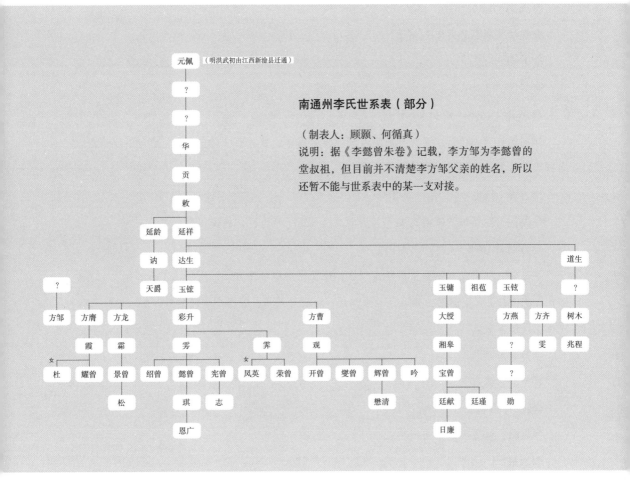

李玉镛　九世

字存素，康熙壬戌年入州学。

李祖苞　九世

国学生

李玉铉（1659—1739）　九世

字贡南，号但山，康熙壬戌年入州学，康熙乙酉年举人，康熙丙戌年进士，官广东西宁知县，福建按察使，崇祀西宁名宦祠。妣姚氏，诰封淑人。著《退思录》《家诫》《滇闽吟》《但山诗草》。

李天爵 九世

字式侯，康熙乙亥年入州学。

李方曹 十世

字何勋，号萧斋，康熙戊子年入州学。

李彩升（1686—1724） 十世

字荆州，号一识，广西桂林府训导云南候补同知，著《西宁风土记》《课鱼庄诗草》，善诗兼善书画。娅姚氏，诰封淑人。

李方龙 十世

字舆徒，号药田，康熙戊戌年入州学，雍正壬子年副榜，乾隆年戊午举人。

李方膺（1696—1755） 十世

字虬仲，号晴江，康熙丁酉年入州学，雍正元年举贤良方正，历任山东乐安知县，莒州知州，兰山知县，安徽潜山知县，滁州知州，合肥知县等，著《小清河》《山东水利管窥略》《梅花楼诗草》。

李方邹 十世

监生，善画。

李雯 十一世

字见心，乾隆丙寅年入州学。

李湘皋 十一世

字南轩，号煖泉，乾隆壬戌年入州学，以子宝曾贵赠四川同知，乡谥文愨。

李观 十一世

字素田，乾隆丁巳年入州学。

李霁 十一世

字瞻云，号岑村，一号牧牛翁，精篆刻与江阴沈凤时称"沈李"。著《古柏楼杂俎》《少游集》《牧牛村合集》《岑村诗集》《城南草堂印谱》。

李雰 十一世

字望云，号铁庵，著《读雅笔记》《铁道人偶吟集》《梅花楼秋吟集》等。

李霈 十一世

字飞石，号根蓝，监生乾隆戊午年举人。

李霞　十一世

字赤中，乾隆丁巳年入州学，贡生，乡谥文定。

李宝曾　十二世

字光绪，号虁堂，一号璞存，乾隆丁酉年入州学。乾隆壬子年举人，任四川彭州知州。乡谥恭简，著《璞存诗略》。

李吟　十二世

字景莲，乾隆壬辰年入州学。

李辉曾　十二世

字孔传，乾隆乙未年入州学，乡谥文介。

李燮曾　十二世

字端化，乾隆壬寅年入州学。

李开曾　十二世

字行扬，乾隆丁未年入州学。

李荣曾　十二世

字粤堂，号耕先，一号耕仙，工书画，善刻印，著《耕仙石艺》。

李凤英（女）　十二世

号桐花女史，著《写韵轩草》。

李宪曾　十二世

字闻传，号侨斋，乾隆壬寅年入州学。

李懿曾（1756—1807）　十二世

字实山，号拾珊，乾隆乙未年入州学，乾隆癸卯副榜，曾被命为铜陵教谕，道经苏州死，年五十二，著《天海楼集》《紫琅山馆集》《扶海楼诗集》《残年五咏》《扶海楼文续集》等。

李景曾　十二世

字后螯，号陟峰，乾隆壬午年入州学，乾隆丁酉选贡，任云南大姚县知县。

李耀曾　十二世

字季潜，号红桥，乾隆甲申年入州学，贡生，重游泮水，乡谥文恳，著《约园诗文集》

《嘉树轩诗抄》《李氏全集》。

李杜（女） 十二世

号芸香道人，适诸生顾惠芳，著《墨颠斋闺咏》。

李勋 十三世

字敏夫，乾隆丁未年入州学。

李廷瑾 十三世

字钟美，道光戊子年入州学。

李廷献 十三世

字升清，道光丙午年入州学。

李懋清 十三世

字藻文，道光癸卯年入州学。

李志 十三世

字尚卿，嘉庆庚午年入州学。

李琪（1781—？） 十三世

字少山，号东美，嘉庆壬戌年入州学，精诗文，善金石治印，乡谥文卓，著《少山诗抄》《幼学集》《壮悔集》《崇川竹枝词》等。

李曰廉 十四世

字幼清，光绪丙子年入州学，保举孝廉方正。

李恩广 十四世

字翼书，咸丰甲寅年入州学。

（二）本世系表及人物简介主要参考文献

1.《乾隆直隶通州志》

2.《光绪直隶通州志》

3.《直隶通州志续编》（稿本影印） 佚名 著

4.《崇川各家诗抄汇存》 王藻 著

5.《五山耆旧集》 杨廷撰 著

6.《崇川书香录》 刘长华 袁景星 著

7.《崇川黉耆纪庆赞语》　刘长华　著

8.《淮海英灵集》　阮元　著

9.《李懿曾朱卷》

10.《通庠题名录》　顾鸿辑 1931 年石印本

11.《南通印痕》　南通市文学艺术界联合会

12.《南通书画家资料选编》　徐志楠　主编

13.《李方膺》　张松林　著

14.《明清江苏文人年表》　张慧剑　著

（二）世系表说明

1.南通州城李氏至少三支以上。由各李氏迁出地考，从江西新淦县迁入南通州即为李玉铉这一世系。另有一支李氏也是明洪武初迁入通州，但其由江苏高邮移居而来。有《通州李氏宗谱》六卷，为世怡堂刻本，四册，李堂等纂修，此为道光十年（1830）修。此前乾隆五十六年（1791）世怡堂刻本，李篯纂修。还有康熙时从河南迁通州李氏，康熙三十二年李文科首修。光绪三年（1877）刻本，李道鹏等纂修。亦名《通州李氏宗谱》。此外，还有兆麟、实圻、沅、黄等李氏各系。

2.李玉铉这支李氏家谱，约于嘉道年间由李琪纂修过，谱名为《李氏家乘》。从邱丰走访中得知，已毁于"文革"。因此当代的研究者，仅能从《五山耆旧今集·卷七》李玉铉传等文章中揣摩构建出李氏世系表，而无人得见《李氏家乘》真容。

3.本次李氏世系表，在胡艺、邱丰所列世系表及李懿曾朱卷的基础上进一步增补完善。本书作者有幸从同治丁卯，袁景星、刘长华编《崇川书香录》（四卷）中获观《李氏家乘》中李玉铉一支世系相关内容，并参考《通庠题名录》。

附：李玉铉汇传

李玉铉传（一），清·杨廷撰《五山耆旧今集·卷七》。南通市图书馆古籍部藏。

李玉铉，字贡南，号但山，通州人。达生季子。康熙丙戌科进士，累官福建按察使，著有"退思录"四卷、"滇闽吟"二卷行世。

门人陈太仆兆仑为作行状云：先生讳玉铉，字贡南，号但山。明洪武初，始祖元佩由江西新淦县迁通，太高祖华廪贡生，累官户部郎中。高祖贡拔贡生，累官江西建昌府知府，曾祖敕祖延祥父达生皆名诸生。以先生贵，赠如其官。先生少承庭训，与同怀兄吾齐存素两先生读书于北郊之钟秀山，不炉不扇，为文一。以先正为宗。既冠，补博士弟子员，攻苦益甚，联英袖会林共十有六人。越数年，梓有白琅会业宜兴储先生大文为序以行之。岁甲戌，食饩于庠，至乙酉始邀乡荐，丙戌联捷成进士，解由中书舍人，以母老乞养归。时太淑人方婴微疾，弥留之顷连属云：做官要不得一钱，乃瞑。盖先生居官之道，一禀太淑人数也。服阕，知广东西宁县事，县在万山中，界连粤西之梧州，槎枒蒙茸，实盗贼出没之所。莅任后，以剿盗安民为首务。编保甲，招民壮随剿抚，三年，盗遂靖。复值大荒，赭土千里，民人流离，为捐廉赈济，近者设厂施粥，远者计口授米。悉仿富郑公青州之法，全活亡算。县治东有笔峰山，为购一浮图，月朔辄与诸生讲艺其中，人文遂盛。甲午粤西丁酉粤东两聘入闱。号称□士，至今为名宦者。盖数人云：督抚两院交荐举粤东贤员第一。蒙圣祖仁皇帝内召补授户部贵州司主事。随升兵部职方司郎中。去宁之日，攀辕号泣盈车塞路，邑人为建祠于东臬书院，及都城各一。父老奉栗主虔祀，岁以为常焉。雍正元年，外升云南楚雄府知府。府城故颓坏，又时有边警，下车即请上宪修治民□安者无恐。制府高公其倬中丞杨公名时，素闻先生名，一见即以通省要务相与，商榷姚安府。土司高德厚强占民田五百三十余家，计田七千七百余顷，民人累讼，六十余年未得释。先生持铁面不受一物，不听一情，搜剔根株，穷极罪状，地归民业。余辜悉发上宪，奏闻高褫世职逮系而事以解。雍正四年，世宗宪皇帝召见养心殿，面奏："滇省兵米州县堆积逾额，南方气不收敛，夏秋雨水湿热之气，上下重蒸，每至霉烂。如楚属之镇南州一年，支放兵米四百石，现存米二万六千石是也。臣愚以该州县所存之米细按其支放之数，以蓄积十年之准，有浮于十年之外者，详明督抚，请定平价以鬻之，其银解交藩库充饷。如米将缺十年之额，又征收本色以足其数，如此少为调剂仓米，不至霉烂。青黄不接之时，于百姓有益，且以十年所积之米挨陈抬放兵丁皆可支领好米，而将来州县官可免参处赔累之苦矣。"上遽命议行随，赐御书及瀚海石砚貂皮克食，特简福建通省粮储驿传道福之汀州。去省窎远，滩河险阻，每年运米至省兑发兵粮多至覆没，船只人口官民交困，查明滩河形势，折奏改折□支发。至今称□，又历年节省折□一万余金，奏充公帑。雍正七年又蒙世宗宪皇帝召见勤政殿，上云尔勤慎历练，和平有操守，朕所深信，其余闽省人才如何。奏巡抚赵国麟学问醇粹，办事缜密，道员孙国玺精明强固，有担当建宁府知府姜朝俊人品端方，办事谨慎，上甚然之。又奏闽省产米之乡，多在建宁、邵武、延平，闽人嗜利，多种茶叶，多一亩之茶即少一亩之稻，求皇上谕督抚，令百姓于山上种茶，平田种稻，一年可多收数万石，则百姓可无饥馁之患矣。上遽命议行。是时天语褒奖，询及后人，会四子方膺以宁建邵道魏公壮保举贤良方正，即命引□以山东知县用，盖异数也。随赐御书貂皮沈香端砚，特简贵州按察使司。闽中官署帷帐器用皆盛饰，先生尽撤还之，每阅招案多至丙夜，一囚未得其生，常悯然泣下，每事必先再三申戒，使无犯法。设鸣冤之锣，一字之人必亲行鞠理，不敢惮烦。闽故多盗，旬月之间，命案率累累不绝，先生思移其风俗，摺奏闽中山多田少，民鲜恒业，是以多盗，若许闽人开洋易米于安南，则四洋之船买米压仓，大者万石，小者六七千石，漳泉二府百姓家家俱获籴，以至通省之米价可平，人无饥色，自不加刑而盗息矣。上可其奏，并蒙恩免积年欠银四十余万两。台湾抢谷数十万石，其漳州府之平和县，界连东粤，久为逋逃渊薮，其胡家村复居山巅，重楼峭壁，绵亘百余里，一家杀无罪数人，三年首恶未得。上宪交折请旨发兵行剿。先生恐大兵一至，玉石无分，泣请力任其事，遂偕原任平和县令沙汉缨屏兵卫，登山开谕，胡氏感泣，即献首恶三人置之法，余党悉降，盖全活者多矣。又福之台地，土广人稀，易于种植，内地之民多往营生，从□设有偷渡，其禁极严，而禁之不止，官民被累，因亦折奏，蒙俞允听，不为临事之时身家性命举置之度外，故得遂爱人利物之心如此。雍正十年告病，得旨改任回籍，调理闽人诣，阙疏□不允在籍，一年蒙世宗宪皇帝特旨召见，赐御制诗文，端砚二方，人参四斤，貂皮十张。复任福建按察使司。从闽人志也，为治一如□十三年，乞骸回籍。士民焚香送至仙霞岭，率具蔬果以献辞，不受，则继之以泣焉。既归里，杜门课孙，未尝干预当事。著有退思录四卷，家诫二卷，滇闽吟地卷。以乾隆四年十一月某日卒于家，春秋八十有一，配姚太淑，恩贡生姚公翱女，子四人，方曹府学生、彩升廪贡生、云南府同知，方龙乾隆戊午举人，方膺雍正元年贤良方正，山东莒州知州。孙十人，霖乾隆戊午举人，余俱郡庠生，曾孙若干人，余于先生为门下士，先生官部曹时，余以计偕入都，尝以文字就正先生，先生奇余文，为下榻焉，及通籍后，观政闽省，得先生教益，滨故知先生最悉今孤子方曹等以先生行事，邮寄于余，余故与同人为位以哭而述之，谨状。

李玉铉传（二），（清）光绪《通州直隶州志十六卷首一卷末一卷》·卷12·人物志（上）·名臣传。南通市图书馆古籍部藏。

李玉铉，字贡南，康熙四十五年进士。由兵部郎知楚雄府姚州土，官高厚德。渔夺民田七千余顷，讼久不决。铉一鞫得情置之法，田归民。擢福建粮驿道，迁按察使。漳多盗，平和胡村逋逃薮也，大吏檄剿之。铉屏兵卫入山剀谕，得首恶三人，余悉全活。疏请籴米，安南驰内地渡台禁民。渐乐业鲜雁法者。归里，日囊无余帐，语其子若孙虫：“余仕闽，桌夜烛治献牍恒悯然泣下，遇得生者以烛跋记之，今以遗汝，汝善视之，勿谓非满籯金也。”铉仕粮道时，有公帑千金，前官沿取入橐，铉独置藩库。奏蒙俞旨，至是事觉，檄铉入都，勘覆无异，诛道皆落职，铉独赐克食貂皮文绮归。

李玉铉传（三），（清）王藻（缉）《崇川各家诗抄汇存》诗抄补遗·李玉铉传。南通市图书馆古籍部藏。

李玉铉，贡南，康熙乙酉举于乡，丙戌成进士，任中书。以母老乞养，归服阙，改官西宁政成，推户部主事，升兵部郎，去粤之日，邑人为建生祠于东皋书院。雍正元年出守楚雄，时姚安士司高德厚强占民田六十年，讼未释，至则持铁面决之，事遂解，寻擢福建粮道，升按察使。每阅案至丙夜，常悯然泣下，凡得生者以烛跋记之。闽故多盗，漳州平和县界胡家村逋逃薮也，酿巨案三年，首恶未得议。剿力率平和令屏兵力，登山开谕，村人感泣，献首恶三人，置之法，余悉全活。复折奏。又奏台湾土广人稀，请弛偷渡之禁，听内地人往种植。奏之，俱允行。自是犯法者少。后以病解任，回籍。闽人诣阙请留，复任治一如前。年七十三岁。累疏乞骸骨归。归里日，行李如始至，检橐中，仅得千金，悉置义田，以赡族人，顾谓子孙曰：“贻汝者，烛跋一箱而已，勿谓非满籯金也。”雍正三年，郡中建试院，与有力焉，林居八年，年八十一卒。著有退思录，家诫，滇闽吟若干卷。

李玉铉（四），《崇川咫闻录》卷九·杂稽录第十五《一经堂笔记》《英袖阁文集》。南通市图书馆古籍部藏。

《一经堂笔记》：李但山先生司闽桌，未半载，谳狱凡一千有奇，日勤案牍，夜则秉烛至漏三下。每夜一童子侍奉酒一杯，鸡子二枚，乃就寝，一日有疑案，未决，不暇饮食，时童子方齁齁睡，适见黠衔鸡子以去。佯讯童子坐窃食，不应。威之以杖，童子遂应如何。既而叹曰：棰楚之下，何求而不得？但以词听，能保狱之无怨耶？益为恻然，遂决意乞骸归。归里之日，家无余积，惟蓄烛跋两箱，取以示子孙曰：吾无橐中装可以贻汝辈，吾每夜遇有疑狱，苟能得生，即将烛跋藏之，以□吾乐。汝辈善视之，勿谓非满籯金也。林居数年，忽大府差官二人奉檄至，云：福建粮驿道任内事发，部议当褫职，家人皆失色，先生处之恬然，乃从容就道。盖粮储道往有公帑数千金，诸监司沿为陋规，皆入橐，先生独不取，置藩司库中，随有折奏，蒙世宗朱，是字载在内阁，可覆视也。迨入都，会审，面白如是，既而果然遂得释，同时诸监司皆被议，先生独获复原官。天子嘉之，赐克食及貂皮文绮而归。先生□历中外，济人利物，知无不为，条奏便□事剀切，详明有古名臣风烈，撰大父官建宁司马，时以公事至枭司署，犹记其一联云：冷面本天成炎海风吹不热，生机关国运圌扉草长皆春，其慈祥清慎见于褚墨如此。解组后，以诗酒自娱，和衷接物，远近识与不识皆以盛德称之。

《英袖阁文集》：李但山先生家诫序云：祖父之遗子孙也，以世德之浅突卜家声之兴替，而田庐不与焉。康熙乙丑四月，先大夫赠枭，见背，二兄四兄颇自成立，五兄同余茕茕无寸土尺帛之积，丧事竣，分析先大夫遗产，余受田五十亩，五兄如之，二兄四兄二十亩，公养母夫人朱氏。余与五兄儿女偏多，连值凶岁，生计日绌，内无经营之术，外无亲朋之援，一枝秃笔，数卷残书，何所凭藉，以至今日。曰：恃有先大夫太淑人之遗泽在，先大夫天性雍穆，与人诚恕，太淑人卧疾，永诀时□属之日，居官勿要一钱，呜呼！两大人望余者滨、遗余者厚矣。余通籍以后，时凛冰渊，而浑噩之气不及先大夫什之一二，汝母虽佐余持家，而慈俭之德不及太淑人什之一二。是余之受贻于父母者厚，而尔小子之贻于父母者薄矣。源不蓄则流易竭，根不培则枝易枯，嗟尔小子，耕百亩之田，不能绳乃祖之为，而体乃父顾望之心，岌岌乎殆哉！忧勤者兴之象也，逸豫者，亼（亡）之机也。畏请议畏鬼神者，立身之本也。好骄侈好侥幸者，破家之渐也，尔小子世世勉之。

第二节　生平

一、李方膺生卒年考辨

李方膺的生卒年一直是研究者们争论的焦点之一。主要原因是没有直接证据。如书画作品上自署年款及作画年岁，日记、信札中自书年岁等。再有，就是李琪纂修的《李氏家乘》，仅有的手抄本，也毁于"文革"。[3]后来的研究者一直在寻找，可始终未能获见。一般而言，家谱中主要族人的生卒年不会有误。有些家谱包括娶妻（妾）生子年月、墓地、

3　邱丰《画家李方膺》（内刊本）第125页。

墓向、墓志等均有详细记载。可惜这些条件皆不具备，只能在亲友诗文中寻找间接证据，且有时互相矛盾，结果难以服人，故此争论不休数十年仍无定论。概括而言，李方膺生卒年有四说：

（一）袁枚说。根据袁枚《李晴江墓志铭》云："乾隆甲戌秋，李君晴江以疾还通州。徙月，其奴鲁元手君书来曰：方膺归里两日，病笃矣。"又："罢官后得噎疾，医者曰：此怀奇负气，郁而不舒之故，非药所能平也。竟以此终。年六十。"[4]

由此倒推，李方膺生于1695年，乙亥，康熙三十四年，卒于1754年，甲戌，乾隆十九年，终年六十。

然而，袁枚《小仓山房诗文集》有《送李晴江还通州》诗[5]，自注作于"乙亥"，晚《李晴江墓志铭》之"甲戌"一年，前后自相矛盾，故由《李晴江墓志铭》推出的生卒年存在问题。但是未及时纠正，后来的辞书[6]及研究者多沿用此说。

（二）管劲丞说。他根据丁有煜《哭晴江文》[7]"李晴江少余十五岁，交四十五"为据，推演出"即是说他十五岁之年和三十岁的丁巳结交成朋友"[8]。由于丁有煜生年（1682）无疑，因而推出：李方膺生于1697年，丁丑，康熙三十六年，卒于1756年，丙子，乾隆二十一年，终年六十。[9]从此说者有赵鹏、薛永年等。

（三）胡艺说。1983年胡艺对管劲丞的断年提出异议。他认为李方膺生于1696年，丙子，康熙三十五年，卒于1755年，乙亥，乾隆二十年，终年六十。他的主要依据是李鱓、郑板桥、李方膺合作的《三友图》，乾隆乙亥郑燮并题。[10]

胡艺认为，该诗署款乙亥，为李方膺离开南京路过扬州提供了准确时间，从而推出李方膺生卒年。支持此说者有张郁明。（《艺术百家》2016.2）

（四）崔利萍说。2001年，崔莉萍在其《江左狂生——李方膺传》中的李方膺年谱，

4　袁枚 文集（卷五）小仓山房诗文集，上海古籍出版社，1988。

5　袁枚 诗集（卷十一）小仓山房诗文集，上海古籍出版社，1988。

6　《辞海》（缩印本），上海辞书出版社，1999 第1524页。

7　丁有煜.《个道人遗墨》全一册，1923年3月出版。

8　管劲丞.李方膺叙传《扬州八怪评论集》，江苏美术出版社，1989 第145页。

9　南通博物馆 李方膺史料考《扬州八怪考辨集》，江苏美术出版社，1992 第456页。

10　胡艺.读《李方膺叙传》质疑，《扬州八怪考辨集》，江苏美术出版社，1992 第456页。

定李方膺生年为 1697 年，丁丑、康熙三十六年。卒年 1755 年，乙亥，乾隆二十年，终年五十九。[11] 其言"实岁五十九，虚岁六十"。可是此享年与前面几家"终年六十"不合。

综合以上四家关于李方膺生卒年争论，后三家皆否定袁枚说法，足以证明李卒于"甲戌"为误记。由此推出的生年固然亦错。另李方膺乙亥八月仍有作品传世，故证明李卒于"甲戌"（1754）错误无疑。[12]

现在有两点可以确定的：一是李方膺的生年不知，皆由卒年倒推算出。二是李方膺终年六十，也无异议。因为袁枚定"年六十"，应该是从李方膺临终前手书给袁枚的"出生本末"中得来的。另外，《通州志》也均为"六十"。而崔莉萍认为"五十九"可能是相信丁有煜的话（"少余十五岁"），但又认为李方膺卒于乙亥，乾隆二十年，故此推出"五十九"。

各家所持观点还是李方膺卒于何年这一焦点问题。卒年确定了，生年随之推定。

笔者的研究认为，李方膺卒于乾隆二十年，乙亥，即 1755 年。虽然卒年与胡艺先生相同，但理由不同，因为那件所谓三人合作的《三友图》，真伪值得怀疑。[13]

笔者的理由之一是：袁枚《李晴江墓志铭》中写作："乾隆甲戌秋，李君晴江以疾还通州"，此日期应为笔误。前文讲到：袁枚《小仓山房诗文集》有《送李晴江还通州》诗，自注作于"乙亥"年，这比墓志铭所写的"甲戌"晚一年。李方膺于乙亥年回通后两日即病情加重（墓志铭录李方膺给袁枚的手书中写道：方膺归两日，疾笃矣；）按病情推断应不久即去世。在去世前一日李方膺写信给袁枚拜托他为自己撰写墓志铭（墓志铭中记载，鲁元遽前跪泣曰：此吾主死之前一日，命元扶起疾书也。）据此推断，李方膺应在乾隆二十年（乙亥，1755 年）去世。

理由之二是：孤证不立，无独有偶。郑幸在其《袁枚年谱新编》（上海世纪出版集团，2011 年版，第 255—260 页）"乾隆二十年乙亥（1755）四十岁"中记"八月，李方膺以疾还通州。九月三日，病卒于里。"其奴执方膺手书事状来，乞子才铭墓。《文集》

11　崔莉萍.《江左狂生——李方膺传》《附录》上海人民出版社，2001。

12　李万才、周积寅编，《扬州八怪绘画精品录》，江苏美术出版社，1996 第 388 页。

13　赵鹏撰《李方膺年谱》，《扬州八怪年谱》（下），江苏美术出版社，1993 第 342 页。

卷五《李晴江墓志铭》"乾隆甲戌秋"（下略）。

郑按：文中"甲戌"当乾隆十九年。据文意，李方膺于是年八月还通州，旋于九月三日亡故。唯乾隆十九年八月九日，子才曾赋《秋夜杂诗》，其十四提及方膺，犹言"偶看白下山，借园来居此"，而未言方膺归通州事（参去年谱）。且本年春，子才仍有赋诗赠行之事（详前）。故疑此"甲戌"乃"乙亥"之误。今系其卒年于本年（即乙亥年）。

理由之三是，反证"管劲丞说"不能成立。细分有如下四点：

第一，如果30岁的丁有煜与15岁的李方膺那年缔交的话，缔交四十五年，那么李方膺卒年不是60岁，而的确应该是59岁。因为从李方膺15岁算起（丁李缔交之年），加45，就是59岁（年），而不是60岁。这个算术看起来很简单，实际上很容易忽视。问题就出在这里。丁有煜与李方膺缔交时，丁以为李是15岁，实际李是16岁，丁将李年龄少估了1岁。只有李方膺16岁时缔交，交45年，到李卒时才刚好60岁。换句话说，李方膺是少丁14岁，而不是15岁。管劲臣等就是依据"李方膺少余15岁"这一句话（实为一面之词，孤证不立），而以丁生年推李生年，以致最后不能自圆其说，不但出现59岁的结果，而且出现卒年前一年空白期现象。究竟是丁有煜记忆错误，还是计算错误，只要有一项错误，管说皆不能成立。再说，袁枚四十岁就出现记忆有误，七十五岁的丁有煜难道就不会记忆错误？情有可原。

第二，从"乙亥"到"丙子"这空白的一年多的时间里，李方膺做什么去了呢？既不见作品问世，也不见任何行踪记载，若说病在家里不能动吗？那么临终前又能将自己的"出生始末及事状"写呈袁枚？于情不合，于理不通。再说，从可信度上讲，李方膺临终前的手书无疑要胜过朋友的记忆。记忆本就靠不住，靠记忆留下的文字，当然也就靠不住。

第三，依据丁有煜《哭晴江文》推算有误。其一，《哭晴江文》不符祭文体例，也没写作日期，仅是《丁有煜遗墨》中的一篇悼念短文而已。丁在该书自序中说得很清楚。"如此爱是穷十日力，于敝笥败篦中得覆饔蠧余若干首，手录一过，汇为成帙，以佐几杖白发之欢。"[14]

14　丁有煜《个道人遗墨》全一册，1923年3月出版。

自序落款虽"时为丙子嘉平朔日个道人丁有煜自记"。但明确表明，该书所用文章并非均为当年的稿子，即并非皆丙子这一年所写，而是存放多年有些被虫蠹过的陈年老稿，重新手录一过再付梓。据此硬说李方膺逝于丙子年就有些牵强了。

第四，有医学科学依据支持。古代噎膈症不可能拖到一年几个月。噎膈症是中医术语。[15]民间俗称"噎病"。吞咽有梗阻的感觉谓之"噎"；胸膈阻塞，饮食不下谓之"膈"。噎常是膈的前期症状，但多合称为"噎膈"。可见于食道癌、食道狭窄、食道痉挛等病史。病因是：多因长期忧思郁怒、嗜食酒辣油煎硬物，而致脾伤气结，津液不能传输，聚而成痰；肝伤气郁血滞，积而为瘀；痰瘀互结，内阻食道，胃失和降而成。久则津血枯竭，胃气虚败，脾阳不振，出现衰竭证候。请看当时医生给李方膺怎么诊断的："怀负奇气，郁而不舒之故，非药所能平也。"现在看来，金陵的这位中医水平不低，等于告诉李方膺，他患的是不治之症。治疗上无药可治。结合前几年李方膺在合肥吃冤枉官司，"长期忧思郁怒"，酿成噎膈症，十分正确。这在现代医学上，病因也是共通的，长期恶劣的情绪郁结，形成负性情绪势能，削弱人体免疫力，是导致食道癌的重要因素。

谚云：天不怕，地不怕，就怕嗓子打了坝。食道癌导致饮食不下，在古代既不能动手术，也没有输液手段来维持生命，无疑只有等死。而且心情不好者，死得更快。因为癌症患者扩散速度存在惊人的关联——压力大导致癌症的扩散速度加快5倍。可以想见，李方膺当时得知此病后，心情能不坏吗？本来就一肚子冤枉气，又来雪上加霜，估计也没肯告诉袁枚等朋友。不过，此前已露出些许端倪。袁枚于乾隆十九年春，李为袁作画时，袁诗《白衣山人画梅歌赠李晴江》就有"山人闻之笑口哆，不觉解衣磅礴赢，更画一张来赠我"[16]。此时李方膺已呈衰态，笑起来已哆嗦气喘，嘴张难合，但为给老友作画，还是强打精神，赤膊上阵拼了老命。

当然，后来等确诊为不治之症后，病情一天天加重，不得不赶紧返回通州，一路舟车劳顿，到家后两日，病情加剧，自料活不了几天，不得已马上将"出身本末及事状"写出，呈请袁枚撰写墓志铭。

15　中医研究院 广东中医学院合编，《中医名词术语选释》，人民卫生出版社，1973 第363页。

16　袁枚 诗集（卷十一）小仓山房诗文集 上海古籍出版社，1988。

我们再来看看西医（现代医学）怎么说的：食管癌的自然病程分为始发期、发展期、外显期及终末期。在外显期（出现噎下困难症状）有报告未经治疗的病例，自症状开始到死亡，平均生存期为 9.4–9.7 个月，而终末期不治疗患者很快死亡，平均生存期 3 个月左右。[17] 众所周知，食道癌早期很难发现，一般均在吃饭下咽受阻时才会找医生，其实此时绝大多数病情已处于晚期。因为食管是一个空腔，癌瘤不长到腔隙的 90% 以上时，吃东西时是不会有下咽困难的感觉的。但是一旦发展到这种情况时，癌肿呈几何级疯长，进行性发展，等到完全阻塞、咽水都很困难时，那就仅有一周左右的生存期。

穿越时光隧道，在二百五十多年前的古代，医疗条件那么落后的情况下，充其量李方膺也不可能活到一年几个月（在金陵作画最晚为乾隆二十年八月二之日）[18] 即便在当今保守治疗（不做手术），可以输液、放支架、化疗、放疗，一个晚期食管癌病人也就活个三到六个月左右。小概率事件虽然有，但科学结论都是基于大数据而来的，应该相信科学。

综上所述，我们认为李方膺卒年应该就是乾隆二十年乙亥（1755）秋九月初三，不太可能拖到第二年（1756 丙子）的九月初三。

最后，顺带说一说六十岁的问题。笔者认为李方膺的所谓六十岁只是刚刚跨入六十岁的门槛，否则，如此重病在身的人士，六十寿辰，哪有不祝寿之理？郑板桥有六十自寿联。许多文人士大夫，包括普通百姓，六十岁寿辰都必须大祝一番，像丁有煜、袁枚这样的挚友哪有不写祝寿诗的道理。可能就是李方膺整生日尚未到。当然也有传李方膺《六十自述》诗四首。后证实此诗为陈抑园所作，是"陈冠李戴"了。至于实岁、虚岁之说，笔者认为我国古代一贯以农历虚岁计算，因为古代人出生(落地)即算一岁，也有科学道理，十月怀胎，与其生物年龄相符。实足岁（周岁、实岁）是社会年龄，现代人户口登记、上学、退休均以周岁为准，但是必须知道准确的出生年、月、日，否则如何知道李方膺的实足岁？所以在计算古人年龄时，仍是按我国传统计岁方式为妥。李方膺也不例外。

论证到此可以确定：笔者推定李方膺卒于乾隆二十年乙亥（1755）九月初三。那么

---

17 张海水．食管癌患者的自然生存期观察，《实用癌症杂志》，1990 年 4 期。

18 李万才、周积寅编．《扬州八怪绘画精品录》，江苏美术出版社，1996 第 388 页。

据此上推，其生年应为康熙三十五年丙子（1696）。终年时六十。

二、李方邹考

在"扬州八怪"中，就数李方膺的身世最为扑朔迷离。首先是李方膺入列"扬州八怪"之争；其次就是其生卒年之辩；最后还有李方邹与李方膺是否同为一人之谜。如今，随着美术史论家们的不懈努力，李方膺身世之谜，已经逐渐一一破解。现就李方邹是否为李方膺一事作出考证。

（一）现行状况

20 世纪 80 年代以后出版的权威著作中，有视李方邹与李方膺为同一人，认为方邹为方膺的初用名，亦有学者对此存疑，但又拿不出证据。试举几例：

1. 上海博物馆编《中国书画家印鉴款识》载："李方膺"条目"名号"中写"初名方邹、虬仲、木田、成村、晴江、秋池、抑园、禊湖、借园、衣白山人、仙李、木子，啸尊者"[19]。

2.《扬州画派书画全集·李方膺》，该画集为国内出版李方膺作品最多最权威的书籍。1999 年 2 月由薛永年先生撰序并作年表。其序文"艺术道路"一节中写道："少年时期的作品，已知仅有雍正二年（公元 1724）款署'南通州李方膺'的《花卉册》，画法为俊秀潇洒的小写意，因又署'李方邹一字晴江'，故被当作方膺之作。但方邹一名尚乏旁证，题款中自称的'客都门'，也有待考实，可暂且置而不论。"[20] 该书后附薛先生编"李方膺年表"中写道："雍正二年（1724），甲辰，28 岁。三月客都门，作《花卉册》（六开），款署'南通州李方邹''李方邹一字晴江'（上海博物馆藏，载于《中国古代书画图目》五）。"[21]

3. 赵鹏撰《李方膺年谱》写道：公元 1724 年，清雍正二年甲辰二十八岁作《花卉册》。按是册署款作"晴江李方邹"或"李方邹一字晴江"，疑方邹为方膺初名。[22]

此后多部介绍和研究李方膺的书籍及文章皆沿用上说，限于篇幅不一一列举。有些

19　上海博物馆编：《中国书画家印鉴款识》，文物出版社 1987 年 12 月第一版，第 342 页。

20　《扬州画派书画全集·李方膺》，天津人民美术出版社，2000 年 7 月第一版，第 3 页。

21　《扬州画派书画全集·李方膺》，天津人民美术出版社，2000 年 7 月第一版，第 1 页。

22　卞孝萱：《扬州八怪年谱（下）》，《李方膺年谱》，江苏美术出版社，1993 年 5 月第一版，第 343 页。

论文及著述还就"李方邹"名字寓意与其身世联系做了生发和推绎。

（二）成因分析

将李方邹与李方膺视为一人，其形成应在 20 世纪 80 年代后。检俞剑华 1963 年编《中国美术家人名辞典》第 350 页李方膺条中，仅有字虬仲，号晴江，又号秋池、抑园等字样 [23]，条目中未提及"初名方邹"一事。

根据资料查证，目前所见最早提出"李方膺初名方邹"上说的，应源于全国古书画鉴定组及上海博物馆。雍正二年李方邹作的《花卉册》（6 开）藏于上海博物馆，编号为"沪1–3901"。按图索引，其出自《中国古代书画图目》第 5 卷，记载如下：沪 1–3901，清李方膺花卉六开册纸设色甲辰（雍正二年，1724 33.9×54.1）[24]《中国古代书画图目》将此李方邹所作的《花卉册》（六开）确认为李方膺所作，此中固然事出有因。1983 年 6月文化部文物局组织古书画鉴定组，对全国各大文博机构进行中国古字画的考查鉴定工作，上海博物馆藏此件李方邹《花卉册》（6 开）当时就被专家们一致认定为李方膺真迹。[25]可以说，这就是将李方邹视为李方膺的源头所在。在此基础上，上海博物馆编写《中国书画家印鉴款识》时，确定李方邹为李方膺的初名。

其二，由于李方邹和李方膺字、号中均有"晴江"，且都是南通州人，据此推断出李方邹与李方膺为同一人。最令人迷惑之处，在于李方邹、李方膺均有画给迥楼三兄的画作，此两件画作也容易让研究者迁想李方邹即李方膺初名。详情如下：雍正二年李方邹作的《花卉册》（6 开）中第 2 开（墨梅图）上款题有："迥楼三兄自都门归里图尘大教"，落款为："晴江李方邹"[26]。（图 2-1）在第 4 开（竹菊图）上款题有"迥兄、芝兄听讲日灯下写"，落款为："李方邹一字晴江"（图 2-2）。[27]另，李方膺于雍正十年有一幅《牡丹图》（图 2-3）（现藏于南通博物苑），也是画给迥楼三兄的，上款

23　俞剑华.《中国美术家人名辞典》（1985 年修订本），上海人民美术出版社，2005 年 1 月第 13 次印刷，第 350 页。

24　《中国古代书画图目》第 5 卷，文物出版社，1986 年 10 月出版，第 465 页。

25　劳继雄.《中国古代书画鉴定实录》第 3 卷（上海博物馆），中国出版集团东方出版中心，2011 年 1 月，第 1344 页（1985 年 5 月 1 日鉴定）。

26　《扬州画派书画全集·李方膺》，天津人民美术出版社，2000 年 7 月第一版，第 2 页。

27　《扬州画派书画全集·李方膺》，天津人民美术出版社，2000 年 7 月第一版，第 4 页。

图 2-1：李方邺《花卉册》之二（墨梅图）上海博物馆藏

图 2-2：李方邺《花卉册》之四（菊图）上海博物馆藏

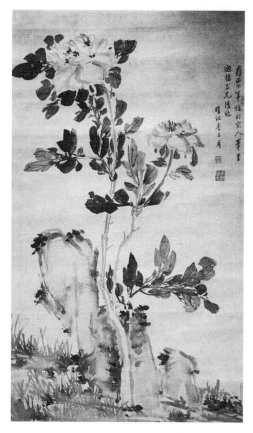

图 2-3：李方膺《牡丹图》南通博物苑藏

书："迥楼三兄清玩"，落款具名为："晴江李方膺"。此两件画给迥楼三兄的画作遥相呼应，真是无巧不成书，字号"晴江"相同也罢，怎么可能八年后的李方膺与八年前李方邹画给同一人呢？由此推论，"李方邹与李方膺同为一人"，"方邹为方膺初名"，似乎更为合理，可信度更大。于此，有必要交代一下李方邹和李方膺他们这位共同的朋友，他就是迥楼三兄。

吴翀，字羽中，号迥楼。清如皋白蒲镇人，宗子。才思敏捷，与同里高才结社会文。雍正元年（1723）拔贡，廷试授山左，转运使者，借其左右手。迁玉田县，补固安县，调武清，教士爱民，多善政。著有《盐车集》四卷，《迥楼诗抄八卷》。[28]

再从另一方面讲，雍正二年后未见有李方邹作品问世。亦未见李方膺此一时期的画作。也就是说，李方邹作品的出现正处于李方膺早年创作的空白期。而目前南通博物苑藏的这幅赠迥楼三兄清玩的《牡丹图》，似应为李方膺存世最早的作品，现在回过头来，仔细比较两人作品风格，还是有明显区别的。

其三，李方邹与李方膺的艺术观非常相近，据此也易推论出李方邹与李方膺为同一人。请看二人的闲章印语。在《中国书画家印鉴款识》李方膺条目下，收有李方邹印鉴11 枚，款识 2 条。其中姓名印 4 枚，分别是：李方邹（白文）、李（朱文）、方邹（白

28　江苏人民出版社 1995 年 7 月第 1 版，《江苏艺文志·南通卷》，第 336–337 页。

图 2-4：李方邹之印

图 2-5：李方膺之印

文）（联珠印）、维扬李氏（朱文）；彰显艺术观的闲章有 7 枚，分别是：耕云（白文）、读雪（白文）、千古（朱文）、率笔（朱文）、德成于忍（白文）、可以长存（朱文），学礼人（白文）；款书分别为："李方邹一字晴江"，"晴江李方邹"。[29]上述印、款均集自雍正二年李方邹作的《花卉册》（6 开）。[30]在《中国书画家印鉴款识》李方膺条目下收录的其本人的闲章中，印语所表达的艺术观与上述李方邹闲章内容相近或一致的有：云根、率笔、琴书千古、上下千古、存我。其中"率笔"一印，文字相同，样式不同。由此可见，李方邹、李方膺二人在创作态度上，皆主张率性为之，艺术追求上均希冀自己的作品能彰显自我，在画史上千古长存。就印鉴考证而言，自目前所见最早的李方膺雍正十年创作的《牡丹图》开始，其作品上也未见有李方邹的名号用印，以此也旁证，李方邹和李方膺实为两人。

但"德成于忍"印李方膺乾隆甲子梅花作品上亦有。粗看与李方邹的"德成于忍"形制相同，细看"德""成""忍"三字局部有显著差别（见"德成于忍"两方印，图 2-4、图 2-5），两印可能出于同一人之手，并非同一枚印章，特作说明。并不会再现李鱓与李方膺同用"大开笑口"一印的现象。[31]

（三）究元决疑

史学研究中存疑现象比较常见，但抉疑必须有足够的证据。所幸，我们在研究李方膺身世，对这一"悬案"深入研究考证之时，在多方寻查资料的过程中，获观李方膺侄孙李懿曾的乾隆癸卯江南乡试朱卷，从中得到若干可以采信的证据。

朱卷系科举试卷的名目。明清两代为防考官衔私舞弊，乡试及会试场内，应试人的

29　上海博物馆编.《中国书画家印鉴款识》，文物出版社 1987 年 12 月第一版，第 342-347 页。

30　《扬州画派书画全集·李方膺》，天津人民美术出版社，2000 年 7 月第一次版本，《李方膺其人其画》，第 1-6 页。

31　何循真、陈金屏　"蛟然五松啸·2016 李鱓诞辰 330 周年学术研究会论文集"李鱓与李方膺及通州名士交游考第 63-68 页。

原卷（墨卷）须弥封糊名，由誊录人用朱笔誊写一遍，送交考官批阅，称为朱卷。考中后，将本人在场中所作之文刊印赠人，也叫朱卷。这种朱卷先载姓名履历，继载始祖以下尊属，及兄弟叔侄，妻室子女；附载受业、受知师；最后选登文章数篇。我们获观的李懿曾的朱卷属于后者，载有履历部分。见以下各图，这份朱卷中，有几处可作考证之用。

1. 关于李懿曾。根据《李懿曾乾隆癸卯江南乡试朱卷》首页（图 2-6）。李懿曾，字实山，号拾珊，行十三，（乾隆）巳卯（巳为己之误）年（1759）十月初六生。幼承家学，学问广博，但三次入试皆中副车。乾隆四十年府学生（《通庠题名录》），乾隆癸卯（1783）参加江南乡试，时年 24 岁。本次科考得中式第二名副举人（图 2-7）。其祖父为李方膺二兄李彩升，父李雾为彩升次子，其又为雾次子。李懿曾于乾隆四十五年与胡长龄、范崇简等在里集山茨社。嘉庆六年至八年曾供事内廷，在武英殿分校《西汉会要》，著《春明校余录》。嘉庆十二年任命铜陵教谕，道经苏州时亡，年 52 岁。其著有《扶海楼集》《乡乐府》《紫琅山馆集》等。该图（图 2-6）中现玉铉少一点（为避帝讳），更正朱卷之真实性。

2. 关于李方邹。从朱卷（图 2-8）中可以看出，懿曾的堂伯叔祖中有方燕庠生，方韩监生，方淮、大绥府学生，方豫、方越、方晋、

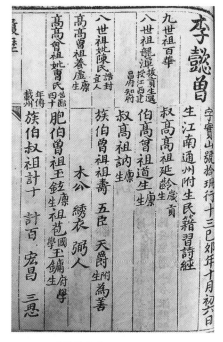

图 2-6：李懿曾朱卷

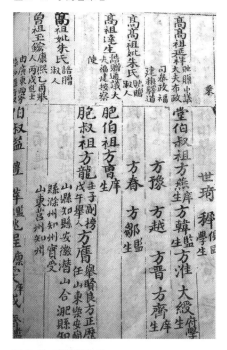

图 2-7：李懿曾朱卷

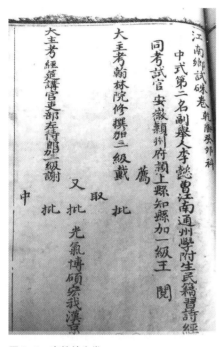

图 2-8：李懿曾朱卷

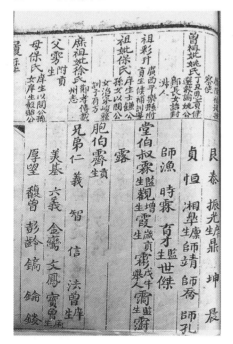

图 2-9：李懿曾朱卷

方齐庠生，方春、方邹监生。（李方邹为监生，此与李方邹于雍正二年在国子监听课期间所作《花卉册》中，署"客都门""听课日灯下写"款恰好互为印证）。上述这些兄弟皆为李玉铉三位长兄玉铉、祖苞、玉镛之子。而方膺则属胞叔祖之列。李玉铉系达生之季子，方膺又是玉铉之季子。从该图所见，方邹、方膺显然为两堂兄弟，按长幼序列，方邹应为方膺堂兄，然在未明两人生年之前，不敢妄断。

3.关于李彩升。早年曾有学者认为李彩升与李方韩为同一人，且是李方膺二兄，也是李方膺绘画启蒙老师。从朱卷（图 2-8）中可以看到，方韩实另有其人，系玉铉三位长兄之一的儿子，为监生；李彩升为李玉铉次子，"附贡生、候补训导"（图 2-9），此二人应是堂兄弟。至于管劲丞在《李方膺叙传》中所言"李彩升即他（指方膺）的二兄李方韩，一名字缘，出嗣于他的叔父"[32]此处可能有误，其出处疑源自王藻《崇川诗抄汇存补遗目录》第 7 页（有嘉树轩辑）中"李彩升荆州原名方韩以廪贡授桂林训导"。而清佚名纂《直隶通州志续编不分卷》（稿本）中则云："李彩升，字荆州，号一识，玉铉次子，廪贡生。"未提及出嗣事，字号亦不同。在朱卷履历中，

32　郑奇、黄俶成.《扬州八怪评论集》，江苏美术出版社，1986 年 6 月出版，第 144 页。

李彩升为李懿曾祖父，李方韩列于其堂伯叔祖，且，同一朱卷中不可能、也不允许同一人分署两处；即便出嗣，也应加说明。再者，"出嗣于他的叔父"，彩升父玉铉为季子，何来叔父？若说伯父倒还可能。如果扯得远些，玉铉父达生尚有兄道生，堂兄弟讷，是否出嗣讷之某子，那就是远房叔父了，未见《李氏家乘》，对此不敢妄加猜测，可存疑。

此外，该朱卷还弥补了一处空白，以往一直不知达生次子名字，从（图2-6）中明确即达生次子名祖苞。巧合的是，李玉铉四兄弟中，虽玉字派，唯次子祖苞例外，李方膺四兄弟中，字派为方，次子彩升也是例外，未知原因何在。

行文至此，可作小结。由于《李懿曾乾隆癸卯江南乡试朱卷》（履历）的出现，此前视李方邹即李方膺为一人者，显然是一个美丽的误会。如此看来，南通美术史上就多出了一位知名度不低的画家李方邹。而在此之前，研究和介绍李方膺身世及其作品的有关著述，将来再版时则有必要纠正。

李方邹非李方膺初名，李方邹与李方膺实为二人的结论，为此次史料发现后的初证。李方邹一字为"晴江"，说明李方邹还有其他字。李方膺后又以"晴江"为字或号行世，一个家族同辈中以相同的名词作为字或号，实属罕见，是否合乎规制？是否还有未面世的李彩升、李方韩相关史料能佐证，李玉铉、李方膺一系家族的《李氏家乘》至今未能发现、面世，这些给此结论又带来想象、推断空间，因此，本案仍然值得期待旁证进一步考证。文献作用不言而喻，专家术业有专攻，可以大胆设想，但必须小心求证。只有究元抉疑，方能博洽周流。

三、李方膺生平概述

（一）耕读世家

从南通州李氏世系表得知，李方膺祖上是明初由江西新淦县迁来南通州。始迁祖元佩后第四、第五世任过户部郎中、建昌知府外，直至李方膺父李玉铉时，均为半耕半读之家。李玉铉曾用诗描述过他少年时的清苦生活。

"少时辛苦几多年，老至方图饱食眠。十亩尽收荞麦子，春来作饭也堪怜。十家厨灶九无烟，雨雪萧萧岁暮天。儿妇供来粗粝饭，疗饥有术尽陶然。"

这种生活直至李方膺时仍未有大的改观。成年后的李方膺在福建随父官任时，曾奉命作了一幅《三代耕田图》，是图作后十七年，他披图有感，在其上题诗四首。

其一，披开不禁泪痕枯，辗转伤心辗转孤。十七年前漳海署，老亲命我作斯图。

其二，半业农田半业儒，自来家法有规模。耳边犹听呼龙角（方膺小名龙角），早起牵牛下绿燕。

其三，老父初心寄此图，教儿从幼怕歧图。诸孙八九开蒙学，东作提筐送饭无。

其四，父子衔恩遭际殊，涿州分路泪如珠。谆谆农事生灵本，三代耕图记得无。

从李方膺题诗中，可以感受到父亲对他殷切教诲外，也真实地反映了李方膺少年生活的贫寒。"半业农田半业儒"的耕读之家，其生活境况在少年方膺脑海中应该留下了深刻的印象。这样的日子，直至康熙四十五年，其父中了进士，在朝廷中做了中书舍人后才见到转机。

李玉铉科举成功，对多年沉寂的李氏家族不啻是莫大的荣耀和鼓舞。在父亲的影响下，四个儿子各有所成，长子方曹，诸生；次子彩升，廪贡生，云南府同知；三子方龙，乾隆戊午举人；四子方膺雍正元年举贤良方正。玉铉雍正元年外升云南楚雄知府，二子彩升随任，惜过劳"殁于父任，年方三十有九"[33]。

李方膺十岁时开蒙，于康熙五十六年（1717）入学。入学时曾立下"奋志为官努力作画"的终生志愿。多数方志上记李方膺为诸生，独《潜山志》记载：李方膺，监生。

李方膺在学习期间，一心诵读圣贤书，对孔子、孟子十分崇敬。其印章用语：学礼人、受孔子戒，证明他浸淫孔孟之道尤深。工作之余不忘作诗、绘画。目前发现李方膺存世最早的画为雍正十年《牡丹图》（现藏南通博物苑）。

（二）宦海飘蓬

雍正四年（1726），李玉铉出任福建通省粮储驿传道，李方膺随父入闽，由福建延建邵道魏壮保举为"贤良方正"。雍正七年（1729），其父亲李玉铉被雍正帝召见，李方膺也随父亲进京赴吏部候选。同年，李方膺出任山东乐安县知县，从此开始了他的官宦生涯。雍正十年（1732），李方膺出任莒州知州，雍正十二年（1734）回乐安任知县，同年年末，又赴新设立的兰山县任知县。雍正十三年（1735），因阻河东总督王士俊有

33　清·王藻辑《崇川各家诗抄汇存》诗抄补题·李彩升传。

名无实地开垦涸地一事而入冤狱，乾隆元年（1736 年），因王士俊获罪，李方膺方得以出狱官复原职。

乾隆四年（1739）秋，李玉铉一病不起，于十一月溘然去世，享年八十一岁。父亡，按古制李方膺须在家守孝三年。丁忧三年内不得做官，不得婚娶，不得赴宴，不得应考。三年期满叫"服阕"。此后三年里，李方膺在家守丧，读父书，修《莒州志》，钻研绘画，会见亲朋好友。乾隆五年（1740），李方膺所著《山东水利管窥略》一书在山东出版，并被分发到各州县，作为治水参考。乾隆七年六月修订《莒州志》完成，交友送山东莒州知州彭申声。乾隆八年初，母亲辞世，因此居家丁内艰继续守丧。居家六年，常与文朋画友相互切磋，画艺大有长进。乾隆十一年（1746）春节过后，李方膺又北上京城谒选。次年，赴安徽潜山任知县，不满一年时间，李方膺又调任滁州知州，乾隆十三年（1748）复任潜山知县。乾隆十四年（1749），李方膺调任合肥知县，乾隆十六年（1751），以贪赃之名被撤职受审，到乾隆十八年（1753）案情大白，两位因受连累被羁押的老仆出狱，案情了结，李方膺从此离开仕途。

（三）借园卖画

乾隆十七年（1752），李方膺官事了，冤情白。他为两仆人压惊，安排他们回家探亲。自己也告别合肥乡亲。从此，李方膺彻底冷了仕途心。回到金陵，选择借园关门作画工。为卖画方便，又在秦淮河河亭等处作画售画。丁有煜在《哭晴江文》中说："谢事后，其画益肆，为官之力并用之于画，故画无忌惮，悉如其气。"画得好了，画得多了，金陵的朋友圈也常常聚会。

方膺在南京"罢官寓江宁项氏花园，日与沈补萝、袁简斋浏览名山，观者号'三仙出洞'"（蒋宝龄《墨林今话》卷一）。三人经历相似，艺术上多有共同语言。他们郊游、聚会，吟诗作画，这期间李方膺画了许多好作品，日子过得也开心。不觉得两年过去。李方膺有些思乡，而袁枚反复挽留。其实袁枚不知道，乾隆二十年（1755）以来，李方膺身体已出了问题。不仅是未老先衰，而且噎症找上门来，医生告之：此怀奇负气，郁而不舒之故，非药所能平也。直到是年八月画画已力不从心，八月二日最后那幅梅花卷，已经笔力衰退得厉害。大约就在该月，李方膺决定返通。到家后十日（九月三日）便撒手人寰。临终前，将自己的出生本末及行状手书托袁枚为作墓志铭。自己则自铭其棺曰：

吾死不足惜，吾惜吾手。

李方膺真是心有不甘，一心想为朝廷效力，却屡遭打击和迫害，三起三落，最终遭遇逆淘汰。不当官也罢，画画技艺才日臻兴旺，偏偏绝症临头，他不怕死，死不足惜，可惜的是他那绘画妙手，足见其对绘画艺术的挚爱，至死不渝。

是年，李方膺六十岁。

附：李方膺汇传

李晴江墓志铭

乾隆甲戌秋，李君晴江以疾还通州。徙月，其奴鲁元手君书来曰："方膺归两日，疾笃矣。今将出身本末及事状呈子才阁下，方膺生而无闻，借子之文光于幽宫，可乎？"九月二日拜白。读未竟，鲁元遽前跪泣曰："此吾主死之前一日，命元扶起疾书也。呜呼！晴江授我矣，其何敢辞。"

晴江讳方膺，字虬仲。父玉铉，官福建按察使，受知世宗。雍正七年入觐，上悯其老，问："有子偕来否？"对曰："第四子方膺同来。"问："何职，且胜官否？"对曰："生员也，性憨不宜官。"上笑曰："未有学养子而后嫁者。"即召见，交河南总督田文镜以知县用。八年，知乐安，邑大水，晴江不上请，遽发仓为粥。太守劾报，田公壮而释之。募民筑堤，障滋水入海，又叙东郡川谷疏浚法为"小清河"一书，载之省志。十年，调兰山，当时总督王士俊，喜言开垦，每一邑中，丈量弓尺，承符手力之属麻集，晴江不为动。太守驰檄促之，晴江遂力陈开垦之弊，虚报无粮，加派病民，不敢肺附地方忧。王怒，劾以他事，狱系之。民哗然曰："公为民故获罪，请环流视狱。"不得入，则担钱贝鸡黍，自墙外投入，瓦沟为满。今天子即位，乾隆元年，下诏罪王士俊，凡为开垦罢官者悉召见，诏入城，已二鼓，守者即夜出君于狱。入都，立军机房丹墀西槐树下，大学士朱轼指示诸王大臣曰："此劝停开垦之知县李兰山也！"愿见者或挤不前，则额手睆曰："李贡南有子矣！"悲喜为之泣。奉旨发安徽，以知县用。晴江乞养母家居。四年服阕，补潜山令，调合肥。被劾去官。

晴江言曰：两汉吏治，太守成之，后世吏治，太守坏之，州县上计，两司廉其成，督抚达于朝足矣！安用朝廷二千石米，多此一官以□间之邪！晴江仕三十年，卒以不能事太守得罪。初劾擅动官仓，再劾阻挠开垦，终劾以赃。皆太守有意督过之，故发言偏宕。然或挤之而不动，或踬而复起，或废而不振，亦其遭逢之有幸有不幸焉。而晴江自此老矣！晴江有士气，能吏术，岸然露圭角，于民生休戚，国家利病，先臣遗老嘉言善政，津津言之，若根于天性者然。性好画，画松、竹、兰、菊，咸精其能，而尤长于梅。作大幅丈许，蟠塞夭矫，于古法未有。识者谓李公为自家写生，晴江微笑而已。权知滁州时，入城未见客，问："欧公手植梅何在？"曰："在醉翁亭。"遽往，铺毡氍再拜花下。罢官后得噎疾，医者曰："此怀奇负气，郁而不舒之故，非药所能平也。"竟以此终。年六十。

袁枚《小仓山房文集》卷五

哭晴江文

李晴江少余十五岁，交四十五年，秩然无紊雁序。自补邑弟子员，即思奋志为官，努力作画，以保举授山东乐安令。丁艰终养服阕，补江右潜山，调合肥，赤心为民。暇则购画，故笥无他蓄，座无俗客。与浙水袁子才、沈凡民甚善，论文把酒，竟日终夜弗倦。性最敏，眼最慧，而气最盛。一日谓余曰："人生宇宙，饮食有死活，皮肉分香臭，珍错不死而食者死，疏水不活而食者活，夫食以养体。耳目不臭，视听臭，则耳目亦臭，手足不香，动作香则手足亦香。质之前人，准之今人，决之后人，死活香臭画如矣。"言虽不羁，而说自近理，心窃是之，其于官也亦然，其于画也亦然。独是画弗取谷而官取谷，遂罢谪。谢事以后，其画益肆为官之力并而用之于画，故画无忌惮悉如其气。归里十日殁。殁之日，自铭其棺曰："吾死不足惜，吾惜吾手。"余哭之曰：吾爱而性矜持而目用降而气。

丁有煜《个道人遗墨》

李方膺传（一）

李方膺，晴江、虬仲其字也，诸生。雍正初元保举贤良方正，七年随父玉铉入觐。召见奏对称，旨以沿海州县用。八年，补乐安令。会大水，民避高树颠。方膺曰：先请后赈，民将为鱼，昔汲黯擅发官粟在此时也矣。尽其仓为粥，民赖以活。制府田公文镜壮之。闻于朝，至今灾地抚恤一月，自此始。次年米贵，府仓存粟二十万石，泥于例，固而封之，乃请。自三月至于五月，米价平。募民筑曲堤障，滋水入海。书其储佣粟为偿。又叙东郡川谷，形势阡陌曲折，渟蓄疏瀹之法，为小清河一书，载之省志。后之治水者宗之。调兰山令，寻署莒州牧。莒地颇健讼，胥吏素狡猾，相戒莫敢犯法。调兰山时，总督王士俊喜言开垦丈量，匈匈急如束湿，不为动所辖。某驰檄督之，遂力陈事之有名无实，虚报则无粮，加派则民病，现今无可艾杀之地，不敢肺附粉饰，贻地方忧。语太急切，王士俊怒署曰：不杀李方膺法不行！趣以钦章颂系之狱。民恻然曰：公为百姓故获罪，请递往视狱，不得入，则担钱物自墙外投瓦沟为满，朝夕□□不去。乾隆初元，特诏罪督臣开垦之害，即日出方膺于狱。朱相国轼指示人曰：此劝停开垦之县令李兰山也。或睨之曰：彼颀而长，眼三角芒者是耶。改发皖省，补潜山令，调合肥，署滁州，后以不善事太守落职。居金陵项氏园，自号借园主人。初至滁州，未见客，问欧阳公手植梅何在，曰：在醉翁亭。遽往，铺氍毹拜花下。居借园以卖画为活。性喜歌舞，岸然露圭角，其郁勃不平之气寄于书画，松竹兰菊皆精，而尤长于梅竹，大幅三四丈，蟠塞夭矫，或谓为自家写生，但微笑而已。既得噎疾，自借园归里。医者云：此负奇气，郁而不舒之故，非药所能平也。竟以此终。年六十。祀莒州名宦祠，乐安、兰山皆有专祠，著有梅花楼诗抄二卷。

（清）王藻 辑《崇川各家诗抄汇存》

李方膺传（二）

李方膺，号晴江，南通州人，由诸生保举授乐安令。奉委来莒署篆，俗颇健讼，方膺晓之以理，动之以情，有顿首泣谢以去者。胥吏素狡猾，相戒莫敢玩法。捐俸重修学官，规模增焕。又以州志缺修已六十余载，身任其劳，旁搜博考，征信阙疑，粲然成帙。会奉檄回乐安本任，乃以稿本授州人，付之剞劂，数十年来，文献不泯，公之力也。

嘉庆《莒州志》

李方膺传（三）

李方膺，字虬仲，闽臬玉铉季子。雍正元年以诸生召对，称旨，遂知乐安邑。大水，不待上请，发仓赈民，制府田文镜壮之。调兰山，力除开垦之弊，有名无实，虚报则无粮，加派则民病。语激切，忤王士俊，趣以钦章，系之狱。民哗然，曰：公为民获罪，请环流视狱。不得入，担钱贝鸡黍自墙外投入，瓦沟为满，后诏按俊罪，乃出膺于狱。补合肥令，权滁州，卒劾归。尝言：两汉吏治，太守成之，后世吏治，太守坏之。两司廉其成，督抚达于朝足矣，安用损朝廷二千石？为膺数被议，皆太守督过之，故其言如此，性兀傲，不屑事上官，善画，有奇气，尤长于梅，子霞别有传。

光绪《通州直隶志》

李方膺传（四）

李方膺，字虬仲，号晴江，江南通州人。雍正朝以生员召见，特旨发山东试用知县。七年莅县任，年少才高，政绩卓著。南增曲堤以庸淄水，北□福民河以杀济流，而水患除。革换贴陋规，除滥征市税，而民力苏。修儿董二公之墓以重前贤。分佃芰草地亩以恤贫穷。至请赈以救荒害沙压水淹之粮以息累。经画至计其见于所著《民瘼要览》书中，又手葺邑乘，始终其事，使文献有征，尤非庸俗吏所能企及也。

民国《乐安县志》

李方膺传（五）

李方膺，字晴江，号虬仲，江南通州人。初为诸生，专务经济实学，经书子史而外，罔弗浏览。遇事明达，多智略，有以疑难质者，辄迎刃解。雍正七年，以荐辟引见，天子奇其才，特授山东乐安令。莅任数月，百废俱举，上台器重之，委署莒篆。下车伊始，即以扶衰起靡为己任，捐俸首倡重修学宫，若大成坊，若两庑，若墙垣，先后营建，择莒士谨愿者董之，以次竣厥事。莒志六十余年无修者，公独任其劳，命诸生各以见闻告，阙疑征信，粲然成帙，既定稿。将付剞劂，遽奉檄同乐安，盖欲大造于莒而未竟其志也。方膺廉明仁恕，果达艺三者兼之。莒民多健讼，谕之以理，动之以情，皆顿首泣谢，相戒勿敢犯。庭草茸茸长尺许，遇事执法如山，然惠性成，莒之胥吏素狂悍，至是各胆落，不敢伺颜色，乡曲细民，则戴之若父母焉。

民国《重修莒州志》

中篇　各论

第三章　李方膺诗文与著述

第一节　李方膺诗作

中国是一个具有悠久文化历史的文明古国，尤其诗歌更是源远流长，有诗国之称。诗文是中国画生长的土壤，没有诗文的基础，就无法深研中国画，就不足与论画。孔子曰："不学诗，无以言"，可以说，不会作诗，不懂中国诗词，没有诗词修养，不解诗意的人，是画不好中国画的。

唐代是我国诗歌发展的鼎盛时期。唐代题画诗相继问世，如杜甫的《丹青引赠曹将军霸》，王维的《山居秋暝》均可视为题画诗的先驱，尽管这些诗未必是题在画上。真正的题画诗，到了宋代才有。苏轼、米芾、杨万里、范成大等题画诗，已达到很高的水平。如苏东坡的题画诗《鸭戏图》（竹外桃花三两枝），已成为名篇。元代的题画诗有了很大的发展。王冕在题《墨梅图》中，体现了"诗言志"的传统观念："不要人夸颜色好，只留清气满乾坤。"明清是题画诗的全盛时期。在清朝画家中，李方膺等"扬州八怪"均擅于画上题诗。他们托物言志，关心民间疾苦，表达了出仕知识分子的高尚品德。

古云："诗言志，歌抒情，画代心声。"李方膺是画家兼诗人。他的诗大多为题画诗，目前已发现的计 294 首，其他的感时诗、怀古诗、抒怀诗、送别诗、咏物诗、怀亲诗、唱和诗仅 19 首。合计作诗 313 首。李方膺生前未出过诗集，其《梅花楼诗草》，也是去世后后人搜集整理的，也仅 20 多首，存于《崇川各家诗抄汇存》中，其中题画诗亦占半数以上。李琪辑有《李氏诗集》，收集其通州始迁祖以后至李琪十数代李氏家族诗作，惜未获观，可能已佚。

从现存李方膺的诗作看，其诗主要继承了古代现实主义风格，立意切近现实人生，遣词造句沉着痛快，酣畅淋漓。生前就受到行家喜欢，西泠八家之首著名篆刻家丁敬，就因爱其诗而赠印数方。当代著名画家黄胄观李方膺《游鱼图》，认为"笔墨荒率，画无奇处而诗极好，天真可爱使画意盎然，此当是文人画一绝。"[1]李方膺诗如其人，质朴而有豪气，清通而能脱俗。其口语化与幽默感可能受到明代公安派与好友袁枚性灵派的影响。李方膺的诗既有李白之潇洒浩荡，又有杜甫之沉郁稳重，风格多样，作品既有绝句，亦有律诗，也有乐府。

为研究与欣赏方便，我们将李方膺诗作分为两大类讨论，并略加注释。一类是表明艺术观点和绘画意趣，具有象征意义的题画诗；另一类为其感怀伤世，况味人生的抒怀诗。

一、题画诗（294 首）

（一）题梅诗（126 首）

有"梅仙"之称的李方膺，一生中不仅画梅最多，题梅诗也最多，写得最好的诗，也是梅诗。初步统计有 126 首，含内容基本相同、变更少数字在内的题梅诗。

十月阳春初动时，勾芒有诏岭南枝。

百花领袖无消息，早发寒香不可迟。

乙卯十月二十三日灯下补题。

注：勾芒，传说中的春神。

梅花一夜遍南枝，销得骚人几许时。

自去何郎无好咏，暗香唯有明月知。

乾隆七年八月五日写于梅花楼。

注：何郎，即南朝扬州太守，梅花诗人何逊（卒于527年）通过记述有影响的爱慕者而成为中国爱梅诗人的原型。寿阳公主（宋武帝女儿，420—422年在位）作为一个睡美人的形象经常出现在后来的梅诗中，她额上以一枝落梅为妆。北魏的陆凯南方赠一首诗和一枝梅给北方的朋友范晔，诗中"一枝春"，自此成为梅花的比喻词，一千多年来在梅诗和梅画中普遍运用，梅枝形容将要分离的朋友和爱情逸事。

1　黄胄. 《黄胄书画论》，荣宝斋出版社，2004 年 6 月第 1 版，第 18 页。

幽芳独秀在山林，密雪无端苦见侵。

驿使不来羌管歇，与谁共语发寒心。

乾隆七年八月五日写于梅花楼。

昨向孤山脚下来，南枝开遍北枝开。

春风唤醒林和靖，一瓣花须赏一杯。

乾隆十一年三月写于梅花楼。

注：林和靖，即北宋隐逸诗人林逋（967—1028）。林逋在距杭州不远的西湖孤山过着隐居生活，他从不追名逐利，而是沉醉于书法、吟诗、种梅、养鹤。因为后两者，加之他从未结婚，人们说"以梅为妻，以鹤为子"。真宗（997—1022年在位）赐粟帛与他，仁宗（1022—1063年在位）赐谥号"和靖先生"，梅尧臣用"平淡"二字评价林逋诗特色。

欧阳修对林逋《山园小梅》中"疏影横斜水清浅，暗香浮动月黄昏"特别赞美。在宋代文人心中，林逋变为理想化的梅花隐士：才华横溢却寂寂无名；刚正不阿，不为贫穷所役，不为声名所累；异乎寻常、特立独行，在隐晦之中繁华。自宋至清，中国文人有选择地或者必要地引用林逋的诗文，模仿其个性，将其作为一种生活策略。于是，林逋就站在梅花诗与绘画中，成为梅诗鼻祖。

冷淡生涯画作殊，春光一半走江湖。

故园草屋书千卷，辜负梅花三十株。

乾隆十三年晴江写意。

一枝斜挂一枝垂，莫怨丹青手段卑。

独向百花分别处，不逢摧折不离奇。

乾隆四年六月仿伯纪书法于东大楼。

化工错落好风殊，南北枝分共一株。

多谢画家秉直笔，先春烂漫后春无。
乾隆十三年戊辰冬日。
注：潜山任上作《墨梅》册。

十月和风作小春，闲拈笔墨最怡神。
平生事事居迟钝，画到梅花不让人。
戊辰冬日。

雪片千层彻夜敲，挑灯研墨画梅梢。
秀才偏是寒酸骨，冷淡之心故故交。
乾隆十三年。

寒梅初放两三桠，淡素无心开物化。
行路客逢传驿使，关山人折寄天涯。

为怜寒峭宜春早，却感清阴待月斜。
竟尚姚黄夸富贵，有谁着眼看梅花。
注：姚黄，牡丹中名贵品种。

飘逸丰标在玉照，清淡肺腑在冰壶。
琼枝淡写供仙梵，着色添禅禅不枯。

平生心事画梅看，曾伴全书谒上官。
不料江南成笑话，逢人只说秀才酸。
戊辰冬日。

梅花与我本同乡，别后年年入梦长。

熟读何郎诗百首，十分心事一分偿。

五月十二日。

东枝西干复横斜，章法全无笑画家。

我有乡思未下笔，小楼四面看梅花。

乾隆十六年七月二日于合肥。五柳轩，艺园大兄清玩。

老干如何似柳悬，起人疑窦问春天。

不知花样年年变，万个明珠铁线穿。

乾隆十八年癸酉春于借园。

五月梅花浓墨池，孤标别韵不逢时。

虽无索笑巡檐客，心骨清凉我自知。

晴江题于石家河亭。

十日厨烟断米炊，古梅几笔便舒胃。

冰花雪蕊家常饭，满腹春风总不饥。

乾隆十有九年十月于金陵借园。

蕊瘦枝寒雪里开，精神满腹自天来。

纵然落拓篱边种，领袖东风廿四回。

注：乾隆甲戌写。另一幅首句"铁干冰花雪里开"二句同。三、四句为"不关九十春光事，领袖东风廿四后"。这首诗妙在"落拓"与"领袖"之间形成的张力。借喻一介寒士的豪迈气概，恢宏气度由此发散于诗句之外。由此领略到被罢官的李方膺仍然是一副有傲骨有气节的精魂。

洗尽铅华不染尘，冰为骨格玉为神。

悬知天上琼楼月，点缀江南万斛春。

辛未初夏于泗州蒋家坝。

绿萼朱砂刺眼明，巡檐索句最多情。

只愁淡墨轻烟色，春到人间问姓名。

乾隆十八年写于金陵河亭。

注：绿萼、朱砂，为梅花名品。

冠世精神分外幽，不同翠羽共啁啾。

芳如蕙兰清如菊，一半春温一半秋。

乾隆十六年夏日于盱眙蒋家坝。

注：另一幅，第二句为"此般风致笔难收"，余三句同。乾隆十六年。

元章炊断古今夸，天道如弓到画家。

我是无田常乞米，借园终日卖梅花。

乾隆十九年秋日写于金陵借园。

注：元章，指王冕

天道如弓，暗喻老天爷也不公平。

不学元章与补之，庭前老干是吾师。

写完瞠目支颐坐，门外雨霜陨雪时。

乾隆十一年丙寅中秋，于北京米市胡同。

注：补之，南宋墨梅大师扬无咎，号逃禅老人。

十三楼畔邗江东，官客清标韵不同。

风雅不归欧永叔，梅花何处向遭逢。

广陵客舍。

注：欧永叔，欧阳修字永叔。

另乾隆甲戌《梅花图》册（十四开）之五，题二、三句为："闲客""不情"有异，余同。

生憎施粉与施朱，高挂青天明月珠。
春到江南称第一，雕冰镂雪墨痕无。
乾隆甲戌。

雪意风情逸韵增，淡于秋水洁于冰。
知他不是风尘客，位置瑶台第一层。
乾隆十八年。

雪晴月上晚风香，屋后梅花次第芳。
天与遭逢迟岁暮，非关生性喜冰霜。
癸酉夏五。
注：另一幅第四句为"不关生性喜冰霜"，余同。

静坐河亭四十天，梅花涂抹两三千。
遥知市井春风遍，笑煞勾芒尚醉眠。
注：勾芒，古老神话人物，伏羲氏四子中的老大，名重，春官、春神。

终年学画古梅根，牵引孤怀不可论。
冰骨代天旋地轴，萧萧边幅淡无痕。
辛未乾隆十六年五柳轩。
注：乾隆十七年五月廿七日所作句相同。

天性懒骨无如我，画到梅花兴不同。

最爱冰枝多耿直，不知屈曲向春风。

乾隆十三年冬日写于皖城山谷祠

注：另一幅于广陵客舍。又有写于五柳轩之前廊。第二、三句为"画到梅花便不同，最爱新枝长且直"，第四句为"不能屈曲向春风"。

画笔纵横不肯庸，凭空梅花挂重重。

问他生长灵根处，只在罗浮第一峰。

乾隆二年写于历下碧梧居。

注：另一幅题"画笔纵横无底止，春从天上挂重重。有人猜着灵根处，只在罗浮第一峰"。乙卯十月写于古琅琊。

注：罗浮，山名，在广东省东江北岸。风景优美，为粤中游览胜地。晋葛洪曾在此山修道，道教称为"第七洞天"。相传隋赵师雄在此梦遇梅花仙女，后多为咏梅典实。

知己难逢自古来，雕虫小技应尘埃。

扬州风雅如何逊，瘦蕊千千笑口开。

官阁成尘事已凋，我来僧舍画梅条。

扬州明月年年在，收拾春风廿四桥。

相门才子清人骨，索与梅花意气雄。

不是孤山林处士，调羹鼎鼎旧家风。

乾隆十一年九月六日。

注：林处士，即林逋。

调羹，羹是中国古代流行的浓汤。梅常被用来生成酸味，并常被称为盐梅，是羹的主要调味品。烹饪中酸咸调味品（盐梅）的作用是消除羹的平淡无味，它就像朝堂中直谏的大臣与那些阿谀奉承的大臣相互平衡的作用一样。大量的咏梅诗和墨梅画题跋中，作者通过"和羹""调羹"和"商鼎"等表达他们的政治志向与官场失意。

谁把江南万斛春，寄怀篱落便怡神。

梅花楼上三千竿，一线阳和不让人。

天不严寒岁不春，梅花遭际更精神。

洛阳桥畔吕文穆，惆怅东风笑路人。

乾隆十一年夏日写车停馆。千乘旧使君李方膺。

注：吕文穆，北宋贤相，能宽厚待人。

瘦蕊寒枝远俗尘，终朝图画最怡神。

谁知山泽耀儒脣，担得江南万斛春。

墨痕浓淡总风流，玉骨冰姿莫与侪。

吩咐君家双白鹤，夜来不许宿枝头。

微雪初消月半池，篱边遥见两三枝。

清香传得天心在，未许寻常草木知。

此幅梅花另一般，并无曲笔要人看。

画家不解随世俗，直气横行翰墨端。

乾隆十二年十月五日于滁阳梅花楼。

偶想元章换米时，五都市上亦矜奇。

不知曾遇林君复，分别南枝与北枝。

梅花此日未生芽，旋转乾坤属画家。

笔底春风挥不尽，东涂西抹总开花。

江南燕北路参差，好友难堪话别时。

春到不愁无驿使，梅花自古慰相思。

雪晴三日未全消，独自寻梅过板桥。

造化亦能工笔墨，断崖斑白点疏条。

戊辰冬日于皖城。

注：另一幅是戊辰冬日乾隆十三年写于金陵桃叶渡，第二句为"晓起寻梅过板桥"，余同。还有一幅第二句"晓起寻梅过断桥，天生亦知工笔墨"余同。（通博藏）

铁干盘根碧玉枝，天机浩荡是吾师。

画家门户须自立，不学元章与补之。

乾隆二十年八月二之日于金陵借园虎溪桥。

注：另一幅己巳正月写于梅花楼，第一句"铁干铜皮碧玉枝，庭前老树是吾师"。余句同。又另一幅，第一句为"铁干盘根碧玉枝"，余句同。再有一幅，乾隆十三年《墨梅》册，第一句"古干盘根碧玉枝"，余句同。

雪拥梅花傲岁寒，秀才风味画图看。

人言结实减牙齿，来解调羹尚借酸。

乾隆十三年又七月写于金陵客舍。

逸韵清姿欲动初，平芜草木总阳舒。

画家不候东风信，早竖春幡雪到除。

于五柳轩。

玉笛何人隔院吹，回廊风过影参差。

月来满地冰霜结，正是臣心似水时。

乾隆辛未夏五月写于高粱涧。

每从江北望江南，万叠春云暗远岚。

欲寄骑亭劳驿使，一枝冰雪许谁探。

辛未夏五写于盱眙之蒋家坝。

大地春风总不殊，家山官舍两堪娱。

吴丝买得知谁绣，领取新香入画图。

仿华光老人笔，于山阳之越城。

注：仲仁（？—1123）世人称华光，首创"墨梅"。

半湾新月漾银钩，瘦尽春城十二楼。

怪底司勋眠不得，从今夜夜梦扬州。

辛未初夏于泗州蒋家坝。

仙客春光到眼前，暗香疏影冷山阿。

归家休见千枝雪，飞上头颅一半多。

写于合肥五柳轩，时在辛未八月。

挥毫落纸墨痕新，几点梅花最可人。

愿借天风吹得远，家家门巷尽成春。

写于乾隆四年六月。

另一幅，首句为"挥毫落纸净无尘"，余同。

注：天风，喻皇天之风。

按梅诗写得好的画家不少，或孤芳自赏，或自我落寞，或借花言人，但李方膺一反金农独善其身的所为，更为难能可贵。[2] 诗人通过对"家家门巷尽成春"的良好祝愿，充分体现了作者对劳苦大众的无限关怀与同情。精神境界之崇高，可见一斑。

> 轻烟淡墨玉精神，洗尽繁华不染尘。
>
> 岂是梅花偏娇俗，文章五色贵清真。
>
> 乾隆十九年前四月写于白下借园梅花楼。
>
> 注：另一幅第三句是"岂是梅花妒世俗"，第四句"文章本色贵语真"，余同。

> 直气横行另一般，画无曲笔要谁看。
>
> 此毫翰墨岂随俗，瘠影寒香在毫端。
>
> 乾隆十六年二月写于合肥五柳轩。
>
> 注：另一幅题"此幅春梅另一般，并无曲笔要人看。画家不解随世俗，
>
> 直气横行翰墨端"。诗意大致相同。

> 笔底梅花镇日开，铲除尘埃一时回。
>
> 平生知己多惆怅，夜夜罘山入梦来。
>
> 乾隆十七年秋仲写于合肥五柳轩之扁豆棚。

> 一夜山头雪正晴，玉栏杆外月弓明。
>
> 早春独步堪谁赏，终古知音宋广平。
>
> 乾隆十六年。
>
> 注：颜真卿书宋广平碑。清刘熙载《书概》述鲁公书《宋广平碑》纡余蕴藉，令人昧之无极。然亦实无他奇，只是从《梅花赋》传神写照。宋璟（663—737），唐宰相，封广平郡公，世称"宋广平"。

2　洪丕谟.《墨池散记》，学林出版社，1996 年 8 月第 1 版，第 171 页。

记取风流姑射山，却随明月到人间。

何当引入罗浮梦，直向银河打浆还。

于盱眙蒋家坝。

画家胆大便成材，收拾春光信笔来。

不肯依山循水傍，冰枝玉蕊自天开。

丁卯乾隆十二年。

香雪凝花冷淡生，并无秋艳动人情。

谁从本色来题品，知己难逢宋广平。

墙角数枝梅，凌霜独自开。

遥知不是雪，唯有暗香来。

雍正十二年于梅花书屋。（注，录宋王安石《梅花》诗）

月色无高下，梅花有伛偻。

立身千仞上，只是看枝头。

笔底阳和梅，能先庾岭开。

任凭塞上笛，终不点苍苔。

雕虫小技自年年，画到梅花动我怜。

吐萼惯经冰雪夜，浮香多在凛寒天。

辛未写。

任经冻雨任严霜，物外闲情世外妆。

王冕最思来作伴，三间茅屋作新房。

乾隆十六年冬。

注：另一幅题句同，作于淮清河。

再一幅《梅花册》之一，乾隆甲戌写，一、二句同，三、四句为"王冕最痴思作伴，三间茅屋作花房"。

兔牛两碟酒三卮，索写梅花四句诗。

想见元章愁米日，不知几斗换冰姿。

行役匆匆日欲斜，车停茅店画梅花。

青山到处堪埋骨，暂歇奚囊便是家。

乾隆四年六月坝州道中写此。

注：奚囊，即诗囊。唐李商隐《李长吉小传》："每旦日出，与诸公游，恒从小奚奴，骑距驴，背一古破锦囊，遇有所得，即书投囊中。"后因称诗囊为"奚囊"。

三升四舍茅柴酒，换得歪瓶邻舍家。

莫谓携归无用处，案头也可插梅花。

乾隆四年夏五仿伯纪笔法于临清板闸。

不管春归归未归，联圈密点雪乱飞。

商量六月消炎暑，只有梅花是也非。

辛未六月写于汝阳。

我与梅花信得真，梅花命我一传神。

叮咛莫写寒酸态，惨淡经营天上春。

写于借园。

玉骨冰枝本不凡，东皇传置在层峦。

和风丽日开图画，却许清标举世看。

乾隆十六年七月。

另《梅花图》册（十四开）之三，乾隆甲戌，诗题同上。

写梅未必合时宜，莫怪花前落墨迟。

触目横斜千万朵，赏心只有两三枝。

手板迎官二十春，罗浮今梦到风尘。

簿书那得琼瑶屑，怎教梅花不笑人。

乾隆戊辰冬日，写于安庆郡。

注：琼瑶，美玉；喻美好的诗文。

柯根屈铁古铜苔，悃幅无华耐雪来。

梅花渐知逢世放，氛条飘逸向人开。

五柳轩逸笔。

注：另一册页为乾隆十二年八月写于滁州。又有为丁卯八月廿一日写于滁州醉翁亭。

墨泼毫端点玉芳，肯同凡卉斗奇葩。

须知阁外春千树，解得调羹只此花。

十九年作二十年补题十章贺沈凡民。

万树梅花供寿筵，霜眉雪鬓艳阳天。

任地叙叙家常话，阅历春风五百年。

最爱南枝有主张，不逢知己不芬芳。

自从水部识名后，千载重来一沈郎。

姿清气古老梅根，聊缀疏花点淡痕。
纵使岭南三百树，繁枝密蕊画儿孙。

懒修便服怕逢时，孤立人间知不知？
冷淡宁甘修粉泽，繁花无度却胭脂。

一两三枝竹外斜，凌凌风骨远无涯。
不因人情消寒气，闯破天荒放素花。

悃幅无笔望若空，松姿鹤貌两相同。
天生铁骨坚如铁，时历重枵不怕穹。
注：枵，树大而中空，引申为空虚。

联珠缀玉满庭香，正是繁华第一场。
回忆三冬经历苦，几番冰雨几番霜。

细数根花交不多，秦松汉柏往来过。
非关眼界意千古，冰雪为心奈若何。

先生风雅出寻常，爱我梅花梦亦狂。
坞外白云新世界，扬州明月归家乡。

称觞再拜我奏篴，一朵梅花酒一卮。
二十四番风领袖，美献春意未舒时。
乙亥正月补题十章，奉贺凤翁老先生七十大寿，晴江李再拜。
注：篴，古管乐器。觞、卮，古盛酒器。
注：沈凡民在梅花手卷首题“玉魄冰魂”并题，甲戌腊月廿有四日，即乙亥春，

天气晴和，梅花大放，遍满江城，数十年中所未有者……晴江明府，江南老画师作长卷赠余，高九寸，长二丈九尺，浓淡得宜，肥瘦适当，参差向背，能度天然，生平得意之笔……藏之铁蕉山馆……沈凤时年七十。

　　素质比琼瑰，贞心不易摧。
　　江南春信早，先寄一枝来。
　　乾隆十三年。

　　春色经年客里过，暗香疏影冷山阿。
　　归来羞见枝枝雪，飞上头颅一半多。

　　蕊瘦枝寒雪里开，精神满腹自天来。
　　纵然落拓篱边种，领袖东风廿四回。

　　萧萧酒肆月横空，一段清虚落画中。
　　我自风尘长作客，美人误识赵师雄。

　　别后相思近十年，梅开几度到窗前。
　　并无好话酬知己，学得无（元）章换米钱。
　　注：引自邱丰《画家李方膺》第45页。

　　梦渡大海入空山，空山万树白雪颜。攀藤穿雾登其顶，十围百尺绝等闲。歌者歌，春星皎，横者横，春月晓。拙者拙，神袅袅，枯者枯，光窈窕。形如龙，云天娇，皮似铁，香飘渺。叹询古梅何年载，缟衣素冠道士来。自言九岁坐方台，曾经乾坤两劫灰。只见梅谢与梅开，不知春去复春回。牵衣再细问其因，化入寒烟渺无尘。世人不识古梅面，古梅哪识世间人。寻旧梦，泪沾襟，神仙骨，古梅身。是一是二，谁主谁宾，言之津津有味，纵横写之恐不真。

乾隆五年六月于半璧楼。

庾岭开时媚雪霜，一枝和粉弄残阳。
临溪照景为谁好，影落寒溪水也香。
注：乾隆壬戌《花卉册》之五

只有梅花刺眼新，终年涂抹最精神。
爱他一幅清癯骨，担得人间万万春。
辛酉中冬写于梅花楼。

万树梅花万树春，一年涂抹一年新。
愿将海水研成墨，南北东西赠故人。
乾隆六年辛酉。
注：《玉魄冰魂》卷，有李方膺二十年乙亥正月补题十章奉贺凡简老先生七十大寿。
其首句："万树梅花供寿筵"，余句同。

精神满腹何妨瘦，冰玉为心不厌寒。
潦倒竹篱茅舍外，龙涎吐向路人看。
乾隆十六年嘉平写于合肥五柳轩。

梅林酒肆月横空，一段清香入画中。
我落风尘常作客，美人误识赵师雄。
合肥五柳轩写。
注：《墨梅》册之十一。赵师雄，唐柳宗元《龙城录》题作《赵师雄醉憩梅花下》：
"隋开皇中，赵师雄迁罗浮。一日天寒日暮，在醉醒间，因憩仆车于松林间酒肆傍舍，
见一女子淡妆素服，出迓师雄。时已昏黑，残雪未销，月色微明。师雄喜之，与之语，
但觉芳香袭人，语言极清丽。因与之扣酒家门，得数杯，相与饮。"此遇梅仙的故事。

梅花楼上几径春，对榻吟诗句有神。

别后未曾逢驿使，陇头间折寄何人？

乾隆庚午正月晤南庐兄于金陵。石庄精禅写此奉鉴。

梅花标格自天来，流落人间处处栽。

二十年前官县令，劝农曾风竹篱开。

注：引自张松林《李方膺》第 206 页。

笑杀东风压卧梅，联珠缀玉伴尘埃。

扶他直起量长短，高透四径百丈开。

晴江夏日写于借园松棚。

注：《花卉画册》十二开之三。

挥毫落纸静无尘，几点梅花最可人。

愿借天风吹得远，家家门巷尽成春。

乾隆十八年长夏写于金陵借园松棚。

注：《花卉画册》十二开之九。此诗首句"静无尘"，与乾隆四年六月首句"墨痕新"有别，余皆同。

霜添丰韵雪添神，冠却群芳自有真。

我忆故人江北望，淋漓墨渖寄先春。

梅花原不问遭逢，情性幽芳物外踪。

领袖春宫神自淡，驱除寒峭兴偏浓。

江上丹青廿载余，春去春来自如如。

故园好种梅三十，雪夜寒窗读父书。

归来腊尽古梅开，镂雪雕冰月下堆。

水部风流思入梦，梅花楼上酒千杯。

乾隆十六年七月写于合肥之五柳轩，寄大年（钱）二兄清玩。

注：墨渖：墨汁，犹墨迹，借指学问。水部：指南朝梁文学家何逊。逊官至尚书水部郎。

画不离奇彻骨庸，凭空天上挂星星。

疑团千古无人破，根在罗浮第一峰。

五柳轩作此，乾隆癸酉。

铁干冰花雪里开，精神满腹自天来。

不关九十春光事，领袖东风廿四后。

乾隆甲戌写。

逢人道我是狂夫，成得狂夫便是吾。

只想梅花当饭吃，广平一字一鸦涂。

乾隆十年正月写于梅花楼。

注：作品为浙江省博物馆藏。见于邓明编《百梅图说》。

天低驿路岭梅疏，静里寒香触思初。

欲起补之图景看，灞桥风雪自骑驴。

注：晴江集句（无年款），安徽省博物馆藏。

琼林春宴马蹄空，天下英雄入彀中。

五百年间名世出，青山未染杏花红。

注：晴江题画（无年款），安徽省博物馆藏。

（二）题竹诗（45首）

写竹诗的历史可以追溯到《诗经》。通过《诗经》，竹子逐渐与文雅君子及其美德联系起来。坚挺中空的竹干象征着正直、坚韧和谦逊；坚硬结实的根与枝、丛生的习性以及实用性则象征着新生、不屈和互助。墨竹最早出现在《益州名画录》（序作于1006年）卷一。题竹诗此后也随之出现。李方膺以其风竹闻名于世，其画上的题竹诗，丰富多彩，直指人心。

一年画竹一年新，老可眉山两绝伦。
笑我笔无女子气，从前未学管夫人。
乾隆十八年二月写于五柳轩。
注：老可、眉山，指宋代画竹名家文同、苏轼。

借园啸傲嗟穷老，故土归来慎始终。
入梦暗香闲有伴，诗书题句写初衷。

画梅手段夺天工，竹石丁东淡荡风。
春日花翰清瘦笔，秋光野溢浅绿丛。

烟锁空山晓来开，暗中顾影自怜才。
岁寒标格不可掩，消息已从天上来。

冰雪寒天阳气转，能者飞动老龙鳞。
平生不肯居人后，十月严霜占得春。
乾隆八年前四月写于梅花楼。
《竹石梅花图》另幅第二句为"幽香飞动老龙鳞"，余句同。

奋雷初出地，承露已凌烟。

愿从朝元驾，为旄拂九天。

注：《画竹》册八开之五。

为凤沐瑶池，毛羽空翠滴。

仙人骑上天，但见辽海碧。

注：《画竹》册八开之六。

不是求名学画工，爱他高节腹心空。

平生细数辛勤处，都在淇园读卫风。

注：《画竹》册八开之七。

风梢露叶映疏椏，潇洒丰神见性情。

高节要知何处看，翠云万叠补天青。

注：乾隆十六年《画竹》之八。美国私人藏。

湖州昔在陵州日，日日逢人画竹枝。

一段枯梢作三折，分明雪后上窗时。

乾隆十六年冬。

渭水琅玕翠欲迷，虚心直节与云齐。

如何不供轩辕殿，鸾凤空山舞月底。

乾隆十八年秋日写于金陵借园之梅花楼。

注：另一幅第二句为"此中通达甚灵犀"，余同。乾隆十七年嘉平月写于合肥五柳轩。

波涛宦海几飘蓬，种竹关门学画工。

自笑一身浑是胆，挥毫依旧爱狂风。

乾隆十有九年春日于金陵。

画史从来不画风，我于难处夺天工。

请看尺幅潇湘竹，满耳丁东万玉空。

乾隆十六年写于合肥五柳轩。

注：以上两首皆为李方膺名画《风竹图》的题画诗。脍炙人口，耳熟能详。"画是无声诗，诗是有声画。"题竹诗让我们领略到画家浑身是胆，蔑视权贵，任你宦海狂风大作，我竹子却坚挺不屈。满耳叮咚声，能使画的直观性与诗的想象性融为一体，既体现了画面情境，又提高了欣赏意境，给人以一种坚强不屈、高尚完美的艺术享受。

粉香翠影碧琅轩，丹凤林中第一竿。

雨露恩浓磐石固，清风日日报平安。

注：引自《中华梅兰竹菊诗词选》（《古代咏竹短诗200》第189首，2003年学苑出版社）。

有肉之家竹不知，何堪淡墨一枝枝。

老天愁煞人间俗，吩咐清风托画师。

乾隆十八年六月写于金陵望鹤岗深巷。

注：乾隆二十年夏所画与此诗句同；另一幅，一、二句与三、四句调换。

墨渖淋漓翠璋开，清风高节出尘埃。

只愁未得王猷辈，不问主人看竹来。

辛未后五月写于万玉堂。

注：王猷，《文选》云："周风既洽，王猷允泰。"王猷，字世伦，南朝宋琅琊临沂人、光禄大夫。

画竹只数个，新梢已作林。

拂云不需待，会见箨龙吟。

乾隆十年正月廿六日。

注：籜，竹笋皮。籜龙吟，义为群龙腾飞行吟。

笔意出天机，倏然仰复低。

稍须风势定，自有凤来栖。

乾隆十四年。

注：《丛竹》南通博物苑藏。

画到琅玕墨更浓，自怜吏老俗填胸。

廿年江上兰凤伴，明月晴天雪后逢。

人逢俗病便难医，岐伯良方竹最宜。

墨汁未干才搁笔，清风已尽肺肠泥。

乾隆廿年夏。

注：岐伯：《黄帝内经》中，与黄帝对话的名医。另一幅《竹·兰》立轴，首句"最
难医"，第二、三句为：画史良方竹便宜，墨汁淋漓三两笔。余同。落款乙亥七月借园。

学画琅玕二十年，风晴雨露带疏烟。

平生有癖医无药，玉嶂青云要补天。

西垣井谷一经过，万玉琼云入梦多。

自恨不如王骑使，全家移往竹林阿。

乾隆七年秋日西垣二兄邀游井谷园，园之西北隅种竹千竿，青葱，峭茜，与天并色，
濯人心腑，岂谓竹千竿为万户侯计哉，归卧梅花楼写数竿，果得风味也。

一月思君十二时，雄城握别去迟迟。

遥知映雪堂前竹，日报平安慰老慈。

乾隆十一年后三月召车北上舟次竹西寄怀编袭姻侄。

注：雉城，如皋城。《左传》载："御以如皋射雉"得名。

竹有清风梅有酸，画家镇日与盘桓。

清风不作兰台赋，酸味偏宜和雪餐。

乾隆二年写于历下碧梧轩。

注：兰台，汉代宫内藏书之处，以御史中丞掌之，后世因称御史台为"兰台"。亦称史官为兰台。

秋士愁秋叶，秋兰对早霜。

且倾三斗墨，洒笔作潇湘。

甲戌正月写于借园。

凯之竹谱不离身，到处挥毫便赠人。

自信俗肠为吏者，清风可扫积年尘。

啸尊者。

注：《三清图》之十一。

一枝瘦影映窗前，昨夜东风雨太颠。

不是傍人扶不起，须知酣醉欲成泥。

夏雨连朝不出门，淋漓墨竹两三根。

遥知蒋径盈千亩，洗净尘氛见碧痕。

乾隆四年六月写于济南雨窗。

三径千竿竹，青门一亩瓜。

布衣无所用，便是老生涯。

乾隆四年。

学画琅玕二十年，风晴雨露带疏烟。
平生有癖医无药，万悼青云要补天。
乾隆九年三月写于梅花楼。
注：《竹石图》，保利 2008 春拍。

平生好友惟修竹，瘦骨峥嵘惯欲寄。
欲寄所思书不尽，梦随风雨到潇湘。
乾隆甲子《幽篁独立图》。

竹笋峥嵘不可当，一旬之外遍新篁。
穿云浥露情何限，蕡寔联珠喂凤凰。
护箨封篱日夜忙，用他材料供明堂。
山妻只要街头卖，一个铜钱一大筐。
注：《牡丹兰竹页》十二帧之三。

李生画笋复画筐，分明市上菜佣忙。
人间那得骑曹辈，饱咽清风洗肚肠。
注：《牡丹兰竹页》十二间之五。

南北东西烟景殊，此君一日那堪无。
门连市井无闲地，展看潇湘烟雨图。
注：《牡丹兰竹页》十二帧之十。

节节亭亭不可攀，天留耿直在人间。
也随世态多磨折，月影高低竹影弯。

高山流水少知音，风到琤琤竹自吟。
谁把金刀裁碧玉，并无城府见虚心。

春艳秋浓样样奇，此君寥落碧参差。
朝朝承露矜殊色，谁把虚心贯四时。

栋梁哪得问淇园，人乐还须截竹根。
细数遍身无用处，伶伦何必到昆仑。
晴江木李
注：《牡丹兰竹页》十二帧之十一。

瘦玉亭亭清复幽，丰神潇洒自悠悠。
满江新水无边阔，好截长竿钓碧流。
乾隆八五月九日雨霁作《竹石图》。

村头墙角与柴门，茁笋呼儿护竹根。
谁有平铺三百里，闲邀明月入梁园。

酒酣耳热便挥毫，腕底清风拂缊袍。
人世遭逢何足问，酴醾花酿忆山涛。

男儿孤矢愿封侯，劲节凝霜秋复秋。
不信渭川千亩竹，露苗烟甲荷锄头。

大节峥嵘小节疏，依山负郭等于樗。
看他直到穷秋后，雪虐霜餐只自如。

晴江题于历城四隅颐。

注：《牡丹兰竹页》十二帧之十二。

老老苍苍竹一竿，长年风雨不知寒。

好教直节凌霄生，任尔时人仰面看。

乾隆甲子秋日写于梅花楼，并书周忠介句。

注：明代通州周臣，字元弼，官顺天府推官，敢忤阉党刘瑾，宁可烈日下跪死也不低头，死后谥忠介，通人建有周忠介祠。

大节峥嵘小节疏，依山负郭等于樗。

看他直到穷秋后，雪虐霜餐只自如。

写奉松崖□老先生雅鉴，时在丁卯秋日。

无端修竹若驰神，要与梅花作比邻。

不过商量寒岁后，冰心翠管点阳春。

晴江写于菊山。

画事推敲问画工，非关竹绿牡丹红。

白琅林下陶弘景，秦地淇园卫武公。

注：早期，绢本，双勾竹没骨牡丹，无年款。南通博物苑藏。

伶伦伐竹到昆仑，西使张骞得蒜根。

遥知十万崎岖路，只合丹青供墨痕。

注：乾隆四年《渭川千亩》册。李晴江自号墨梅和尚。

暑气熏蒸不可遮，偶然画出野人家。

无数清风无数竹，山童溪畔抱西瓜。

乾隆四年六月，自临清巡漕回济南途中写此，晴江。

胡弗风露梢，风摧本不陨。

春雷动地来，卫霄进新笋。

学未孩子笔。李方膺自号晴江。

《花卉·人物》册页之一。

（三）题兰诗（31首）

李方膺晚年被罢官后，心中一直存有不平之气，其兰花题诗中强烈而真实地表达出迁客骚人的离忧情怀。诗中用典多出自《离骚》。其晚年在《楚辞》中找到了精神寄托。

买块兰花要整根，神完气足长儿孙。

莫嫌此日银牙少，只待明年发满盆。

乾隆六年九月于半壁楼。

注：郑板桥也有此题诗。另一幅"菊"题句，将"兰花"改为"菊花"。

爱栽滋兰入我门，商量花叶且休论。

两人合抱空人迹，露坠风回淡墨痕。

乾隆甲戌正月写于金陵。

露坠回风下笔时，沅江烟雨影参差。

平生未识灵均面，万叶千花尽楚辞。

乾隆十七年壬申冬日写。

另一幅诗题同上，乾隆十六年八月《墨兰图》立轴，又名《沅江烟雨图》，落款：壬申冬日写为白卯学士兄雅玩。

注：灵均，屈原字，后引申为词章之士。

冠世精神分外幽，此般风致笔难收。

芳如兰蕙清如菊，一半春温一半秋。

注：乾隆十六年《花卉图册》十八开。

镂琼结佩露风清，千古痴人一屈平。

竣茂曾夸三百亩，芳心何处去修名。

写于秦淮河之石家亭。

深山竣茂自年年，清品无伦信是仙。

樵子担挑街上卖，国香狼藉一文钱。

乾隆癸酉十月写于金陵借园。

画兰何必太矜奇，信手拈来自得宜。

叶乱花迷浑是墨，芳心点出择人疑。

乾隆十九年正月于借园。

飞琼散天葩，因依空岩侧。

守墨聊自韬，不与众草碧。

乾隆辛未。

注：《墨兰》册四开之四。

千古湘烟吊楚臣，芳心孤洁已成尘。

当年薋菉葹盈室，先见何如一妇人。

乾隆十六年八月于五柳轩。

注：《离骚》句"薋菉葹以盈室兮，判独离而不服"。薋、菉、葹皆恶草。屈原姊女须责弟没有随大溜，屈子断然表示不愿迁就合群。作者对妇人之见亦不屑。

楚用灵均一个臣，揭车蕙茝总轻秦。

画家解得滋兰意，万叶千花恐费神。

辛未（作者注：乾隆十六年）九月。

注：揭车、蕙、茝皆为香草，《楚辞》中喻良臣。《墨兰》册之三。

玉露金风九畹殊，托根当户奈何如？

国香谁惜凋零尽，珍重芳心不肯锄。

乙亥秋日写于借园种菜亭。

注：《楚辞·离骚》"余既滋兰之九畹兮，又树蕙之百亩"。王逸注："十二亩曰畹。"一说，田三十亩曰畹。后即以"九畹"为兰花的典实。"托根当户"典出《蜀书》，"兰生当户，不得不除。"

兰有芳心我有心，相同臭味泪沾襟。

遭逢世上原无定，好伴深山看古今。

乾隆十九年正月于金陵借园梅花楼。

楚畹清风涌笔端，廿年作客与盘桓。

自怜不唱倚栏曲，万叶千花供世看。

注：《墨兰图》册十二开之一。

问天莫笑总无知，也惜幽兰纋渐丝。

当户已愁锄欲尽，入山又恐负芳时。

注：《墨兰图》册十二开之二。

翠带新翻墨如痕，依稀招得楚忠魂。

几时能够心中住，但种兰花直到门。

乾隆十三年小春写于皖江旅次。

花开市上堆满筐，瓦缸插花雅亦芳。

清品纵然无俗气，出山不比在山香。

风光转蕙便成春，峻茂敷繁实可人。

不信灵均树百亩，半随萧艾半沉沦。

河亭偶作。

注：另一幅第二句为"培养殷勤实可人"，余同。"萧艾"，《楚辞》注云：贱草，以喻不屑。

楚畹辛苦倍悄然，紫茎秀润缘水鲜。

是谁肯贮赏磁斗，尽日临窗镇十年。

芳菲孤洁入山深，泣露啼烟香满林。

一自灵均吟泽畔，不逢知已到如今。

乾隆乙亥秋日写于金陵。

注：李方膺被陷罢官后，"心郁郁之忧思兮，独永叹科增伤"（《九章》句），一直未能解脱，以致后来积郁成疾为不治之症。

平生交友数兰亲，潦倒风尘情更真。

作客廿年寻旧梦，往来多在楚江滨。

乾隆十九年正月于金陵借园梅花楼。

迷离萧艾露风寒，千古英雄泪不干。

搁笔沉吟谈往事，横琴未必调猗兰。

注：《兰石》轴，壬申十二月。暗用《楚辞》典。猗兰调，又名《猗兰操》，作者借孔子未见香兰，下车抚琴《猗兰操》，前缀"未必"，意为未遇知己反遇害也。

守墨聊自韬，不与众草碧。

飞琼散天葩，因依空岩侧。

注：另一幅题"万里春风"。

三冬幽谷经霜雪，雨露春风细细开。

衰草为君锄不尽，国香何时出尘埃。

乾隆十有八年十二月写于金陵借园。

注：隐喻贪官污吏为衰草，正人君子出不来。

造化昏昏不足论，幽兰何处可容根。

人情看破愁当□，潦倒自豪老瓦□。

乾隆十八年五月写于金陵淮河水亭，为淡园学□兄雅玩。

幽兰何亭亭，临风独潇洒。

不言而自芳，谁为素心者。

莫嫌兰少与花稀，一部离骚一笔挥。

楚国衣冠车载满，孤忠正则独依依。

乾隆癸酉。

注：《梅兰竹菊松册》八开之五。

秋士愁落叶，秋兰耐早霜。

且倾三斗墨，洒笔作潇湘。

乾隆甲戌。

注：《墨兰图》册（十二开）之七。

（四）题菊诗（28首）

落拓山园载酒来，红梅含雪倚春台。
菊花无籍春光老，犹自篱披带雨开。
雍正十二年。

不知谁是撑持骨，晓起临池画菊花。
秋艳秋芳色色华，新霜一夜落平沙。
乾隆元年。

羞与青花艳冶秋，殷勤培溉待西风。
不须牵引渊明比，随分东篱要几丛。
乾隆三年。

苦味谁能爱，含香只自珍。
愿将潭底水，普供世间人。
乾隆十四年正月。
注：另一幅，乙卯秋写，第二句含秀只自珍，余三句同。
再一幅，辛未（乾隆十六年八月）诗同上。《墨菊图》册四开之三。
另一幅首句为"味苦谁能悦"，余同。多幅菊题此诗。再一幅乾隆六年写，唯普"供"
为"照"一字异。"潭底水"出典引自范成大《菊谱序》，神农书"以菊为养生上药，
能轻身延年，南阳人饮其潭水皆寿百岁"。

浓艳秋芳色色华，新霜一夜落平沙。
不知谁是撑持骨，晓起临池画菊花。
乾隆丙寅。

星星霜蕊簇枝头，雨打风吹老未休。

不是东篱春不到，菊花身世本宜秋。

辛未仿伯纪笔（作者注：乾隆十六年）

注：《墨菊图》册四开之一。

谁道风雨花事闲，东篱烂漫更奇观。

精神偏傲严霜好，晚苕峥嵘画之难。

篱边窗外报秋光，小草英英色色黄。

葵有丹心菊有骨，脚根立定傲金霜。

摹白阳山人笔法。

莫笑田家老瓦盆，也分秋色到柴门。

西风昨夜园林过，扶起霜花扣竹根。

乾隆六年九月于半壁楼。

淡到黄花淡更奇，淡中滋味少人知。

声声鹈鴂催芳草，挺立霜天不寄篱。

写于五柳轩。

注：《墨菊图》册四开之二。

陶潜种菊碎星星，屋后门前小草亭。

不用藩篱留地阔，卷开帘幕见青天。

乙卯十月写。

画家门户何人破，编竹为篱种菊花。

篱内人家描不出，琴樽潇洒寄琅琊。

丁卯秋日客琅琊写。

陶潜罢官酒瓶空，雨水清清菊一丛。

所谓伊人不可见，萧萧风味画图中。

乾隆元年重阳前一日写于历下碧梧居，均湖年兄清玩。

东篱八月尚嫌迟，意绪情怀我自知。

轩外却逢五柳树，霜毫缱绻菊花枝。

李方膺写于辛未八月一日。

注：《墨菊图》册四开之四。

疏枝密蕊晓霜封，此种秋容不可宗。

自愧不如花意淡，一池墨汁尚嫌浓。

辛未夏五写于汝阴。

注：《菊》册。

江南九月晚霜浓，秋色凝眸画满胸。

不能化工新样巧，黄罗伞罩玉芙蓉。

乾隆十二年于滁阳西庐梅花楼。

最爱东篱菊，闲来笔底开。

自惭腰折吏，羞对此花栽。

癸酉夏日写于利沫桥。

春荣夏茂季秋香，晚节还能傲雪霜。

不见东风桃李面，一拳灵璧伴孤芳。

乾隆丙辰春日。

注：另一幅首句为"秋花最是迟开好"。

再一幅款为：辛酉十月仿未孩子笔法，乾隆六年十月写奉北斗二哥清玩。

黄花簇簇旧柴门，风送秋声动客魂。
自愧折腰归去晚，不如小草淡无痕。
壬申秋八月写于合肥扁豆棚。

归去来，三径多荒苔，径荒岂能荒我菊，菊边亦自有翠竹。竹既翠，菊且黄，天容
我归媚秋光。使我弗知三径荒。
乾隆十八年夏日写于借园松棚。

疏枝密蕊晓霜封，此种秋容不可踪。
自愧不如花意淡，一池墨汁尚嫌浓。
乾隆十八年夏日写于借园松棚。

九月东篱采菊英，白衣遥见眼能明。
向今自我杯中物，一段风流可得成。
乾隆壬戌。
注：《花卉册》八开。
今年秋色更芳菲，为我爱情是也非。
遥忆故园三径下，两开丛菊未曾归。
壬申秋八月写于五柳轩。

（五）题松、柏诗（16首）
一松磊砢俯山椒，长伴幽人守寂寥。
只恐风云来旦晚，龙鳞生就欲腾宵。

摩天直干十围宽，常见青春傲岁寒。

材料不能堪作柱，石桥偃蹇听人看。

注：偃蹇，骄横，盛气凌人。常与不遂连词，多用于宦途偃蹇，志向不遂，都是指有理想、有抱负的人贫顿受阻，难展其才。

对此苍苍日与俱，故人一见笑胡卢。

如君已赋归田去，肯复低头事大夫。

君不见岁之寒，何处觅芳草。

又不见松之香，青春复娇娇。

天地本无心，万物贵有真。

直干壮山岳，秀色无等伦。

饱历冰与霜，千年方未已。

拥护天阙高且坚，回于春风碧云里。

乾隆十八年二月写于五柳轩。

注：永绝仕途对李方膺是一个巨大的打击，他由悲怨变孤傲"偃蹇"是青松不能作柱的原因，他孤傲的灵魂，不愿认同一个失败的自我，通过内在心境的折射，被动的遗弃被视为主动的选择，由不能作柱变为不肯作栋梁，拒绝外来的斫伐，遗世独立于碧云中。

写此虬松感触深，六朝遗树隐孤臣。

一时清墨凭毫素，已作空山万古心。

乾隆七年十一月写于梅花楼。

千枝万干翠云交，一片稼笔耐雪敲。

搁笔支颐三叹息，看花天日射林梢。

乾隆癸酉夏日晴江意仿。

尺寸枝头着墨浓，全身不见白云封。

画家何苦劳心力，指点工人涧底松。

乾隆十四年。

注：另一幅乾隆六年写，诗同。"涧底松"典出西晋左思《咏史》与王勃的《涧底寒松赋》。意为"地势使之然""英俊沉下僚"。

罗浮海山两山遥，往来仙踪不渡船。

何怪人情多更变，铁桥□后换松桥。

乾隆十一年后三月北上舟次竹西寄怀编袭姻侄。

苍鬈铁爪欲飞扬，肯与人家作栋梁。

记得石桥明月夜，一溪绮影茯苓香。

乾隆六年。

一年一年复一年，根盘节错锁疏烟。

不知天意留何用，虎爪龙鳞老更坚。

乾隆十二年夏日。

人传东岳之高峰，上有参天古松，屈曲势如龙。

浑根万古历冰雪，秦烟汉月古蒙蒙。

此松花开香不了，结子大如安期枣。

愿君采子更餐花，岁岁使君颜色好。

注：另一幅中堂，仅第二句"古松"为"双松"，余皆同。

十月风和作小春，拈笔涂墨最怡神。

平生事事居钝迟，画到松石不让人。

乾隆八年四月写于南通州。

碌砢千万层，矗矗出云表。

云影着地流，涛声上天扰。

此叟不支离，挺立何矫矫。

施之大厦浅，胜任原非小。

乾隆十四年夏五写（郝如山补石）。

墨有烟霞笔有风，苍松面目得真容。

遭逢世上原无定，未必惊雷起卧龙。

癸酉春日菊山偶作。

（六）题鱼诗（10 首）

河鱼一束穿稻穗，稻多鱼多人顺遂。

但愿岁其有时自今始，鼓腹含哺共嬉戏。

岂惟野人乐雍熙，朝堂万古无为治。

注：无名款，无年款，钤印"大开笑口"（应为李鱓绘并题、钤李方膺闲印，此印后为方膺所有。）

客来向我索鱼羹，口渴无聊解酒醒。

旧日钓丝还未理，溶溶漾漾笔头清。

（鲂鲤贯柳图）乾隆三年夏日写奉。

雕虫小技墨痕枯，万里长风兴不孤。

天地合成如画匣，江湖展看化龙图。

乾隆十四年己巳正月。

三十六鳞一出渊，雨师风伯总无权。

南阡北陌槔声急，喷沫崇朝遍绿田。

又雍正十一年，莒州学宫完后《五鱼图》诗

注：宋白玉蟾《赠画鱼者》七言诗，有"三十六鳞依翠浦"。所谓"三十六鳞"，唐段成式《酉阳杂俎·鳞介篇》："鲤，脊中鳞一道，每鳞有小黑点，大皆三十六鳞。"因此"三十六鳞"为鲤的别称。

风翻雷吼动乾坤，直上银河到九阍。
不是闲鳞争暖浪，纷纷凡骨过龙门。
乾隆十一年四月公车上写于扬州杏园
（此图《风翻雷吼图》，又名《双鱼图》）注：九阍：九天之门，亦指九天，喻朝廷。

溪底鳖鱼满尺无，涓涓滴水易成枯。
要从海里掀天浪，锦鬣金鳞入画图。
乾隆十一年丙寅夏五于莒州旧治

濠上洋洋乐自知，轻鬐乱荇影参差。
谁将锦丽收图画，不借渔人理钓丝。
乾隆十六年八月于合肥之五柳轩。
注：《柳穿鱼图》。

此图莫认武陵溪，浪暖春风绿满畦。
山泽不禁天地利，桃花嘉鲔一筐提。
乾隆八年写此。
注：《桃花嘉鲔图》。

半宅江湖里，如何寻水居。
只须三尺子，便得钓花鱼。
乾隆三年春日写于历下碧梧居。
注：《三鱼图》。

赠我黄河二尺鱼，情怀胜读十年书。

桃花春暖连天浪，雷起涛扬任卷舒。

雕虫小技等于樗，知己难逢只自如。

记得遍交天下士，归来外舍叹无鱼。

濠上洋洋乐自知，轻蘩乱荇影参差。

谁将锦鬣收图画，打动渔人理钓丝。

风翻雷吼动乾坤，直上天河到九阊。

不是闲鳞争先后，纷纷凡骨过龙门。

失水神龙蚁亦狂，风云有会变无方。

夜吹雪浪摇星斗，晓涌清波浴太阳。

注：《五鱼图》题诗，乾隆十一年。

（七）题牡丹诗（8首）

不是逢时好，闲来画牡丹。

心情多强屈，聊且供人看。

注：另一幅第二句为"年年画牡丹"，余同。

随意写名花，不染胭脂色。

从来倾国人，娥眉淡如拭。

雍正十二年五月于嚼莱轩。

注：扬州博物馆藏李方膺《牡丹图》（31×47厘米）题画诗与此诗同。无年款，仅"晴江"，钤"以酒为名"朱印。

三春富贵散人家，锦绣韵华雨露赊。

天地无权凭造化，绍兴罈插牡丹花。

乾隆十八年夏日写于金陵借园。

市上胭脂贱似泥，一文钱买一筐提。

李生淡墨如金惜，笑杀丹青手段低。

乾隆四年十月写于青州。

紫紫黄黄色色多，三春花市闹如何？

最怜巷口提筐者，抹粉涂脂老卖婆。

乙卯十月廿二日写。

人生富贵不须迟，林下风光也应知。

记得南朝钱若水，激流勇退少年时。

官常滋味几春秋，十二年来亦倦游。

竹屋竹篱求不得，牡丹岁岁起重楼。

注：钱若水（960—1003），同州推官，知州屡误断案，其屡以洗冤而不邀功。

《牡丹兰竹》册页之四，2015 年纽约苏富比拍卖。

无价名花种砚田，天然富贵四时鲜。

等他看过胭脂色，自肯投门出万钱。

壬戌秋日写于恒轩。

注：乾隆壬戌《花卉册》。

（八）题人物诗（2 首）

雍正六年在漳州奉父命作《三代耕田图》，其后十七年题诗云：

是图先大夫课耕，膺则耕者，牧牛童子则儿子霞也。

披开不禁泪痕枯，辗转伤心辗转孤。

十七年前漳海署，老亲命我作斯图。

半业农田半业儒，自来家法有规模。

耳边犹听呼龙角，早起牵牛下绿芜。

老父初心寄此图，教儿从幼怕歧图（途）。

诸孙八九开蒙学，东作提筐送饭无。

父子衔恩遭际殊，涿州分路泪如珠。

谆谆农事生灵本，三代耕图记得无。

注：龙角，方膺小字龙角。东作：指春耕，常与"西成"（秋收）搭配。东作西成，指春种秋熟。

节近端阳大雨风，登场二麦卧泥中。

钟馗尚有闲钱用，到底人穷鬼不穷。

乾隆十年（乙丑）端阳前二日写于梅花楼雨窗。

注：又一幅晴江居士写于乙丑端阳。

古来端午，家家都有悬挂钟馗画像的习惯，因为据说钟馗能够捉鬼。人们心中一直向往凭借钟馗的法力和威严，扫除邪鬼，治世清平。但是人们心中向往是一回事，现实又是一回事。李方膺这首诗以端午时节农民穷困作衬，一反钟馗已往正派形象，将其收受贿赂，与鬼同流合污的事，揭露得淋漓痛快，刻画得入木三分。

（九）题荷诗（3 首）

芰荷图就雪濛空，叶翠无伦花更红。

五月三边寒入骨，谁知天道曲如弓。

壬申十一月写。

注：另一幅《荷》，第一句为"荷蕖图苑雪蒙空"，余同。乾隆十八年九月写于金陵之借园。

待出污泥有异香，一枝一叶大文章。

濂溪去后风流在，捡得清芬到讲堂。

画题：异香清芬。落款：雍正十年秋。

注：莒州学宫中堂画题诗。濂溪，周敦颐（1017—1073），又名周元皓，原名周敦实，字茂叔，号濂溪先生。有名作《爱莲说》。

（十）题芭蕉诗（2首）

偶写芭蕉三两窝，墨涛飞处雨风多。

叮咛莫伴行人旅，勾引秋声奈夜何。

乾隆十一年二月写于梅花楼。

榴火红英英，蕉旗风猎猎。

仙人衣赤霜，笑拥绿衣妾。

注：引自邱丰《画家李方膺》第85页。

（十一）题荔枝诗（3首）

甲寅夏五月仿白阳山人墨笔荔枝，时读唐史，偶题三绝。

海南七日到金銮，博得昭阳一笑看。

事知千军犹促恨，至今墨汁亦心酸。

仙仗千官赐荔枝，归来儿女笑逢时。

延秋门外飞龙驾，南北牙官总不知。

蜀道崎岖行路难，长生殿里曲声阑。

到头不信中宫祸，又赐张妃七宝鞍。

雍正十二年五月。

注：太真生日，长生殿新曲未有名，会海南进荔枝，因名"荔枝香"。

（十二）题玉兰诗（2首）

玉树迎风占早春，良工不肯画全身。

谢家子弟知多少，只数当头一两人。

雍正十三年八月写于古琅琊。（兰山愢闻斋）

注：谢家子弟，指东晋时谢安一门阀世家大族的俊杰英才，如谢灵运、谢惠连、谢道韫等。

劝农不知路迢遥，曾见乡村玉树条。

官罢到今才两月，家家斧劈当柴烧。

雍正十三年乙卯十月二十一日写于琅琊。

（十三）题秋葵诗（2 首）

篱边窗外抱秋光，小草英英色色黄。

葵有丹心菊有骨，脚根立定傲金霜。

摹白阳山人笔法。

注：《花卉图》屏（二条）之一，写此时约乾隆十七年左右。

萧瑟风吹永巷长，采衣非复归时黄。

到头只觉君恩重，常自倾心向太阳。

乙卯十月写于碧梧居。

按这首诗与《百花呈瑞图》的题诗中均有"向太阳"句。秋葵与葵花一样，"终身不改向阳心"。秋葵，以示成熟、奉献谦逊。表明的是忠君臣子之心。充满对浩荡皇恩的感激，流露出他对自己的仕途生涯还抱有几分希望。丝毫看不到他对险恶官场的怨言和剖判。这次政治生涯的挫折（兰山入狱）仍没有消蚀尽他的仕进意愿。

（十四）题藤诗（1 首）

藤若长虹千丈来，青去叠嶂紫雪堆。

看他不肯补平地，要向山顶顶上开。

写于采菊山房。

（十五）题桂诗（1首）

桂树团团翠欲流，灵根原有月中求。

东风吹飞黄金粟，散作人家富贵秋。

写于乙丑嘉平月。

（十六）题枇杷诗（1首）

四十无闻误是吾，春花秋月酒家沽。

三年倦作兰陵客，浪墨濡濡晚翠图。

乾隆二年十月于半壁楼。

注：兰陵，中国古代名邑。据传由楚大夫屈原命名。"兰"为圣王之香，陵为高地，有"圣地"寓意。兰陵故城遗址位于现山东临沂兰陵县兰陵镇。

（十七）题水仙诗（1首）

寒泉一掬盆中栽，翠羽纷披几度开。

小阁梦回帘月白，凌波疑是玉人来。

注：引自邱丰《画家李方膺》第44页。

（十八）题雁来红（1首）

砚池久无剩余水，愁人秋风冷淡时。

不是深红涂草木，雁归留下杏花枝。

注：原诗见李方邹作，在另一幅作品中改为现句，三、四句相同，邱丰所指"另一幅"，是李方邹还是李方膺所作，待考。引自邱丰《画家李方膺》第90页。

（十九）题百花诗（1首）

不写冰桃与雪藕，百花呈瑞意深长。

只缘贤母传家训，惟望儿孙向太阳。

乾隆元年于历下碧梧居。

（二十）题扁豆诗（1首）

没篱豆子莳春初，转眼花明雪片疏。

夏借清阴伙食荚，野人消受半年余。

（二十一）题月月红诗（1首）

月月红如此，哪能数见鲜。

一年开一度，应博世一怜。

（二十二）题青菜诗（2首）

菜把肥浓色更鲜，劝农曾见口流涎。

从来不到街头卖，怕得官衙索税钱。

乙卯十月写于兰陵古柏山房。

注：另一幅为乾隆二年秋日写于古历下亭，仿未孩子笔意也，第一句为"菜把甘肥更更鲜"，余同。

（二十三）题柿枣诗（2首）

冻枣垂垂映柿红，来年买米做农工。

只愁县吏催粮急，贱卖青钱转眼空。

乙卯十月仿未孩子笔法于琅琊。

注：另一幅，乾隆二年秋日画题，抑图。题句第四句为"贱卖青钱到手空"，余同。

按：此诗类杜甫悯农之心，关心民疾之作。

（二十四）题萝卜大蒜诗（1首）

十载匆匆薄宦游，个中滋味复何求。

沽来烧酒三杯醉，萝卜青盐大蒜头。

雍正十三年乙卯十月写于琅琊咫闻斋，晴江木子。

（二十五）题石诗（1 首）

中流砥柱自安闲，不管风波肺腑间。

薏苡明珠相似处，垂神屹立重如山。

乙卯十月廿四日。

二、感怀伤世、况味人生诗

（一）赴莒州任作

匹马登城仔细看，敢云持陋竟偷安。

从今不薄风尘吏，文学当年亦宰官。

注：文学，《史记·仲尼弟子列传》云："文学，子游、子夏。"此说孔子门生中子游、子夏是长于文学。子夏即卜商，少孔子四十四岁，春秋末晋国温人，曾为莒父宰。孔子说："商，始可与言《诗》已矣。"李方膺说："文学当年亦宰官。"圣人高足子夏都能任古莒州牧，我也不能轻视这风尘小吏了。这言外之意颇有点自负。且刻有"莒父宰""莒州刺史"印。

（二）题莒州学宫二首

数仞宫墙接斗牛，圜桥泮水淡烟浮。

巍峨藻彩千年地，柱石飘零此日愁。

但有清风嘘古殿，愧无化雨育名流。

泮宫共睹维新象，从此人文说莒州。

瞻天东郡萃奎楼，况复当年莒父州。

辉煌圣宇垂百世，斯文俎豆足千秋。

闲临泮水观鱼跃，伫立圜桥听鹿呦。

指日英才欣辈出，还传宰执旧风流。

（三）登任城酒楼放歌

驱车往任城，言登太白楼。

骑鲸仙人不复返，楼头风物空高秋。

我有一壶酒，酒董置楼头。

安得支君同剧饮，酒尽还典紫绮裘。

意气凌海岱，谈笑轻王侯。

褰裳南池上，濯足济水流。

临风折简招巢父，与君一唱还一酬。

惜哉黄河水汩汩，褰芰未得纾民忧。

壶中虽有酒，楼头不可留。

拂衣又上黄河舟。

注：褰裳：撩起下裳。任城，今济宁市任城区，唐时称任城，李白在此居住多年，太白楼为其时遗迹。

这是一首类似李白《猛虎行》的以七言为主，杂以五言的杂言古风。也叫七言古风，或叫"七古"。读这首诗中用词，"一壶酒""置楼头""同剧饮""凌海岱""轻王侯""拂衣又上黄河舟"，意气风发，奔放豪迈。通篇大气磅礴，有李白之《将进酒》的潇洒。写作技巧上，有学李白之处，精神上更有灵犀相通的神韵。从这首洋溢着青春豪情的诗里，李方膺清楚地表明他作为父母官的忧民之心。登上太白楼，李方膺受到诗仙精魂的感召：他放眼山河，痛饮狂歌。"酒尽还典紫绮裘"；他意气风发，恃才傲物，"谈笑轻王侯"；他神游物外，心骛八极，"临风折简招巢父"。但当听到黄河浊浪湍湍，涛声拍岸，他思维又回到眼前的现实，他不再安然品酒赏景，而是"拂衣又上黄河舟"。继续他那勘察黄河、小清河水情的征程。这首诗句式参差，气韵流转，以盛唐式的诗酒风流开始，以悲天悯人的社会责任感和充满政治主动性的行为结束，具有李白歌行的宏大气魄的崇高境界。

（四）集萃景楼

云气岚光拥画楼，阑干面面府丹邱。

充南风雨消残暑，吴楚江山入早秋。

渡口日沉僧磬起，港门潮落客帆收。

消樽何日招知己，重醉烟霞续旧游。

注：萃景楼位于南通狼山广教寺内。诗中画楼即萃景楼。丹邱，红色的山石。

（五）卢郡对簿四首

堂开五马气森森，明决无伦感更深。

关节不通包孝肃，钱神无籍谢思忱。

官仓自蓄三千秉，暮夜谁投五百金？

能使余生情得尽，拂衣归去独长吟。

三年缧绁漫呻吟，风动银铛泣路人。

是我不才驱陷阱，信天有眼鉴平民。

情生理外终难假，狱到词繁便失真。

念尔各收图圄后，老亲稚子泪频频。

注：缧绁，捆绑犯人的绳索。引申为牢狱、囚禁。

银铛，亦作银镗，铁锁链。拘系罪犯的刑具，表示被铁链锁着。

公庭拥着欲吞声，愁听羁囚报姓名。

万口同词天尺五，片言示法眼双明。

肯从世道如弓曲，到底人心似水平。

两度寒温诸父老，却因对簿叙闲情。

红尘白发两无聊，赢得归来免折腰。

七树松边花满径，五株柳外酒盈瓢。

是非终古秋云幻，宠辱于今春雪消。

莫笔廿年沉宦海，转从三黜任逍遥。

　　注：第一首诗写堂审气氛森森，但又拿不出证据，说是收人贿金五百，谁能站出来证明？没有。

　　第二首写因此案受累的两仆人，坐了三年的冤枉牢狱，路人见了都流泪，李方膺自责自己无能，误入奸人陷阱，害了他们两人，但良仆没有乱编供词，他们家人不知流了多少泪。

　　第三首写公堂上听众，众口一词，众人眼睛雪亮，从不昧着良心屈从，别时还叙殷情。

　　第四首写自己解官后的心情。廿年宦海经历"三黜"（青州知府弹劾，兰山沂州知府弹劾，现在又受庐州知府弹劾），想想红尘白发两无聊，从此归去，做个陶渊明也免为五斗米折腰，做个罗浮山七松树下的仙灵也很逍遥。

　　（六）两老仆释囚诗以志喜二首
　　此身不信得生还，狱底三年一息间。
　　皮肉未曾沾枕席，妻儿何处梦乡关。
　　风吹镞钥警门启，雨打银铛湿泪斑。
　　魂魄释归犹未定，故人来吊即开颜。

　　误尽苍生笑我痴，鱼殃城火竟为斯。
　　楚囚对泣两三载，狱吏呼号十二时。
　　眼孔无天堪见日，脚跟有地不埋尸。
　　古来多少伤心事，说与皋陶知不知。

　　注：皋陶，上古时期伟大的政治家、思想家、教育家，被史学界和司法界公认为中国司法鼻祖。他是与尧、舜、禹齐名的"上古四圣"之一。曾被舜任命为掌管刑法的"理官"，以正直闻名天下。禹继舜位后，继续重用皋陶，仍为"大理官"。皋陶的后人代代相袭，遂以大理官名命其族为理氏。[3]

　　到商纣王时，皋陶的后裔理徵为翼隶中吴伯，因直谏纣王莫行暴政而触怒纣王，惨

3　张焕瑞著《赵州览胜》，河北人民出版社，2008 年 5 月第 1 版，第 36—37 页。

遭杀害。其妻契和氏与子利贞受株连，隐姓埋名逃难于伊侯之墟。颠沛逃难途中，采食山野木子而保全了性命。为躲避纣王派人追捕，也为报答木子活命之恩，遂改理为李。至此，大理官而有理氏，由理氏而有了李姓。李利贞便成了天下李姓的始祖。据《新唐书》《元和姓纂》载，春秋时期的大思想家、哲学家、道家的创始者，鹿邑人李耳（老子）是李利贞的第十一世孙。所以，在李方膺的用印中，常有"木头老子"（李字头的木子李）的印章，钤于其画上。因此，李方膺诗中问"皋陶"知不知？也有一语双关之意，司法鼻祖你知不知，还有老祖宗你知不知？

（七）出合肥城别父老二首

罢官对簿已三年，故园他乡两牵牵。

行李一肩淝水外，计程千里海云边。

风尘历遍余诗兴，书画携还当俸钱。

莫道劳生空自负，几人游宦得归田？

停车郭外泪潸然，父老情多马不前。

茅店劝尝新麦饭，桑隄留看小秋田。

一腔热血来时满，两鬓寒霜去日悬。

不是桐乡余不住，双亲墓上草芊芊。

李方膺八首长诗均为其自身所历所感，写来或哀郁愤懑，或意气风发，曲尽其衷。笔触真实感人，用词平实浅近，读来颇为感人。充分展露了从蒙遭冤枉官司，老仆释囚到肥城别父老等感时伤世的丰富的内心情感。他把自己罢官归去的心情描写得既伤感又轻松。白描的手法运用得轻松自如，毫不做作，自然流淌，给人一种清新朴实之感。其实，这正是李方膺整个诗歌的风格，他追求的就是一种简单明了、平白如话的诗风，类似于白居易。

李方膺诗歌风格演变过程，与他多年从政的经历有关，早年"奋志做官"，积极入世，努力施展平生抱负，想做一番事业，绝大多数是一种蓬勃劲发、积极向上的豪迈之作，如《登任成酒楼放歌》。后来一些题画诗中，如《钟馗》《青菜》《柿枣》等，反映了他关心民间疾苦、讽刺贪官污吏的爱民思想。而其大量题画梅诗，题画竹、兰、松诗，看似写花木，实际在写自己，这些诗多为绝句，主要为深化画面内容，拔高画面意境服务，多有画龙点睛、托物言志、据画引申，丰富内涵的作用，往往含义深刻，隽永难忘。

（八）赴京前日再和原韵三章

录呈子持年兄教正

逮逢借宅便安身，又向京华别故人。

书信十年千里路，车停五日四乡民。

行藏随遇应知义，雨露无边下小臣。

遥忆君家三径里，燕云岱岳不时论。

年少英华渐老身，双亲永谈息余人。

曾悲禄养辞新塚，何忍衣冠作牧民。

遗民血书书报国，传家世业业儒臣。

只求努力苍生后，风木先房方外论。

大法小廉尽致身，宰相须用读书人。

江都献策能忠主，文正先忧只爱民。

外吏廿年三辞阙，内官对仗一微臣。

宝山空手程门训，百里生灵岂易论。

已酉戊午丙寅。

无题二首

露压烟低未有涯，通州城外夕阳斜。

绕他虎口浑是胆，依旧风中一叶槎。

自古沧州多险阻，几时笛管许梅花。

案前幸有玲珑月，长照春秋万物华。

注：引自张松林《李方膺》第 195 页。

（九）其他（4首）

失水神龙蚁亦狂，风云有会□□□

应吹雪浪摇星斗，晓涌晴波浴太阳。

不作宜男草，婆心苦暗世。

为君多子兆，最好是莲芳。

南山有进士，能驱天下鬼。

花神藉获持，相貌魋然伟。

注：护（護）误获。晴江李方膺。

《花卉·人物》册之二、之四。吴昌硕跋。

奋雪初出地，水露已凌烟。

愿从朝元驾，为□佛几天。

（十）对联

潘安仁间可奉亲，

郭林宗贞不绝俗。

注：潘安（247—300 年），即潘岳，字安仁，巩县人。西晋著名文学家，美男之首。

千古文章传道学，

一堂孝友乐天伦。

新构小楼偏有韵

移来几树欲成荫。

含春俱绰约，

缀雪转清研。

花含小雨胭脂湿，
枝绕春风绛雪凉。

云影流无定，
涛声更满天。

清平调里风流在，
富贵场中本色难。

买山洼访林君复，
借宅何妨学子猷。

卷却天机云锦段，
从教疋练写秋光。
乾隆八年题荷花句。

第二节　李方膺撰文

李方膺生前未出文集，其文章零星散落，今举一二，以窥一斑。

一、重修《乐安县志》序

方膺角丱（古时儿童束发成两角叫"丱"），趋庭欣鲤对；胜衣在泮，幸值龙飞。王子安作序之年，每系怀于交趾；卫伯玉能书之日，辄入觐于天颜。桂苑秋风，宁同数奇之李广；兰阶新雨，早逢启事于山公。惟盛世之选举无方，俾书生之拜扬有自。临轩食果，茂才何忝扬修；对日披香，博士定归黄琬。讵以士元多治剧之能，或者祁午非晋卿之望。命来山左，试一割之铅刀；承乏海隅，别三年之利器；铜章墨绶，励当年之清畏。人知制锦烹鲜，愧此日之学优登仕。借桓台春草，缵少君之遇物能名；拂儿冢秋烟，仿内史之佣经赁作。胡期怀襄忽徼，痛切其咎；尔乃绛洞频乘，功难俾乂。风飘菰苇，谁复言潘县之花；水满池塘，何处得谢庭之句。爰勤四载，慰彼三农；遍历千村，通兹百谷。证川原之脉络，行厨惟水注山经；广道路之诹谋，倒屣尽商言贾策。因知传讹旧志，既失守于前人；扼腕群情，谁晰疑于后事。小司马缘陵之考，亦既略而不书；齐太史柏寝之陈，宁遂侈为盛事。丰台通赐履，会盟岂是葵丘；济渎即清河，疏凿误推刘豫。而且如林立石，皆载襄阳岘泪之碑；兼之近市言贫，罔识尹铎茧丝之对。率尔淄渑之莫辨，谁知南北之非洋。虽自昔沿流，不过辟司徒之石窃；而于今蹈袭，漫同韩学士之金根。况彼霜寒圭荜，泯泯恤纬之孤嫠；风咏蘋蘩，熠熠华簪之世胄。以六十年之著作，尽是酬恩颂德之虚文；即一二事之揄扬，无非捉影镂冰之故智。此范史疑其有秽，而雀书终迄无传者也。吁嗟乎！

兔图半册，谩夸组钏笙簧。已焉哉！龙文几篇，徒侈风云月露。瓴瓶是覆，三长原希觏之才；作可等身，四美亦难能之事。我心非石，欲隐忍以何甘；仆岂能文，止赞匡其不逮。于是日三吐握，集彼众思；夜五几研，征于故实。类太冲之作赋，笔札恒置门庭；拟壮武之行文，车厢时载典籍。野谋遵太仆景行，邑有高贤；润色谱熙猷鼓吹，人归大雅。淋漓泼墨，原非漫兴之言；补缀成襄，敢为凭虚之论。亦仅谋其可信，谁复冀其能传。乃不意辀轩后载，荷监使之钧裁；馆阁先声，邀中丞之谬奖。遂令芸签焕彩，荆州指曹氏之书仓；玉轴连云，岱岳镇杜家之武库。青牛帐里，一枝分芍药之花；朱鸟窗前，满箧悉葡萄之树。然属词比事，惟资事父而以事君；即酌古准今，敢曰治人而兼治法。在彼《春秋》鲁史，尚有知我罪我之言；若夫直道斯民，亦复谁毁谁誉之意。爰是付之剞劂，不用三都卖纸之钱；袭以缥缃，幸分八闽赐镪之荫。倘千秋而逢济北，薪劳定有徽音；如四海而有中郎，碑堕宁无王臣。窃以弁之简首，实自愧夫卮言。

时在雍正十有一年岁癸丑，直隶莒州知州，前任乐安县知县南通州李方膺序。

注：李方膺这篇序，以少有的骈体写成。也叫骈体文。它起源于汉魏。以偶句为主，讲究对仗和声律，易于讽诵。形成并盛行于南北朝。其以四字六字相间定句，世称"四六文"。古代称四六骈体为"文"，凡重要文字以四六为重；散文为"笔"。如明清人之视口语，只小说戏曲用之，不可以登大雅之堂焉。唐代科举以诗赋取士，其赋作即为源自骈文的

律赋。唐代公文亦为骈文，即四六体。骈文由于迁就句式，堆砌辞藻，往往影响内容表达，韩愈、柳宗元提倡古文运动之后，骈文遭挫。韩、柳去世后，影响又起，李商隐、温庭筠、段成式皆此中好手。入宋之后，在欧阳修等人率领之下，古文运动又起，散文大家迭出，而骈文自此渐衰。

李方膺此序，虽然讲究对偶和声律，使用了很多典故，难免以藻绘相饰，意少词多。但总体而论，有文有笔，基本内容及作者心曲还是表达清晰的。一方面可以看出李方膺具有相当的文学才能与修养；另一方面，还能欣赏到他那雅致秀美的王体书法。（见图 5 –1）

二、题跋（含杂言）

（一）题跋

题跋作为一种文体，早已为人们所熟知。尤其是书画题跋，历史上著名的就有宋欧阳修的《六一题跋》，苏轼的《东坡题跋》；明有文徵明的《文待诏题跋》，清有郑燮的《板桥题画》，梁同书的《频罗庵题跋》。其中，有的有专著，有的虽不是专著，但文字清隽，动人情思，从内容和笔调来看，不失为一篇篇清丽而引人入胜的文学小品。

清代的石涛、高其佩、金农、姜宸英等人的书画题跋都很耐人咀嚼的。李方膺的书画题跋，主要以诗跋和题画诗为主，题款跋文不多，但却也颇具思想性、艺术性，值得品味与欣赏。

1. 艺术观类

古人谓竹为写，以其通于书法也，故石室先生以书法作画，山谷道人以画法作书，东坡居士则兼而有之。

甲戌正月写于借园。

注：石室，即文与可，文同（1018—1079）。

画竹之法须画个，画个之法须画破，单枝凤尾，双飞紫燕，穿插在经营，位置求生新，二皆难矣。余读《离骚》之余，实无常师，稍得生气便止，百娱时人耳目也。

辛未年。

忽作一枝如许长。慈竹以赵吴兴为第一，偶仿其意。

乾隆戊午三月也。

丰神潇洒在有意无意之间。文忠干，老可叶，最难学也，李晴江放胆学之。
武侯柏，少陵诗，鲁公书，千古三绝，惜无画之者。予何人，斯敢随其后，存其意耳。
乾隆十六年。

逃禅老人画梅，真有疏影横斜之致，偶仿其意。
六月冰寒溅齿牙，于淮安山阳客舍。

2. 况味人生类

家龙眠作松石图，二苏题咏，至今七百余年，传为世宝，予作菊石图，亦不敢并驱中原。
倘有好事者借观，须得米五石，酒十斗，方许之。
乾隆四年十月十一日也，示霁儿。

借园初夏，万绿迷离，池水盈岸，鸟语高低。约沈凡民、袁子才、金寿门共赏之，
适大雨滂沱，诸客不至。无聊之际，命李文元吹箫，梅花楼侍者鲁竹村、何蒙泉度曲，
郝香山伸纸研墨，画梅花长卷数十株，兴之所至一气呵成，客来一乐也，客不来又一乐也。
可见天地间原有乐境，视人主寻与不寻耳。
乾隆二十年三月立夏后六日。

余性爱梅，即无梅之所见，而所见无非梅。日月星辰，梅也。山河川岳，亦梅也。
硕德宏才，梅也。歌童舞女，亦梅也。触于目而运于心，借笔，借墨，借天时晴和，借
地利幽僻，无心择之，而适合乎目之所触，又不失梅之本来面目，苦心于斯三十年矣，
然笔笔无师之学，复杜撰浮言以惑世诬民。知我者梅也，罪我者亦梅也。
乾隆二十年四月初六写于金陵借园虎溪桥
注：因爱梅入骨髓，李方膺把世间一切外在物象和内在德才都看成梅，从而达到人
梅合一的忘我境界。这段短文，既是李方膺对自己一生画梅的总结，也可读出其以梅为

魂的精神蜕变，从而深深地体味到他浸淫官场数十年，仍能保有安守自持的文人风骨和自矜不羁的清高品格。李方膺以孔子《春秋》结语方式"知我者其惟《春秋》乎！罪我者其惟《春秋》乎！"道出了同样的感叹："知我者梅也，罪我者亦梅也。"

（二）杂言

人生宇宙，饮食有死活，皮肉分香臭。珍惜不死而食者死，疏水不活而食者活，夫食以养体。耳目不臭，视听臭则耳目亦臭；手足不香，动作香则手足亦香。质之前人，准之今人，决之后人，死活香臭，画如矣。

——摘自丁有煜《哭晴江文》中丁氏转述。

梅花有品格性情，必尽得其旨趣，然后可以传神，不则无盐子学美人也。
乾隆十有九年十月写于金陵借园。

昔人画梅，双手齐下，一写生枝，
一写枯枝，春泽枯长，凛冽秋霜。
壬戌秋日写于梅花楼。

家龙眠不爱花卉，世传甚少，大约古人画山水十之八九，而梅花则千无一二，予勉为其少者或可见长云。
（出处同上）

俨若洛下东西两头屋，一头剪得潇湘云，一头小仝罗浮月。
写于济南基市。
注：《牡丹兰竹》册页之六，纽约苏富比 2015 拍品。

第三节　方志与著述

我国方志起源很早，而清代则是方志发展的黄金时代。据统计，我国现存八千余种地方志，大约有四分之三是清代的作品，其中又有不少是属方志佳作。这是由于清封建统治者提倡的结果（《史籍浅说》第 14 页）。李方膺继承清初"经世致用"的思想，在其方志编修中又不乏新的学术思想。

一、雍正《乐安县志》与《莒州志》

清雍正七年（1720）授李方膺乐安县令。李方膺一上任，就上上下下了解当地风土、民情、政教。每天白天议事，晚间阅宗卷。他上任最关心的是农事。并了解到影响当地农事的最大忧患是水灾，并大致摸清了水灾易发的原委，经朝廷批准，他带人多次勘查，制订改造方案，还在雍正十二年（1734）在淄水上加固堤坝，开挖、疏浚修成一条福民河，为乐安县消除了水灾。除此之外，他又了解到《乐安县志》六十余年未修，内容缺漏甚多，便在旧志的基础上结合其他史志资料，从己酉到辛亥集中邑中乡绅文士，广泛搜集地方掌故，遍查史籍，亲自撰写，终于在雍正十一年（1733）完成了一部二十卷的新《乐安县志》。

（一）雍正本《乐安县志》的编纂方法

李方膺纂修的《乐安县志》是唯一列入山东十大名志的乐安县志书。可见其内容之丰富、材料之翔实、体例之完备都优于前志。邑之有志犹国之有史。邑志记录一地区的历史与发展。明清以来，乐安县先后七次修志，体例内容不一。而雍正本《乐安县志》在编纂上多有创新。

1. 编纂缘由和材料来源

雍正七年，因编修《大清一统志》需要地方志资料，对各地"严谕促修，限期蒇事"。后来还发出一道各省、府、州、县志六十年一修的诏令。雍正七年距康熙六年纂修的《乐安县续志》已有 60 余年，其间的政治、经济、文化等都发生了很大变化。因此，也该到续修的时候了。

材料来源有三：首先，以明万历本《乐安县志》为基础，加以增补；其次，参考其他史料考证补充。如《人物》卷中儿宽、欧阳歙见于《汉书》，牟长见《万姓统谱》，董永见《一统志》，任昉见《文苑》。最后，志中田赋、边防、选举等内容主要通过实际考察完成。

2. 编纂体例

明清以来志书多采用平列分目的体例编纂。但李方膺是采用纲目体。即先纲后目，纲举目张。全志先分大门类，再分小细目。采用纲目体的好处在于，目以类归，层次清楚，结构严谨，便于反映事物之间的统属关系。政治、经济、文化等各项内容通过分析归纳，使人一目了然。由此可以看出李方膺在志书体例设置方面的创新。该志创新之处还有：每志之前有小序号引（如今日之导读），述说原委；每志之后又有综论，多做考证。志后的评论或论述的重要，一方面表现出编者对历史的认识与判断，另一方面也为学术的考镜源流提供了典范。如《建置》卷后，他通过详细梳理乐安县在历史上建置的认识，重新进行分析、判断和考证，显示了其历史责任感和学术严谨性。

（二）《乐安县志》的评价和价值

1. 评价

李方膺编纂的雍正本《乐安县志》是乐安县中体例最完备、内容最丰富、价值最高的版本。

雍正九年（1731），按察副使刘柏阅其初稿时说："考据详明，了如指掌。凡夫历岁之机祥，山川之封睿，户口田赋之登耗，嘉言懿行之景烁，莫不秩然有条，灿然有文，占而不诬，简而能括，龙门扶风之胜兼而有之。"民国初李传煦《乐安县志序》认为，其他志书"冗繁舛错，不免为识者所訾"。爰暨雍正年间，李令方膺稽核搜访，正谬辨讹，益臻美备，彰往昭来，有班马遗风焉。故尚论山东名志，安丘、东阿、新城、泗水而外即共推是书。《续四库全书提要》评价李方膺《乐安县志》："议例简明，而体例称善……洵不愧山东名志。"

方志评论家瞿宣颖评《雍正山东乐安县志》曰："本书卷十九有《外徙》一篇，记明代县人外徙者五姓，此实独创之例，精识过于恒人。"评语不多，但精当中的。

2. 价值

（1）史学价值

首先是体例和内容上的创新。体例上采用纲目体分类编排，脉络清晰，结构严谨；

内容上广征博引，史料真实可靠。

再就是编者严谨的修志态度。如其征引《禹贡锥指》《汉书·地理志》《水经注》等书，考证出"汉乐安非今治也"。同时，他还对旧志内容进行辨析，修正讹误之处。如在《乐安县续志》中误认为王渊是乐安县人，李方膺考订其为武定州人，因明朝时武定改名为乐安县而误。这种严谨的修志态度大大提高了志书的质量，其辩证的治学思想也为史学发展提供了借鉴。

（2）文献价值

首先保存了大量旧志内容。因旧志亡佚而失传的资料得以保存，具有很高的资料价值。如《人物》卷中沿袭了明万历本《乐安县志》内容。其次体现在校勘方面。史料来源上非常严谨，无史不书，有史可循。每条必注来源，便于后世学者查考。

（3）思想价值

《乐安县志》体现了李方膺"以民为本"的思想。他在"赋役"志中详细记载赋税的名目和数量，明确提出国家征赋应从民力的实际出发。他支持康熙的"滋丁永不加赋"的政策，反对雍正"摊丁入亩"的赋税政策。此外，志书中还收录了李方膺《民瘼要览》一书的内容，针对当时经济中的"牙税押贴"造成官员盘剥商贾的弊端，提出取消"牙税押贴"[4]。

（三）《莒州志》

1732 年，李方膺被任命为莒州知州。上任伊始，即对莒州作了具体而深入的了解，总结出莒州是由于常年的天灾、战乱、地震等原因，导致人口凋敝，史书资料遗失散落现象较为严重。"数千百年来，圣贤所居，豪杰崛起，忠孝节义，以及文人才士，炳炳烺烺，多可纪者。若缺而不修，非所以彰往事，示将来也"。因而，他"在州修乐安志毕，又题修莒志"。

莒志的修订，是李方膺利用政务之作的闲暇时间完成的。他集聚智慧。往常与当时的名士如陈有蓄、战锡侯、李嗣洙等讨论方志的修订事宜。为确保所集资料的真实性、完整性、可靠性，他亲自参与史志典籍的搜集、整理工作，对残篇断章重新修订，存在

4　徐艳磊.《简述李方膺及其雍正本〈乐安县志〉》，牡丹江师范学院学报（哲社版），2012，第 4 期。

错误的重新记述，遗漏者重新补缺，荒诞无理处果断删除，经过一年的修订完成初稿。

初稿完成后，还没有来得及刊印，他就又被调任乐安知县，不久又出任兰山知县。1735 年，李方膺由于反对新任总督王士俊的垦荒政策，上书建议陈述政策的弊端，反而获罪，被免官入狱，出现了清史上有名的"兰山冤案"。由于李方膺为政深得民心，自其入狱后，兰山、莒州百姓自发到监狱看望他。狱吏不准，百姓就将所带食物抛入高墙内，留下的酒坛子足以将监狱大门和甬道封堵。1736 年乾隆临政，澄清冤案，进京述职。

尽管离开莒州，李方膺却始终没有忘记《莒州志》的修订工作。在家丁艰数年间，他始终随身携带书稿，潜心研究方志的修订事宜，遇到疑问处，及时咨询和查阅资料，以免遗漏。1742 年，李方膺终于完成了《莒州志》修订工作，并将修订完善的志稿寄往莒州刊印。在随信中写道："志已修完，剖剧之事，幸与新刺史谋之。"陈有蓄参与了整个方志的修订过程，并对新修的方志十分推崇。在《重修莒志缀言》中，提到"李公首葺学宫，次即及郡志，奈规模粗就，公来几而返乐，而调兰，而解组归里坎坷之余，犹且锉次成编，千里邮寄，可谓倦倦至诚，有初克终矣乎！"

时任莒州知州的彭甲声对李方膺的行为十分钦佩，认为这是整个莒州的大事，应该对其加以鼓励和支持。因而，亲力亲为，为《莒州志》的出版做了大量的努力。是年秋，《莒州志》正式出版发行。此书虽完成于乾隆年间，但因为是修订于雍正年间，因而仍然称为雍正《莒州志》。嘉庆《莒州志》评价："数十年来，文献不泯，公之力也。"

从以上两部地方志的编纂中，可以感觉到李方膺不仅仅是一位能吏和画家，他还是一位博学卓识、富有创见的方志学者。他留给后人的不仅仅是有一部地方名志，更留给我们矢志不渝、治学严谨的学术风范。

二、《山东水利管窥略》

李方膺的专著很少，但有此一部《山东水利管窥略》，堪称清代山东的水利专家。李方膺把多年在山东实地调查的水利资料，加以研究、整理，结合自己的实践经验，写成了《山东水利管窥略》。是书凡四卷，共十四篇。乾隆五年（1739），在他丁父艰期间，山东省府把它刊印出版了（图 3-1）。这是李方膺先后历经十年，跑遍半个山东水系，用心血写成的一部水利专著。

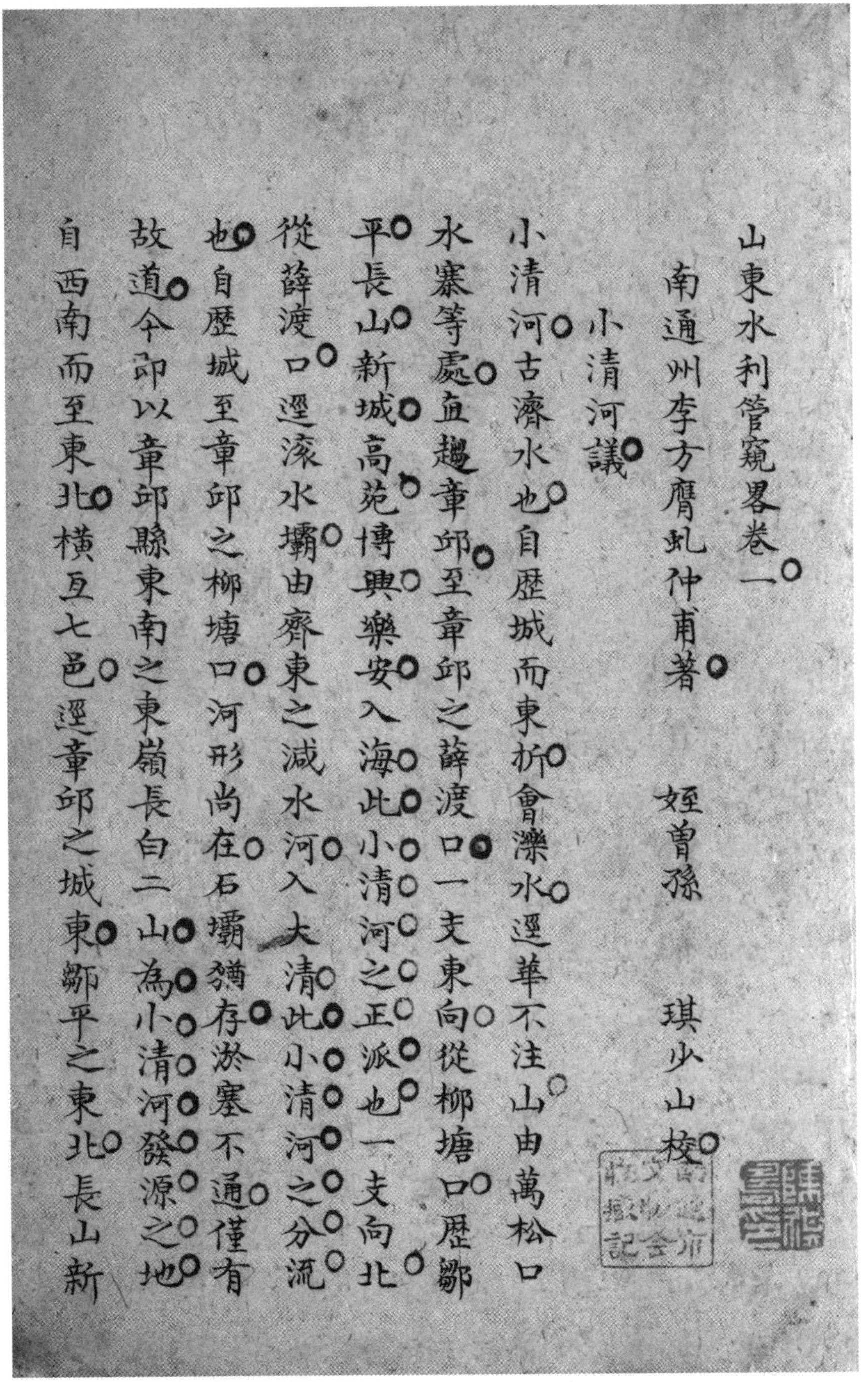

山東水利管窺畧卷一

南通州李方膺虬仲甫著

　　　　　　姪曾孫　　　琪少山梭

小清河議

小清河古濟水也自歷城而東折會灤水遷華不注山由萬松口

水寨等處亘趨章邱之薛渡口一支東向從柳塘口歷鄒

平長山新城高苑博興樂安入海此小清河之正派也一支向北

從薛渡口遷滾水壩由齊東之減水河入大清此小清河之分流

也自歷城至章邱之柳塘口河形尚在石壩彌存淤塞不通僅有

故道仐卽以章邱縣東南之東嶺長白二山為小清河發源之地

自西南而至東北橫亘七邑遷章邱之城東鄒平之東北長山新

図 3-1　《山东水利窥略》书影

李方膺说:"汇成一书,以备参考。有识者幸原其谫陋,鉴兹微忱焉。"是年全书刊行,后来还被载入清《山东省志》。其侄曾孙李琪说:"使读是书者,祖其遗法,踵而行之,其比于宋单锷之水利书,而为明周氏忱,夏氏原吉之所取则,则公之志亦可以不没也夫。"

用今人的眼光看,这就是一部资料翔实、分析透彻、措辞严谨、理论切合实际的水利工程学专著。

《山东水利管窥略》卷一《小清河议》(后有人亦以此卷为名),主要解剖小清河。开宗明义曰:"小清河,古济水也,自历城而东折,会泺水,经华不注山由万松口水寨等处,直趋章邹,至章邱薛渡口,一支东向,从柳塘口,历邹平、长山、新城、高苑、博兴、乐安入海,此小清河之正流也。""横亘七邑。南面之山譬则屋之脊也。山下诸山譬则屋上瓦陇之水也。小清河譬则前横盛滴水之笝糟也。"勘查十分细致,比喻生动形象,深入浅出。

文中对其主流、支流、地形、地貌、河形、水况、源头、流尾、河深、河宽等,均记载得十分翔实,皆缘于勘查得十分仔细。文中明确指出其水患症结在于"高苑县之军张港迤东,至博兴之湾头庄,淤塞四十六里。俗呼干河。是六百里河身截为两节。"因而,大河上下不通,上游"日受推山之水,而下无一沟一洫之去路。""以至各县境内,今年而成一湖,明年即又多一泊。""推原本末,皆上半截之水无所归也。"而下游有众多支河注入主河干。大雨山洪倾泻而来,主河干道本来又浅又狭,"新桥以下为七县全河之门户而极浅,愈淤愈高"。"欲其不泛溢横流岂可得乎?"

虽然上游地势居寓,但"山水暴,沿河两堤亦不能保其不决"。因而,七邑"叠承为患"难免,还引发县与县、庄与庄为了水路争讼不息。李方膺指出:"相度七县之形势,谛观河之源流,理会则在上游,致功则在下流。支流既分,而全流自杀。下流既,而上游自安"。

自古治水是一大难事。既要根据实际水情,还要考虑当时封建社会小农经济的特殊情形,即"各县之民各有私心,即一村之内,议论不相同"。要制定出一个"县县相承"。"上下无害"、互利共赢的治河工程方案,还需要解答上上下下各方面的疑问,做好各方面的工作。

这就是后面的《小清河辨》《小清河问》《小清河商》以及《小清河支》《小清河程》多篇中,就各类问题一一作答。规划考虑可谓全面周到,论证分析可谓滴水不漏。其中解析了各种顾虑。如《小清河辨》中："有曰，淄水强，清水弱，清水为淄水所抵不能入海等语。答回，水之强弱不根于来源，而根于衺延之支会……且两水合并入海，迅疾而有力。海水淤沙亦可借此洗刷，益加深广。南人所谓天生港不假人力而自成。"他把南通州家乡的天生港的形成用来佐证解疑。

书中不乏各类矛盾的分析。如《小清河问》中，"如问，海口高于内地，开通之后能不倒溉否？答曰，海口乃淄河之海口，会淄水四十七里归海。若海水倒灌，必先及淄河，再及小清河。既不灌淄河，天下岂有越门户而升堂奥之理。""又问，海水虽不高于内地而清水入淄恐淄水逆流。答曰，乾隆三年四月，管河道探量淄河底低小清河底一丈二三尺有差，评禀在案……"

李方膺将官民各方问题均考虑在先，先设问，后驳议。摆事实，讲道理。

再如传闻责询的，如"问，海口之外是否有蛤蜊岭堵塞不能通流？答曰，蛤蜊岭之说不知创自何人。乾隆二年十二月十九日兰山县知县李方膺、同曹县县丞孙毓佩、博兴典史朱鸣歧、乐安典史张延相，亲到海边之龙王庙，并无蛤蜊岭。且雍正十一年九月，福建龙溪船户郭长枣船被风吹进口。雍正十二年九月，天津船户郑殿清粮食船被风进口。通报在案。如果有蛤蜊岭堵塞，海船何能进口？此讹传也"。

还有议论者如"曰不可开通下游"，"一律上潮若干里？海潮长落有一定否？何时涨潮最强？何时稍弱？最强时潮高多少？稍弱时潮高若干？""可否另外一河？""河内有水如何彻干以便挑挖？""开工果分先后？""募夫有何良法？"等等，地理问题、工程问题、技术问题、所需钱粮、所耗劳力、民意情况等，都在问答之列。设问甚详，解答尤细。作者俨然是一位水利专家，更如一位水利工程总指挥在答记者问。

最后一卷分别论述了七县水利之情况。分篇为《章邱县水利》《邹平县水利》《长水县水利》《新城高苑两县水利》《博兴县水利》和《乐安县水利之一、之二、之三》。

读完全书，掩卷而思。李方膺当时作为一名七品芝麻官，能有如此之勤政、如此之大手笔真是了不得。无怪乎法敏知人善任，朱轼青眼相加。历史上他为山东水利治理留下浓重的一笔，为山东水利史增添了光辉的一页。

第四章　李方膺绘画

李方膺自补邑弟子员，即事奋志为官，努力作画（丁有煜《哭晴江文》）。可以说，作画是李方膺生命的寄托和生活方式，是其生活中不可或缺的一部分。正因为如此，李方膺尽管是一位能吏，但画名远超过其为官的声望。回顾李方膺一生的绘画生涯，其所涉及的画类题材，大致可以分为花鸟、人物、山水、漫画四类，其中以花鸟鱼兽为多，尤以花卉为主，现分而述之。

第一节　画类题材

一、花鸟

据我们初步统计，在可以确认李方膺的二百七十多件作品中，花鸟鱼兽占绝大多数，为二百五十多件，其中梅花占去三分之一，而鱼仅十二件，鹿、鹤、鸟各一件，其余均为花卉树木类。细分如下：

（一）梅花

李方膺一生画梅最多，计80多件，其中梅花60件，梅竹2件，梅兰竹1件，梅兰竹菊6件，梅兰1件，梅石1件。画梅之多，世所罕见。所以，后人又称其为"梅仙"。梅花是李方膺花卉中的重中之重，因此，多费些笔墨是理所当然的。为何李方膺对梅如此情有独钟呢？当然得先从梅花的植物属性说起。

1. 美学中的梅花

中国的梅，植物学家命其名为 prunus mume，英文称作 flowering plum 的树，它的花叫梅花，西方人也称为"日本杏"。根据其种类与成长地区不同，梅树在12月到次年1月或2月开花，也就是中国农历年之交。这时，其他植物或枯死，或冻死，或处于休眠状态，气候寒冷，有风霜、冰雪或寒风雨雪交加，总之其生存环境极其恶劣，尽管如此，梅花毅然能开在无叶的弱枝上，小而悄然地散发着微香。因其独秀百花之先，被誉为"东风第一枝"。据《诗经》等古籍记载，我国的植梅历史至少有3000多年。

南宋诗人范成大（1126—1193）描写了他在苏州郊外庄园种植的11种梅树。他的《范村梅谱》是最早的梅花植物学著作，他将自然特色中梅与隐喻性的描述结合在一起，反映了南宋时期梅花爱好者的美学与文学倾向。

江梅，又名直角梅、野梅，它位列梅谱首位。它系野生，无须培育与修剪。生长在山间、水溪、荒寒清绝之地。范成大说江梅是最清纯的梅，它花小而疏瘦，果实坚硬，花香最清。野梅在诗画中的寓意是，无人关注的美丽，是被忽视的士人，或者更肯定地说，是与士大夫与世隔绝、洁净、出世的生命相为一致的。

早梅，得名于它在冬至前已开花之故。早梅开花时正是冬春之交，这一花时使得早梅成为文学与艺术中的流行题材，它象征着新年、吉祥、坚忍、更新与再生。

官城梅，说是用直脚梅与其他本花肥实美者嫁接而成，花敷腴、果亦佳。这些敷腴的花有时与后宫佳丽等同。而官梅是官府园圃中所栽之梅，此乃唐人术语，与官城梅有所区别。

古梅，其树枝樛曲万状，苔藓皴封满花身，只在鳞隙间才能发花，花虽稀，但丰腴妙绝，苔剥落处花发与常梅同多。范成大观察认为古梅并非久历风日所致，不一定是古木，其小株即有苔痕，总之，它给画家提供了一种展示其精湛技艺的机会。现代植物学研究认为，所谓苔藓实为病菌感染所致，画家笔下梅，树上的"苔点"，倒与其自然特征具有一致性。"梅古半无花"，"老梅着新花"。梅树确实也很长寿，至今浙江台州国清寺仍有隋梅。随着岁月的流逝，树干与树枝长成弯曲的角状，经常布满苔衣，长出新芽。它为画家提供了一种无法压制的再生能力与不屈不挠的理想的象征。而五瓣的梅花很短寿，在凛冽的寒风中它们很快被吹走。其颜色从淡色到深粉红色，但诗人与画家理想中的梅花多为白梅。

绿萼梅，因其花萼绿色而出名。它与朱砂同为梅中名品。徽宗（1100—1126在位）时，京师艮岳有萼绿华堂专门种植这种稀少、珍贵的梅树。绿萼梅是南宋院派画师马麟最好的梅花画题材，对故都消逝的美丽，尽在皇后杨妹子（1162—1231）为此画所题的四行乡愁诗中。

红梅，开粉红色的花，繁密的枝叶与香气皆美似杏花。20世纪革命人士对红梅情有独钟。而古人一直困扰于红梅与杏花之间，因其代表的气质迥然不同。

照水梅，生长在水边的梅树，画家通常用长卷形式来表现它。据说是梅花种类中的一种与众不同的植物特征，植物学家命名为 pendu。

蜡梅，虽然开花在寒冬腊月，且"梅无仰面花"，也傲霜斗雪，但它却与梅花不是一种。

了解了梅花的自然属性与文学美学上的象征隐喻，对理解李方膺为何画梅不厌定然有所帮助。

2. 文化中的梅花

中国文人画是由文学特别是由诗歌驱动的。梅花除了自然美之外，梅花在文学中的联想，其高洁清逸的品格与文人理想的自我形象之间无比契合，使得欲通过梅花来表达他们的经历、品位和价值观的人，无法抵挡梅的魅力，他们试图创造出文人绘画的艺术规范，以墨梅的形式得以永存。对梅花的赞赏、仰慕，以梅花品格自比，是文人画以梅作为绘画题材的必要前提。在梅花成为画家的主要题材之前，诗歌构成了梅花欣赏的语言，由想象、比喻、品质所构成，这里有一个历史时序，它是中国文学与绘画流派历史发展的结果。在文本记载中，梅花在 6 世纪时同时出现在诗歌、绘画及建筑装饰中，这也是梅花欣赏出现的时期。梅在六七世纪的山水画中有可能出现过，但多为次要因素。

唐代绘画中花鸟画流派的出现，使得花卉从人物画或山水画中的从属地位解放出来，它或与唐代园艺热的兴盛有关，但是唐人的文化偏好在牡丹，直到北宋，梅花及含义才广为盛行。南宋文人则掀起梅花热、梅花崇拜，历经元、明、清直至当下仍然经久不衰。

北宋隐逸诗人林逋（967—1028）被公认为梅诗鼻祖。其平淡诗风成为北宋晚期文人画美学中的一块基石。欧阳修对林逋《山园小梅》中"疏影横斜水清浅，暗香浮动月黄昏"的诗句特别赞美。其才华横溢却寂寂无名；刚正不阿，不为贫穷所役，不为声名所累；异乎寻常、特立独行，在隐晦之中繁华。自宋至清，中国文人有选择地引用林逋的诗文，模仿其个性，将其作为一种生活策略。在北宋大文豪苏轼（1037—1101）的生活与作品中，梅也不可或缺，"玉雪为骨冰为魂""雪影"的词句，也成为近千年来历代诗人成千上万首梅诗中的标识性词汇。宋崇宁三年（1104），黄庭坚（1045—1105）遭朝中奸党陷害，贬谪广西宜州途经衡州（今湖南衡阳）时，见到仲仁为被贬谪衡州的曾公衮所作梅花，赋诗《题华光为曾公衮作水边梅》。

3. 画家笔下的墨梅

仲仁（？—1123），被认为是中国墨梅画派的奠基人。"仲仁师起于衡之花光（故世人多称华光）山，怒而扫去之，以浓墨点滴墨花，加以枝柯，俨如疏影横斜于明月之下。摩围老人大加赏识，既已拔梅于泥涂之辱。[1] 黄庭坚与仲仁邂逅后，双方互赠诗、书、画。释惠洪不仅记载了他们的友谊，并赞美华光墨梅的真谛，关键词是"幻出"。"华光滴写寒枝，幻出平远""怪老禅之游戏，幻此华与缣素""道人三昧力，幻出随意现"。

自宋至元，书法绘画技法逐渐成为墨梅以及其他文人画题材的主要绘画方法。元代作家范梈（1272—1330）在给扬无咎墨梅题诗中写道：笔端不有兰亭骨，莫写园林雪后花。以"写"代"画"，遂成文人画梅兰竹菊之传统。鉴赏家汤垕回答了为什么画梅不是绘画，他说：画梅谓之写梅，画竹谓之写竹，画兰谓之写兰。何哉？盖花之至清，画者当以意写之，不在形似耳。陈去非诗云："意足不求颜色似，前身相马九方皋。其斯之谓欤？"（元·汤垕《画论》）

蒙古入侵中原后，中国文人画家的绘画行为俨然成为一种文化宣言。"冰花个个团如玉，羌笛吹他不下来。"[2] 墨梅、墨竹、墨兰、墨松等绘画已成"道德画像"（班宗华句）的核心元素。由此，仲仁、丁野堂、扬无咎、王冕等已成为无数墨梅画的精神领袖，他们不仅仅表现了隐士的高洁，并为梅花传统注入了新的活力，表现出对政治与美学权威的叛逆、挑战与抗争精神。

晚元吴太素《松斋梅谱》图解式的梅谱成为百科全书式的作品。它也是后世不计其数画谱中有关梅花部分的基础，包括《芥子园画传》。

研究墨梅的专家说："通过收集阅读墨梅大师如元代王冕或清代李方膺与金农的梅花画题跋，我们可以发现一个单一的主题是如何用来表达一系列的经历和反应的，这些反应围绕着墨梅理想的核心而发展，简单地说，就是在隐居的快乐和入世（没有成功入世）之间进行选择。我们可以强烈地感受到，梅花、美人的运用不再只是坚持梅花的比喻复合辞或一些低俗的题跋，诗人画家使用梅花来体现失落和期盼的感觉。不管在文人价值图谱中赋予梅什么样的主导价值，英勇和感伤、不屈不挠和脆弱、希望和绝望，

---

1 宋濂.题徐原甫墨梅,《宋文宪公全集》卷3,第77页。

2 王冕.素梅七言绝句,《竹斋诗集》卷4,第486页。

以及理想（或理想的自我）和现实之间的张力都是伟大的墨梅诗画的特征。"[3]

（二）兰花

李方膺以兰（包括兰竹、兰石）为题材的画作约 22 件，不在多数。其中纯兰花 7 件，兰竹 7 件，兰石 8 件。

兰花原本生于山涧之中，因其幽香怡人，移为人类园艺中的观赏植物。我国本土生长的兰花又称国兰，主要为春兰、莲瓣兰、蕙兰、建兰、寒兰、墨兰、春剑七大类，有上千种园艺品种。我国是国兰的原产地。自古以来，兰花一直是文人骚客吟咏的对象，最知名者莫过于屈原。

空谷生幽兰。兰最令人倾倒之处是"幽"，因其生长在深山野谷，才能洗净那种绮丽香泽的姿态，以清婉素淡的香气葆本性之美（故有香祖之称）。这种不以无人而不芳的"幽"，不只是属于林泉隐士的气质，更是一种文化通性，一种"人不知而不愠"的君子风格，一种不求仕途通达、不沾名钓誉、只追求胸中志向坦荡胸襟，象征着远污浊政治、保全自己美好人格的品质。

兰花从不取媚于人，也不愿移植于繁华都市，一旦离开清幽净土，则不免为尘垢玷污。因此，兰花只适宜于开在人迹罕至的幽深所在，只适宜于开在诗人的理想境界和文人笔下的翰墨中。

宋人郑思肖（所南）在南宋灭亡后，隐居吴中，常画"无土兰"，隐喻大好河山为异族践踏。表现自己不愿生活在元朝的土地（国土沦丧）上，不与统治者同流合污的气节。倪瓒曾为其题诗："只有所南心不改，泪泉和墨写《离骚》。"所以诗人画家爱兰咏兰画兰，是透过兰花来展现自己的人格襟怀，在兰花孤芳自赏的贞洁幽美之中，认同自己的一份精神品性。李方膺画兰，在兰叶的表现上更具挫折感，与其人生际遭不无关系。尤其在合肥罢官后，对屈子与兰的理解更是深刻如感同身受。

（三）竹

竹是李方膺绘画中重要题材之一，其分量仅次于梅。其画竹作品约 45 件，其中竹石类 25 件，风竹 5 件，朱竹 1 件。谚云：喜画兰，怒画竹。李方膺不仅爱画竹，还创造了

3　[美] 毕嘉珍 . 著《墨梅》，江苏人民出版社，2012 年 5 月第一版，第 110 页。

风竹，与其人格兀傲不惧的人生遭际密切相关。

竹为高大、生长迅速的禾草类植物，茎为木质。在我国至少有6000年以上的历史。竹枝干挺拔，修长，四季青翠，凌霜傲雪。备受中国文人喜爱，历来有"梅兰竹菊"四君子之一，松竹梅"岁寒三友"之一等美称。中国历代文人墨客，嗜竹咏竹画竹者众多。

竹子在中国文化上占有重要地位，这是因其杆挺拔秀丽、叶潇洒多姿、形千奇百态。竹无牡丹之富丽，无松柏之伟岸，无桃李之娇艳，但它虚心文雅的特征，高风亮节的品质为人们所称颂。它坦诚无私，朴实无化，不苛求环境，不炫耀自己，默默无闻地把绿荫清凉奉献给大地与人类。于是人们把竹子的生物形态特征总结升华成一种做人的精神风貌，如虚心、气节，被列为人格美德的范畴，其内涵已形成中华民族品格、禀赋和美学精神的象征。看到竹子，人们自然想到它不畏逆境、不惧艰辛、中虚外直、宁折不屈的品格，也是其特殊的审美价值所在。

《诗经》中直接提及竹子的诗有5首。据《太平御览》载，晋代书法家王徽之（子猷）曾暂寄人空宅住，使令种竹。或问"暂住何烦尔？"王啸咏良久，直指竹曰："何可一日无此君！"宋苏东坡《于潜僧缘筼轩》中说："宁可食无肉，不可居无竹。无肉使人瘦，无竹令人俗。人瘦尚可肥，俗士不可医。"北宋文同开创了"湖州竹派"，被后世人尊为墨竹绘画鼻祖。元代的柯九思、高克恭、倪瓒；明代的王绂、夏昶、徐渭，清代的石涛、郑板桥均堪称画竹高手。而李方膺画竹不输任何前辈，某些地方甚至超越前人，并为画史永载。

（四）菊

菊也是李方膺常画花卉之一。其菊（包括菊石图）画17件，占比不大，大概与其选择性有关。

菊花是经长期人工选择培育出的名贵观赏花卉，也称艺菊。品种已达千余种。多年生草本植物。根据花期迟早分早菊（九月至十一月），晚菊（十一月至元月），还有五月菊、七月菊、八月菊等，花形瓣型种类多。因菊花开于晚秋和具有浓香故有"晚艳""冷香"之雅称。也有生于路旁井上野菊。我国菊花有3000余年的悠久历史。人们从菊花的自然属性衍生到它的社会属性，通过养菊、赏菊、品菊、咏菊、画菊，升华到菊的人文精神。《离骚》中有"夕餐秋菊之落英"之句，陶渊明更有"采菊东篱下，悠然见南山"的名句，菊花作品是借用了菊花的象征意义以及道德、人文内涵。

菊虽隽美多姿，然不以娇艳姿色取媚，却以素雅坚贞取胜，盛开在百花凋零之后，人们爱它的清秀神韵，更爱它凌霜盛开、西风不落的一身傲骨。中国人赋予它高尚坚强的情操，以民族精神的象征视为国粹，受人敬重。菊作为傲霜之花，一直为诗人画家所偏爱，古人尤爱以菊名志，以此比拟自己的高洁情操、坚贞不屈与淡泊及保持晚节的高尚人品。所以，写菊便是写人，菊花不会自行掉落，只有被风吹袭后才干枯。画家往往用寒菊的秉性来体现自己忠诚、矢志不渝的高尚情操。

（五）松、柏

李方膺松柏画题材22件，其松（包括松石）20件，柏石2件。在其作品中占有一定的份额。这与其偏爱大丈夫品格有相当的关系。

松柏一般为常绿乔木，高大伟岸，是建筑用材和工业用材的主要来源。有些树种如金钱松、雪松为著名的园林绿化和观赏植物。

中华民族是一个注重人格的道德价值、崇尚节操的民族。在我国传统文化中具有深厚"松柏意象"与"松柏情结"。古人对松柏习惯于并称。它们的自然属性被人格化，被赋予道德伦理的代表。李白《赠韦侍御黄裳二首》诗，借松表达人的不同流俗和高风峻节。对别人是鼓励、鞭策，于自己则是明志、抒怀。"为草当作兰，为木当作松。兰幽香风远，松寒不改容。"对松柏的赞美和歌颂，正是中华民族刚正不阿，面对任何权势和压迫决不低头的伦理传统和高尚品德的具体体现。白居易有一首《涧底松》诗，表达了自己对国家现状深深的忧患意识。诗人抓住涧底松既寒且卑和"老死不逢工度之"的特点，来讽喻和针砭这种不平的现象，具有现实审美意义。"涧底松"已超脱了文学意象层面，具有深厚的文化意义，成为众多文人表达强烈历史使命感和忧患意识的代言人。松柏"栋梁材"的审美意象，"松菊""松泉""松云""松月""松鹤"等，不仅入诗，而且入画。"松柏"经冬不凋，临风不倒，雪不能毁其志，寒不致改其性，依旧保持着自己坚贞的品格，具有守志不阿的节操。李方膺的"涧底松""松石图"都有寓意其中。

（六）牡丹、芍药

李方膺绘画中所见绘牡丹7件，芍药1件，属于较少画的题材，且以墨笔牡丹居多。

牡丹是芍药科芍药属植物，为多年生落叶小灌木。花色艳丽，风流潇洒，富丽堂皇，素有"花中之王"的美誉。"唯有牡丹真国色，花开时节动京城"（刘禹锡诗句）。清末曾被当作国花。牡丹从唐代起，被推崇为"国色天香"。统领群芳，地位尊贵。牡丹花语：圆满、浓情、富贵、雍容华贵。秋牡丹花语：生命、期待、淡淡的爱。另外红、紫、白、绿、黑、粉、黄等各色牡丹，象征意义也不相同。

（七）荷花

李方膺画荷作品所见仅5件，均为立轴。其花卉于杂画册中也偶尔画过。荷花又名莲花，是多年生宿根水生植物。其生长史超过人类史。既能供食用又能欣赏，历代文人赋予它圣洁高雅的气质命名，如君子花、凌波仙子、水宫仙子、玉环等。自北宋周敦颐写了"出淤泥而不染，濯清涟而不妖"的名句后，荷花便成为"君子之花"。荷花的政治喻义，作为和平、和谐、合作、合力、团结、联合等象征。"和（荷）为贵"有构建和谐社会的意义。另外荷花还有佛教上宗教喻义。历史上画荷名家不可胜数。荷花能给人清新美感魅力。

（八）花卉（杂画）

李方膺花卉（包括杂画）类题材共23件，其中18件为册页。由于题材不专一，且杂夹其树木花草，这里一并介绍。所见尚有枇杷2件，杨柳1件，花果1件，蕉石1件，萱草1件，秋葵2件，朱藤2件，日常生活中常见的花卉草木皆可入李方膺画笔之下，体现其雅俗共有的生活情趣。

（九）鱼兽禽鸟

李方膺以鱼作题材的画作不算少，约12件，而鹿、鹤、鸟只各有1件。相对而言，鱼占绝对多数，其原因可与其性情与遭际有关。《宣和画谱·畜兽叙论》云："至虎、豹、鹿、獐、兔，则非驯习之者也。画者因取其原野荒寒跳梁奔逸，不就羁口之状，以寄笔间豪迈之气而已。方膺画鹿借以表现其不羁之状与豪迈之气是也。"

鱼，为人们所喜爱，除了它的食用价值外，还由于它是一种美好的文化象征。如"吉庆有鱼（余）""年年有余（余）"象征年景好，丰稔昌盛；"鱼"与"余"谐音，象征富贵，有剩余；"如鱼得水"象征生活和谐美满，幸福自在；"鳜"和"贵"谐音，取"富贵有余"之意；"鲤"和"利"谐音，取"家家得利"之意；"鲢"与"连"谐音，以莲花和鲢鱼构成画面，取名"连连有余"；"金鱼"和"金玉"谐音，意为"金玉满堂（鱼塘）"，等等。李方膺画有上蹿下跳的鱼，则另有"鱼过龙门"之意。画此画时正值公车北上，再次为官时节可从其题画诗中领会。

禽鸟，李方膺画中仅见一二件。近闻有其画鹰作品，但藏家拒示，记此俟考。

二、人物

李方膺的人物画很少，目前所掌握的包括已佚的《三代耕田图》在内，总共仅 4 幅，现存世的 3 幅均为《钟馗》。

钟馗，姓钟名馗字正南，中国民间传说中能打鬼驱邪的神。旧时中国民间常挂钟馗像辟邪除灾。是中国文化中的"唐赐福镇宅圣君"。古书记载他系唐初长安终南人。生铁面虬鬓，相貌奇异，然而却是个才华横溢、满腹经纶、学富五车、才高八斗的人物，平素正气浩然，刚直不阿，待人正直。春节时钟馗是门神，端午时钟馗是斩五毒的天师。钟馗是中国传统道教诸神中唯一的万应之神，要福得福，要财得财，有求必应。不过他的主要职能是捉鬼。李方膺画的钟馗，并非捉鬼，而是另含用意。

中国现代漫画肇始者是陈师曾，丰子恺继而发扬光大。中国古代有漫画其形（实为讽刺画）而未赋其名，宋时有漫画之词，但名实未能一致，明清时均有过漫画图本，典型者如明末李士达的《三驼图》。入清后，李方膺《钟馗》图，薛永年先生认为具备漫画所有元素，应为清早期的漫画，比罗聘的《鬼趣图》约早 26 年。[4]

三、山水

李方膺的山水画极少，至今仅见一幅扇页，还是拟北苑法，估计系其早期研习传统时所作。

4　薛永年《中国书画讲座》，中央文史研究馆编，人民美术出版社，2004 年，第 21 页。

表二 李方膺绘画题材一览表

梅花（含梅竹、梅兰、梅石、梅兰竹、梅兰竹菊）		竹（含竹石等）	兰（含兰竹、兰石）
87		49	25

花卉（含杂画）	松、柏（石）	菊（石）	鱼	牡丹（含芍药）	荷花	人物
28	26	18	12	9	5	3

蔬果	蜀葵	鹿	鹤	鸟	蕉石	萱草	朱藤	合计
2	2	1	1	1	1	1	2	273

第二节　创作分期

人的一生，按自然规律，可分为青少年、成年、老年各个不同的生理阶段。如果按人生遭际和社会规律，也可分为早年、中年、晚年。从事艺术创作的艺术家，依照艺术发展进程也可以分成若干时期，这就是创作分期。

一、以往学者分期概述

李方膺的生平和创作分期以往学者多有研究，各有异同，现简要归纳如下。

（一）薛永年的分期法

薛永年将李方膺的生平与绘画分开叙述，讲其一生大略经历了三个时期：第一个时期，自李方膺出生至举贤良方正，是他亦耕亦读随父游宦的青少年时期；第二个时期，自雍正中李方膺出任山东知县至乾隆末（应为"中"），他在合肥被陷罢官直至案结为止，是他宦海浮沉绘事渐进的中年时期；第三个时期，自李方膺57岁离合肥客居金陵，到他60岁以疾归里在南通去世，是他"风尘历遍余诗兴，书画携还当酒钱"的晚年。

根据李方膺艺术道路中创作上分期大致也分为三期：少年时期的作品，即雍正二年（1724）署款"南通州李方邹（曾用名）的《花卉册》；中年时期的作品，从雍正末乾隆初的《百花呈瑞图》，一直延续到安徽任官时期；晚年时期的作品，从合肥职至寓居金陵时期。[5]

（二）张郁明的分期法

张郁明将李方膺的绘画历程大致分为三个时期：

1. 早年草创期。指李方膺"三十而立"即雍正年间的绘画作品。认为这一时期的绘画，是李方膺"努力作画"第一阶段，为创作困顿期。

2. "二李"（李鱓、李方膺）合流期。指李方膺乾隆元年到乾隆十六年合肥罢官前这一段时期绘画创作。这一时期，亦是和"扬州八怪"李鱓之合流期，由不知名（李自己有"四十无闻"之说）到渐渐（原文为"慚慚"）知名期。

3. 李方膺晚年绘画期，即自成风格期的艺术特征——"风"画。认为李方膺绘画第三期艺术风格特征及其美学思想，是与"扬州八怪"其他画家拉开距离，自成风格期。[6]

（三）殷晓珍、贺万里分期法

殷晓珍、贺万里将李方膺的一生，划分为三个时期：

第一时期：出生至三十岁（1696—1726），这期间他（李方膺）一直在家乡通州，以读书作画为主，二十一岁入学立下"奋志为官，努力作画"的理想。

第二时期：三十岁至五十五岁（1726—1751），这期间他奔波于鲁皖地区为官。这一时期又划分为四个阶段：

1. 从雍正四年随父入闽，到福建延津邵道魏壮保举贤良方正。

2. 雍正七年陪父入京，得雍正帝召见，到乾隆元年出狱复职。

3. 乾隆四年丁父艰回通州，直至乾隆十一年春入京谒选。在家七年间，是李方膺绘画创作的第一个重要阶段。

4. 乾隆十一年入京再入仕安徽潜山县令，至乾隆十六年遭罢官后，往返合肥与金陵料理官司三年间。

第三时期：五十六岁合肥事了至离世（1752—1756），寓居金陵项氏花园。这一时

5　薛永年. 李方膺其人其画，《扬州画派书画全集·李方膺》前言。

6　张郁明. 胸有方心·气自浩然——李方膺绘画艺术论，《艺术百家》，2016年第2期。

期是他绘画创作的第二个重要阶段，是他创作的黄金时期。[7]

（四）崔莉萍分期法

作者将李方膺在乾隆四年以前的时间作为其绘画创作的第一阶段，实际上主要是他在山东任上时期。也是他学习的主要时期，自己的风格面貌还不是很突出，临摹的成分多一些。

从乾隆四年到乾隆十一年，这七年时间，丁艰于家，在继续师古人的基础上，开始有意识地师造化，其画梅开始得到同行的认可与赞扬。这是李方膺绘画创作的第二个阶段。

李方膺绘画的第三个阶段，从乾隆十一年公车北上，到赴任安徽，直至乾隆二十一年去世，前后约有十年时间，也是李生命的最后十年，也是其绘画创作最多、最丰富的十年，这一阶段，逐渐形成了自己的面貌，艺术上更加炉火纯青。[8]

二、李方膺绘画分期研究

笔者在早前研究中也曾将李方膺的艺术生涯分为三个时期：一是青少年时期，作品极少，有遵父命而作的《三代耕田图》；二是中年时期。大致分为两个阶段：以雍正十二年（1734）为界，此前风格接近明人小写意，逸而不放，书风秀整。此后因仕途坎坷受兰山冤案影响及与李鱓的艺术交往等因素，画风日趋纵横跌宕，行书面貌也与李复堂恣肆拙厚极为接近；三是晚年时期。指其从乾隆十六年（1751）合肥解职至逝世为止。其已将胸中磊落不平之气尽情发于笔端，奇崛恣纵，不屈不挠而又雄强痛快，表现了他冲破矩矱自立门户的典型画风。[9]

通过进一步研究，我们认为，李方膺一生仅得少寿，是"扬州八怪"中寿命最短的画家。其绘画创作时间更短，前后仅有 30 年余。所以，若按年期分的话，青少年时未见作品，目前发现其最早的作品，已是 29 岁时所作，应为青壮年时期。至于晚年，更是勉强。即以古代人言，60 岁仅为少寿，70 岁为中寿，80 岁才称上寿，90 岁以上方能称长寿。

---

7 殷晓珍、贺万里.从交往看李方膺为"扬州八怪"之一,《奇郁晴江梅——李方膺诞辰 320 周年学术研讨会论文集》，第 56–66 页。

8 崔莉萍.李方膺研究（博士论文），第 42 页。

9 何循真.李方膺绘画艺术赏鉴,《荣宝斋》，2009 年第 2 期。

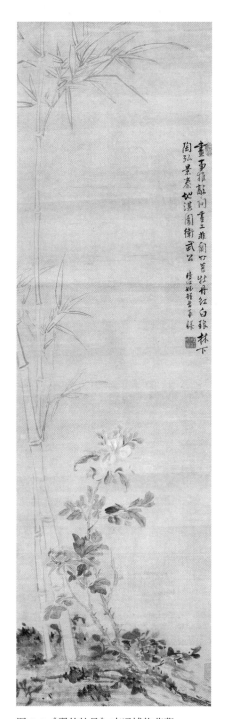

图 4-1 《翠竹牡丹》南通博物苑藏

若以今人计，世界卫生组织限定 60 岁以内只能称青年，70-80 岁为中年，90 岁以上才能称老年。一般而言，称晚年至少也应 70 岁以后。正如书画落款一样，一般 70 岁以后，才开始签年岁款。所以，就李方膺而言，绘画分期上称"晚年"也不太合适。因此，在李方膺的绘画分期上，我们认为，以早（或前）期、中期、后期比较合适。分期的标准。我们认为，以发生风格变化的那一年（或称一个时间段）为分界点。既然是绘画，当然就应以绘画、书法作品面貌作为判断的标杆。当然，这些分期也是相对而言，仅仅为了梳理画家的创作发展进程，并为鉴赏、鉴定作品做参考，也为理清画家绘画思想提供图本证据。现将我们界定的李方膺绘画分期陈述如下。

（一）早（前）期。

早期，以乾隆三年（1738）、画家 43 岁前为一个阶段，也可称为学习继承期。这一时期的作品，主要继承明人写意。主要作品有兼工带写的《翠竹牡丹》（图 4-1），双勾竹，写意牡丹没骨法；有雍正十年的《牡丹图》，以仿宋人笔法为主；乾隆二年春于历下碧梧居画《三鱼图》，此绘画与款题用笔均较为拘谨，无恣肆之意。概言之，这一时期，作品数量少，目前所见仅四五件。

（二）中期

中期，以乾隆四年（1739）、画家 44 岁，

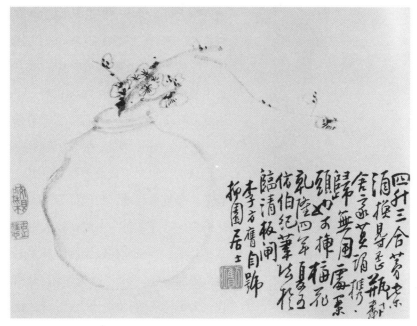

图 4-2《瓶梅图》中央工艺美术学院藏

至乾隆十六年（1751）、画家 55 岁为一个阶段，也可称为创新初期或承古开新期。这一时期中，既有继承传统、师法古人，也有师法造化、对景写生的一面，更有突破传统、中得心源、创新发展的一面。从乾隆四年夏五月那件《瓶梅》（原名《梅瓶》）册页可以看出，李方膺淡淡几笔勾出歪口瓶（图4-2），一柄稀疏梅花枝。款书一改以前馆阁体、变恣肆粗放，其画风与过去几年迥然不同。导致其风格突变的原因主要有三方面：

一是乐安赈灾而被弹劾，兰山冤案被罢官入狱，其精神受到打击，思想上留下了深刻印象。

二是乾隆元年后，与李鱓交往密切，画风乃至书法上均受到李鱓不少的熏染与影响。

三是乾隆四年（1739）到乾隆十一年（1746）丁艰在家，这六七年时间，对李方膺而言是很珍贵的时间。经历过雍正、乾隆相交时仕途蒙冤又得以冤情大白的曲折，经历了与父母的生离死别，人生积淀逐渐沉厚，再加上其间没有了政务缠身、案牍劳形，使得他有更多的时间浸润于绘事；同时，在家与乡贤同道交游往来切磋画艺，这一阶段李方膺的绘画愈发成熟，且逐渐形成自己的风貌，笔墨技法从飘逸、松秀走向稳健、拙朴，立意从简素平淡走向深沉厚重，取材上也形成自己的专门喜好，大写意之风由此确立。

乾隆四年（1739）六月李方膺从临清巡漕回济南途中所画《渭川千亩》（十二开）册页中，画风率意，有竹（页）全用方笔写出，其"种竹养鱼"款紧贴弯腰的竹竿而书，是"扬州八怪"早期随形款的先声。乾隆十年（1745）四月十五日那幅《风松图》，开启了李氏"风"画创新征途，吹响了突破传统、承古开新的号角。直至在合肥任上罢官之前这12年中，创作了许多作品，尤其在写梅上多有革新，多幅梅花构图一变古人"S"形，小品多以各种"△"造形，大幅呈"闪电型"，突破古人蕃篱，自立门户。

（三）后期

后期，以乾隆十六年（1751）、画家56岁，至乾隆二十年（1755）画家60岁去世为一阶段，也可称作风格确立期或创新成熟期。李方膺在合肥任上再次被弹劾并被彻底罢官，他开始了鬻画为生的人生阶段，这也是他绘画的全盛时期，技法逐渐走向巅峰，作品数量也最多，究其原因，一是笔墨技法已入炉火纯青之境，二是艺术思想已形成自己的创见，最重要的是第三，李方膺将为官之力俱用于绘画创作，这一阶段的创作不仅是衣食所着，更是画家的精神支柱。丁有煜《哭晴江文》说："谢事以后，其画益肆，为官之力并而用之于画，故画无忌惮悉如其气。"[10]袁枚在乾隆十九年（1754）作诗《白衣山人画梅歌赠李晴江》，其中写道："人夺山人七品官，天与山人一枝笔。笔花墨浪层层起，摇动春光千万里。"[11]袁枚不愧为大才子，前两句写出了李方膺的天赋才情，"笔花墨浪层层起"一句更是写出了李方膺作品纵横跌宕的气势。

我们研究李方膺这一时期创作的"竹"图，可以发现其绘画风格的显著变化，他20多年仕途积郁的不平之气尽倾泻于笔端。被狂风吹弯的竹杆像画家不屈的身形，飒飒的竹叶如画家迎风飞扬的苍髯，我们从风竹中看到画家饱受摧折的身形，更读到画家宁折不弯的傲骨。这一时期传世并确认为真迹的风竹图达到4幅，如乾隆十六（1751年）作《潇湘风竹图》轴（南京博物院藏），乾隆十八年作《风竹图》轴（荣宝斋藏），题诗："波涛宦海几飘蓬，种竹关门学画工。自笑一身浑是胆，挥毫依旧爱狂风。"乾隆十九

---

10 丁有煜.《哭晴江文》，收录于《个道人遗墨》，南通翰墨林，1923年3月，第18页。

11 袁枚.《小仓山房诗集》卷十·甲戌。

年（1754）所作两幅《风竹图》轴（分别为上海博物馆、天津市文物公司藏）。可以说，"风竹"是李方膺纵横不羁、跌宕排奡画风最强烈的表现。可惜方兴即艾，正当他"雄强奇崛"壮美风格确立，准备大干一番事业时，天不假年，心有不甘地离开这个世界。

第三节　代表作欣赏

中国画的欣赏有两个层次：第一是绘画图像审美的层次。它们是表现外在的形式与内容的。它包括作品的气韵美、意境美、笔墨美、诗书画印综合美；第二是作品立意的层次，是内在精神方面，令人喜不如令人奇，令人奇不如令人思。懂得作者创作的时代与个人背景、隐喻思想、精神指向，以至于欣赏者与画家之间心领神会，心灵上的交融而升华为情操陶冶。李方膺借画言志、直抒胸臆，作品既有形式美感也有深刻内涵。

一、《墨梅》册页

《墨梅》册页（图4-3）为李方膺于乾隆己巳（1749）年正月写于梅花楼的《杂画册》

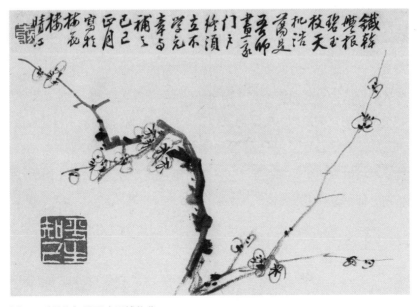

图4-3《墨梅》册页 南通博物苑

中的一页。其时李方膺刚到合肥任知县。正月里，心情不错，聊聊数笔画出如此精妙的作品。这张画首先好在构图上，从下向上呈倒三角形，既险又稳，两根主枝上引，左主右副，有老干有新枝，老枝上又分出一半枝，正应了李方膺那首咏梅名句："触目横斜千万朵，赏心只有两三枝。"稀疏的梅枝上，随意点缀数朵白梅，画家以少胜多，控制画面的能力令人称绝。这样简练的构图，墨梅史上少见。再看梅花俯仰向背，含蓄盛开无一雷同。最后在画面上方横题诗云："铁干盘根碧玉枝，天机浩荡是吾机。画家门户终须立，不学元章与补之。"名款边钤"半舫"一方小印，左下方一方"平生知己"压角印，正好拦气又平衡画面。这方印系李方膺最喜欢之印，往往钤在他最得意的作品之上。题画诗吐出了画家的心声，天机浩荡，隐喻皇恩浩荡，当然也可以理解为自然界春风浩荡，细审之下，是不是看到梅花在春风吹拂中微微颤动？同时，画家也明确地宣告，我的梅花并非效仿杨无咎。杨无咎字补之，号逃禅老人，12 世纪晚期墨梅艺术上最著名的大师。元章即王冕，他是元末明初诗人和画梅大家。李方膺没有因袭这两位画梅大师的路数，而是自立门户。这幅墨梅图从构图到用笔用墨也证明了这一点，堪称李方膺墨梅精品之一。正可谓：诗美、书佳、画动人、印点睛，绝！

二、《渭川千亩》册页

《渭川千亩》册页（十二开）（图 4-4），2014 年 12 月 2 日北京保利拍品。

题端：渭川千亩。晴江题。钤印：大开笑口。

题识：1. 朝阳鸣凤。写于四隅颐。晴江。2. 夏雨连期不出门，淋漓墨竹两三根。遥知蒋径盈千亩，洗净尘氛见碧痕。乾隆四年六月，写于济南雨窗。晴江。3. 三径千竿竹，青门一亩瓜。布衣无所用，便是老生涯。晴江题。4. 种竹养鱼。晴江题。5. 伶伦伐竹到昆仑、西使张骞得蒜根。遥知十万崎岖路，只合丹青供墨痕。李晴江自号墨梅和尚。6. 暑气熏蒸不可遮。偶然画出野人家。无数清风无数竹，山童溪畔抱西瓜。乾隆四年六月，自临清巡漕回济南，途中写此，晴江，钤印：竹窗、古之狂也、叫一，小李、木头老子、路旁井上、以酒为名，晴江写生。

此墨笔杂画册页，作于乾隆四年（1739）六月，此时李方膺奉命仍在勘察河道，五六月经临清返回济南，途中写此册页。忙里偷闲，随意画些册页，也便于携带。李方

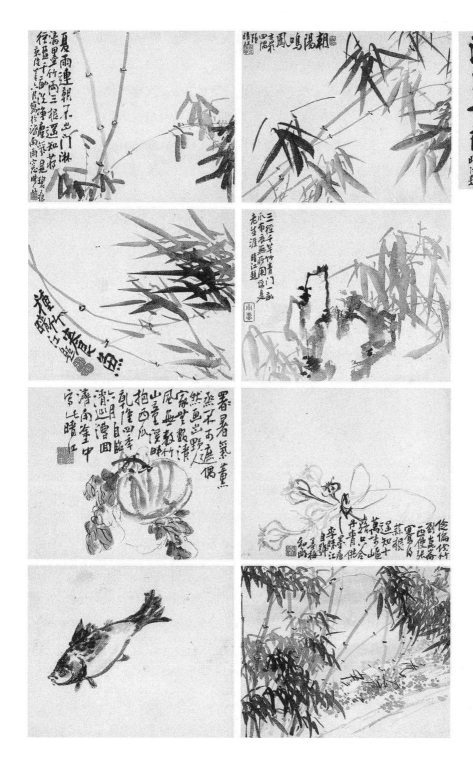

图 4-4 《渭川千亩》册页

膺存世的册页较多。一方面便于随身携带，也便于后世收藏。既然较多，为何偏偏选这件册页介绍呢？因为 1739 年对于李方膺来说，至关重要。或可说是其人生轨迹与绘画风格的转折点。李氏早期习画，虽有成绩，然尚未尽脱前人规制。1739 年 11 月，其父李玉铉病逝，李方膺回通州服丧。正是此年前后，李方膺始渐脱前人旧习，自出一格，独出面目。我们研究认为促其画风转变的原因有二：一是遭遇兰山冤案，二是与李鱓的相互熏染。故而，创作于此时的作品对于研究其画法源流，探讨其画风演变具有重要的学术意义。

此册写梅、兰、竹、鱼、荷、蒜等，皆平凡生活题材。鱼，偏重写实，是其家乡长江口的鲥鱼。与其后来大写意的鱼适成对比。此册中梅仅两幅，却也代表了其此时写梅的特点。以侧锋入笔，淡墨写就梅花主枝，以浓墨略加修饰，复以细笔勾勒梅花数朵，布局剪裁高妙，取旁逸斜出之势，得清寒苍老之趣，粗粝中见细腻，霸悍间见灵动，全以胸中灵气运之，十指间拂拂有生气。梅枝多作尖直转折，瘦劲硬挺，绝去甜媚，自喻

图 4-5《风松图》南通博物苑藏

高洁。全册写竹五开，各具风姿。多是聊聊数笔，潇洒自如。"种竹养鱼"，开其写"风竹"之肇始，风势之猛，瘦竹孤立，或自比，或明志。款题配合画意倾斜书画，呈现出统一而独特的视觉效果。此种样式，在扬州画派，乃至有清一代画史上，也是开风气之先。"夏雨连朝不出门"页中，写风雨中竹枝低垂，秃叶居多，笔墨湿润，未见风雨，却俨然"夜来风雨声"。大面积的留白和紧凑的款题构成强烈对比。笔墨简略而意境饱满。"渭川千亩"一页可谓本册点睛之笔，也是李方膺寓繁于简的登峰造极之作。"谓川千亩"语出《史记·货殖列传》："齐鲁千亩桑麻；渭川千亩竹……比其人皆与千户侯等。"画家仅于画纸边缘题字、落款、钤印，留下大片空白。一笔未写，于无画处皆成妙境。诚如笪重光《画鉴》所云："空本难图，实景清而空景现；神无可绘，真境逼而神境生；位置相戾，有画处多属赘疣；虚实相生，无画处皆成妙境。"前贤高论，于李方膺笔下，真已至出神入化，是为后学典范。

三、《风松图》轴

《风松图》轴（图 4-5），纸本，设色，纵 159.5 厘米，横 59.2 厘米。款：乾隆十年四月十五日，晴江李方膺下钤"莒州刺史"（白）"仙李"（朱）二印。右下压角印一枚"望云赏趣"（白）该画原为张謇收藏，后捐南通博物苑。

该图立意与唐王维《山居秋暝》诗句"明月松间照，清泉石上流"之诗意相通。诗句意为：明月透过松林洒落斑驳的静影，清澈的泉水在岩石上叮咚流淌。这首《山居秋暝》诗为山水名篇，于诗情画意之中寄托着诗人高洁的情怀和对理想境界的追求。

天色已暝，却有皓月当空；群芳已谢，却有青松如盖。山泉清冽，淙淙流泻于山石之上，有如一条洁白无瑕的素练，在月光下闪闪发光，生动表现了幽清明净的自然美。王维在其《济上四贤咏》曾经赞叹两位贤士的高尚情操，谓其"息阴无恶术，饮水必清源"。王维自己也是这种心志高洁的人，他曾说："宁息野树林，宁饮涧水流，不用坐梁肉，崎岖见王侯。"（《献始关公》）这月下青松和石上清泉，正是他所追求的理想境界。

现在我们回到李方膺这幅《风松图》上，傲然挺立的两棵苍松成为图画主角，皎月从右上方照下，松下有淙淙流泉，山间月夜自然之美、静谧之美给人以美的享受。但是画家没有画静态之松，却笔锋一转，一曲"风入松"，大风起兮，松枝摇曳，松叶被吹得横飘斜舞。本来画家以物芳而明志洁，以人和而望政通。但官场经历让画家充分认清了"树欲静而风不止"的哲理。他本来也可以像王维那样，"随意春芳歇，王孙自可留"，觉得"山中"比"朝中"好，洁净纯朴，可以远离官场而洁身自好，归隐辋川。但是李方膺不能，他有过承诺："只缘贤母传家训，惟望儿孙向太阳。"（李方膺《百花呈瑞》题诗）他不能因宦海险恶而退却，他要像松树那样，迎风而立不怕险阻，勇往直前。他要继续效忠朝廷。所以，第二年（乾隆十一年）毅然再次踏上仕途。

欣赏这幅画时，不能简单地认为这就是一幅"风入松声沙沙沙"的风松图，从王维的《山居秋暝》诗意，进一步联系画家本人经历思想与思想处境，才能深刻领会这是一幅寄慨言志、含蕴丰富又耐人寻味的佳构。七年后，李方膺至交李鱓也画有类似的《月下风松图》，就另当别论了。

四、《潇湘风竹图》轴

《潇湘风竹图》轴（图 4-6）现藏于南京博物院，立轴，纸本，水墨，高 168 厘米，宽 67.7 厘米。款识：画史从来不画风，我于难处夺天工。请看尺幅潇湘竹，满耳丁东万

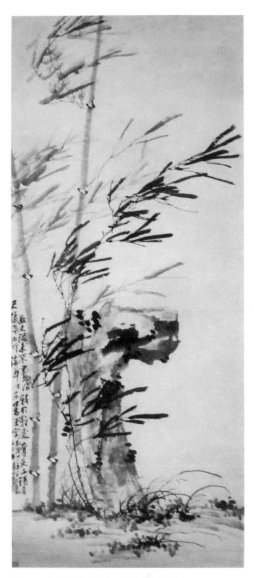

图4-6《潇湘风竹图》南京博物院藏

玉空。乾隆十六年写于合肥五柳轩,李方膺。钤印:晴江(白)、李生(朱)。

首先欣赏画面:两三杆劲竹,直指天空,竹杆挺拔遒劲,淡墨写出却筋节有力。而竹叶用方笔扫出,依风势斜出,夸张地几呈平行之势,有力地表现了疾风狂吹的态势,竹旁顽石阔笔涂写,与竹浑然一体,团结抗衡,愈加突出了潇湘竹迎风昂立的不屈,并给予无声而有力的撑持。显示了力量的强烈对比性,赞颂了竹子与狂风顽强苦斗的精神。图中不仅成竹挺立,倚身旁边的小竹也显示出不折不挠的抵抗精神。乃至脚下的兰草也没有因强风趴下。薛永年评道:"清代李方膺的《潇湘风竹图》不仅画了飞沙石,而且画出了风,该画可以听到声音。(《美术报》2017年3月18日,《以开放的态度调整观念》)。从题款位置看,画家当时情绪激昂,一气呵成,题画诗款位置并未计划妥当,比较拥挤在画面左下方,随机生发,紧贴竹杆而下,恰与竹、石形成虚实相生的效果,真是"无意于佳而佳"。"潇湘竹"是一个众所周知的传说,蛾皇和女英两妃在舜帝墓,哭出血泪而染成的有斑纹的竹子,也称"湘妃竹""泪痕竹"。这种斑竹,在吴地称"湘妃竹"。由于潇水是湘江上游最大的一条支流,因为斑竹多长在潇湘地区,所以也叫潇湘竹。

再说一下这幅画的背景。乾隆十六年(1751)春,为乾隆南巡,曾为水利县令的李方膺，被上级派到安徽、江苏交界地区查看湖堤工程，准备迎驾送驾，沿途经泗州蒋家坝、高梁涧至山阳再回汝阴。7月间，等他辛苦出差回到县衙时，迎接他的不是接风慰问，而是遭知府以贪赃之名参劾，停职、候审，紧接着8月解职，两老仆因牵累入狱。5月办差途中还春风得意，兢兢业业画着"春风万里图"，谁知一回合肥，等待他的是"牢狱之灾"，一盆凉水从头浇下。从现实回到画面，男儿有泪不轻弹，"满耳丁东万玉空"。5月还写墨竹于万玉堂。此时已万玉空了。李方膺此时已看空为官，此念已灰，此情难抑，遂将心头愤懑，诉诸毫端，正合了"怒写竹"之情境。此时一种狂气，一种睥睨一切的气概，直气横行笔端，竹叶也不是春风轻拂的"个""介"字了，在狂风中变了形的长方形竹叶在风中颤动，画家的内心激荡澎湃，山雨欲来风满楼，身直不怕影子歪，所以一幅"疾风知劲竹"的景象从生命体验的旋涡中跃然纸上。没有深入了解画家的遭际背景与心理反射，就很难理解画家画意的深刻内涵。

五、《墨梅图》轴

《墨梅图》轴(图4-7)，纸本，水墨，

图4-7《墨梅》轴 湖北省博物馆藏

款识：逃禅老人画梅，真有疏影横斜之致，偶仿其意。癸西冬日李方膺。湖北省博物馆藏。

　　此画乃乾隆十八年（1753）所作，其时，李方膺已寓金陵借园，与袁枚、沈凤，时相约出游，时人称"三仙出洞"。此画特殊之处，在其左下方有两方大印，分别印文为"大观宝篆""秘府珍玩"。沈凤跋曰：此宋徽宗玉玺也。今在人间待贾，简斋太史偶印于此。晴江明府梅花主轴，画笔出尘而古玺亦所难得，将来必并传矣。补萝老人沈凤。钤印"沈郎"（白）。左下角钤"衣白山人"（朱）印。该画顶部又一名家（名字不清）横跋：余识晴江时曾得其画，不甚惜也。既久而思之乙□秋。简斋□史以此帧见贻。暇时静对觉有余味暖□□□画不在此下，何以嗜好不□，然则识适兴年进不自□其老矣。壬午春□□□□□□书此□□□。因有多字损而模糊不清。大意也为袁枚好友，表明重新静对李方膺画作时，余味隽永，一番点赞云云。

　　细审该画画面，画家纯用水墨写出大折枝梅花，一改往常疏枝少花格局，而是繁花满枝，老干新枝并出，上下交叉盘曲，一派生机，郁郁葱葱，老笔纷披，但又出尘离俗，既可远观，又能细品。令人回味无穷。从画面触目横斜千百朵梅花中，可以感觉到李家梅花强烈的个性特征，梅枝虬出，豪气横行，梅花圆润潇洒，暗香浮动，别有一番孤高冷峻的气质。诚如其好友袁枚所云："傲骨郁作梅树根，奇才散作梅树花。""孤干长招天地风，香心不死冰霜下。"画家以梅自喻，其兀傲、倔强、满怀正气之个性跃然纸上。八怪之中擅画梅者不少，但各有特点。李方膺之梅，以瘦硬见长，有奇肆豪放之格。金农之梅，古拙冷艳中，不乏诗意；汪士慎之梅，铁骨铮铮，含雅逸清劲之情；罗聘之梅，粗枝大丫，繁花密蕊，呈生意盎然之趣。艺无第二，画如其人。

六、《风雨钟馗图》轴

　　《风雨钟馗图》轴（图4-8），纸本，水墨。款题：节近端阳大雨风，登场二麦卧泥中。钟馗尚有闲钱用，到底人穷鬼不穷。乾隆十年端阳前二日写于梅花楼雨窗。晴江居士。钤印："樗散"（朱）浙江省博物馆藏。

　　李方膺的人物画很少。早年有《三代耕田图》，已佚。还有一张《钟馗》写于同年端阳节，无题画诗。这张《风雨钟馗图》，薛永年认为是一张漫画。其实，漫画这种艺术形式的雏形有着久远的历史，如宋代梁楷的《泼墨仙人》，明朝陈洪绶的《水浒叶子》，清代八大山人的《牡丹孔雀图》、罗聘的《鬼趣图》等都可视为此类，李方膺这幅《风雨钟馗图》比罗聘的《鬼趣图》还要早20多年。所以，很具介绍与欣赏的价值。

《风雨钟馗图》之所以定为漫画，因为它符合漫画所有定义：一是具备变形、夸张、讽刺的特点；二是取材于社会生活，依靠变形、夸张、比喻等手法加以表现，或评议，或表达思想，传递信息，或是单纯的幽默。在形式上，具有线条美、造型美、构图美；在内容上，具有教育性、思想性、幽默。[12]

从图中我们看到钟馗撑着一把破伞，戴着官帽，腰间夹着笏板，俨然一位装穷的命官，但腰间还系着蒜与铜钱。从画家的题画诗里能明白，这是一位装蒜装穷的官员。老百姓因连阴雨二麦卧泥中，愁着今年没收成。正直劳动人没钱，而峨冠博带的装鬼官倒有钱，这世道如何？李方膺悯农思想于此可见一斑。同时他又讽刺了那些不劳而获的当官者。画史总把钟馗作为正面人物画，李方膺反其意而用之，颇具深意。

图 4-8 《钟馗》浙江省博物馆藏

12　杨树山.漫画鉴赏与创作十四讲，河南人民出版社，2005 年 10 月 1 版，第 4 页。

第五章　书法、印章与篆刻

第一节　书法创作

　　"扬州八怪"的书法与他们的性格行为、艺术思想、绘画风格一样，有悖于传统正统，带有明显的叛逆性和独创性，如金农的漆书、郑板桥的六分半书都被视为书坛奇葩。李方膺的书法不似金、郑等特立独行，但亦有其自身风格。

一、书体

　　仔细梳理李方膺各个时期的书法作品，其涉及的书体主要有楷、行、草、隶，其中以行楷为多。

　　1. 楷书、小楷。其雍正十年《牡丹图》和乾隆四年《梅花图册》中之款书，看得出有王书的底子和颜体的用笔，并受过董其昌小楷的影响。

　　2. 行书。李方膺的行书有两种面目。一是王羲之《兰亭序》体，其在雍正十一年（1733）为《乐安县志》所书写的"重修乐安县志序"（图 5 –1、五 –2），是典型的兰亭体。二是从二王过渡到欧颜时期的行书。如《百花呈瑞图》中题画诗（1736）书法（图 5 –3）。此时，其行书面貌已一改王体轻歌曼舞、婉转流畅，逐步过渡到欧、颜方整宽博的姿态，但较为内敛，尚未放肆。

　　3. 草书。李方膺的草书独立作品极少，其草书多偶于行书作品之中，如《苍松

图 5 –1 重修乐安县志序（首页）

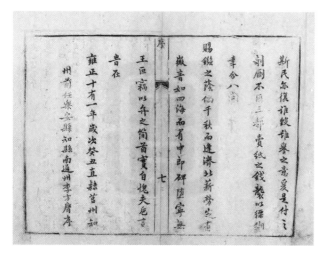

图 5-2 重修乐安县志序（末页）

怪石图》（1753）题款中，掺杂了相当多的草书，实为行夹草（图 5-4）。这样的例子在其晚年作品中时有所见。

4、隶书。李方膺的隶书亦是偶尔为之，如《寿萱乙百一十有零图》题款"乾隆八年四月写奉王老道长先生雅鉴"即为隶书（图 5-5）。

李方膺篆书目前未曾见到，从其能篆刻来分析应当能写篆书。

二、书作

李方膺独立的书法作品传世鲜见，目前所掌握和了解的有 5 幅，分别为：《行书人传东岳》条幅（图 5-6），古砚堂藏。《行书论书》轴，上海文物商店藏，见载于《中国古代书画图目》第十二册，1993 年，编号为"沪 11-323"。《行书七律诗》轴，纸本，139×28.5cm，故宫博物院藏，见载于《中国古代书画目录》第二册，

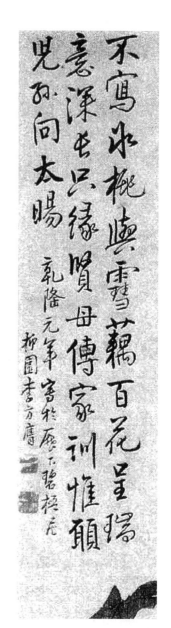

图 5-3 《百花呈瑞图》题画诗

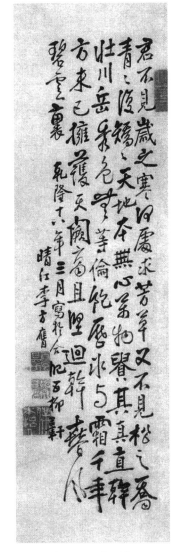

图 5-4《苍松怪石》题款

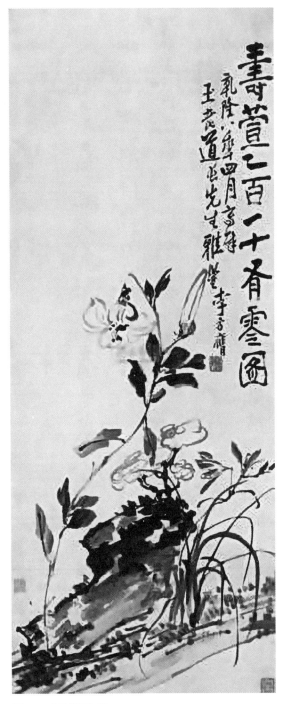

图 5-5《寿萱图》轴

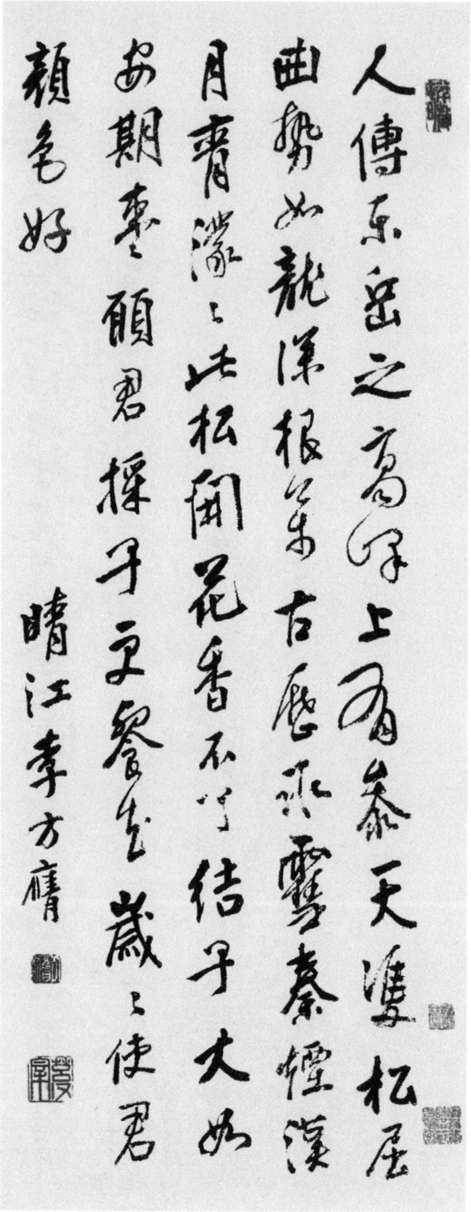

图 5-6《行书人传东岳》古砚堂藏

1986 年，编号为"京 1-5621"。赴京前日，再和原韵三章录呈子持年兄。首句"途逢借宅便安身"，书法中堂，故宫博物院藏，见载于《中国古代书画目录》第二册，1986 年，编号为"京 1-5626"。《行书诗》轴，92.5×49.5cm，未标年款，故宫博物院藏，见载于《中国古代书画图目》第二册，京 1-5627。

见于记载却未见墨迹的有对联："潘安仁间可奉亲，郭林宗贞不绝俗""千古文章传道学，一堂孝友乐天伦"[1]。李方膺大量的书法作品还是见诸于他的题画款上。他的画作题款形式丰富，有单落款、短题、方题、随形题、长题、短横题、长横题、夹画题、画内题等多种多样，因画布局，不断求新求变，不落俗套。如《游鱼图》（图 5-7）的侧边款，以两行大字自上而下，顶天立地，用笔厚重沉着，布局紧凑，撑满整幅画的右侧，与左面五条游鱼的虚空、灵动，一动一静，一轻一重，形成强烈的对比。再如《竹石图》（1742）中夹画款（见《李方膺作品图录》23），可谓独具匠心。题书依傍左边竿杆走势，顺势而下，错落有致，随形而题，信手拈来，既填

1　邱丰 . 画家李方膺，第 93 页。

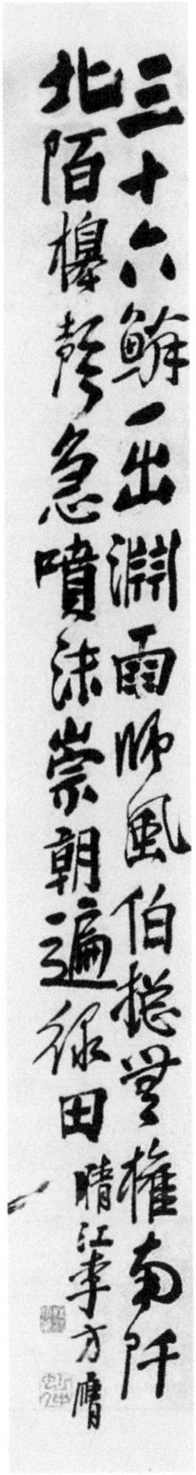

图 5-7《游鱼图》题款 故宫博物院茂

补了两丛竹中间的空白，又未填塞得过挤、过死，画面仍然透气，且与右下怪石交相呼应，书画融为一体，十分难得。再如《竹石》图中，将款"慈竹以赵吴兴为第一，偶仿其意。乾隆戊午三月也，抑园"题在巨石之上，面对观者，如摩崖石刻，实为书画融为一体之佳作。[2]

从李方膺的书作和画作题款我们可以发现其笔墨技法。

1. 用笔。早期帖学圆笔。中年以后，因字体变化而变化，以方笔为主，纯用中锋，直来直去，方起方收，下笔厚重老辣，苍劲直爽。朴茂雄浑的线质，浓郁坚硬的碑味，尤其在晚年，老笔纷披，雄强恣肆。

2. 结体。乾隆四年（1739）后，字形结构上偏向颜体楷书的规范。结体宽博方正，体势外拓内空，浑厚古朴，时有拙意，于质实中见空灵，方正中寓奇趣与拙趣。

3. 节奏。其晚年题画书法，尤其精彩。如《苍松怪石图》题款中，楷、行、草、篆夹杂其间，看似信手拈来，细心揣摩，能够看出较强的节奏韵律，布局上的疏密变化，通过字体变化得以体现，速度上的快慢顿挫，轻重缓急，几乎到了随心所欲的境地，即便将题款独立开来看，也堪称一幅书法佳作。

三、书风

李方膺没有留下专门的书学书论，偶见相关片言只语。至于他学书何人何家，受何书派影响，未见史载，尚待探讨，通过研究分析，现将李方膺书法大致分为三个阶段。

第一阶段为学习继承期（约 40 岁以前），第二阶段为融合发展期（40 岁至 55 岁期间），第三阶段为创作成熟期（55 岁以后）。三个阶段中除第一阶段处于明显的学习古人继承传统特征之外，第二阶段和第三阶段随着人生遭际与历练，创立自我风格是一个逐步融合不

---

2 秀薇编译．扬州画派，艺术图书公司，1985 年 9 月 15 日，第 283 页。

断递进发展的过程，不是一蹴而就，而是由量变到质变的不断升华。

第一阶段学习继承时期。从李方膺这段时期作品看，可知其认真临摹或研习过王羲之的行书《兰亭集序》帖。从《百花呈瑞图》的题款中可以看到，李方膺的书法已经渗入颜欧书法元素，尽管圆笔圆润、温文尔雅气息未改，但字的结体上如"花""传""顾"等字，已经体现出颜欧特征。

第二阶段融合发展期。在这一阶段，李方膺意识到师古人与师造化不可偏废的重要性，"造化亦能工笔墨"，他从师古人基础上进而注重师造化，在造化自然中提炼笔墨。李方膺在乾隆元年（1736）在山东古琅琊幸会李鱓，当是得到李鱓的启发与影响。此时李鱓颜筋柳骨的书风已经形成，受其影响，此后李方膺的书法开始偏重颜体。[3] 书风呈现出一种融合发展的态势。以至于此后一段时间，二李的书法非常相近，但二人的风格还是略有不同的。李鱓侧重颜柳，而李方膺侧重颜欧。并且，后期的李方膺还可能临习过李北海、李邕《麓山寺碑》，后世多有学范。此碑行书体，笔力遒舒，优游不迫，意态爽朗，笔力雄健，有如五岳不可撼。这也与其"兰山入狱"遭际及李方膺的性格相契合。实际上这一时期，也正是李方膺书风的形成期。

第三阶段平正奇拙书风的确立。合肥罢官后，其画亦肆，为官之力并而用之于画，故画无忌惮，悉如其气，可谓"不逢摧折不离奇"，此时的书法、绘画创新成熟、水到渠成，门户亦自立，书法与绘画同臻其妙，此后的书风亦更加不拘绳墨、汪洋恣肆，直气横行，在创作中不断求新求奇，彰显个性，成自家风神。

清画家沈宗骞云："因奇以求奇，奇未必即得，而牛鬼蛇神之状必呈。"李方膺的书法奇而不怪。他不像郑板桥的六分半书，也不同于金农的漆书。他没有剑走偏锋，刻意求奇求怪。他对"奇"有着自己的理解。"画兰何必太矜奇，信手拈来自得宜"（《墨兰册》1754 年题款），他认为无须着意安排、刻意求奇，而要信手拈来，随性所至，得其天真，自然而然，则奇寓其中。秉持这样的艺术创作思想，李方膺的书法走了与金农、郑燮求怪的截然不同的道路。他不以剑拔弩张的狂怪面目示人，而是寓奇于正、拙中见奇。

3　吴旭春.直气横行翰墨端——李方膺及其书法述评，墨史文丛南通地方书法史研究文集，江苏美术出版社，2014 年 4 月第 1 版，第 125 页，第 129 页。

以其乾隆十八年（1753）《苍松怪石图》上的款书为例。"君不见岁之寒，何处求芳草？又不见松之乔，青青复矫矫。天地本无心，万物贵其真。直干壮川岳，秀色无等伦。饱历冰与霜，千年方未已。拥护天阙高且坚，回干春风碧云里。"（图5-4）此首古风，有太白气象。明是赞松，实是喻己。将自己的满腔不平之气，借书法一泻而下，一气以贯之，渲泄得痛快淋漓，毫无矫揉造作，憨直的个性、正气凛然跃然纸上。这幅款书，可说是李方膺书法的代表作。看似平正的体势下加以欹侧，平正之中奇趣，正中设险破险。使整幅作品正而不板，欹奇于正，不受成法约束，不造作，不做作，不安排，在自然书写中显出奇拙之趣，字里行间趣味横生，真正做到"奇不伤正，怪不伤雅"（陈师曾语），奇得内敛、含蓄，更有韵味和品位，在奇与正的对立统一上达到了很高的境界。

四、书论

关于李方膺书法创作论述，上海文物商店藏有李方膺《行书论书》轴，曾去函有关部门商阅后未果，因此不知其内容，有待来日补阙，其他书论亦未见。但从李方膺的题款、用印等可以得到蛛丝马迹。

"扬州八怪"在艺术上不随时俗，叛逆传统，李方膺的书法论点亦与古人不同，也是逆向思维。他有一方"以画作书"闲章，可以说是阐发了他的书法观点。众所周知，以书入画是文人画的传统。书画同源，以书法笔法绘画是传统画家一贯强调、坚持不渝的笔墨原则。然而李方膺反其道而行之，表明了"以画入书"创作态度，并铭而刻之，其"以画入书"印章至迟在1734年（雍正甲寅）李方膺的《梅》册上已经出现。早在北宋，书法大家黄庭坚即以"画竹法作书"，呈现"瘦劲通神""挺健郁拔"审美取向。李方膺提出"以画入书"论，作为画竹、画梅大家更具实践意义。其一，丰富书法技法。书法传统的笔法较为经典而稳定或固定，难得轻意变法。而绘画则不同，尤其是水墨写意，笔法、墨法比之书法更多更丰富，将国画笔墨技法移入书法，使之技法更加丰富，即以画法写字，也即所谓的"画家字"。尽管有些地方不如书家笔法森严，但却有其生动活泼之处。其二，增强书法的写意性。以画法作书法，将画法线法与点、�及浓淡枯湿墨法融入书法笔墨技巧中，从而使书法不仅仅是计白当墨，还有虚实、浓淡，书法作品更具有写意性、趣味性和层次感。其三，布局更加丰富。传统书法的章法布局往往比较固定，而绘画的布局却是大小错落、变化多端，出奇制胜。从李方膺绘画题款的形式上就能明确感觉到它的丰富性。如随形题、夹画题等不落俗套，不断求新的变化。

郑板桥亦提出"要知画法通书法，兰草如同草隶然"，"以画之关纽透入于书"的观点[4]，从其"乱石铺街"之板桥书体可以大致领略"以画作书"的意味。"以画作书"除了使书与画在内容、意境、精神上更加融为一体之外，将诗的意境用书法的形式表现在画面之中，使诗书画相互交融，更利于抒发作者的情感与个性，提升了绘画的感染力与表现力。

第二节　印章与篆刻

一、名列"八怪四凤印派"

当代印学研究者，将"扬州八怪"的篆刻印风归入清代徽宗印派体系。统称为"四凤派"，作者为"八怪""四凤"等人，他们处于徽宗印派中期。"四凤"的概念是由郑板桥于乾隆年间提出的，而"八怪"的概念是汪砚山于光绪年间在《扬州画苑录》中提出的。前者指印派，后者指画派，然而都是虚指并非实数。后来人们发现"八怪"中多人都会刻印，而且刻得很好，研究"八怪"印章的人反而多起来，"四凤"却被淡忘了。为尊重历史，又照顾大家的习惯，合称为"扬州八怪、四凤印派"，简称为"八怪四凤印派"。

八怪四凤印派的形成大体上有两方面的原因：一是程邃、石涛晚年定居扬州，为其作了良好的先导；二是东皋印派的介入。东皋印派介入的原因是，雍正之后，如皋地区的经济渐衰，而扬州却在这时发展成为中国东南的经济大都会，为了生活，部分东皋印人流寓扬州，汇入了扬州八怪潮流，四凤中的潘西凤、沈凤就是在这种背景下来到扬州的。

"扬州八怪"中人人皆能刻印，像高凤翰、金农、郑板桥、汪士慎等堪称印坛高手。而李方膺、李鱓虽然刻印不多，却被列入清代徽宗印人传。传记中对李方膺记载如下：

李方膺（1697—1759）（按该生卒年有误）字虬仲，号晴江，白衣山人。江苏南通人。

4　吴旭春. 直气横行翰墨端——李方膺及其书法述评，墨史文丛南通地方书法史研究文集，江苏美术出版社，2014 年 4 月第 1 版，第 125 页，第 129 页。

图5-8 李方膺铭文砚   图5-9 李方膺铭文砚

曾为山东乐安、兰山令，后任安徽潜山、合肥令。有惠政，民爱之。因不善逢迎，累遭诬陷罢官，最后得噎病死。为"扬州八怪"主力画家。印不多作，偶然作印，类李鱓风格，属粗放一路。[5]

目前未见李方膺治印，但南通博物苑藏有一方李方膺曾收藏并亲自铭刻的石砚，从中可分析出一些端倪。石砚正面砚池上方有光绪年间陆培原珍赏记（图5-8），砚铭刻于石砚背面（图5-9），全文如下：

雍正十二年十二月二十二日赴兰山任，宿于城北之白塔，从土窗中得此砚，反复谛观。心要灵，气要清，骨要坚，天之所以启我也。显哉，天乎！晴江自记。

砚铭以行书写成，通篇潇洒自如，一气呵成。行书体格处于从王体到颜体的过渡阶段，镌刻用刀果断有力。从砚铭中看出，其借砚喻人，自许"心要灵，气要清，骨要坚"。

---

5 黄惇总主编.《清代徽宗印风（上）》，第226页。

由此可以见得李方膺为官做人之道。从另外一方面说，李方膺一定是随身带着刻刀的，否则，怎么当时想刻就刻出来呢？由此推测，李方膺会治印、自刻印是可信的。

李鱓传记中关于其印章的描述如下：于印章一道多有论述，推崇程邃、吴麐，偶尔作印，不拘一格，多系荒率野逸风格。八怪中李方膺、李鱓，与高凤翰、郑板桥的经历有许多相似之处，都做过七品小官，都是因不合时流得罪上司而被罢黜。也许是共同的经历和遭际，带来他们不谋而合的审美趣味，这不仅导致他们的书画有共同的基调，而且在书画押印的审美趣味上亦存在相似之处。这主要表现在李方膺、李鱓书画押印中有相当一部分是古奥生拙、大破大残的印章。如李方膺的"世狂""受孔子戒"，李鱓的"懊道人""兴化人"等，刀法冷镌生拙，似断似连，似直还曲，如童稚所为，无所谓陈法亦不过陈法，印面之边栏似有似无，或有上无下，或左有右无，右有左无，印面文字，破损得非常厉害，如果你不知道其生平，一时很难辨认，即使知道了他们的生平、字号，往往也是凭"猜"。也就是说，这类印章破坏了传统刀法、笔法、字法、章法的准则，以似与不似给人一种印象和幻觉，表达了印人的主观情绪和艺术审美。在这种情况下，印文的内容，乃至印面的完整性都不再是艺术构成的首要因素，而仅仅剩下幻化的情感形式。将这些看似破残的印章钤在他们的书画作品上就会发现，与他们的画风非常协调，相得益彰，表现出一种特有的气韵。如此，你才恍然大悟，并非用印人不懂行，而是独特的艺术品位和旨趣。这是一种超越时代的创新艺术手法，值得进一步深入研究。

现就李方膺的用印与印语释义和篆刻与印人考略，分别予以讨论。

二、用印和印文释文

（一）姓名、字、号类

李方膺的姓名、字号类用印比较多，这里含有异名、斋号、身份、籍贯等带有李方膺个人特性及身份色彩的印，均归入此类，对个别难懂的加以释义。

姓、名、字、号类	释义
李、方膺、李方膺、膺、李方膺印、虬仲、小李、李生（一枚朱文，左右篆；一枚白文，上下篆）晴江、禊湖、半舫、仙李、觉道人、李晴江、李氏方膺、木子鉴赏、木头老子、衣白山人、小字龙角、晴江的笔、莒父宰、莒州刺史、五柳轩、江南布衣、啸尊者、李晴江画法、江左陋儒、晴江书画、草楼幽人、晴江李方膺、李方膺自号啸尊者，墨梅和尚△（渭川千亩册中见），梅花和尚等	半舫，为明大臣刘荣嗣（1570—1638），号，诗人。为人憨厚正直、勇斗阉党，善治水，官至工部尚书。有文才与钱谦益齐名。李方膺以"半舫"为己号，有见贤思齐之意。 衣白山人，宋徽宗时人，姓氏无考。有词《沁园春》传世。憧憬炼丹入仙，藐视人间王侯。此号，明清文人屡有用。 小字龙角，虬仲，此二印，语出《楚辞》《九章·涉江》云："驾青虬兮骖白螭"。用三匹马为天帝拉车，两旁叫骖，中间叫虬，无角的叫螭，有角名虬。有角小龙，虬仲是也，名号意诣相连。 啸尊者，尊者，佛教称谓指僧人中德智兼备者。《行事钞》卷下三："下座称上座为尊者，上座称下座为慧命。"石涛有号"瞎尊者"，意为对上"眼不见为净"，啸尊者，对上座"啸傲之"。草楼幽人。袁枚有"薆薆幽人"文（新齐谐·清刻随园三十种本·卷十三.8）影射笔神神异故事，似有联系。

注：带"△"者为本书作者研究中新发现李方膺用印。

（二）闲章类

闲章，又名闲印。实际上闲章不闲。闲印上的文字又称印语，实为印主人对社会、人生、生活、艺术上观念的流露，甚至是印主人的座右铭与世界观、人生观最凝练的诠注。故有印语即心语，即印主人心里想说的话，有时还暗藏着潜台词。以下将李方膺书画作品所用闲章的印语及其释义作一个大概的分类：

思想境界类	备注
受孔子戒 学礼人	"受孔子戒"原出自《元史（126 廉希宪传）》，世祖一日命廉文正王受戒于国师。王对曰：臣已受孔子戒。上曰：汝孔子亦有戒耶？对曰：为臣当忠，为子当孝。孔门之戒，如是而已。此四字体现儒家忠孝思想，当然也是印主人李方膺为人为官的座右铭。 "不学礼，无以立"，指学过周礼之人
僧俗之间，游方之外	游离于僧人俗人之间，可谓"半僧不俗之人"
仆本恨人	"仆本恨人"出自南朝文学江淹的《恨赋》。仆：作者对自己的谦称。恨人：失意抱恨之人
古之狂也	孔子在《论语·阳货》有云："古者民有三疾，今也或是之亡也。古之狂也肆，今之狂也荡。"李方膺的狂与古人肆意直言的狂相近
我畏古人△（白文）	见于乾隆十八年《花卉画册》，畏：敬畏
有情痴△（朱文）	见于乾隆十八年《花卉画册》

续表

思想境界类	备注
自适其性	适应本性
一片野云心 长秋一白鹤△ 秋空一鹤 云外一声鹤	此四句意为闲云野鹤
以酒为名 不饮酒 放情诗酒	
琴书千古	指读书人的意境
千秋渔父 胥溪渔隐	渔父与屈子的对话中的哲理永存 伍子胥与渔父守信,渔隐江湖。胥溪在扬州
何妨百不能	
一味胡图	此四字与板桥"难得糊涂"似有异曲同工之妙。(白文,见于乾隆壬戌花卉册)
平生知己 梅花知己 梅花手段 冷香	主人视梅花为生命、为知己,梅花的性格、性情、体味皆能读懂并引为知己
大开笑口	
自食其力 换米糊口 略知饭味	俸禄为生,而以卖画糊口,其诗云:"我是无日常乞米,借园终日卖梅花",鬻画资食,以求温饱
臣非老画师	
长青、长生 长古、一日千古 上下千古	
竹窗、竹梧居 竹仙△、竹林和尚△ 蕉窗夜雨、梅影楼△ 此君和尚△、松下清斋△ 小窗夜雨、松邻和尚△ 披云卧松雪△、山水僻△ 山水小居△、花竹月和水△ 小石居△、问花、碧梧居	居无竹则俗。竹窗、山水、松、石、梅、梧桐、芭蕉、夜雨,均表示文人雅士所喜爱品位与向往的生态环境及自我认可的角色。部分为画室名
口只堪吃饭	此印语的潜台词是,嘴只管吃饭,不要说话。谚云,祸从口出。当时文字狱令人人自危。此语自警、警人。
咬菜根	咬得菜根香之意。 明洪应明著《菜根谭》,来自宋人汪义民"咬得菜根,百事可为"之句。

续表

思想境界类	备注
一吷而已	一点小小的声音而已，意思是不要被人家听到
䂊	罕见字。合体字印。叫，高声、大呼。公羊传曰：昭公叫然而哭。叫呼声也。合在一体，为"大叫一声"之意
此中别有天然趣，一点浮云过太虚	均形容向往自然、羽化登仙那种道家太虚之境界
人淡如菊△	"落花散尽，风轻云淡，人淡如菊，心素如简"，表现一种淡雅的人生境界。人以淡成，以甘败。君子之交淡如水，故久而不渝。菊及秋始花而不似春花之艳，但见其淡，累月不萎，人能悟出其中之道也
梦中之梦 梦吟白□	《金刚经》："一切有为法，如梦幻泡影"，如梦如幻之感。（椭圆朱文，见于乾隆十八年《花卉画册》）
雕虫馆	刻印历来被称为雕虫小技，所以常以雕虫馆颜居
深心诧毫素	故宫三希堂有对联：怀抱观古今，深心托豪素。意义内心深处寄托在笔和纸上（或谓著作上）
世狂	（今）世之狂人也。比之郑燮"古狂"印，更疯狂
抚清时之可放	"抚清时之可放，负雅志于高云"。此印只刻前句，潜藏着闲印者清雅高志之情怀
冰地照人	为人光明磊落，冰地可鉴
道义无今古	铁肩担道义，无今古之别
不辞小官	大官做不上，小官也可以。孟子：古之人，得志泽加于民。只要能为百姓做事，做小官也不辞
耐久黄花是故己△	视黄花为故知，不惧冰霜能耐久
铁遇蛀虫△	蛀虫遇铁，无计可施。铁面无私的官员遇上社会蛀虫，蛀虫下场可知。亦有另说，《水浒传》中有"单道这和尚是铁里蛀虫，铁最实没有缝的，也要钻进去，凡俗人家岂可惹他"。

（三）艺术观念类

艺术观念类	印语释义
画平肝气	画画可以平抑肝怒（怒伤肝）之气
画医目疾	画能医治眼睛疾病
意足不求颜色似 略见大意 画不尽（白）	与"不要人夸颜色好，只留清白在人间"有相似之处。文人写意画特点，只要大概意思足够表达了，颜色像与不像并不重要

艺术观念类	印语释义
胸无成竹 意外殊妙	苏轼赞与可画竹有"胸有成竹""成竹在胸"。而李方膺与郑板桥皆反其道而行之，另立"胸无成竹"艺术观，其实他们在画竹时（其他亦然）并非一味沿袭古人成见，而强调"随机生发""意外殊妙"的艺术主张，这正是扬州八怪的奇怪之处
以画作书、以画记时	李方膺绘画艺术观念上有诸多与古人不同之处和逆向思维。以书作画，以书法笔法画画是古代画家一贯强调，画中见笔墨。而李方膺要以作画之法作书，确也有道理，画家绘画笔法更丰富，以画法入书法，或许就是后来"画家字"的滥觞法则。以画记时，与以书记录时（事）有相似之处
烟云供养、山水中人 云根 有情痴 老我风烟（朱）△	指画山水的山水画家浸淫于山水之中，并靠画作活人，怡情养性
画外 品外 游戏 率笔(李方邺亦有此印，样式不同) 活活泼泼	画外有话，逸出品外之意。 游戏笔墨，率性而为之笔， 反倒使画得以鲜活，不呆板
翰墨苍头	苍，青色。苍头，古时指青巾裹头的军队，或奴仆，亦指头发斑白
绕屋峰峦△ 竹林森森△ 白露横江△	见于乾隆十八年《幽谷国香图》
书画自娱、书画缘	作书画画自娱自乐，与书画结缘
存我	
古之佳也△	见于仿逃禅老人梅花扇页

（四）其他

李方膺其他用印还有天、日如、汉堂、佩之、井观、秋水、路旁井上、飞花入砚田、云帆中流、樗散等。

樗树即臭椿树。《庄子·逍遥树》："吾有大树，人谓之樗，其大本臃肿而不中绳墨，其小枝卷曲而不中规矩。立之途，匠者不顾。"樗木为散材，"樗散"喻于世无用、不为世用。杜甫赞郑虔："郑公樗散鬓成丝，酒后常称老画师。"年过半百才做七品芝麻官，感叹英雄无用武之地。故曰："樗散。"

通过李方膺印语的解读，大致可以读懂李方膺的个性性格、内心情感和感触。知道他是一位敢于标新立异、有独创精神的画家。印章上的印语，真实再现了他的各种思想旨趣，是很值得研究和玩味的。

三、用印实物考略

到目前为止，据不完全统计，李方膺的书画押印约 132 方，内容形式极为丰富。其中姓、名、字、号、籍贯、身份类印 35 方；闲章类印 97 方。上文中谈到李方膺会篆刻，到底李方膺用印中，哪些是他自己刻的？哪些是别人刻的？又都是哪些人所刻？这是非常值得探讨的话题。现在，从李方膺留下来的篆刻实物入手，探索李方膺的篆刻风格特点，并对李方膺书画用印略加考释。

（一）"受孔子戒"白文印

这是一方雪渔款李方膺用石印（图 5-10、11），藏于南通博物苑。印面长 4.4 厘米、宽 4.4 厘米、通高 5.2 厘米。此方印章为青田石章，方形，通体黝红，石章顶面稍有凹陷。印文以白文篆刻"受孔子戒"四字，字体由古玺蜕变，朴茂苍秀，矫健放纵。边款阴刻行楷体"辛未季秋作于雨华山之高坐寺白云堂为晴江词兄先生政社弟雪渔"，字体俊雅。据考，辛未年为公元 1751 年。此印理应为李方膺 1751 年以后启用。但在丁卯（1747）花卉册中已钤用此印，是李方膺后来补盖还是另有原因，值得研究。此刻印人"雪渔"应是一位仰慕何震的粉丝，其真实姓名及生平待考。

除上举一印外，南通博物苑还藏有一方蕙芳边款的"受孔子戒"印。此蕙芳姓顾。为李方膺孙女婿，此印为顾蕙芳"丙子六月仿雪渔作"。

图 5-10 李方膺用"受孔子戒"印面(1)

图 5-11 李方膺用"受孔子戒"印

图 5-12 李方膺用 "换米糊口" 印

（二）"换米糊口"朱文印

寿山石无款隶书朱文印"换米糊口"（图 5-12），见用于李方膺梅册页中，实物藏于南通博物苑。按推理此印应于李方膺合肥罢官后刻成使用，方能与李方膺鬻画资食的境遇相契合。大胆推测一下，甚至此印就是李方膺本人所刻。一般而言，自刻自用之印，随用随刻尤其是临时应景应境之印，不刻款很正常，他自知不是篆刻家，也无须那样刻意用心，意在合用即可。从印的刀法、字法上看，只能算作普品，不刻款也罢。而如果是专门的篆刻家所刻（或赠印），一般刻的比较讲究，并且多附有刻印人边款。八怪中各家书画用印，只有李方膺、李鱓的用印，他人刻的多，而自己偶而为之，且风格粗放荒率野逸，不拘一格。以此砚照，该"换米糊口"印，极有可能为李方膺自己所刻。而他的其他大部分印章由哪些人所刻？在没有实物及其边款等直接证据之前，从印章风格上同比类考与蠡测，不失为一种探讨。

四、用印考略

李方膺一生"奋志做官，努力作画"，用在奏刀治印上的时间很少。他的书画用印，多为其朋友圈内，亲朋好友中不乏刻印高手。他们之中有李方膺从子李霁，至友丁有煜、郑板桥、沈凤、丁敬、金农等，还有一些不知名与未留名的印人为其治过印，由于时过境迁，印章原物散失，难以考证。好在李方膺的书画作品大多传世，其作品上的钤印大都清晰可见，通过相关印人的印谱，相互比对，通过文史资料的考证，有部分印章的篆刻人还是能够明确和比较明确的。

收集李方膺书画押印较多者为上海博物馆编写的《中国书画家印鉴款识》（文物出版社 1987 年出版），其上册第 342—351 页，收集李方膺印鉴 113 方（含李方邹用印 10

方），是印风最为放肆狂怪者之一。在"扬州八怪"
中，李方膺书画用印是最多的，就该《印鉴》统计，
郑燮 95 方、李鱓 82 方、汪士慎 79 方、黄慎 59 方、
金农 55 方。以此为本底，与相对印人的印作进行印
风类考，收获还是有的。

图 5-13 李方膺用李霁刻"世狂"印

（一）"世狂"印辨析

李方膺所用李霁刻"世狂"（图 5-13）（上
博编《印鉴》李方膺用印序号：98），与"世狂"（图
5-14）[6]，两印相比较，几乎如出一辙。

李霁，为李方膺侄，字瞻云，号岑村，江苏南
通州人，贡生，工书画，精篆刻，师法程邃，多摹
李方膺之书画用印。有《梦滇道人印谱》传世。此
印谱为李鱓作序。《东皋印人传》载，乾隆丁丑（1757）
圣驾南巡恭赋迎銮诗进呈遂蒙召试，与赵侍御青藜
等十七人同领恩赐，时人荣之。后因母老隐于城南
之课鱼庄。如皋吴合伦（西溪）为李霁作传云其染
痘疡三日逝。著有《岑村诗集四卷》，子荣曾字耕

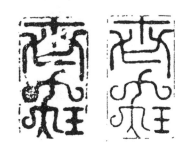

图 5-14 李霁刻"世狂"印比较

仙亦能作印。著《城南草堂印谱》四卷，刘南庐为《城南草堂印谱》序，汪璞庄文园唱
和诗一首。李霁还为李方膺、李鱓两人摹刻大同小异的两方"路旁井上"（白文）书画
用印。

李方膺、李鱓同名用印对比（图 5-15、16）。

也有研究认为，李氏家族印章风格之师承流传有绪。李霁当初刻印学自李方膺，后
青出于蓝。大概因二兄彩升早亡之故，李方膺对侄儿李霁的关照超过一般子侄。乾隆四
年（1739）一幅菊石长卷落款中就为"示霁儿"而作，并告之家藏李龙眠松石图之珍贵云。
李霁也经常去方膺官署及借园看望叔父。李霁为李方膺刻印肯定有，至于哪些印？有多

6　李霁摹刻. 黄惇总主编，《清代徽宗印风》（上），重庆出版社，2011 年 5 月第一版，第 226 页。

图 5-15 李方膺、李鱓同名用印对比

图 5-16 李方膺、李鱓同名用印对比

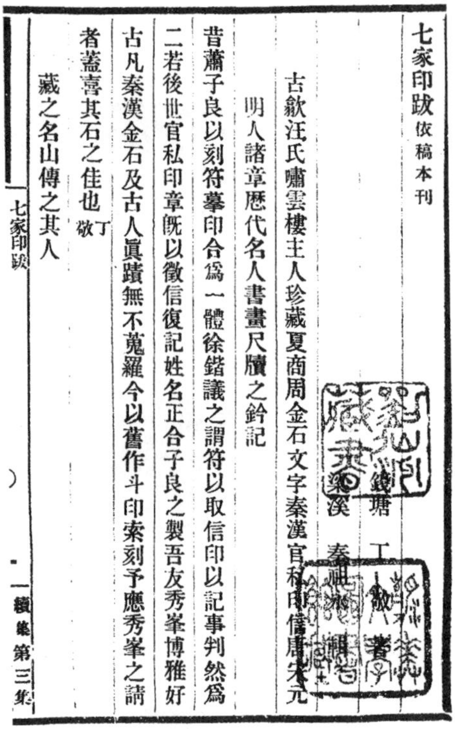
七家印跋 依稿本刊
古歙汪氏嘯雲樓主人珍藏夏商周金石文字秦漢官私印信唐宋元
明人諸章歷代名人書畫尺牘之鈐記
昔蕭子良以刻符摹印合爲一體徐鍇議之謂符以取信印以記事判然爲
二若後世官私印章既以徵信復記姓名正合子良之製吾友秀峯博雅好
古凡秦漢金石及古人眞蹟無不蒐羅今以舊作斗印索刻予應秀峯之請
者蓋喜其石之佳也 丁敬
藏之名山傳之其人
七家印跋　續集第三集

图 5－17《七家印跋》书影

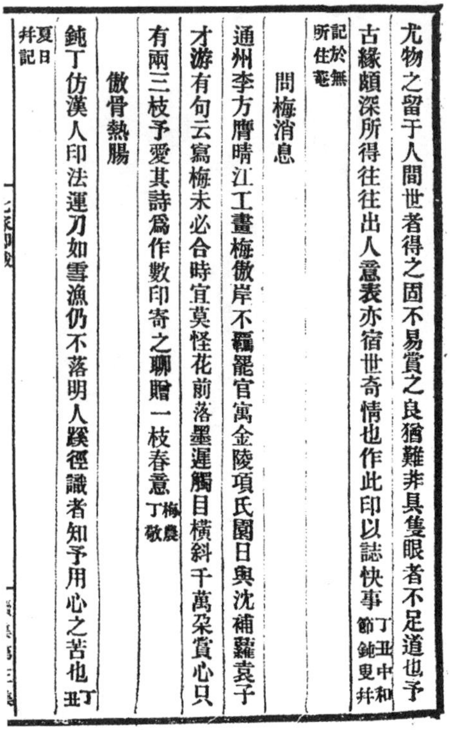
尤物之留于人間世者得之固不易賞之良猶難并具隻眼者不足道也予
古緣頗深所得往往出人意表亦宿世奇情也作此印以誌快事 丁丑中和節鈍叟并記於無所住庵
問梅消息
通州李方膺晴江工畫梅傲岸不羈罷官寓金陵項氏園日與沈補蘿袁子
才游有句云寫梅未必合時宜莫怪花前落墨遲觸目橫斜千萬朶賞心只
有兩三枝予愛其詩爲作數印寄之聊贈一枝春意 梅農丁敬
傲骨熱腸
鈍丁仿漢人印法運刀如雪漁仍不落明人蹊徑識者知予用心之苦也 丁丑夏日并記

图 5－18《七家印跋》内页

少印出自李霁之手，尚需考证。

李霁为郑板桥摹刻“二十年前旧板桥”（朱文）印，与朱文震刻“二十年前旧板桥”，略有不同[7]。另还为丁有煜刻过 “可得神仙”的文印。[8]

（二）丁敬刻“问梅消息”与“傲骨热肠”二印

丁敬在《七家印跋》（续集第三集）书影及内页（图 5－17、18）中这样写道：问梅消息。通州李方膺晴江，工画梅，傲岸不羁，罢官寓金陵项氏园，日与沈补萝、袁子才游。有句云：写梅未必合时宜，莫怪花前落墨迟。触目横斜千万朵，赏心只有两三枝。予爱其诗，为作数印寄之，聊赠一枝春意。梅农丁敬。

7 申生主编．《清初印风》（上），第 225 页。

8 扬州画派书画全集《李方膺》，第 152 页。

傲骨热肠。钝丁仿汉人印法，运刀如雪渔，仍不落明人蹊径，识者知予用心之苦也。丁丑夏日并记。

就在本年同期，丁敬亦为好友金农治印数枚。由此推测，丁敬之所以为未曾谋面的李方膺治印赠予，除了爱李方膺梅诗之外，可能与金农的推介不无关系。

丁敬（1695—1765）清篆刻家。字敬身，号钝丁、砚林，别号龙泓山人，浙江钱塘（今杭州）人。篆刻汲取秦印、汉印及前人的长处，擅长以切刀法刻印，苍劲质朴，别具面目，形成"浙派"，为"西泠八家"之首。爱好金石文字，工书能诗。著有《武林金石录》《砚林诗集》等。

图 5-19 "秋空一鹤"印

丁敬出于对李方膺人品的敬重，对其梅诗的喜爱，刻了数印寄之，其中当然有"问梅消息"与"傲骨热肠"印在内，但查李方膺用印中未见丁敬所刻之印。细考丁敬记此印跋为丁丑夏日（1757 年），其时李方膺已自金陵返通，并于前年谢世，李方膺没用上丁刊之印理属正常，可惜不知此数方印落入何人之手。但此事说明，自古英才惺惺相惜。赠印或愿意为李方膺刻印的人至少不止丁敬一人。

图 5-20 "秋空一鹤"印

（三）"秋空一鹤"印

丁有煜刻"秋空一鹤"（图 5-19），与李方膺《印鉴》中"秋空一鹤"（25 号印）、"云外一声鹤""一片野云心"印（图 5-20、21、22）极为相似，应为丁有煜一人所刻。

图 5-21 "云外一声鹤"印

丁有煜（1682—1764），字丽中，号石可、个堂，又号个道人、个老人、幻壶。南通州海门附贡生。持文律，高迈常伦。生平博古、工诗、善画、精篆刻。《东皋印人传》有传。主盟骚坛四十余年，名满大江南北。有《双薇园诗集》《与秋集》行世。其与李方膺家世交，与李方膺至友 45 年，与李鱓、郑燮、黄慎友善，并为李鱓刻"雕虫馆"（竹根印）

图 5-22 "一片野云心"印

"顽皮"等印，为郑板桥刻过"修竹吾庐"（郑题）、"海阔天空"等印。其为李方膺治印应是情理中事。

（四）沈凤刻印

"所南翁后"与"江南布衣"（图5 23、24）比较风格基本相同。卞孝萱在其《郑燮〈板桥先生印册〉注》中认为，"所南翁后"（朱文）为沈凤所刻，并引证了沈凤与"八怪"的关系。[9]书中云：板桥藏印，称"四凤楼"，盖谓胶州高凤翰、扬州高凤翰，天台潘西凤、江阴沈凤也。并曰：沈凤，字凡民，盱眙、旌德、宣城三县知县，工篆刻，刻此。实际就朋友关系而言，李方膺与沈凤的关系肯定更加密切。他二人与袁枚寓江宁并称"三仙"。由此想到，李方膺的"江南布衣"（1753年钤于三清图）其印与"所南翁后"风格基本相同，此印若为沈凤所刻，似乎更加合情合理。

（五）"樗散"印

"樗散"钟形朱文印（图5 25），印见于郑燮书画册乾隆癸未（1763），有研究认为此印系郑板桥自刻印[10]，而在李方膺乾隆十年（1745）《钟馗》画轴中上[11]，在"晴江居士"款下也钤"樗散"印（图5 26），与郑板桥"樗散"钟形朱文印极为相似。[12]仔细比对，仅"樗"字尾端略不相同外，其余基本相似。郑燮曾以"樗散人"为号，李方膺无此名号，又为何在名号位置上钤此印呢？李方膺用的这方"樗散"印，是否郑板桥所刻，还是另有其人刻后赠

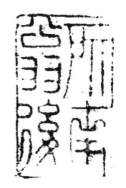

图5-23沈凤刻"所南翁后"印

图5-24李方膺用"江南布衣"印

图5-25郑板桥刻"樗散"印

图5-26李方膺用"樗散"印

9　《扬州八怪评论集》，第788页。

10　申生主编.《清初印风》（上），第211页，第39页。

11　扬州画派书画全集《李方膺》天津人民美术出版社，2008年7月，第57页。

12　《中国书画家印鉴款识》郑板桥中76号印。

予李方膺，这有待进一步查证、研究。

第三节　李方膺与李鱓互通用印考

美术史上关系特别好的两位画家互相之间互通用印，或是共用一个斋号是有的，如张大千与其兄张善子就共用一个"大风堂"。我们就李方膺与李鱓之间互通用印情况作了一番探讨，通过比较发现两者之间确实有互通用印，有"衣白山人""李生""木头老子""路旁井上""雕虫馆""大开笑口"等。两位画家可能由于姓氏相同，又具有相同相近的思想倾向和艺术旨趣，因此有多个相同的印语或印文的书画闲印，这从画史来看，也实属比较少见，以下分别作比较。

一、号印等

1. "衣白山人"

"衣白山人"号印，起初应该是李鱓先启用，且所见有白文、朱文印各一枚，仔细研究还发现，其中一枚与林皋（1657—？）所治朱文印"衣白山人"印完全一致[13]，印文书法秀美端庄，富有变化，端雅清新，一看就令人爱不释手。李鱓（1686—1757）与林皋相差一代人的年龄段，李鱓是如何得到此印的不得而知，还有待考证。李鱓墨兰图轴等作品上多次钤用该印，可见其宝爱有加。李鱓还有另一方白文"衣白山人"印，在其乾隆四年（1739）杂画册上用过。奇怪的是李鱓最终并没有将印文"衣白山人"作为自己的号，或许是李方膺觉得"衣白山人"这个称号与自己最衷爱的梅花外观、性格十分贴切的原因而倍加喜欢，李鱓便将此号让给李方膺使用，因此，李方膺刻了这一方印文相同、体量倍大于李鱓用印的朱文"衣白山人"印以自用，见于其乾隆壬申（1752）兰石图卷上，比之李鱓启用晚许多年。

2. "木头老子"

比印图中可以看出，二李的白文"木头老子"篆刻路径大同小异，应该出自同一印

13　申生主编. 《清初印风》，重庆出版社，2011年5月第1版，第57页。

人之手，推测可能出自李方膺之侄、他们共同的晚辈艺友李霁之手。类似的情况还有：二李的"大开笑口"虽然印章形制不同，篆法、刀法却极其相似。再有他们的白文"路旁井上"印，与李霁的朱文"路旁井上"也是非常相似。

3."李生"

再如李方膺的"李生"与李鱓的"李生"印，从篆法上看有相似之处。

二、闲章

1."大开笑口"

"大开笑口"白文印，曾经困惑鉴定家和学界。李方膺闲文印中有二枚"大开笑口"方形白文印，且经鉴定为李方膺真迹的作品中使用，一枚见于《李方膺梅册》（年代未详），著录于《中国书画家印鉴款识》李方膺用印第 21 号。另一枚见于《李方膺梅花散页》（乾隆十一年，即 1746 年所作），著录于同书第 59 号，此 59 号印也见于镇江博物馆所藏《李方膺梅花图轴》（乾隆八年即 1743 年所作）；见于亦欢室藏《李方膺梅兰竹菊册页》中竹菊图（乾隆十六年，即 1751 年所作）；见于南通博物苑花卉册页中兰图、竹图两页（乾隆十四年，即 1749 所作）。

根据薛永年先生《关于传李方膺〈鲶鱼图〉作者的商榷》一文提供的线索，李鱓也有两幅作品用了"大开笑口"印，其一为河南省博物馆所藏《李鱓花卉蔬果册页》之七《篱菊》（雍正六年，即 1728 年所作），其二为中国历史博物馆所藏《李鱓淡味可喜册页》（年代未详），且经过比对，这两幅作品上所钤"大开笑口"印与李方膺在《中国书画家印鉴款识》一书中著录的第 59 号一模一样，显然为同一方印章。

根据薛永年先生《关于传李方膺〈鲶鱼图〉作者的商榷》一文所述，扬州博物馆所藏《鲶鱼图》，因没有落款，只钤有"大开笑口"一印而曾被误定为李方膺所作，经薛先生从多方面考证，认为此幅《鲶鱼图》实为李鱓所作，且此图所钤"大开笑口"印与上述李方膺的第 59 号印为同一印。[14] 为何在李鱓和李方膺的作品上都盖有同样的闲章，我们根据上述内容可以作一种推断：李鱓原先有两方"大开笑口"白文印，一枚为方形，

14　贺万里、华干林.《扬州八怪研究概览》，东南大学出版社，2010 年，第 25—27 页。

另一枚为长方形，此长方形印著录于《中国书画家印鉴款识》李鱓用印第 68 号，见于李鱓《秋葵凤仙图》轴（雍正十三年，即 1735 年所作）方形"大开笑口"印，可能是李鱓赠予李方膺。

南京市博物馆藏李鱓《年年顺遂图》轴，题跋曰："乾隆元年正月十有九日，过古琅琊，喜晤家抑园明府，谬称全画，漫笔作年年顺遂图为新春发兆并书旧诗。复堂墨墨人鱓。"从此图题跋及李鱓给友人九涛信函中可知，乾隆元年李鱓赴京铨选，正月十九日路过古琅琊（古琅琊山东兰山县），与李方膺相晤。此时的李方膺刚刚出冤狱复任兰山县知县，李鱓复去京铨选，两人好事成双、喜气洋洋，所以李鱓作此图以求新春好兆、年年顺遂。李鱓与李方膺虽非属同族本家，但为同宗李姓，李鱓称李方膺为家抑园，可见是将李方膺视作同族，李鱓年长李方膺十岁余，作为兄长或叔辈人，赠一方自用闲章给李方膺，就如郑板桥将自用砚台赠给南通州画家丁有煜一样，也是情理中事。且通过目前存世的二李作品来分析，乾隆元年以后，李鱓作品上再未见用过此方形"大开笑口"闲章；而李方膺作品上钤有此方形"大开笑口"印的作品均创作于乾隆元年之后。由此推断此方形"大开笑口"印原为李鱓自用，在乾隆元年或乾隆元年以后某次见面时赠予李方膺。此推断不仅可以解释二李用印留给后世的困惑，也可作为书画家用印的鉴定、考证工作的一个案例。类似的情况，还有李方膺堂兄李方邹的一方"德成于忍"印，后来曾出现于李方膺乾隆甲子作品上，可能系该印赠于堂弟李方膺。

2."路旁井上"

"路旁井上"与"大开笑口"用印情况类似。李鱓在雍正十三年（1735）所作《梅花图》轴钤有"路旁井上"异形白文印一枚，著录于《中国书画家印鉴款识》李鱓用印第 62 号。李方膺在乾隆十二年（1747）所作《花鸟册》钤有"路旁井上"异形白文印一枚，著录于《中国书画家印鉴款识》李鱓用印第 91 号。此两枚异形印从形制到印文篆刻都极为相似，疑为同一枚印，此用印情况仍要挖掘资料进一步考证。

下篇 综论

第六章 为人与交游

第一节 为人品格

人的品格是一个人生命的通行证，在复杂又善变的时代中穿越，它是人们心灵中最后的依赖。自古以来，厚德载物，善良、正直、诚实、守信、担当、宽容、谦虚等都是做人非常重要的品行。人品好坏与做官大小、地位高低、学历文凭、身材样貌均无关，却与家庭教养、成长环境、教育熏陶，以及世界观、人生观、价值观有关。李方膺的为人如何？不妨从其家庭、成长环境、所受教育、人生理想与实践，以及其为官、为艺、交游等方面管窥其德行与操守。

一、成长与教育

（一）成长环境

一个人的姓名，不单单是一个符号，更承载着家人对孩子的人生期许，也彰显出道德文化方面的价值观，有时会潜移默化地影响人的一生。康熙丙子三十五年（1696），李方膺出生于南通城东北郊李家老宅内，排行老四，乳名龙角，大名李方膺，方者，效也，学也。膺，胸也。方膺，即就方正在胸，勇于担当之意。此处可以看到父亲对儿子寄予的期望。他出生时，除父亲李玉鋐和母亲姚氏之外，还有祖母以及三个哥哥。他最小，很受宠爱，也可能因此养成任性倔强而憨直的秉性与性格。知儿莫如父。雍正七年，雍正帝召见李玉鋐，欲委李方膺山东知县时，李玉鋐说：此子性子憨直，不会当官。后来事实证明，父亲的话果然没有错。

李方膺兄弟四人均在他们十岁左右开蒙识字。大哥李方曹（字何勋，号萧斋），于康熙四十七年入学，考上秀才。二哥李彩升（字荆州，号一识）入学较早，聪明又善绘画，对李方膺早年学画影响较大。雍正元年（1723）李玉鋐升任云南楚雄知府，即以廪贡生被保举随父分发云南候选，不久被补为广西桂林府训导。因镇边有功，升为府同知。雍正二年被总督高其倬（高其佩堂弟）请去佐理修筑楚雄城，过劳而死，时年仅 39 岁。三哥方龙（字药田），康熙五十七年入学，曾随父在福建漳州署中读书，乾隆三年（1738）中举，以双亲年老不再应试，家居以终。

李家世代把读书求进看作正途，同时又把农耕当成根本，父亲将之言传身教，对李方膺的影响很大。其父即便已任福建粮储驿传道使，其仍不忘农耕根本。时命方膺作《三代耕田图》，以垂教子孙。乾隆九年当李方膺重观十七年前这件父命画作时，感慨万分，题诗四首，并云："是图先大失课耕，膺则耕者，牧牛童子则儿子霞也。"题诗如下：

> 披开不禁泪痕枯，辗转伤心辗转孤。十七年前漳海署，老亲命我作斯图。
>
> 半业农田半业儒，自来家法有规模。耳边犹听呼龙角，早起牵牛下绿芜。
>
> 老父初心寄此图，教儿从幼怕歧途。诸孙八九开蒙学，东作提筐送饭无。
>
> 父子衔恩遭际殊，涿州分路泪如珠。谆谆农事生灵本，三代耕图忘得无。

从全诗不难看出，为父李玉铉用心之良苦，为的是让李方膺等儿孙，无论做官多大，如何飞黄腾达，也不要忘记耕读之家，农耕为本。

琴棋书画，也是李家传统与喜好。李方膺亦会弹琴、下棋，且棋艺不错，还好吹笛，喜欢品曲与歌舞等。人们往往只知道方膺二哥彩升善于绘画，并可能指导过方膺学画。殊不知其父李玉铉亦善此道。徐宗幹《斯未信斋杂录·亚庐杂记》选摘云：

> 李但山先生，曾祖母之叔父也。父吾溪公，但山公表兄；李廷瑾、廷献其后裔也。廷献补弟子员，题为"畜君何尤"；文中用四句叶韵，古色可观，宜其冠童子军。偶邀余饮，座中有表兄毛文麟，皆先人姻娅也。廷瑾出少山表兄（琪）所辑李氏诗乘二卷，属为之序（入文录）。又写意行看子（行看子为画卷别称）一幅，绘荔支、芭蕉数株。但山先生任汀漳道时所作，并命其子晴江先生记其年月。追忆吾溪公，言之恻然。展卷观玩，宛然在闽漳。今署中尚有荔子树，大数十围，或即图中物也。晴江任山东，祀名宦。廷瑾之父宝堂先生官蜀中，并与余宦迹相同，亦佳话也。但山先生升福建廉访，有句云：绣衣未著身先瘦，铁案将成笔又停。归家以烛跋一簏，贻子孙曰：

在官每救一囚，剪烛跋存之。[1]

《五山耆旧集》卷七记载李玉鋐：

归里三日，家无余馈。惟蓄烛跋两箱取以示子孙曰："吾无囊中装可以贻汝辈，吾每夜遇有疑狱苟能得生，即将烛跋藏之，以志吾乐，汝辈善视之，勿谓非满簏金也。"

由上述史载可见，李玉鋐为官严谨，爱民如子，教子有方。除了父亲的身教言传之外，李家还有两位夫人的言教也不容忽视。一是太淑人遗训，二是李方膺的母亲家训。《一经堂笔记》载：李但山先生家诫序云，祖父之遗子孙也，以世德之浅深卜家声之兴替，而田庐不与焉。……有先大夫太淑人之遗泽在先，大夫天性雍穆，与人诚恕，太淑人刻苦持躬仁慈待物，平居教训子孙，一日积德，一日读书。当先大夫永诀时，犹执余手而谆谆命之及丙戌北归，太淑人卧疾永诀时亦嘱之曰："居官勿要一钱！"[2]

乾隆元年，李方膺题百花诗，"不写冰桃与雪藕，百花呈瑞意深长。只缘贤母传家训，惟望儿孙向太阳。"由诗中看出李方膺母亲传家训，唯望子孙勿忘皇恩（因雍正、乾隆对李方膺父子皆隆恩有加），要忠君爱民，为国分忧。

（二）社会环境

对人成长的影响，不仅仅限于家庭，社会外在影响亦很重要。通州自宋代归扬州府辖后，风土与扬州并盛，有"小扬州"之号。明末清初，范凤翼、范国禄父子于城北河上丈上垞结"山茨诗社"，结交海内名流如王士祯、屈大钧、陈散木、曹贞如、龚贤、陈维崧、邵潜、李渔等。稍后，清康雍时期，范国禄与陈菊裳等人于城西寺院中结"西林社"，尽日吟诗作画。康熙三十七年（1698），此地创办了"五山画社"。画社设于城南借水园。"李堂草亭父筑，联五山画社。堂父性耽泉石，好笔墨之侣，榻此园中三者则陈菊村，时凌镜庵、吴西庐、马药山恒来往。又联张研夫、保绹庵、王买山、李顽石咸集借水园为画社，盛举末几，菊村、买山逝，诸人多远游，社几废。适镜庵、西庐、

1　徐宗幹．《斯未信斋杂录·亚庐杂记》选摘，台湾文献。

2　《英袖阁文集》，崇川咫闻录·卷六。

药山、研夫、绚庵、顽石至园，续旧社，益以揖石、蒋开士，每月一集；自戊寅（1698）举社后十四年，蒋又逝，镜庵、西庐俱八十余独健，研夫、庵七十，揖石六十、顽石五十、堂亦四十有八；十四年来积画社笔墨，为人窃去，存者仅十二小页，每页堂题墨数行，汇一册，时玩之，并为之记。"[3] 此段文为李堂所记。可以说，李方膺的少年时期是伴着"五山画社"一起成长的。而李堂与方膺父李玉铉亦为好友，时相往来，李方膺受此艺术环境的熏陶是必然的。

（三）教育熏陶

李方膺十岁开蒙学，接受私塾传统《百家姓》《三字经》《千家诗》《声律启蒙》《千字文》《朱子家训》《幼学琼林》《增广贤文》《龙文鞭影》等蒙学经典教育，家庭的清寒贫困，切身体会到的黎民疾苦，是其父子日后做官坚守清廉勤政的基础。

康熙五十六年（1717）李方膺入州学，时年 22 岁。丁有煜《哭晴江文》云："（方膺）自补邑弟子员，即思奋志为官，努力作画。"据此可知，李方膺此时已初步确定了一生努力方向，以父亲为榜样做个好官，另外不忘爱好，努力画画。在这几年中，李方膺是否参加过乡试，没有记载。从李方膺一族世系表，可见玉铉子方齐、玉镛子大绥、玉铉子方曹、侄方燕及方龙的情况。方膺于康熙五十六年中秀才。李方膺初次入仕是举以"方正贤良"的身份派任山东知县的，时隔 7 年后，再次入仕，《潜山志》上记为"监生"的身份，此为孤证。

在州学李方膺读的除了《论语》《孟子》《中庸》《大学》《周易》《尚书》《诗经》《礼记》《春秋左传》《春秋公羊传》和《春秋穀梁传》等"四书五经"，有时还要读些《文选》《楚辞》、唐诗、宋词、史传之类的典籍。综观儒家经典中，对李方膺影响最大的，也可以说李方膺"修身、齐家、治国、平天下"思想的源起，无外乎孔孟之道、法家思想等。

从李方膺的为人处世和品格中体现更多的是受益于《孟子》的影响。从其一生的经历，我们可以感受到孟子的理想和人格对他的熏染。人格魅力、品行道德、核心思想，深刻影响造就了李方膺的人生观和价值观。当然，也不排除孔子等儒家、法家思想的影响，

---

3 《海曲拾遗补续》卷一名胜补，第 41 页。

相比而言，均不如《孟子》影响之大。从李方膺后来一生中为人处世，为官施政、艺术人生、人格品行，操守、气节、气度、品质、风骨等言行举止，思想实践上均有充分体现。

有专家将孟子理想人格的实践归纳为十端：1.志于仁义；2.存心向善；3.恒存忧患；4.重耻知辱；5.摈除乡愿；6.志向宏大；7.出仕以道；8.志气浩然；9.忘人之势；10.困达不变。[4]孟子"中骨挺立，一身傲气"的伟大形象，一直激励李方膺。以民为本的为官之道；富贵不淫、贫贱不移、威武不屈的大丈夫浩然之气。尤其是"至大至刚，以直养而无害"，对李方膺人格塑造尤为强烈。"直"字是关键。善养吾浩然之气，一定要"直"。"直"不仅是指正直（憨直），也包括真诚在内。一个人真诚，才能够由内到外象一条直线一般地表现出内心的意念，没有任何扭曲或钩心斗角或其他的念头。以"直"来养气，这种"气"可以通万物。正直是由内而发，让生命力量直接表现出来，进而融入整个天地之间。孟子的修养是从真诚而正直着手。其大丈夫品格，被众多仁人志士所景仰，也包括李方膺在内。孟子的思想是李方膺思想的源泉。"直气横行"笔墨端，已经融入其书画之中。"民为贵""民事不可缓也"等也影响了李方膺的为官之道。

二、品格

德、识、才、学是综合判断一个人的标准，而德是第一位的。品德是做人的基础。品行不端，做人不正，难于立世。后人用到书画家身上，更有"人品高，画品不得不高"之说。

我们知道，李方膺之所以能够入仕，正是魏壮保举其"贤良方正"，唯此，雍正帝才特旨交田文镜以沿海知县用。有人或以为是靠父亲李玉铉与魏壮同朝为官的关系。其实不然，封建社会官员保举人才也要承担一定的名誉和风险，若被保举人出大事，保举者也可能连坐。如果李方膺未经魏壮试用考察并赏识的话，决不会轻易给予保举的。

管劲丞认为："李方膺之得在八怪之列，首先是人品、画格和其他七人相当。他们都继承古来名家的遗产，都从近人或时人汲取了特长，并且有创造，具备自己的独特风格，不仅仅由于他们是扬州人或扬州寓公。"[5]人品，即人的品性道德，是指个体依据一定的

4　杨泽波.《孟子评传》，南京大学出版社，1998 年出版，第 274–286 页。

5　管劲丞.《李方膺叙传》《扬州八怪评论集》第 147 页。

社会道德准则规范行动时，对社会、对他人、对周围事物所表现出来的稳定的心理特征或倾向。就道德而言，也有公私之分。李方膺公德、私德口碑皆佳。公德方面，他廉政、勤政，勇于为民担当，不顾个人仕途安危开官仓赈济灾民，为百姓生计拒绝执行劳民伤财的"开垦令"而身陷囹圄，百姓知他是为民生计的好官，轮班探望，投吃用之物，"瓦沟为满"。事实证明李方膺拒不开垦是正确的，王士俊因"借垦地之虚名，而成累民之关害"而解职法办。为了水利长治久安，他带领百姓开凿了福民河，自出俸薪修莒州学宫，做了许多社会善举与公德无量的实事。李方膺去世后，祀莒州名宦祠，乐安、兰山皆有专祠。

再说私德。李方膺也是正人君子一个。其好友袁枚乃风流才子，不仅纳小妾四位，还收多位关系难清的女弟子，仍旧四处访妓；大名鼎鼎的郑板桥与袁枚比拼，"宝藏美妇邻夸艳，君有奇才我不贫"，别有口味重男色。其父李玉铉虽官居三品，遗《家诫》二卷，却未闻其纳妾，其好友丁腹松不服老（丁有煜之父）新纳二姬，李玉铉有诗戏言"一枝竹杖两枝花"。李方膺好友丁有煜也不闲着，他与金农一样均纳一哑妾。尽管封建社会有钱人嫖娟、纳妾不成诟病，但相较之下，李玉铉、李方膺父子这样的正人君子十分难得。

金无足赤，人无完人，李方膺也有其个性上的优缺点。其为人"性通脱不羁，又嫉俗善漫骂人，不避权要"。任性洒脱往往展示无遗。如其赴滁州任，未下车即访醉翁亭拜欧公手植梅。及入署，即命侍者研墨数升，手画扇赠人各一柄，滁人宝之。此后乃绝弗与通。一次游莫愁湖，某知县索其画，就是不给，拂袖而去。《一经堂诗话》记，亡何有中丞某邀游莫愁湖，乞其书画，方命侍者研墨毕，公以墨池掷其面，曰：白衣山人肯为汝辈作书画，庸乎！遂拂衣而去。"性尤兀傲，不屑事上官，遂以他故落职。"[6]愚忠和一味顺从固不可取，但尊重他人是需要的，就此当众奚落讥讽上司当不可取。年末岁尾李方膺不向上级送礼，就已经埋下了恨的种子，再索求画作又不应。上司让李方膺陪其下棋，他不做胁肩谄笑之徒也罢，却掀掉棋盘，骂其臭棋，不知菜根滋味（李方膺佃从千里之外的家乡通州带来盐齑，李方膺视为珍品转而送给知府大人，被知府嫌弃轻视），李方膺把已经送给知府的两坛子盐齑（咸菜）索要了回来。此举换了谁，也受不了！

---

6 《崇川书香录》一经堂诗话，第 8 页。

何况是顶头上司，这位睚眦必报的上司日后以贪赃之名诬罪李方膺。真是"性格决定命运"。

总而言之，就人品而言，李方膺可谓一个大写的"人"。用今天的话说，他是一位有着真性情的大丈夫！

第二节　交游

物以类聚，人以群分。以财交者，财尽则交绝；以色交者，华落而爱渝；以权力合者，权力尽而交疏；以势交者，势倾则绝；以利交者，利穷则散。从一个人的交友圈差不多可辨析出其本人的品性道德，友其德是交友的最高境界，从李方膺的交游与交友也可管窥一斑。在不同的时期，李方膺有不同的朋友圈。

一、家乡的朋友

1. 丁有煜

丁有煜（1682—1764），字丽中，号石可、个堂，又号个道人、个老人、幻壶、秋空一鹤等。海门附贡生。持文律，高迈常伦，以闻荐不迁，涉猎百家风流自赏，隐军山之团瓢，骚坛主盟四十余年，肆力诗古文及篆刻、水墨画。有《双薇园诗》《与秋集》行世。晚年以足疾归双薇园旧宅，郡中贤豪多乐就之，四方游士至通者，倡酬饮宴缟纭增投，由是名满大江南北。与郑板桥、黄慎、李鱓等友善。许莘农曾提出个道人从交游到画风无不与李方膺、李鱓相类，似也应该纳入"八怪"之中[7]，丁家与李家是世交通家之好，李方膺父亲李玉铉与丁有煜父亲丁腹松（字木公，号挺夫，原籍海门，康熙时进士，授内阁中书，放为陕西扶风县令）交往甚密。李方膺16岁即与丁有煜缔交，相交45年，直至李方膺逝世，秩然无紊雁序。李、丁两人相知相交，可谓知心至友。诗文书画往来频繁，两家相距又近，只要李方膺在通，即促膝交谈，结伴郊游，形影不离。其人生观与诗书画印艺术也影响到青年李方膺的成长。

7　许莘农《扬州八家画集》，文物出版社，1961 年出版。

乾隆七年（1742），丁有煜与李方膺同游通州城北井谷园，作《薄粥楼说》[8]。

壬戌六月，与自止、艺园及李晴江，作城北井谷园之游。井谷者，四乡居士歧庵之所住也。舟过郭梨桥，离城六七里，腴田美宅，薄柳成荫，桥旁见小楼废址，询其地，乃所谓薄粥楼也。予诘其名所由立，或曰：是拍筑字耳，居是楼者，酒旗歌板，弗绝于耳，月夜闻长啸声，不知谁氏，奏胡笳十八，击筑而前，是以或曰：殆薄竹字乎，闻楼旁植竹数亩，叶青而皮薄，冬不改色，不落叶，修洁可爱。第不足用，乃竹之外观一种，以此君而名楼薄，在竹不薄在楼矣。虽然，竹其可薄乎哉？或又曰：是朴筑字，结楼之初，主人躬亲土木，戒工人以弗丽弗杜，弗侈屋舍，弗事奇花怪石，草草居停而已。然则朴筑者嘉其勤，著其俭也，念此辛苦起家，锱铢而积，勉购此楼，楼成益悭于用，座无杂宾，宾至供以草蔬，人窥其朝夕食薄粥于是楼之中，俗人名以讥之。予曰：是说也，虽未尽中于礼，然而可以风矣。遂实其名为之说。

同年 10 月，李方膺与丁有煜等于梅花楼上品茗赏菊。李方膺提议办一次书画小集，众人无不赞成。丁有煜说通州知州王师旦也雅爱文艺，与文人关系甚好。丁与知州有交往，曾有《题牡丹赠王太尊》诗。大家合计地点定在城西百客堂菜馆，会名为"沧州画会"，由李方膺牵头折柬邀约各地名流才俊。万事准备就绪之中，忽然得到消息，画会中止。丁有煜为此撰有专文《沧州会说》。疑为"西席"（学政）见疑，所幸预先得王知州通知。事后李方膺还写了"自古沧州多险阻，几时笛管许梅花"的诗句。

乾隆十一年（1746）三月，李方膺赴京谒选，丁有煜为之行，作《送李晴江谒选都门》诗。[9]

其一

且共故人饮，眼中恣品题。小堂春宴宴，穷巷草萋萋。

路滑君骑马，云深我杖□。此情胡究竟，心与雁行低。

8 丁有煜《个道人遗墨》）。

9 《崇川各家诗抄》卷四之《双薇园诗抄》。

乾隆十六年（1751），李方膺遭罢官，作《寄李晴江》诗慰之。

我住短草巷，君住梅花楼。一日不见君，短草梅花愁。

梅花识岁序，短草空白头。一官别五载，夜梦淮北游。

寄书不得达，缟狞口以道。颠踬易足怪，春风不久留。

古来梁栋才，时命迥不犹。昌黎与眉山，宁必寡远谋。

寄李晴江（丁有煜著《个道人遗墨》）

有时寄我两行字，或者空吟一首诗。除却少陵怀李白，暮云春树敢相思。

乾隆二十年（1755），作《哭晴江文》。[10]

李晴江少余十五岁，交四十五年，秩然无紊雁序。自补邑弟子员，即思奋志为官，努力作画，以保举授山东乐安令。丁艰终养服阕，补江右潜山，调合肥，赤心为民。暇则购画，故箧无他蓄，座无俗客。与浙水袁子才、沈凡民甚善，论文把酒，竟日终夜弗倦。性最敏，眼最慧，而气最盛。一日谓余曰："人生宇宙，饮食有死活，皮肉分香臭，珍错不死而食者死，疏水不活而食者活，夫食以养体。耳目不臭，视听臭，则耳目亦臭；手足不香，动作香则手足亦香。质之前人，准之今人，决之后人，死活香臭画如矣。"言虽不羁，而说自近理，心窃是之，其于官也亦然，其于画也亦然。独是画弗取咎而官取咎，遂罢谪。谢事以后，其画益肆，为官之力并而用之于画，故画无忌惮，悉如其气。归里十日殁。殓之日，自铭其棺曰："吾死不足惜，吾惜吾手。"余哭之曰："吾爱而性矜而目用降而气。"

李方膺乾隆十八年《墨竹》册页（8开）（故宫博物院藏），个道人对题：（题三开）

六七叶耳，尺许枝耳，是文与可苏坡公合作之绝技也。欲拟句题之，大费周折，得九字以正。

渔蓑职圭壁节平安日，个道人，时年七十又二。

10　丁有煜《个道人遗墨》。

孙与祖，淇园舞。少有所长，老有所终，曰太平，曰太古。

久不见晴江画竹，读此册，知其游游于皓荡外也。神与俱移者终日。

癸酉正月廿又三日 个道人题

整齐者竿，凌乱者叶。墨汁翻江，砚池铸铁，是此册之第三页。米袖第三石；何如石也，更不知一二，何如石也。特以拟之。

个道人

2. 钱大年

钱大年（清康熙乾隆时人），字松苓、松麟、嵩龄、凫园，号半舟，艾子，南通州人。《崇川书香录》为康熙五十一年，入州学。雍正七年己酉，经明，拔贡；雍正十年壬子举人。松阳教谕，七岁失怙，兄人彪延师诲之，通经史百家，尤笃嗜宋五子书。尝赴试澄江，夜遇狂风，舟已损半，幸得救之，因号半舟。善山水，兼通天文。山水布局严谨，气势雄浑。父钱涛，字射夫。著述颇多。李方膺曾有画作赠大年。年撰有《尚书大义》8卷。

3. 保培源

保培源，生卒年不详。康乾时通州人。享年72岁。字岷川，别号艺园。贡生，被授州同，不就。富收藏，善吟咏，精鉴赏。与李方膺、郑板桥、李鱓等友善，是当时通州有名的收藏家。家筑艺园，曲径回廊，峭石壁立。郑板桥来，题其堂曰：无数青山拜草庐。李方膺在通期间，互相往来频繁。一日不见，便相思念。《雪夜题墨竹因怀李莒州晴江》有诗句"何当缩地两相从，共秉梅花楼上烛"。著有《艺园集》。

4. 保培基

保培基（1693~ ？），培源弟，字歧庵，号西垣，曾任嘉兴府丞，治水有功，深得百姓拥戴。同僚妒忌，辞官归里。于城北秦灶筑井谷园，以诗文自娱，与李方膺、丁有煜交往甚密。壬戌六月，邀丁有煜、李方膺、兄培源作井谷游。李方膺有《渭川千亩》《竹石图》等画记其事。著《西垣集》。乾隆十八年（1753）八月金陵借园拜会李方膺，作《金陵别李晴江即用题集原韵癸酉》（时李方膺合肥事了寓借园）诗云：又共秦淮载酒游，眼前忽集百端忧。人无燕赵生无赖，吏不龚黄死不休。君袖清风挥白下，我怀明月去扬州。比邻岂乏归耕地，徒望乡关各掉头。

5. 刘名芳

刘名芳（1703—1759），字南庐，号可翁。福建人，擅长诗文。乾隆三年来游通州，于军山团瓢结茅为居，与丁有煜为邻。先后寓居十年，编有《宝华山志》《金山志》《焦山志》，晚年着力编辑清代诗集，乾隆二十四年卒于如皋雨香庵，享年56岁，葬于狼山。刘名芳所编著的《南通州五山全志》是记载狼山内容最为丰富、资料最为翔实的一部志书，全志20卷，有乾隆十六年（1751）刻本。乾隆十五（1750）年正月李方膺晤南庐于金陵石庄精禅，写奉南庐《梅花》轴。乾隆二十年九月，刘曾小住随园。其与丁有煜、李方膺交往最多。

6. 陈鹤龄

陈鹤龄，字瑶宾。生卒年不详。诸生。康乾时通州人。精通水利工程。曾为通州知州延聘参与治理通州河道。品行端方，又乐善好施，荒年输家产以赈灾民，获"义重士林"匾。还精通儒家经书与算法。著有《十三经字辨》《算法正宗》。雍正十二年（1734）前后，被李方膺聘为幕属，为开挖福民河规划施工，出谋划策，立下汗马功劳，很受李方膺器重。

7. 吴翀

吴翀，字羽中，号迥楼，如皋人。才思敏捷，与同里高才结社文，雍正元年（1723）拔贡，廷试授山左，转运者借其如左右手。曾任玉田、固安、武清三地县令。教士爱民，多善政。著有《盐车集》四卷，《迥楼诗抄》八卷。[11]

二、为官期间的朋友

李方膺做官经历三个省，开始在福建，初在父亲李玉铉身边，帮忙兼见习，后被延津邵道魏壮看中，聘为幕属。后以贤良方正任职山东县令；最后任职安徽，其任上结交人士中，有同好画家，也有同僚。

（一）山东时的朋友

11 《江苏艺文志·南通卷》，江苏人民出版社，1995年7月第1版第一次印刷。

1. 李鱓

李鱓（1686—1726），字宗扬，号复堂，又号懊道人、墨磨人，清扬州府兴化县人。清康熙五十年举人，五十二年，献诗钦取，入南书房行走。特旨交蒋廷锡学画。供奉内廷数载，后乞归数年，再选山东临淄、滕县令，为政清简，忤大吏罢归，长期卖画于扬州等地，后复入宫随高其佩绘画。最后于兴化城南筑浮沤馆，啸咏以终。

扬州八怪中，李方膺与李鱓间的交谊最为深厚。李鱓年长方膺9岁，与方膺父李玉鋐及南通同族名士李堂友善，李方膺在山东任兰山知县时，两人多次相晤作画，并互通信札。后李方膺在通丁艰期间，两人又多次共聚，谈诗论画，切磋画艺，李鱓对李方膺画艺多有赞誉，而李方膺在绘画上也受到过李鱓的影响。[12]

（1）乾隆元年（1736）正月，李鱓赴京铨选，过古琅琊，晤李方膺，作《年年顺遂图》，题款：

河鱼一束穿稻穗，稻多鱼多人顺遂。

但愿岁其有时自今始，鼓腹含哺共嬉戏。

岂惟野人乐雍熙，朝堂万古无为治。

乾隆元年正月十有九日，过古琅琊（即山东兰山县），喜晤家抑园明府，谬称作画，漫笔作年年顺遂图为新春发兆并书旧诗。复堂墨墨人鱓。（南京市博物馆藏）

（2）乾隆五年（1740）二月，李鱓因忤大吏官罢官，留滕县三年，是年三月三日致李方膺一札。（故宫博物院藏）

（3）乾隆六年（1741）七月，李鱓于济南作《喜上眉梢图》。题云：

滕阳解组，寓历下四百余日，红日当空，清风忽至，秋风爽垲。作《喜上眉梢图》自贺。禁庭侍直，不画喜鹊，性爱写梅花，心恶时流庸俗，眼高手生，又不能及古人。近见家晴江梅花，纯乎天趣，元章、补之一辈高品，老夫当退避三舍矣。乾隆六年七月，历山顶寓斋记。

按文意，乾隆六年（1741）七月，李鱓见到过李方膺梅花图，或见过李方膺本人。

乾隆二年（1737）十月，李方膺在山东兰山知县任上，当时绘有《枇杷》册页，落款：

12 何循真、陈金屏，《李鱓与李方膺及南通州名士交游考》，李鱓诞辰330周年学术研讨会论文集，第63—68页。

乾隆二年十月，写于半壁楼，抑园。（天津市艺术博物馆藏）

乾隆六年九月李方膺绘有《盆菊图》轴，落款：

乾隆六年九月，写于半壁楼，晴江李方膺。

由两幅作品均题款"写于半壁楼"可以推断，乾隆六年九月李方膺曾到山东，因在丁艰中，所以画菊。根据李鱓《喜上眉梢图》题款中"近见家晴江梅花"的说法，则可进一步推断出李方膺乾隆六年七月到九月前后或在山东，并与李鱓曾经会面并切磋交流书画。

（4）乾隆七年（1742）七月二十日，李鱓致李方膺一札云：

廿十余家口，坐困济南、泰安、滕县千余日，以卖画为事。（札信现收藏于故宫博物院）

（5）乾隆八年（1743）四月，李鱓在南通，李方膺丁内艰在家。李鱓于李方膺之梅花楼为岷翁学长兄作《兰花图》扇面。

（6）乾隆九年（1744）十月，李鱓赴崇川（崇川为南通州城别称）游，住狼山广教禅院，曾作《映雪图册》，落款："乾隆九年十月写于崇川寓斋，懊道人李鱓。"（故宫博物院藏）此次李鱓在通州一直住到次年开春才回，其间在五山禅院还作了《柳燕图》等作品。得知李方膺丁艰在家，下山拜访。李方膺作东，邀李堂、保培源兄弟、丁有煜等文朋画友，李鱓就在李方膺家中为画友作画。留有乾隆九年秋日李鱓作于"崇川天真精舍，赠岷翁"的《促织图》和"乾隆十年（1745）春写奉艺园大兄"的《墨竹图》。据《扬州八怪年谱》一书中"李鱓年谱"所载，乾隆九年底，李鱓从通州回到兴化。这说明乾隆九年十月前后李鱓到通，至于是当年年底回兴化，还是到乾隆十年春离开南通的说法，这一具体时间还有待进一步考证。

（7）乾隆十一年李方膺作《竹石图》中有李鱓的题跋（镇江博物馆藏）：

余不晤晴江十余年矣。见其所画梅竹，匪夷所思，笔笔精彩夺目，自写胸中逸气，如仲圭为百泉作竹自题有云"与可画竹不见竹，东坡赋诗忘此诗"是也。余最喜画梅，于今见晴江，从此搁笔。

（8）乾隆十七年腊月，李鱓题李方膺《竹梅画册》（故宫博物院藏。京1—5624）[13]

一节一节复一节，屈原苏武夷齐骨。

---

13 此为全国书画普查《中国古代书画图目》所使用编号，下同。

一叶一叶一叶复，一叶雨涉风伯。

嫦娥窟无竹则俗，此一语千古。

敬闻孔子说渭滨，断送老渔竿，英皇枯尽，啼尽红血。

祖龙一怒碧山红，童子寺荒瞻淇澳。是谁惟抱碧琅轩，手图鸳尾冲天翮，

东坡枯木乱筠筲，袜片寒梢万尽长。梅花鼠足何飞扬，天水夫人一清绝。

翠筱娟娟风露香，青藤接踵惟青湘。谁云竹□孙不见，画家家法肯构堂。

湘南所南日如都，写个老谱误人穿。个破吾乡禹之鼎，不与且园等且园。

以怪鼎以飞昆刀，切出虫蚀干。至吾写竹又一家。

枯藤百丈沿秋蛇，鸟篆鱼书相□拿。

吁嗟呼！昨日犊角角龙芽。转眼指云头日生，霜华凤鸟不至瓦。雀哗鹦哥，毛黑空涂雅（鸦），节节叶叶胡为耶？

古今写竹名家指不胜屈，铁镜僧，宋之宗室，长于写竹。以事羁下于垫石使君处见铁镜写竹手卷，长四丈余，当年价值七百金。风梢露叶，姿态横生，真奇观也。又见文湖州与苏文忠合作，与可写干，东坡补叶，叶叶皆有竹声。夏仲昭吴仲圭，世多赝本。梅花道人竹较山水更多，曾在仪真从果亭家见梅花道人真迹册页八幅，规蹈距则，金科玉律，出神入化，则鬼斧神工，耿耿寸心爱玩不能释手，觉旧时所见仲圭墨迹犹云雾昏梦中。

余不晤晴江八年矣。（郝）香山持裱成梅花竹子二画册，请余赏玩。笔歌墨舞，惊魂动魄，反复谛观，辟尽寻常蹊径，簿书鞅掌中，乃有此间情幽奥。

所谓自写其胸中之逸气者非耶。仲圭为古泉作竹自题有云，与可画竹不见竹，东坡赋诗忘此诗二语，可为晴江画赞。余亦好写梅竹。今见晴江笔墨，懊道人于梅花竹子从兹搁笔。乾隆十七年腊月复堂鳢题。

2. 顾均湖

顾均湖，康乾时历下人，生卒年及身份不详。李方膺在山东任职期间每经历下（济南）时，都于"均湖年兄"家盘桓数日，两人交谊颇深。李方膺在为其作的《菊花图》上喻其如陶渊明宁贫也不向权贵折腰的品格。

3. 王元辅

王元辅，生卒年不详，李方膺称其为"学长兄"，可能系峄县县令，李方膺抗拒开

垦被罢官时，王元辅竭力声援。被李方膺引为知己，并赠以《梅花图》，题款这样写道："相君之面清人骨，不是梅花不许论。昨夜含毫思入梦，石桥南畔两三根。"

（二）安徽时的朋友

1. 顾于观

顾于观，生卒年不详。原名锡躬，字万峰，一字澥陆。江苏兴化人。康熙五十一年（1712）与郑燮、王国栋同拜在陆震门下，与李鱓、郑燮合称"楚阳三高"。布衣，工书，出入魏晋。能诗，著《澥陆诗抄》。李方膺任合肥县令时，见公（方膺）壁上所画梅兰松竹，纵横奇肆，妙轶古法，时有郁勃勃不平之气，乃叹曰：吾向疑，才略如公，何以久抑下僚。今观公画，始知于笔墨间发露殆尽矣。公大喜。赠以千金。[14]大概李方膺出自谢意，于乾隆十六年（1751）正月初七，为顾于观绘制《梅仙图》册三十六开，顾于各画均对题七绝诗一首。

李方膺《梅仙图》册三十六开，纸本水墨。[15]引首（清）顾于观行楷书题仙二字，各开画心均题七绝诗一首，现录于此：

古铁娟媚

古铁都成娟媚容，墨痕化作绿苔封。交柯问尔诚何意？香重相扶作短筇。

天边春色

剥后峥嵘第一枝，天边春色到来迟。君看老干顽于石，耐得冰霜栗烈时。

寒枝玉筋

笔来如马不可取，横扫寒枝挂玉筋。老梅原是不凡才，仙李相欢在春曙。

一笔梅花

一笔书成梅一株，嫣然丰格世有无。天生百物浑闲事，作竟经莹岂壮夫？

漠漠古香

东涂西抹若无心，漠漠古香香出林。后生桃李矜修饰，不及梅花清意深。

亭亭骨立

14　《崇川书香录》一经堂诗话，第8页。

15　《李方膺梅仙图册》，天津人民美术出版社，2009年6月。

亭亭直上骨如柴，何必山颠更水涯。任尔轶红高十丈，寒梅立处不能理。

骨气迥出

腰肢乍见如杨柳，骨气重看绝点尘。夷惠之间心特苦，敢将孤劲近时人。

春风化魄

左手持鳖右酒杯，春风化魄入梅胎。不须唤醒庄周梦，香色都从酒气来。

乾坤清气

近人妩媚非高手，曲直元知大德存。不待和羹能结子，已看清气压乾坤。

梅卧玉溪

山人懒困不胜春，古野襟怀澹宕神。多谢画师为写照，老梅花卧玉溪滨。

春气醺人

春气中人醺欲眠，梅花入画作诗仙。诗人醉拂生花笔，画出青莲不上船。

天然高韵

不必观之定是梅，天然高韵作迂回。便将乌帽临风插，笑引林逋共酒杯。

干老花疏

干老花疏复可怜，花繁干酰谢时妍。静中元气氤氲在，一岁天心赖尔传。

老干双清

辣于老姜清比玉，此画当场让阿谁？要与真梅为敌手，两株同是万年枝。

云际天根

云际刚来正欲飞，天根月窟是耶非？人间望断梅花信，纸上看君傍夕晖。

老梅新枝

铁石观之亦有情，亭亭儿女逼人清。愿将身化梅花干，月冷香温过此生。

字字疏朗若梅上春星

傲骨柔枝

傲骨怜君不自由，青阳趁尔尔回头。柔枝嫩蕊迎风笑，输尔长居第一流。

疏影横斜

疏影横斜旧品题，谱来应为寄山妻。莫教皓月春寒夜，独倚朱栏到曙鸡。

春风婉转

未是吴宫舞女腰，如何临几太妖娆。高人定有风流性，爱学春风婉转娇。

斜拖琼佩

萼绿华来天以半，斜拖琼佩隐云环。飘飘影乱春风里，隔断银潢水一湾。

老来自爱

老来自爱情情润，直处谁知意□还。除却梅花是知己，人间物色可全删。

梅家格韵

一路横排四五枝，梅家格韵会差池。麻姑玉女森森立，欲语无言是此时。

东家梅蕊

东家梅蕊过墙头，西家女儿恼不休。郎君昨岁罗浮去，如此浓春浪出游。

偃仰春风

酒阑随意写梅梢，偃仰春风寂寞宵。却恐望舒过碧落，停骖还妒雪儿娇。

玉骨冰资

一枝两枝花正开，雪中徐度暗香来。不劳浓染春颜色，玉骨冰姿是艳才。

辛未人日午后

澹入春烟

澹入春烟势欲无，画家摹拟费工夫。

寒春半落青云外，鹤唳月明清梦孤。

逢欤逢高简之笔，予笔又因之一敛。

石笋放梅

谁令石笋放梅花，海眼呼君未免夸。直笔不殊贤太史，能为忠孝著清华。

一片清光

何逊扬州郭外花，年来多在富儿家。图中拔取春如玉，一片清光绝点瑕。

非关游戏

非关游戏便通神，作者于北费苦辛。到得无心成变化，不知培植几多春。

木头老子

木头老子偏好奇，十幅九幅作回枝。文章贵老贵生趣，直遂平铺是俗师。

清癯骨相

清癯不为愁春老，却是冰霜练得坚。我有苦吟真骨相，被君拈出黑池边。

最是使君神来之作，予攫之以为小像。

老干新条

老干撑天横着花，新条拂地与风斜。万峰山下曾过未，一半峰头被雨遮。

砚北清芳

冰折梅花未肯降，早来春信到文窗。相看砚北清芬里，大醉呼君倒玉缸。

静含春雨

静含春雨动含风，品格端凝出化工。仿佛李沆朝觐后，从容归云玉墀中。

野性不剪

野性从来不剪裁，儿童伎俩太安排。月来风清浑无碍，想见先生惬素怀。

玉艳冰香

玉艳冰香静不哗，使君格韵绝清华。春风三十六宫满，冠冕河阳一县花。

乾隆十有六年穀日。

顾于观行书题记：

晴江使君画梅欲仙，予谓非仙不能为此梅。观此梅亦足以仙，故题其池曰："梅仙"。

澥陆。

郑燮题记：

七分道复，半料文长，仙多佛少，以不足为至足也。乾隆二十五年四月，板桥道人弟郑燮题晴江兄墨梅。

李方膺于乾隆十三年（1748）潜山任上，先后与同僚于安庆、皖江作过两次雅集，结交六位同僚朋友[16]，他们分别是：

张开士，字铁伦，号古香，浙江仁和人。乾隆七年（1742）进士，初选为铜陵知县，

16　张松林《李方膺》，苏州大学出版社，2017年6月第1版，第106页至109页。

时知桐城，后升到宿州知府。乾隆十二年（1747）年底，县宰州牧们集中于安庆府，李方膺作画，其他人题诗。张开士在《松枝图》上题道："岱宗飞挂老龙麟，白石苍苔洗尽尘。时有风涛空似海，精神都向李公麟。"在《墨芍图》上题道："生成风度自翩翩，香露毫端引兴妍。梁燕语新官柳细，丰台月下对婵娟。"在《紫藤图》上题道："璎珞森森引纵横，古藤成幄点霞明。传神再得翻其绝，密蕊垂垂欲满林。"在《墨林图》上题道："云里琅玕遇子猷，一番吟啸一风流。孤标更说湖州孤，依约清音夜雨秋。"

王名标，号菉园，山阴人。由举人出仕，初任无为知县，时任贵池知县。他在《松枝图》上题道："大夫风节迫森森，翠盖霜虬矗上林。此日笔端驱造化，写成一片补天心。在《墨芍图》上题道："绿复红翻春欲归，且将彩笔点芳菲。广陵晴日多奇种，朵朵祥开金带围。"在《紫藤图》上题道："春花开到万年藤，密蕊重重欲满林。自是东风爱颜色，夜来烘渠？泥金。"在《墨竹图》上题道："息斋妙写此君真，疏影纷披若可扪。一夜春雷初起处，烟云满眼是龙孙。"

庄经畬，号念农，又号研农，常州人。乾隆十一年（1746）进士，时知建德县。次年知盱眙，后来还任过泗州知州，宁国知府。庄个性与李方膺很接近，两人终成患难之友。乾隆十九年（1754）七月，庄经畬就按金陵，李方膺、袁枚、刘金福往讯平安。庄每得罪上官落职后，每得尹继善征用，屡踬屡起，并得升迁。李方膺却无此机遇。此间笔会，庄经畬在李方膺《松枝图》上题道："孤干虬枝挺百寻，雪霜不改岁寒心。开缄谡谡涛声起，疑是咸连夜抚琴。"在《墨芍图》上题道："天遣余客独殿春，红绡金缕一时新。披图加与扬州宴，过客深惭不姓陈。"在《紫藤图》上题道："苍藤树绮月华高，景影搛来入素毫。花色问从何处借？□关仙气相公袍。"在《墨竹图》上题道："风梢雨箨致扶疏，一片清阴浸碧梧。自是修篁不受暑，何须更展北风图。"

上次四人笔会传开后，几位同好的官员，又与李方膺于皖江客舍作了一次雅集。李方膺当场一气画成《墨梅图》十开，有三人当场提笔落诗。他们分别是：

龙申，湖北雷水（今湖北黄梅县）人。他在一张册页上题了两首诗："寒梅初放两三桠，淡素无心斗物华。行路客逢传驿梅，关山人折寄天涯。""为怜寒峭宜春早，却画疏阴待月斜。竟尚姚黄夸富贵，有谁着眼在梅花。"落款："雷水龙申偶题于皖江客舍。"

傅汝翼，字佳如，号柳圃、小蓬莱山人，镜水人。他先用行书题道："水边篱落忽横枝，画出林逋疏影诗。记得去年风雪里，小桥驴背独归时。"接着又改用隶书题道："惠远风格映玉照，青莲肺腑净水壶。琼枝淡写供仙梵，春色添禅禅不枯。"

余守谦，字天益，号牧斋，山阴人。他题道："独占人间第一春，冰霜气骨玉精神。问渠那得清如许，欲倩花光为写真。"接着又用草书题道："披图妙笔秀堪餐，疏影依稀庾岭看。春色青莲赠慧远，风流潇洒属仙官。"

三、金陵时期的朋友

1. 袁枚

袁枚（1716—1797），字子才，号简斋，晚年自号仓山居士。随园主人、随园老人，钱塘人。清乾隆四年进士，授翰林院庶吉士。乾隆七年（1742）外调江苏，先后于溧水、江宁、江浦、沭阳任县令 7 年，为官清勤颇有名声，奈仕途不顺，于乾隆十四年（1749）辞官隐居南京小仓山随园，吟咏其中，广收诗弟子，女弟子尤众。嘉庆二年（1797）去世，享年 82 岁。主要作品有《小仓山房集》《随园诗话》16 卷及《补遗》10 卷、《新齐谐》24 卷，及《续新齐谐》10 卷，《随园食单》、散文、尺牍等共成《随园全集》36 种 35 卷。

李方膺与袁枚可谓至交。早在乾隆十一年（1746）两人就曾随尹继善等于南郊劝农，彼此诗歌赓和。乾隆十六年（1751）李方膺解职后，暂住借园，与已居随园的袁枚来往更是密切。两人性情相投，几乎无话不说。人生知己最难求。用袁枚话说："君言我爱听，我言君亦喜。"李方膺刚被罢官后心情抑郁，袁枚作《释官一篇送李晴江》。

乾隆十七年（1752）暑日，作《释官一篇送李晴江》文。[17]

心，天官也；耳、目、口、鼻，五官也；公卿大夫，百官也。天官、五官，岂我有哉？天与之。百官岂我有哉？人与之。以偶然之有，逢不可必与之数，而又未有而求之，既有而昵之。业已无有而思之，是制于与不与也。夫与不与，彼又有所制也。天制于气数而不敢与，不敢不与；人制于天而不能与，不能不与。吾又受制之所受制之天与人，而望其与，震其不与，吁，其感哉！虽然，有天官而后有五官，有五官而后有百官，以公、

17　袁枚《小仓山房诗文集》卷一，上海古籍出版社，1988 年 1 月第一版，第 1174 页。

卿、大夫，易耳、目、口、鼻，愚者不为也。以耳、目、口、鼻，易其心，愚者亦不为也。乃以公、卿、大夫之故，而累其身并累其心，是以千金之珠易土苴也。李先生摇组鸣毂，之乎中州，不逾年，解果其冠，累然氓矣。则又摇组鸣毂，之乎江南，不逾年，解果其冠，累然氓矣。邦之人甚怪之，甚避之。子才子□先生之背，披先生之胸，暴之乎项氏之园。大暑日中而晒之曰：嘻，先生其有道者欤？始吾见先生之头，弃其蝉冕，以为头无官也，先生之身，解其印绶，以为身无官也。今日光耀先生之方寸，荡荡然，荣华之不知，奥谍之不分。然则先生之脏腑百窍俱无官也。以无官之先生，而人必与之官，先生不辞；以有官之先生，而人不与之官，先生不惋。吾知之矣，我之生也，是天之有求于我也。畀之耳、目、口、鼻以粉饰太虚，而非我有所求天人也。我之仕也，是人之有求于我也，畀之爵、禄、车、马以受其利济，而非我有所求于人也。赤子之哭，不愿生也；初生之哭是，则将死之哭非矣。丹穴之逃，惧为君也；人君之逃是，则人臣之不逃非矣。今之人已无求于先生，今之天犹有求于先生。于是有鼻而甘乎椒桂，有目而且玩乎白云，有耳而且耽乎松泉，有口而且论乎是非。而且耳不随人听，目不随人视，四肢不随人约束。卧，可也；坐，可也；居，可也；行，可也。一日，可也；百年，可也。不以百官病其五官，而五官全；不以五官病其天官，而先生全。

乾隆十八年（1753）八月与李方膺、沈凤同游隐仙庵，作《八月二十九日同补萝、晴江探桂隐仙庵归憩古林寺》诗两首。[18]

其一

游山同队行，看山各自领。不逢桂花开，且踏桂花影。桂蕊何离离，蓄意如未逞。寒潭明空霜，禅室纳虚景。脉脉夕阳沉，泠泠天风冷。道人登竹楼，弹琴万山顶。

其二

曳杖随所如，小憩古林寺。经声如有人，松花飘满地。一僧长眉青，万竹短篱翠。为我涤斋厨，供以伊蒲味。时当晚课齐，各各参佛义。余亦慧业人，拈花领微示。出门秋正清，下山月犹未。回头云一重，钟声渺烟际。

---

18 袁枚《小仓山房诗文集》卷九，上海古籍出版社，1988 年 1 月第一版，第 200 页。

乾隆十九年（1754）二月，李方膺在袁枚随园画梅，袁枚作《白衣山人画梅歌赠李晴江》诗。[19]

山人著衣好著白，衣裳也学梅花色。人夺山人七品官，天与山人一支笔。笔花墨浪层层起，摇动春光千万里。半空月斗夜明珠，满山露滴瑶池水。倒拖斜刷杂乱写，白云触手如奔马。孤干长招天地风，香心不死冰霜下。随园二月中，梅蕊初离离。春风开一树，山人画一枝。春风不如两手速，万树不如一纸奇。风残花落春已去，山人腕力犹淋漓。君不见，君家邺侯作贵官，如梅入鼎调咸酸。又不见，君家拾遗履帝阁，人如望梅先止渴。于今北海不作泰山守，青莲流放夜郎沙。

白发千丈头欲秃，海风万里归无家。傲骨郁作梅树根，奇才散作梅树花。自然龙蛇拗怒风雨走，要与笔势争槎枒。山人闻之笑口哆，不觉解衣磅礴赢，更画一张来赠我。

乾隆十九年八月九日，作《秋夜杂诗并序》。[20]

我爱李晴江，鲁国一男子。梅花虽崛强，恰在春风里。超越言锯屑，落落如直矢。偶遇不平鸣，手作磨刀水。两抟扶摇风，掉头归田矣。偶看白下山，借园来居此。大水照窗前，新花插屋底。君言我爱听，我言君亦喜。陈遵为客贫，羲之以乐死。人生得友朋，何必思乡里。

乾隆二十年（1755），《送李晴江还通州》诗三首。[21]

一

才送梅花雪满衣，画梅人又逐花飞。一灯对酒春何淡，四海论交影更稀。往事随云风里过，绿阴似水马头回。白门剩有三君号，沈约颜唐李愿归。

自注云：白下称余与晴江、补萝为三君。

19 袁枚《小仓山房诗集》卷十甲戌。

20 袁枚《小仓山房诗集》卷九。

21 袁枚《小仓山房诗集》卷十一。

二

署得新衔桑苎翁，儿孙迎出落花风。闭门展卷千秋在，傍海为家万象空。锦里故人排日饮，桃源流水满村红。回头应问张宏靖，丁字何如两石弓。

三

小仓山下水潺潺，一个陶潜日闭关。无事与云相对坐，有心悬榻竟谁攀。鸿飞影隔江山外，琴断音留松石间。莫忘借园亲种树，年年花发待君还。

自注云：晴江寓所号借园。

乾隆二十年（1755），作《戏招李晴江》。[22]

旧雨不来，杏花将去。仆此时酒价与武库争先，足下来车，亦须与东风争速，不然，则残红满地。石大夫虽来，已在绿珠坠楼之后，徒惹神伤。送行诗呈上。所以多用小注者，恐百世后，少陵与孔巢父交情，费注杜者几许精神，终未了了故耳。足下去矣，所手植借园花木，交与何人？何不尽付山中，当作托孤之计？赠花如赠妾，不妨留与他人乐少年也！如不见信，可使歌者何戬，与花俱留。他年仆则曰："璧犹是也。而马齿加长。"兄则曰："树犹如此，人何以堪！岂非一时之佳话哉？合肥可有诗人否？可将鄙作带往，教令和成，归而镌板，压之行李担中，较羊肉千斤，肥牛百只，轻重何如？"

乾隆二十年（1755）夏，于李方膺所居的借园题李方膺《梅花图》手卷。

李侯画梅梅不奇，不敢来求袁子诗。袁子题诗诗不好，先被梅花要笑倒。他侯此画真奇哉，请客不来梅花来。吹箫唱曲鼓舞之，乐莫乐兮画梅时。开头一株疑老龙，剪云作甲翔东风。二株花，分槎枒，水仙玉女被袈裳。三株四株如朋友，我学弹琴君饮酒。到头涌出昆仑山，无人敢当梅花香。此诗此画终如何，请君再问沈补萝。不来客袁子才题。

乾隆二十年（1755）秋日，作《夜过借园，见主人月下吹笛》。[23]

22　袁枚《小仓山房尺牍》卷一之十五。

23　《小仓山房诗文集》，上海古籍出版社，1988年1月第一版，卷十一，第249页。

秋夜访秋士，先闻水上音。半天凉月色，一笛洒人心。响遏碧云近，香传红藕深，相逢清露下，流影湿衣襟。

道有飞琼赠，琴来我不知。多惭青玉案，远寄白云司。湖色明高树，秋痕散竹枝。三更挥手别，心与七弦期。

乾隆二十年（1755）李方膺离世后，为其作《李晴江墓志铭》。[24]

乾隆甲戌秋，李君晴江以疾还通州。徙月，其奴鲁元手君书来曰："方膺归里两日，病笃矣！今将出身本末及事状呈子才阁下，方膺生而无闻，借子之文光于幽宫，可乎？九月二日拜白。"读未竟，鲁元遽前跪泣曰："此吾主死之前一日，命元扶起，疾书也。"呜呼！晴江授我矣，其何敢辞！

晴江讳方膺，字虬仲。父玉铉，官福建按察使，受知世宗。雍正七年入觐，上悯其老，问："有子偕来否？"对曰："第四子方膺同来。"问："何职？且胜官否？"对曰："生员也。性憨，不宜官。"上笑曰："未有学养子而后嫁者。"即召见，交河南总督田文镜以知县用。八年，知乐安，邑大水，晴江不上请，遽发仓为粥。太守劾报，田公壮而释之。募民筑堤，障滋水入海，又叙东郡山川疏浚法为《小清河》一书，载之省志。十年，调兰山。当是时，总督王士俊喜言开垦，每一邑中，丈量弓尺，承符手力之属麻集。晴江不为动。太守驰檄促之，晴江遂力陈开垦之弊，虚报无粮，加派病民，不敢肺附粉饰，贻地方忧。王怒，劾以他事，狱系之。民哗然曰："公为民故获罪，请环流视狱。"不得入，则担钱具鸡黍，自墙外投入，瓦沟为满。

今天子即位，乾隆元年，下诏罪王士俊，凡为开垦罢官者悉召见。诏入城，已二鼓，守者即夜出君于狱。入都，立军机房丹墀西槐树下，大学士朱轼指示诸王大臣曰："此劝停开垦之知县李兰山也！"愿见者或挤不前，则额手睨曰："彼颀而长，眼三解芒者，是耶？"少宗伯赵国麟，君父同年进士也，直前，握其手曰："李贡南有子矣！"悲喜为之泣。奉旨发安徽，以知县用。晴江乞养母家居。四年，服阕，补潜山令，调合肥。被劾去官。

24　袁枚《小仓山房文集》卷五。

晴江言曰："两汉吏治，太守成之；后世吏治，太守坏之。州县上计，两司廉其成，督抚达于朝足矣！安用损朝廷二千石米多此一官以惎间之耶？"晴江仕三十年，卒以不能事太守得罪。初劾擅动官仓，再劾阻挠开垦，终劾以赃。皆太守有意督过之，故发言偏宕。然或挤之而不动，或踬而复起，或废而不振，亦其遭逢之有幸有不幸焉，而晴江自此老矣。

晴江有士气，能吏术，岸然露圭角，于民生休戚，国家利病，先臣遗老之嘉言善政，津津言之，若根于天性者然。性好画，画松、竹、兰、菊，咸精其能，而尤其长于梅。作大幅丈许，蟠塞夭矫，于古法未有。识者谓李公为自家写生，晴江微笑而已。权知滁州时，入城未见客，问："欧公手植梅何在？"曰："在醉翁亭。"遽往，铺氍毹再拜花下。罢官后得噎疾，医者曰："此怀奇负气，郁而不舒之故，非药所能平也。"竟以此终。年六十。

铭曰：扬则宜，抑不可。为古剑，为硕果。宁玉雪而孑孑，毋脂韦而琐琐。其在君家北海之右，崆峒之左手？已而，已而，知子者我乎！

《题故人画有序》[25]

晴江明府画梅绝奇，恒化后，人藏懂者辄属予加墨，以晴江之好予也。再来参戎，与晴江同姓，甚。丙子秋，引例来请，值予病疻，庋置高阁。主人疑予忘之矣。今年夏五，展卷见梅花，如见宿草，与其上求巫阳，不若招魂于纸上，为书一律，质生者，质死者，并质之梅花！

几番怕见晴江画，今日重看泪又倾。十四幅梅春万点，一千年事鹤三更。

高人魂过山河冷，上界花输笔墨清。听说根盘共仙李，暗香疏影尽交情。

若干年后，两人之友谊，天地可鉴。正如方膺子李霞所云：

"记得先君交两友，一子才子一梅花。"

2. 沈凤

沈凤（1685--1755），字子民，号补萝，又有飘溟、樊溟、凡翁、谦斋、补萝散人、

25 袁枚《小仓山房诗集》卷十三。

补萝外史、桐君等别号。清江苏江阴人。19岁从学于王澍。雍正十三年以国学生效力南河，署江宁南浦通判、徽州同知，又历宣城、灵璧、舒城、建德、盱眙、泾县知县。后讫病居江宁，与子才、李方膺交善。年七十一卒于江宁。二子恒、慄俱早卒，子才代为祭扫者数十年。乾隆十一年初夏，李方膺与沈凤、子才等随尹继善、许惟枚等金陵南郊劝农。乾隆十八年（1753）八月，李方膺与沈凤、子才同游隐仙庵。袁枚作《八月二十九白同补萝、晴江探桂隐仙庵归憩古林寺》诗两首。乾隆二十年（1755）夏，李方膺约子才、沈凤、金农等借园招集，因大雨爽约。李方膺作《梅花图》，后沈凤补题七律诗一首。李、袁、沈三人常结伴游园、谈诗论画，江宁人称"三仙"。有诗云："寓公三人江左怪，一见古梅敢自大。李南袁北周中央，选树冶春狂亦大。"沈凤自言生平篆刻第一，画次之，字又次之。画多干笔，尝临倪瓒小幅，鉴者莫辨。袁枚极重之，随园联额皆其手书。晚年不肯刻石作画而肯书，却为李方膺篆"江南布衣"印。有《谦斋印谱》传世。

乾隆二十年（1755）夏，题李方膺《梅花园》卷。诗如下：

孟公爱客真成癖，风雨偏□屐齿过。留得梅花公案在，不须天女问维摩。一卷分明主客图，淮南风月赋闲居。溪桥重结探春约，看我来□□□□。晴江招集借园未□，索诗□□□。沈凤。

3. 金农

金农（1687—1763）字寿门，号冬心，别号多至二十余个，如心出家庵粥饭僧、仙坛扫花人、三朝老民等。金农生于清康熙二十六年（1687），八岁"读书于先师何义门先生家"。"年十七，司声韵之学"。年轻时刻苦攻读，广结名人学士，博览文物古籍，精于考订鉴别，勤于诗文著述，在杭州已颇有声望。当时金农、丁敬、吴西林被称为"浙西三高士"。金农与著名金石家丁敬，既是比邻，又是好友。年近四十时，离杭远游，遍走齐、鲁、燕、赵、秦、晋、楚、粤之邦，或名岳大河，倾泻胸臆，或荒台堕殿，怅触古怀。年五十妻亡，纳哑妾又遗之，寓扬州卖画为生，居西方寺，乾隆二十八年，衰年穷困而死，次年归葬于浙江临平黄鹤山下。

博学多长的金农，却又怀才不遇。京师应选受挫，抑郁而不得志。金农以其超人的才智，曾使其作品风靡扬州。然而"卖文所得，岁计千金，随手散去"。后识者求索已满足，市俗对其艺术不能理解，故晚年书画销售已很困难，为了易米又不得不画，有时"和葱和蒜卖街头"。曾为同乡诗人袁枚画过灯笼。大约在金陵时，与李方膺相交善。乾隆二十年（1755）夏，李方膺招聚，因大雨诸友受阻，后均在李的《梅花图》卷上补题诗文。金农题道：

人生天地乃借镜，即事抒怀本无定。李侯折柬招借园，同人俱是梅花仙。天不与人以假借，不借之借真奇缘。拖泥带水来恶客，转恐主人翻减色。风雨声中杂管弦，清华才调孤高格。淋漓泼墨写横斜，老干新枝共几丫。吁嗟乎！天不雨，客不阻，宴会欢呼何所取？铁骨冰魂寄此心，人与梅花共千古。杭郡金农题此志谢，时年六十有九。

4. 李铁君

李铁君，名锴（1686—1755），袁枚之友。号眉山，又号豸青山人，晚号焦明子，汉军白旗人。由笔帖示，举博学鸿词，复举经学。通四声，辨小篆，胜倜傥，勤读书、不事生产。好游山水，工诗古文，尤工草书。李方膺写奉"铁君先生"多幅画作，可见二人情谊不浅。

四、神交之友

1. 郑燮

郑燮（1693—1765），字克柔，号板桥，江苏兴化人。乾隆元年（1736）进士，曾任山东范县、潍县知县。板桥性格洒脱宽厚，在任间有惠政，为赈灾忤上司罢官。板桥家境贫寒、落拓不羁，做官前和辞官后均在扬州卖画为生。郑燮是清中期著名诗人、书画家。他颖悟好学，蔑视权贵，同情人民，诗、书、画堪称"三绝"。在绘画上擅长草兰竹石，风致潇洒，重视对自然界的观察，但不是自然主义的描摹，而是经过精心的提炼。板桥书法，以真、隶为主，合成新体，自称"六分半书"。"一字一笔，兼众妙之长"，形如乱石铺路，其笔下诗、书、画是一个整体思想的几种不同表现形式，是现实主义的产物。乾隆三十年（1765）去世，享年七十三岁，葬于兴化城东管阮庄。有《郑板桥全集》留世。

李方膺与郑板桥性格相近，他俩有一位共同的朋友李鱓，通过李鱓两人对对方肯定熟知并神交在先。李方膺年小郑板桥三岁，任知县却早其十三年。故郑常称李为"李四阿哥"，对李方膺的人品、画品极为敬佩。但两人神交已久，总是机缘不巧，似乎始终未能晤面。郑板桥到山东任知县时，李方膺已经离开山东，在家丁艰父母，后又去安徽任职。郑板桥先后多次来过南通，不是李方膺不在通州，就是李已经过世。唯一有机会相遇的时机，就是李方膺赴京诠选或赴安徽及寓居金陵期间，经过扬州时有可能晤面。李方膺的确在"广陵客舍"画过画，但均无二人相见的可靠记载。否则，会像李鱓那样，至少也要提及某年晤至今多少年不见之类的话，如果确实有相晤见面，郑板桥这样的人，不会只字不提的。有研究者对板桥与方膺交游作过相关研究和阐述，[26] 但多为二人于对方作品上的题跋，并无两人晤面的可靠证据，最可能的两次所谓"合作画"的说法，一次因李鱓不可能在场而不能成立；另一次仅有板桥题画诗而孤证不立（所谓《三友图》，一直未见真迹已属可疑。李鱓、李方膺年谱中均引自郑板桥诗集补集，并无三人合作的各自记载）。所以，经考目前为止，未见二人晤面的确凿证据，尽管有机会但未能晤面也属憾事。但是这不影响两人的神交与情谊，从郑板桥多次在李方膺作品上题跋就可以证明。

题李方膺《墨竹图》轴（故宫博物院藏）：

此二竽者可以为箫，可以为笛，必须凿出孔窍，然世间之物，与其有孔窍，不若没孔窍之为妙也。晴江道人画数片叶以遮之，亦曰免其穿凿。

板桥

《墨竹》（八开）（故宫博物院藏）：

再减减不去，欲添添不能。酷似霜雪中，一把剪刀，剪出春风万里，只此二叶已具天地间一片太和景象也。板桥郑燮。

此是他家竹，如何过我墙。比邻情好在，相与共清光。

板桥。

划地东风倒卷来，羞从地上拂青苔。南箕北斗排霄汉，扫尽天边涨雾开。

板桥。

26　崔莉萍. 博士学位论文《李方膺研究》，南京艺术学院，2002 年。

题李方膺《墨竹》册页 [27]

一枝瘦影横窗前，昨夜东风雨太颠。不是傍人扶不起，须知酣醉欲成眠。

李晴江画，板桥题

题李方膺《墨竹》册页 [28]

东坡、与可畏之。

晴江兄墨竹册，弟郑板桥题六个字。

乾隆二十五年，题李方膺乾隆二十年初夏所作《墨梅图》手卷（南通博物苑藏）：

兰竹画，人人所为，不得好。梅花，举世所不为，更不得好。惟俗工俗僧为之，每见其几段大炭，撑住吾目，其恶秽欲呕也。晴江李四哥独为于举世不为之时，以难见奇，以孤见实，故其画梅，为天下先。日则凝视，夜则构思，身忘于衣，口忘于味，然后领梅之神、达梅之性、把梅之韵、吐梅之情，梅亦俯首就范，入其剪裁刻划之中而不能出。夫所谓剪裁者，绝不剪裁，乃真剪裁也。所谓刻划者，绝不刻划，乃真刻划也。岂止神行人画，天复有莫知其然而然者，问之晴江，亦不自知，亦不能告人也。愚来通州，得睹此卷，精神潖发，兴致淋漓。此卷新枝古干，夹杂飞舞，令人莫得寻其起落。吾欲坐卧其下，作十日工课而后去耳。乾隆二十五年五月十三日，板桥郑燮漫题。

梅根啮啮，梅苔烨烨，几瓣冰块，千秋古雪。

板桥又题。

此题为乾隆二十五年（1760），郑燮游通州，会见李方膺之侄李霁，并应李方膺生前侍人郝香山之请，题其所藏方膺于乾隆二十年（1755）初夏作于金陵的《墨梅图》卷。[29] 乾隆二十九年甲申（1764），时板桥已 72 岁，垂垂老矣，李方膺已去世 10 年，他仍在李画册上题诗六首，其题"芙蓉"画诗曰："最怜红粉几条痕，水外桥边小竹门。照影

27　《扬州八怪全集》影印。

28　上海朵云轩木板水印。

29　蒋华：《扬州八怪题画录——郑板桥题画录》，贺万里主编《扬州八怪风云会·奇郁晴江梅·二〇一五·李方膺诞辰 三二〇周年学术专辑》，广陵书社 2016 年 9 月第 1 版，第 200 页。

自惊还自惜。西施原住苎萝村。"板桥对方膺的情谊并未随着时间的推移而减退，其对李方膺的绘画作了又一次肯定。[30]

2、丁敬

丁敬（1695—1765）清代书画家、篆刻家，字敬身，号钝丁、砚林，别号龙泓山人、孤云、石叟、梅农、清梦生、玩茶翁、玩茶叟、砚林外史、胜怠老人、孤云石叟、独游杖者等，浙江钱塘人。乾隆初年举鸿博不就，卖酒街市。嗜好金石文字，工诗善画，所画梅笔意苍秀。尤精篆刻，擅长切刀法，为"浙派篆刻"开山鼻祖，"西泠八家"之首。有《武林金石记》《砚林诗集》《砚林印存》《寿石初稽》等著述传世。

丁敬与金农友善，常相唱和，有可能因金农的介绍，得知李方膺的遭际、人品和画品。虽未谋面，丁敬却为其作数印寄之，真乃英雄惺惺相惜。丁敬与李方膺神交的这段情形，记载于《七家印跋》（依稿本刊）之丁敬印跋（《续集第三集》），钱塘丁敬著，梁溪秦祖永辑。

问梅消息：

通州李方膺晴江，工画梅，傲岸不羁，罢官寓金陵项氏园，日与沈补萝、袁子才游。有句云："写梅未必合时宜，莫怪花前落墨迟。触目横斜千万朵，赏心只有两三枝。"予爱其诗，为作数印寄之，聊赠一枝春意，梅农丁敬。

傲骨热肠：

钝丁仿汉人印法，运刀如雪渔，仍不落明人蹊径，识者知予用心之苦也。

丁丑夏日并记。

就在两印跋前亦有丁敬为金农所作"寿道士""金农"两处印跋，叙二人五年不见之思念。

丁敬为李方膺刻的两方印，肯定李方膺本人未收到，因李方膺已于乾隆乙亥九月初三日去世。而丁敬为其刻印时在丁丑夏。时李方膺已去世近两年。因当时交通通信落后，印石故然不知下落，但印史上却为此留下一段佳话。

30　《十年修志李方膺》。

第七章　为官与担当

所谓 "官者，管也"。在历史上有不少《循吏传》《清官谱》之类的记载，对一些比较清廉正派、关心民生疾苦，直言极谏和刚正不阿的个别官吏进行褒扬。而绝大多数的官吏，不论是身份、地位，还是权势都拥有无比的优越感和对广大民众的压迫。蒲松龄在名著《聊斋志异·夜叉国》中对腐败的官场和贪官酷吏进行了形象的描述："出则舆马，入则高坐；堂上一呼，堂下百诺；见者侧目视，侧足立，此名曰官。"再有"冠带巍峨，官之容也；高车驷马，仆从如云，官之体也；高堂广厦，锦衣玉食，官之乐也；签拿票押，敲扑喧嚣，官之威也。"[1] 这些官吏无论是仪仗威风、生活享受，还是掌握权柄，对黎民百姓的关系上，都处于 "治人者"的地位。这与儒家"劳心者治人，劳力者治于人"的教诲相互合拍，"学而优则仕"的思想也贯穿读书人的一生，"读书志在圣贤，为官心存君国"。所以，李方膺 "自补邑弟子员，即思奋志为官"，是再正常不过的事了，对他而言，做官是职业，画画仅为文人雅好。

第一节　福建入幕

在封建社会，想当官必须通过科举层层选拔，这是正道。李方膺的父亲李玉鋐，就是这样一步一步地获得功名的。李玉鋐在四十七岁时才乡试中举，第四个儿子李方膺已经十岁，此前他已寒窗苦读，做了二十三年的秀才。所幸他乡试中举的第二年，康熙四十五年（1706）接着进京参加会试，中了进士，并留在京城担任内阁中书舍人，当了四年的京官，因母病乞养而归。康熙五十二年（1713）他服阕后，再度回京接受吏部铨选，出任广东省任西宁县知县，一干六年。康熙五十八年（1719）又调回京任户部主事，旋又升为兵部郎中。雍正元年（1723）再度被外放到云南楚雄任知府。雍正四年（1726），雍正帝在养心殿赞扬他在楚雄表现很好，又提拔他到福建任通省粮储驿道员，成为驻漳

1　姚大勋《从政汇略》卷上《居官圭臬》。

州而辖汀州、漳州和龙岩三府的行政长官。南下之时，李玉鋐顺道回家，这次他决定带上李方膺去福建，一来考虑自己已六十八岁高龄，身边要有个亲人照应，二来也有意让方膺做做帮手，历练历练，由此也开启了李方膺为官从政的旅程。

清朝地方政权分为省、府、县三级（厅、州或同于府，或同于县），设置于省、府之间的道并不是一级政权组织，而是省级政权的派出或办事机构。道的长官称道员，俗称道台，办公机关称道台衙门，其属吏有库大使、仓大使、场大使、盐课大使、关大使等杂职，秩从九品或未入流不等，"皆因地建置，不备设。"《清史稿·职官志》载：道员"各掌分守、分巡及河、粮、盐、茶，或兼水利、驿传，或兼关务、屯田，并佐藩、臬核官吏，课农桑，兴贤能，励风俗，简军实，固封守，以帅所属而廉察其政治"。由于道员的主要职责是监察而无地方专责，所以实权很小。曾有一位出任福建汀漳龙道的官员发牢骚说："分巡一官，上之不如藩、臬黜陟有权，下之不如守、令措施在我，驭吏而吏不畏，辖兵而兵不知，名为监司，实与闲曹等。"[2] 曾国藩也认为，"司道位高而无权，处易爻三四之地，纵不多凶，亦颇多惧，本难时措咸宜。"[3] 不论权力大小，李玉鋐算得上是一位深得官场智慧的循吏或良吏，皇帝让他干什么，他就干好什么。所以李玉鋐在漳州署里，尽管年老体弱，仍然兢兢业业做好粮储驿传诸事。

年轻的李方膺初来乍到，一方面熟悉环境和政务，帮父亲处理杂务，一方面在署中继续刻苦读书，闲暇时也学画作画。《三代耕田图》就是此时奉父命而画的。雍正十三年（1725），李方膺题画作《萝卜大蒜》诗云："十载匆匆薄宦游，个中滋味复何求，沽来烧酒三杯醉，萝卜青盐大蒜头。"据此诗作推测，应该在随父到福建这一年，即雍正四年（1726）李方膺进入官员序列，很可能是个从九品之类的"不入流"小官。

在福建一段时间，李方膺被延津道魏壮看中，或聘为幕属。魏壮所领的延津邵道，驻延平，专辖延平府、建宁府、邵武府共十六个县，辖区在福建西部。李方膺办差很出力，年轻好胜，会动脑筋，竭诚建言献策，魏壮对他的直爽性格与办事能力很赏识。当其时，恰逢雍正主张大力起用新人之际。雍正五年（1727）十二月初六，发特谕，外官知府、道员、

---

2 桂超万《宦游纪略》，卷六。

3 《曾文正公全集·书札》卷二十五。

学政以上官员"皆令举一人"。要求其奏折内写明本人官衔、姓名，注明所荐之人官衔、考语。不论所荐之人系现任职官，或系候补、候选之人，或系进士、举人、贡、监、生员，或系山林隐逸，务期有为有守，品行才具，足备国家之用者。雍正这一决定传到福建后，正是魏壮道员赏识李方膺之时。李方膺端方正直的品格与果断干练的办事能力，促成其保举他为贤良方正。[4]

雍正六年（1728）冬，李玉鋐接到皇帝召见的上谕。考虑到从福建到京城来回一趟要数月时间，李玉鋐带上李方膺北上进京。此次与李方膺同行，应该有两种可能：一是旅途遥远、便于照顾年迈父亲；二是被举荐贤良方正之后，就被纳入朝廷官吏后备人选之中，此行很有可能是去京城应选，事实上此次进京后确实被正式授予官职。

雍正帝对李玉鋐可谓有知遇之恩。李玉鋐偕子李方膺来京到吏部报到，雍正事先或已知道。勤政殿上，雍正当廷肯定了李玉鋐的政绩，褒奖他"勤慎历练，和平有操守"，不仅赏赐"宝研""丰貂"，而且提升他为贵州省按察使（在离京前又改为福建省按察使）。这段召见情景，李玉鋐有诗为证。最后，当问及有否带儿子来京，儿子是否任官职时，李玉鋐答道：性憨不宜官。雍正笑道：未有学养子而后嫁者。即召见，交河南总督田文镜以知县。此次雍正帝召见，对李氏父子可谓隆恩有加。李玉鋐在感恩诗中曰："拜辞归海国，东图捧黄纶。帝眷垂边吏，天恩及后人。分符邹鲁地，入政圣贤津。努力勤民瘼，焚香答紫宸。"[5]李方膺在福建仅两年多时间，算是其从政的实习期，文献记载极少，仅能从袁枚、丁有煜等诗文中梳理信息、采纳研究。

第二节　履职山东

一、乐安知县

雍正将李方膺交由河南总督田文镜任以知县，田文镜将他安排在了山东乐安。田文镜（1662—1733），汉军正黄旗人。康熙二十二年（1683）以监生授福建长乐县丞。其

4　张松林.《"扬州八怪"中的南通人——李方膺》，苏州大学出版社，2017年6月第一版，第26页。

5　王藻、菽原编.《崇川各家诗抄录·存补遗卷三》但山诗抄。

人勤职务实，办事敏捷，先后升迁为山西宁乡知县、直隶易州知州，后历任吏部员外郎、郎中、御史，直至内阁待读学士。雍正元年（1723）田文镜奉命祭祀西岳华山。途经山西，返京后把山西灾情如实报告雍正帝。雍正帝嘉赞他"直言无隐"，并令他前往山西赈济灾荒。即命其署山西布政使，颇有吏才的田文镜在任期间与山西巡抚诺岷一起大力推行"耗羡"归公的改革，同时清理未结案件，秉公和衷，吏治为之一新，政绩斐然，深得雍正帝的眷遇，升为河南巡抚。田文镜到任后继续推行改革，开垦荒地，充实藩库（省财政），严于吏治。为此雍正帝嘉奖他每年养廉银为二万八千九百余两，为其原俸的一百八十六倍。雍正五年（1727）田文镜在河南推行"摊丁入亩"，颇合雍正帝心意，对他更加重用，授为河南总督加兵部尚书衔。次年，雍正帝表彰田文镜"公正廉明"，授河南、山东总督。上谕中明确"此特因人设官，不为定例"。意在提高田文镜的地位。田文镜兼管山东后，马上着手整顿吏治和清理财政。

李方膺履职乐安知县后勤政为民，政声日隆。由于出生于耕读之家，自小也放过牛种过地，李方膺懂得佃农之苦。雍正十三年（1735）在自己的册页作品题青菜诗中所说："从来不到街头卖，怕得官衙索税钱。"在题柿枣诗中所言："只愁县吏催粮急，贱卖青钱转眼空。"从中可以看出这位新任知县的悯农、恤民之情。通过实地勘察和了解当地风土民情，李方膺撰写了一本反映民众疾苦的《民瘼要览》，此书后收入《乐安县志》。不仅如此，李方膺还在乐安大力推行仁政，惠及百姓。

雍正八年（1730），山东遭遇特大水灾。夏季水灾又直冲小清河，乐安一片泽国。千倾良田尽沉水底，万家村落并作沙墟。"田庐飘荡淹没，灾黎流离失所"。李方膺一边察看灾情，一边火急呈文，向青州府禀报，请求马上开仓赈灾，一边招幕民工上堤抢堵缺口。灾情急似火，民事大如天。呈文送出没有回音，饥民再不接济就要饿死人了！他当机立断决定开仓，赈济灾民。有人劝其再等几天，他想到的是："民事不可缓也。"孟子曰："仁人，人心也。"仁就是"恻隐心，同情心，怜悯心，爱心。父母官应有之心"。想百姓所想，急百姓所急，这是滕文公向孟子请教怎么治理国家，孟子说的一句很令天下百姓感动的话。这也是孟子民本思想的体现，民为贵，社稷次之，君为轻。其为官之道："士之仕也，犹农夫之耕也。"一旦出仕，对君是君臣关系，对民是父母官。一方面是统治和引领百姓，另一方面又是百姓的代言人。

救黎民于水深火热是十万火急之事，为此，李方膺甘愿伏矫制之罪。于是他未等上面批文下来，就动用了一千二百石国库储粮，救灾民无数；同时，组织灾民以工代赈，及时上河堤抢修堤坝，控制了灾情。可此事让青州知府十分恼怒，他生怕田文镜怪罪下来自己也脱不了干系，丢了乌纱帽。于是赶紧自保，给李方膺上了一道弹劾。不料田文镜看了灾情报告与青州府参劾文书，对李方膺不但青眼有加，反而"壮之"。田文镜之所以没有加罪李方膺，大约有三方面的考虑：一是李方膺是雍正帝指派给自己的官员，自然要加持；二是田文镜一直看不起进士入仕的官，而李方膺与他出身一样，但很能干，很合己意；三是田文镜当年未把灾情上报朝廷。（为此事后来被弹劾，雍正帝念其功高又年老未再追究。）不久灾情报告送到雍正，雍正谕示："蠲免"地方钱粮课税，着急修理小清河。并准许"灾区抚恤一月"作为国家今后赈灾定规。这无疑给李方膺一个鼓舞。次年春荒，青黄不接，粮商涨价，李方膺又呈文开仓拨粮，平抑粮价，此举很快奏效，社会安定，灾区百姓又度过了一次春荒。

二、莒州知州

李方膺治理乐安县政绩卓著。雍正十年（1732）夏，李方膺奉委署直隶莒州知州。李方膺莒州上任时心情兴奋又复杂，在他的《梅花楼诗草》中载有当时抒怀感慨之作《赴莒州任作》，诗中写道："匹马登城仔细看，敢云持陋竟偷安。从今不薄风尘吏，文学当年亦宰官。"莒州历史悠久，人才辈出。《史记·仲尼弟子列传》云：文学，子游、子夏。意思是说，孔子门生中子游和子夏是长于文学。子游即言偃，吴人，今常熟有言子墓。子夏即卜商，春秋末晋人，曾为莒父宰。曾主张"仕而优则学，学而优则仕"。从诗末一句"文学当年亦宰官"，可以看出李方膺踌躇满志，颇为自负。

莒州人好讼，常为琐碎小事打架、争讼而对簿公堂。衙史胥吏滥用职权，从中谋利，结果自然是百姓受害。孟子的"义利之辨"的核心意思是，为官之道，你的首要职责是什么？给这个社会建立一种正常的秩序，并且维护好秩序，是为官的第一责任。因为大家纷纷逐利，社会就会乱成一团，就要出问题。第二点，为官还要为老百姓带来实际利益和好处，这也是为官者的职责所在。李方膺上任伊始凭着干练的吏才，公堂上"喻之以理，动之以情"，以法规劝，以情感化。聚讼者个个"顿首泣谢"，猾胥公人知道李方膺执法如山、精明过人，从此相诫不敢玩法，自此衙门歪风得以整饬，民风也为之更新。

捐俸修学宫。莒州虽是古文化之地，但学宫年久失修，士子露天读书，遇风雨天，苦不堪言。李方膺决定带头捐出一年的俸禄，又言明愿意出资者可为学宫董事。大户们纷纷解囊襄助，资金解决，修葺一新的莒州学宫建成竣工。李方膺诗兴画意齐来，不仅画画写字，还作《题莒州学宫》诗两首。当他知道《莒州志》仍是60多年前旧志时，又决定编纂新的《莒州志》。虽然此时他手上的《乐安县志》还未脱稿，可见李方膺是自我加码、勤政为公的作风。庄陔兰编纂的《重修莒志》（1936年刊印）赞其曰："乡曲细民，则戴之若父母焉。"[6]雍正十二年（1734），李方膺正在莒州忙于县政之时，又接到回任乐安知县的调令。为何从乐安到莒州才两年旋即又调回乐安不得而知，按当时情况推测，一是朝廷批准开挖福民河工程，需要熟悉当地事务又懂水利的官员来操办，青州府没有比李方膺更能胜任的人选；二是田文镜去世，接替者是与之素有交恶的王士俊，那么让李方膺回乐安是正常的调动，还是打击宿敌的原下属另有企图，此事也值得推敲。

三、再回乐安、开福民河

雍正八年（1730）在乐安的水灾过后，李方膺当即招募流民南筑曲堤，使当地淄水不再泛滥，也让灾后无家可归的百姓暂时生活有了着落。同时，雍正帝着山东巡抚岳浚（？—1753）修小清河，岳浚组建了小清河查勘小组，委派李方膺以乐安知县身份负责此事，成员有乐安典史张廷相、邻县博兴典史朱鸣岐、山东西南曹县县丞孔毓佩。李方膺在摸底小清河的同时，把山东境内的河道一并进行了勘察。[7]李方膺在雍正九年（1731）曾作《登任城酒楼放歌》，从诗文中可以推测，勘察小组为治水从源头黄河开始，"拂衣又上黄河舟"。他的治河调查研究工作做得十分细致，踌躇满志之际此工程被搁置，搁置的原因，应该与河东总督的变更有关。雍正十年（1732），田文镜死于任上，新任河东总督王士俊到任，不管水利，只喜开垦，治理小清河工程因此耽误。雍正十二年（1734），李方膺受命重返乐安后，发动全县百姓，开挖了一条全长五十多里长的福民河。

6　庄乾坤.《"日云山"映照下的"莒县现象"》，发表于《日照日报〈文教周刊〉》（星期六版）2016年1月16日第4版、2016年1月23日第4版。

7　张松林.《"扬州八怪"中的南通人——李方膺》，苏州大学出版社，2017年6月第一版，第36页。

因此项工程浩大，李方膺十分慎重，他从家乡请来了精于计算的治水行家陈鹤龄。反复作了详细查勘，对两岸村民做了民意调查。一致认识到"此河不开，则水患不除。虽补塞隙漏，终非正本清源之策"。只有开通此河，才能确保"县县相承，流通不滞，上下无害"，最后达到"上下均利"的效益。于是开始拆迁安置、计算土石方等方方面面全要考虑到。最后落实到户，"除鳏寡孤独概免挑河外，各家挑河十八尺……诚属众擎易举，一劳永逸。福民河从雍正十二年（1734）十月初一开工，至十一月初十告成。[8]这期间李方膺无不亲历亲为，劳心劳力，并且结合七县水利形势，综合调查研究资料，写成了一本《山东水利管窥略》，后来山东省府把它刊印出版发行全省，此书是李方膺心血所在。开竣福民河后，从此乐安清除了水患。"义以生利""利以平民""政之大节也"，李方膺为百姓做了一件有功于时、有利于后的大好事，百姓自然拥戴他。福民河真正是一条名副其实的造福于民的河。

四、兰山入狱

雍正十二年（1734）十二月，李方膺又履新兰山知县。到兰山后，李方膺即下去考察民情农事，了解到"兰地洼下，多水患"；不法"豪强吞并田产"已酿成"大讼"。在短短几个月内，他力扳豪强，使冤抑得以昭雪。同时"躬自督率夫役""开浚沟洫""刻期成功"，解除水患，乡民得利，纷纷感戴。[9]在兰山任上，李方膺一如继往地勤政为民，但因为阻垦事件，与王士俊产生了直接冲突，并因此而入狱。王士俊（1683—1750），贵州平越牛场渚浒人，字灼三，号犀川，出身于书香门弟、官宦世家，也是一位与李卫、田文镜齐名的清朝名臣、能吏，政声卓著，也很有学术成就，著有《河南山东古吏治行》《河东从政录》《困之录》《清流县志》等书行世。康熙五十六年（1717）考中举人，六十年（1721）中进士，入翰林院任检讨。雍正元年（1723）任许州知州，为祥符百姓免除二万多正额银赋。雍正三年（1725）得到广东巡抚杨文乾赏识，任琼州知府署理广东按察使。雍正十年（1732），王士俊调迁河东总督，雍正十一年（1733），兼任河南巡抚，直至雍正十三年（1735）。

---

8 张松林.《"扬州八怪"中的南通人——李方膺》，苏州大学出版社，2017年6月第一版，第37-38页。
9 张松林.《"扬州八怪"中的南通人——李方膺》，苏州大学出版社，2017年6月第一版，第54页。

王士俊从政仅仅十六年，即官至封疆大吏。王士俊被弹后回原籍至终老，数遭家难，"囊中无资"，死后已无家产留给后人。由他举荐的刘藻在云贵总督任上时，曾派出使者，前来祭扫王士俊墓，并"赠金三百"，以解决其子孙之贫困。

此处有两件事情要交代，第一，雍正元年（1723），王士俊被选任河南许州知州，雍正二年田文镜调任河南巡抚，他素来憎恶以科第起家的官员，因此故意发难进士取第的王士俊，王士俊非常担心殃及自身。田文镜在河南任上加增碱地税费，百姓苦不堪言，王士俊借机上书参劾此事，希望能劾罢田文镜官职，自己能得到好的名声。布政使杨文乾惊诧于王士俊此举，而曲意护之。由此可见，王士俊与田文镜交恶，这与日后王士俊对待田文镜得力属下李方膺的态度是否有关，值得探究。第二，田文镜在河南督促各州县开垦，苛刻严厉，百姓重受其困。雍正十年（1732）王士俊接任田文镜河东总督兼河南巡抚职，不但没有纠偏，反而步田之后尘，而且督促开垦更加严厉，又令州县劝民间捐输，由此也引发了李方膺入狱事件。

李方膺在乐安知县任上曾受山东巡按之托，上上下下查勘过大清河和运河、黄河流经山东的水情。因此，他非常清楚有的地方冬季枯水期看上去到处是湖滩、河滩，好像涸地不少，但春夏丰水期，山洪一来，全成泽国，是无法长庄稼的。许多基层官员明知总督决策不当，不敢怒更不敢言。唯有李方膺不会唯唯诺诺，以其性格，必会据理力争。他也对得起"贤良方正"这个称谓。方正，指为人正直，不为环境所迫而屈服。这是我国知识分子的优良传统之一。

雍正十三年秋，王士俊的开垦令在山东如火如荼。各府派人督促各县丈地上报，李方膺进一步找来地方乡绅、父老商量，了解各地实情，认为垦荒之策不可一概而论。李方膺坚持实事求是。只唯真，不唯上，说真话，顶着不办。沂州府一再催督，知府亲自上门敦促，李方膺却以无地可垦实情相告，知府不听。李方膺一再说明："此事之害不在目前，数年之后，以虚报田亩加增赋税，黎民必遭殃无疑。谎报垦地成绩，有名无实。虚报则无粮，加派则民病，后患不尽。下官绝不敢肺附粉饰，贻害地方。"知府大人没法，只好向总督汇报。王士俊大怒，但对于抵触开垦的事又奈何不得李方膺，于是"劾以他事，狱系之"。自古以来，欲加之罪何患无辞？王士俊罗织其他罪名，最终将李方膺撤职关进了大牢。此事引起当地百姓民众的哗然，他们知道李方膺是为百姓而得罪上司才获罪入狱的，纷纷请求探监，但俱不得入内，"则担钱具鸡黍，自墙外投入，瓦沟为满"[10]。李方膺此次入狱还算幸运，不多时间，雍正帝驾崩，新帝即位。户部尚书史贻直奏言：

"河南地势平衍，沃野千里，民性纯朴，勤于稼穑，自来无土不耕，其不耕者大都斥卤沙碛之区。臣闻河南各属广行开垦，一县中有报开十顷、十数顷至数十顷者，积算无虑数千百顷，安得荒田如许之多？推求其故，不过督臣授意地方官多报开垦，属吏迎合，指称某处隙地若干、某处旷土若干，造册申报。督臣据其册籍，报多者超迁议叙，报少者严批申饬，或别寻事故，挂之弹章。地方官畏其权势，冀得欢心，诅恤后日官民受累，以致报垦者纷纷。其实所报之地，非河滩沙砾之区，即山冈荦确之地；甚至坟墓之侧，河堤所在，搜剔靡遗。目下行之，不过枉费民力，其害犹小；数年后按亩升科，指斥卤为膏腴，勘石田以上税，小民将有鬻儿卖女以应输将者。又如劝捐，乃不得已之策，今则郡县官长，驱车郭门，手持簿籍，不论盐当绅民，慰以好言，令其登写，旋索赏锃。地方官一年数换，则籍簿一年数更，不惟大□拂民心，亦且有损国体。请敕廉明公正大臣前往清察。"上谕曰："田文镜为总督，苛削严厉，河南民重受其困。士俊接任，不能加意惠养，借垦地之虚名，成累民之实害。河南民风淳朴，竭蹶以从，甚属可嘉。然先后遭苛政，其情亦至可悯矣！河南仍如旧例，止设巡抚。"[11]

王士俊调回京师任兵部侍郎，乾隆元年（1736）四月，复命署四川巡抚，不久因越职上奏言事又被参劾，逮捕回京，下刑部狱。乾隆二年（1737），皇帝下诏，削职为民回籍，乾隆二十一年（1756），病逝于家中。

王士俊解任后，新任巡抚赶紧放人，李方膺约于十二月底出狱。乾隆元年（1736），乾隆帝召见了所有因抵抗开垦而被罢官和入狱的原官员。袁枚是这样描述的：

乾隆元年，下诏罪王士俊，凡为开垦罢官者悉召见。诏入城，已二鼓，守者即夜出君于狱。入都，立军机房丹墀西槐树下，大学士朱轼指示诸王大臣曰：此劝停开垦之知县李兰山也！愿见者或挤不前，则额手睨曰：彼颀而长，眼三角芒者，是耶！少宗伯赵国麟，君父同年进士也，直前，握其手曰："李贡南有子矣！"悲喜为之泣。

10　袁枚.《小仓山房文集》卷五，《李晴江墓志铭》

11　《清史稿》卷二百九十四，列传八十一。

当年李方膺以贤良方正被清世宗雍正召见，受擢拔；现又以山东知县被乾隆召见，"阻垦"终得事白，仍发山东续用。其心里自然是既感恩又庆幸，在他的题画诗中就有"到头只觉君恩重，常自倾心向太阳"以表明心迹。

此时期中有个关键人物应该知道，即治水名臣朱轼。朱轼（1665—1736）字若瞻，一字可亭，江西高安人。康熙三十二年（1693）举乡试第一（解元），次年会试中进士，庶吉士散馆授湖北潜江知县。他在任期间执法严明，不畏权贵，并免征"耗羡"，取消本县官吏加在民间的杂税。康熙五十六年（1717）授浙江巡抚。朱轼上任后立即督视钱江海塘，亲见大潮讯期险情环生。他上奏朝廷提出修筑海塘的具体规划，康熙帝议准。他采取"水柜法"治水，工程巨大，效果明显。雍正三年（1725），按朱轼的建议在江浙沿海又一次进行了大规模的海塘修筑工程。江浙沿海受益匪浅，时至今日朱轼所设计的海塘工程，仍在发挥御潮保民的积极作用。朱轼因督修江浙海塘功效显著，被授为文华殿大学士兼吏部尚书。后又会同怡亲王允祥往直隶查勘水利营田。雍正八年（1730）朱轼全权治理永定河、子牙河等水利工程。雍正十三年（1735）朱轼任全面复修浙江海塘工程总指挥，数百年来沿海颇得其惠。如今农历八月十八"钱塘观潮"的人们仍会怀念这位治海的水利专家。

1736年乾隆即位，朱轼应召返京，命他"协同总理事务"辅佐皇帝处理朝廷大事。时朱轼年逾古稀，但他回京即上两篇疏奏：其中一篇是奏请朝廷"详察报垦之田"，杜绝虚报升科，以免"小民苦累"。清制，各省开垦荒田数列为地方官考核升降的指标。为了升官自县、州府至省各级官吏层层虚报，而报垦田的田赋则推在农民身上，如此年年虚报，则年年增加农户田赋，这是清朝前期吏治败坏的一个花招。李方膺就因识破王士俊的伎俩，挡了他的升官之路，被关进监狱的。朱轼由知县升为大学士，长期在地方任职，洞若观火。所以他的疏奏切中时弊，有利于整肃吏治，加之户部尚书史贻直弹劾王士俊，李方膺在此大背景下才得以出狱平反，此中内情李方膺当时是否知道，后人无法推测，但他认为乾隆召见的皇恩高照是肯定的。

"三十而立，四十而不惑。"如今的李方膺正逢四十。读过那么多书，又经历过那么多事，憨直的脾气业已升华为正直的品格，他认定正确的事，决不会降格以求，委曲求全，他的"强项"不会低头。

从李方膺在山东几任知县知州的为官仕途中，不难看出他真正是"鲁国一男子"[12]一身浩然正气的大丈夫。孟子云："其为气也，至大至刚，以直养而无害，则塞于天地之间。其为气也，配义与道，无是馁也。"浩然之气与"义与道"相配合，是一种精神力量。从力量上讲，浩然之气最伟大、最刚强，人一旦具有了浩然之气便可以立于天地之间。从培养上说，浩然之气必须用正直来培养。"直"字是关键，直不仅是正直，也包括真诚在内。一个人真诚，才能够从内到外坦然表现出内心的意念，没有任何扭曲、钩心斗角或其他的念头。李方膺"憨直"秉性，与其为人品格，相映迸发。为民众利事，他有担当，有魄力，敢冒削职入狱甚至杀头的危险，其赤子之心可鉴。小小芝麻官，敢对抗王士俊总督垦荒令，明摆拿鸡蛋碰石头。知其不可为而为之是一种担当。唯有他具"忘人之势"。"吾何畏彼哉。"孟子曰："是焉得为大丈夫乎？子未学礼乎？丈夫之冠也，父命之；……居天下之广居，立天下之正位，行天下之道：得志，与民由之；不得志，独行其道。富贵不能淫，贫贱不能移，威武不能屈，此之谓大丈夫。"孟子的"中骨挺立，一身傲气"的伟大形象无形影响和塑造了李方膺的人格。这种人格与封建专制制度的俗儒、鄙儒、小儒相比，简直不可同日而语。孟子的人格形象光彩照人，催人奋进，成为后世志士仁人取之不尽，用之不竭的精神源泉。"如欲平治天下，当今之世，舍我其谁也？吾何为不豫哉？"大丈夫为人一世，必当干一番大事业。这种理想与抱负，这种"大丈夫气概"，"舍我其谁"的豪杰气象，从李方膺受上谕治小清河时始，到其《登任城酒楼放歌》《赴莒州任作》诗中早有"侧泄"。李方膺位卑未敢忘忧国忧民的忠君爱民行为，有其使命感及担当精神，其"宁向直中取，不向曲中求"的特有的高傲气质，及其大丈夫精神其根本由来，其源在"邹鲁之风"，铭刻于心，终其一生，初心不改。

第三节 再仕安徽

乾隆四年（1739）十一月，李方膺父亲李玉铉卒于家，终年八十一岁。李方膺丁父艰回通州，接着又丁母艰。值此期，一面守孝，一面著书修志和绘画会友。直至乾隆

---

12 袁枚.《小仓山房诗集》卷九，《秋夜杂诗并序》。

十一年春入京谒选，并从此又开始了履职安徽的坎坷仕途。

一、出仕潜山、滁州

乾隆十二年（1747）春，李方膺服阕后再次入仕，往安徽潜山任知县，约于是年秋，又权署滁州知州，但时间不长，约于年底又复归潜山。李方膺在潜山、滁州政绩如何现不是非常清楚，因为安徽潜山、滁州县志对李方膺的记载没有他在山东各县志详细，现在只能找到一些蛛丝马迹。

乾隆十三、十四（1748—1749）年之交，李方膺为潜山地方上做过一件好事，他向潜山乡饮大宾（德高望重的长者）王承孤替朝廷颁发过一面"燕山一老"匾牌。该匾长1.91米，宽0.695米，上款：特授江南安庆府潜山县事，奉旨，特调庐州合肥县正堂崇川李方膺为"燕山一老"（正文），下款：乡饮大宾（误识为宝）王承孤皇清乾隆十四年岁次已巳春三月吉旦，光绪七年岁次辛已孟夏月裔孙重□（图7–1）。

乡饮酒礼始于周代，儒家在其中注入了尊贤养老的思想，使一乡之人在宴饮欢聚之时受到教化。明清之际该习俗更为隆重，民众把治家有方、内睦宗族、外和乡里、义举社会、有崇高社会威望之人推荐为"乡饮宾"，有"大宾"（亦称"正宾"）、"僎宾""介宾""三宾""众宾"等名号，其中"大宾"档次最高，由皇帝钦命授予。县府每年从财政支出十两官银用于举办"乡饮大宾"活动，以弘扬其风节，彰显社会和谐温惠。这种习俗，在当时的社会中起到了敦亲睦族、止恶扬善的作用，人们都把能选上乡饮大宾作为一种巨大荣耀。

此匾因提供信息者失联后未能见到图片（此为1996年1月安徽岳西县温泉镇的储某在给何循真信中描述），但从来信描述中分析不会有假，此物证说明李方膺为潜山德高望重的王承孤向朝廷申报，并经批准颁发"燕山一老"匾。

袁枚在《李晴江墓志铭》中，为我们记述了一则小故事。滁州是直隶州，下辖全椒、来安两县。滁州最出名的地方莫过于醉翁亭。李方膺赶到滁州即问"欧公手植梅在何处？"知者答曰："在醉翁亭。"随即便吩咐备车去醉翁亭。见欧阳修手植古梅，大喜若狂，"铺

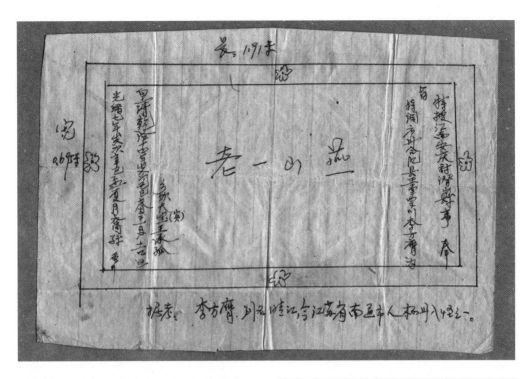

图 7-1 燕山一老匾 相关资料

氍觎再拜花下。"[13] 或许按现代人视角，会认为李不务正业，到任不先进官署，反而去拜梅，此实为误解。李方膺效南朝陈仲举礼贤，"吾之礼贤，有何不可？"（见《世说新语》陈仲举言为士则）按李方膺的为官志向和品格，在滁州任上会一如既往，廉政、勤政，为民办实事。政务之余，常命校官延郡中文学之士，或聚于醉翁亭，或于署中，了解当地风土人情、历史文化，对欧阳修的"务农节用"主张很是心仪。大约就在本年底，李方膺又回潜山任职，因此也可以理解为什么李方膺履职的潜山、滁州县志对其政绩没有比较详细的记载，任职时间短暂，可能县政还未来得及推行，谈何政绩？是年底安庆郡，李方膺先后两次与同僚们举行过两次雅集，参加者皆当时安徽各地县宰州牧，如张开先、王名标、庄经畬，再有余守谦、傅泌翼、龙申等，李方膺由于守制通州六年在家习画，画技大有长进，两次笔会，他的画名鹊起，索画者纷至沓来。此真是，有心栽花花不升，无心插柳柳成荫。本想来安徽官场中做些事情，这对见过风风雨雨大场面的老知县李方膺而言，其能力绰绰有余。然而，官位却始终飘忽不定而做不成事，反而有时间创作不少画作，画名亦不胫而走。[14]

二、合肥罢官

乾隆十四年（1749），李方膺又调任合肥知县。合肥时属庐州府，府治亦在此，因此称为首县。在合肥任上，李方膺因得罪上司而遭受其构陷，虽然没有入狱，但他的仕途也走到了尽头。

（一）履职合肥

到合肥任上的次年初夏，李方膺儿子李霞及其侄李雰、李湘皋来合肥探亲。当李方膺得知孙子耀曾十分懂事，过目能诵时，高兴道："吾宦游二十年，囊无余蓄，今以清白贻子孙矣。"[15] 在合肥任上的政绩政声也未见县志有详细记载，但从李方膺在这一期间的画作和诗作上，可以寻得些许踪迹。乾隆十六年（1751），李方膺作《花卉册》（十八

13　袁枚.《小仓山房文集》卷五，《李晴江墓志铭》。

14　张松林.《"扬州八怪"中的南通人——李方膺》，苏州大学出版社，2017 年 6 月第一版，第 106–110 页。

15　王藻.《崇川各家诗抄汇存》。

开），其中《回廊梅影图》题："玉笛何人隔院吹，回廊风过影参差。月来满地冰霜结，正是臣心似水时。乾隆辛未夏五（月），写于高粱涧，李方膺。"《一枝冰雪图》题："每从江北望江南，万迭青云暗远岚。欲寄骑亭劳驿使，一枝冰雪许谁探。辛未夏五（月），写于盱眙之蒋家坝。李方膺。"《六月冰寒图》题："六月冰寒战齿牙，晴江写于淮安山阳客舍。"《冰骨玉神图》题："洗净铅华不染尘，冰为骨格玉为神。悬知天上琼楼月，点缀江南万斛春。辛未初夏，写于泗洲蒋家坝。"上述高粱涧，隶属洪泽县，清朝时洪泽县地处江苏省和安徽省边界；泗洲在清雍正二年（1724），升直隶州，五河来属，辖盱眙、五河、天长三县，属凤阳府；蒋家坝隶属于盱眙县。因此，从李方膺画这三页册页的地方来看，这段时间他离开了合肥县，在这一带活动。是什么原因会让李方膺离开自己任职的县境？这可以从乾隆十六年（1751）乾隆南巡说起。

乾隆先后六次南巡江浙，主要目的是蠲赋恩赏、巡视河工、观民察吏、加恩士绅、培植士族、阅兵祭陵。乾隆十六年（1751）是第一次南巡。是年正月十三日，乾隆奉皇太后、携嫔妃、大臣离京，开始第一次南巡江浙。渡黄河后乘船沿运河南下，沿途经过直隶、山东到达江苏，驻跸徐州府宿迁县叶家庄。二月初八，渡黄河阅视天妃闸、高家堰，经过淮安、高邮到江都县香阜寺；然后自瓜洲渡长江，巡幸镇江、无锡、苏州。三月初一，到达杭州，遍游西湖名胜，同时至绍兴祭大禹庙。回京时，从南京绕道祭明太祖陵，之后又在扬州游玩，驻跸高旻寺。随即沿运河北上，从陆路到泰安。五月初四，历经四个多月，回到京城。[16] 历史上江淮一带水患不断，给人民带来极大的灾难，明清两朝历代皇帝对此也相当重视，不断委派官员动用了大量人力财力，反复疏浚开挖河道，以保证漕运畅通。乾隆十五年（1750）江浙发水灾，包括安徽在内的黄淮一带灾情非常严重。乾隆首次南巡一项重要行程就是视察河工，按上述清史稿记载，乾隆视察了高妃闸、高家堰。高妃闸位于现淮安市淮阴区，高家堰原名洪泽湖大堤，是现淮阴区高堰村附近的一段淮河堤防，北起淮阴古城码头镇，南达洪泽县蒋坝镇，全长140里，乾隆视察后了解到高家堰与蒋家坝之间的黄河大堤只有三座大坝，每年到了夏秋两季，洪泽湖水位上涨，由于排水不畅，很容易发生水灾。河道总督高斌提了一个方案，建议再增加两座坝，

---

16 《清史稿·本纪十一》。

乾隆接受了这个意见，并准许动用国库银子修建工程，这样，高家堰增加修筑了两座坝，共有"仁""义""智""礼""信"五座坝。[17]上述李方膺作画的时间落款为夏五月，此时乾隆已南巡回到京城，李方膺还在这一带活动，可以推测一下，很有可能是精于水利、治河的他奉上司之命在巡视、指导筑坝工程。

本年李方膺还有一件《画竹》册页（八开），其中一页题："南风之熏兮。"此句出自上古歌谣《南风歌》："南风之熏兮，可以解吾民之愠兮。南风之时兮，可以阜吾民之财兮。"首句释为：南风清凉阵阵吹啊，可以解除万民的愁苦啊。后"南风"逐渐具有比兴之意，并成为帝王体恤百姓的象征意象；历代诗人也常以"南风"来称颂帝王对百姓的体恤之情和煦育之功。李方膺在此册页上的题款，可以解读为画家以画记事，当年乾隆南巡，他很有可能和上司、同僚迎驾、送驾，因为在李方膺心目中，乾隆帝对他是有煦育之恩的，当年因阻垦入狱，乾隆一登基就特赦了包括他在内的官员，这种恩德李方膺是不会忘记的。因此，这张册页上的题款，无论是表达他个人对乾隆帝的景仰之情，还是暗喻天子南巡予民福祉，都是恰如其分、恰在其时的。

（二）蒙冤解甲

乾隆十六年（1751）的七、八月间，李方膺遭受了省府某监司和庐州知府的合谋陷害，被解职，而且经历了近三年的折腾才把事情澄清。此事从《一经堂诗话》记载和李方膺的诗作可分析大致情形。

李方膺天生一身傲骨，对上司不愿奉迎。李方膺在合肥县知县任上时，顶头上司即庐州知府蔡长法。每逢岁末，按惯例官员都要接受上司的考评，同僚及身边人提醒李方膺，年底下官要向上官送"馈岁礼"，即"送年礼"。李方膺想到子侄们千里迢迢带来的家乡土特产——盐齑（笔者注：腌菜），于是把两罈盐齑作为年礼带送上。后与太守（知府）再对弈，但此人棋艺、棋品均劣，且借机故意讥讽李方膺送盐齑一事。李方膺说："你这死艺，肥肠满脑，怎知吾辈菜根中滋味耶？"并当即向知府要回了他送的两坛盐齑。《一经堂诗话》这样记载："李晴江公……性尤兀傲，不屑事上官。故事，岁除有馈岁礼，

17　《千年古遗高家堰》，载于"淮水安澜网"，网址：http://bbs.huainet.com/forum.php?mod=viewthread&tid=45 45045&page=1&authorid=50808

公以盐齑二瓮上郡守；寻与守对弈，守故猥亵人也，心甚鄙之，及下子多拙，公起复局曰：如尔死艺，肠肥脑满，岂知吾辈菜根中滋味耶？乃索其所馈盐齑还之。守因泣诉监司某。监司某素衔公，遂以他事落职。"

"胸有方心，身无媚骨。"虽然李方膺经历了山东仕途的跌宕起伏，但仍没有改变他的耿介、方直的个性。知府大人受此羞辱，便向省府某监司哭诉。此后，李方膺遭受了和阻垦被上司构陷一样的套路。开罪上司，上司无法因此降罪，却挖了一个陷阱，向李方膺泼脏水，让他百口莫辩，终以贪赃之名被撤职候审直到最后离任。

原来，合肥县银库在上级突击查账时发现多出五百两银子没有入账，这显然是贪赃的证据。俗话说"欲加之罪何患无辞"，何况还当场发现了罪证。此时的李方膺满身是嘴也说不清，但确实不是他所为，清白之身自然也审不出问题。但就事论事，银库库存发生变数，负责看守的两位老仆因失职之罪收监拷问。李方膺作为知县难咎其责，于是停职候审，再遭弹劾解职。李方膺也非常疑惑："官仓自蓄三千秉，暮夜谁投五百金。"真是明枪易躲暗箭难防。李方膺是有义之士，俩老仆也是有情之人。知府原想用背对背审讯加用刑的方法可以得到假供词，这样加害李方膺就有据可凭。谁知两位老仆对主人忠心不移，未屈打成招，胡编乱说，委过主人。"肯从世道如弓曲，到底人心似水平。两度寒温诛父老，却因对簿叙闲情。"主仆倒是借对簿之时叙旧情。而且，解职之后的李方膺并未扔下两老仆不管，而是奔波于合肥与江宁之间，请袁枚等人从中斡旋，使案子早些了结。

知府没有得到他们想要的证词，案子始终无法开庭，一拖再拖，一直拖到乾隆十八年（1753）才不得不"对簿公堂"。这也许就是上司的预谋，一诬、二拖，案子拖了三年，最后不得不把两仆放了出来。两老仆白白坐了三年的牢，而李方膺也被拖得复官无望，从此结束了他的为官生涯，仕途到此戛然而止。李方膺专门作诗《庐郡对簿四首》（收录于《梅花楼诗草》），记述了这三年不堪回首的狱事，使李方膺欣慰的是"赢得归来免折腰"。卸去官服，成一介布衣的李方膺，为官之力并而用之画，定然越加放肆。

李方膺为官二十年，清正、廉明，但最后仍落得被诬陷而罢官的下场。有研究者分析：李方膺所处的时代是一个精神分裂的时代，带来了文人世界的选择性分裂：一些人选择归隐田园，不为满仕；一些人选择做个"识时务的俊杰"，甘愿融入新的官僚体制并如鱼得水；而有一些人虽然也进入新政府为官，却"身在曹营心在汉"，始终坚守着一方净土，就可能或为一个逆潮流的"怪"人。李方膺选择了做那个年代逆潮流的"怪"人，他是一个仁者，懂得爱人、顺天、敬德、尊民，坚持自己的独立性。[18]

笔者认为，李方膺的"怪"，李方膺的仕途覆没，有他作为传统知识分子的坚守，有他"憨"的个性使然，也有两三千年中国官场"逆淘汰"对他的不公。

李方膺出身于耕读、官宦之家，从小饱读诗书，儒家文化精神早就深入骨髓，成为其一生的精神支柱和行为准则。同时，自小务农放牧的经历，让他对底层百姓的生活感同身受、充满同情。父亲李玉铉官至按察史，是一位廉吏、能吏，其言传身教是李方膺从政的榜样。再加上他憨直无畏的个性，凡与其价值观、为官原则相悖者，他就会"认死理"，不妥协，并不惜一切地坚持抗争到底。但也正是他政治上过于天真，性格上太过任性，挑战了官场的潜规则，如此招致逆淘汰也是必然的。

回顾李方膺二十年的官场生涯，其父言"性憨不宜官"，如一语成谶。其实不是李方膺不会做官，只是他不愿做一个昏官、庸官。他的吏才，让其为官一方总能交出漂亮的成绩单：以知县领河工，不辞辛劳，跋山涉水，勘察山东水情，写出《山东水利略》一书并被全省当教材采用，说其是清代水利专家应当名副其实；开福民河，造福一方百姓；纠正"好讼"等不良社会风气，捐俸修学宫；为维护百姓长远利益，坚持实事求是，敢冒坐牢甚至杀头的危险，抗上拒垦而被乾隆帝召见；合肥任上，由于没有对其政绩、政声的详细记载史料，但按其为人与品格，肯定为民办了不少实事。利用问政的业余时间还编纂《乐安县志》《莒州州志》两部地方志书。

但中国有史以来的历朝历代官场都很微妙，不遵照潜规则就很容易被"逆淘汰"，坏的淘汰好的，劣质的淘汰优胜的，小人淘汰君子，平庸淘汰杰出，清廉的不如贪腐的，能干的不如瞎说的。东晋，不愿为五斗米折腰的陶渊明自己去官回去种田，空怀政治抱负的屈原遭贵族排挤诽谤，最终悲愤郁积而自投汨罗江，等等，都是逆淘汰的表现。乾隆初即位时，言官孙嘉淦就提醒乾隆，防止"三习一弊"，"三习"即习惯听歌功颂德

18 仇国梁.《分裂的时代与艺术的怪人》，载于《奇郁晴江梅·二〇一五·李方膺诞辰三二〇周年学术专辑》第74–76页。

的话，习惯看谄媚拍马，习惯别人讨好逢迎。"一弊"就是由"三习"带来的讨厌"君子"而喜欢"小人"的弊病。[19] 不幸的是不但乾隆中招，且上行下效，在法制不公正的社会，君子总是斗不过小人。"君子与小人冰炭不同炉"，官场如战场，等闲平地起波澜。随你官清似水，难治吏滑如油。

李方膺就生活在这样的官场和政治生态中，本已不易，再以李方膺的"憨"带来的"狂"，其为人处事亦有不妥之处，不能奉迎上司也罢，但也该妥待上司，他"屎缸里的石头"——又臭又硬的臭脾气确实有些过分，任凭谁也受不了。孟子言："言人之不善，当如后患何？"为逞一时之气，得罪顶头上司，哪有不挟怨报复之理？"气于邑而不可止"，"编愁苦以为膺"（屈原《九章》）。最终，李方膺被官场老油子略施伎俩，以贪赃之名而被罢官，这对李方膺身心打击巨大，乃至是致命的。也许，李方膺对庐州知府的不恭、谩骂，是他多年经历官场险恶后不再隐忍的爆发，这位知府不过是李方膺仕途遭遇的众多官场老油子的缩影，李方膺则是一只替罪羊。

概言之，李方膺可谓是一位失败的能吏，是一位深受百姓爱戴的父母官，是一位不可多得的品行方正、心地贤良的忠君爱民的清官。

第四节　俸禄及经济状况

做官的收入主要是俸禄。那么李方膺为官二十年，一直做着七品芝麻小官，他一年的俸禄能拿多少？为何同为"扬州八怪"的金农、汪士慎、郑板桥、李鱓经常捉襟见肘，卖画为生日子并不好过。相反，李方膺罢官居借园，家中还养得四位仆人？这类问题疑问者多而研究者极少，现将我们掌握的情况，做以下陈述。

一、清代俸禄制度及知县的收入状况

俸禄是封建国家给予在职官吏的固定报酬,在一定的时期内,以物质和货币形式支付,旨在满足官吏个人和家庭生活的需要。俸禄不是世袭待遇,而是随着职务的变动随时升降,

---

19　葛剑雄主编.《大清王朝兴衰录》，长春出版社，2010 年 1 月 1 日，第 77 页。

其数额的多寡根据职务等级的高低而定。从历代俸禄的发展来看，其额定的俸禄数目越来越少，而官吏的生活却越来越奢侈。但各品级之间的级差逐渐缩小。清代京官一品与从九品的俸禄差额还不足 6 倍。清代官员俸银规定，正一品 215.51 两，从一品 183.84 两，正七品 27.49 两，从七品 25.29 两。汉官有柴薪银一、二品官 144 两，八品 24 两，九品 12 两，外加心红纸张银、修宅什物银，迎送上司伞银，七品共 96 两。养廉银：江苏两江总督18000 两，巡抚 12000 两，知县 1000—1500 两，同知 600—1000 两。[20]清代一个知县，月俸银不足四两，仅能买两担米。[21]这些县官不但要供养父母妻儿，还要开支幕宾薪水，送往迎来，孝敬上司，甚至置产建业。试问，这些开销从何而来？如果把历代官吏的俸禄和当时物价及他们的消费水平作一比较，几乎所有的官僚都不能依赖俸禄维持生活。必有他途收入才行。清代官俸之外发放养廉银和恩俸。如一品京官年俸银 180 两，恩俸则为 270 两；外官总督年俸银也是 180 两，但养廉银则多至 15000 两。那么清代知县官俸是多少呢？以郑板桥为例：[22]

县名	人口（丁）	年赋银	俸薪	养廉
范县	18868	15583 两 8 钱 8 分	29 两 2 钱 5 分 9 厘	1000 两左右
潍县	155021	57541 两 9 钱 9 分	45 两	1400 两

从以上表格可以大致了解清代一个知县的具体俸禄收入与变化。一是，知县俸禄是以所任县的人口规模与年赋银成比例增减的，小县少，大县多，包括养廉银也是如此。养廉银是大头，但必须清政廉洁，经过上级年终考核后才能拿到。二是，年赋银相当于一个县的税收，是国家及地方政府财政的主要来源，知县必须负责每年按期上缴国库的。袁枚于乾隆十二年（1747）未能完成粮钱征收。高宗依户部奏，照例停子才升转，并罚俸一年（还要戴罪征收）。其荐举高邮知州事，因之受阻。子才闻讯，郁郁不乐，有辞

20　黄强著.《文人置业那些事》，暨南大学出版社，第 172 页。

21　韦庆远，王德宝主编.《中国政治制度史》，第 337–339 页。

22　王同书.《郑板桥评传》，南京大学出版社，2011 年，第 60 页。

官乞归之意。[23] 由此可见，这知县的俸银也不是随便好拿的。

清代还允许各级官吏收取"陋规"。所谓"陋规"，即不是在国家法令规定的办事规章之内的规定，但它是朝廷默许官吏以各种名目，从各方面索取财物作为收入一部分的不成文规定。如地方机关派文书人员赴京到有关部院办事用印，各部院对之收取一定费用，称为"部规"；州县征赋多收粮米和银两，以补偿损耗为名，称为"耗羡"；学官收取士子定期送礼，称为"学规"；狱官收取犯人家属探视钱，称为"监规"，逢年过节，本地商贾要给地方官送礼，下级给上级送礼，称为"年规""节规"；等等。李方膺就是由于政治上太天真，以君子之心度小人之腹，以为知府和他一样知道"菜根香"，不送银子而送"盐齑"算作"年规"，这怎么能行呢？"三年清知府，十万雪花银"。知县不进贡知府，知府财路何来？清代类似的"例""规"还有很多，非此不能办事，非此不能发财。以致愈演愈剧，后来成为清代官吏的主要收入来源之一，这种外快倍于正俸。当时有人专为各府首县填了一首词，词云："红，圆融，路路通，认识古董；不怕大亏空，围棋马吊中中，梨园子弟殷勤奉，衣服齐整，言语从容，主恩宪眷满口常称颂，坐上客常满，樽中酒不空。"[24] 除此之外，官吏还可将部分公费作为自己生活和应酬的开支，更有贪官依靠贪污受贿、敲剥勒索以榨取钱财。

二、李方膺的经济状况

作为清政府的官员，李方膺的俸禄及经济收入主要来源有以下几个途径：

（一）俸银，包括养廉银在内，每年一至二千两左右，因为李方膺任知县的时间比郑板桥早，也比郑长，如合肥还是一府之首县，其俸银收入可以说比郑板桥更多些。还有就是公费开支方面，李方膺在勘查山东、水利工程等公费使用上也多。当时规定，这种公费开支只要不转入私囊，就不算贪污。使公费开支合法化。诸如有上司过署，差官经由筹借"公宴"为由，不用自己出钱，可以私人及友朋享受等，至少能为自己省出一部分费用。我们知道袁枚辞官时，积蓄3600两，估计李方膺罢官时不会比袁少。袁用

23　郑幸 .《袁枚年谱新编》上海古籍出版社，2012 年，第 168 页。

24　清 独逸窝退士，《笑笑录》卷 5《十字令》。

300 两银买下那么大的随园，李方膺仅买项氏花园估计要省很多。

（二）家庭负担小，可以省出一些开支。李方膺早年家庭经济境况平平，要精打细算才能勉强过日子。后来父亲李玉铉做到三品官，不断置产，如城中筑梅花楼，城南建古柏山庄，而且买了一些田，直至李方膺去世后，还有田百亩。两代做官，家底有一定厚度，家庭经济肯定好过一般人家。后子李霞不善治生，方膺妻又乐善好施，经常接济穷人，才败落下来。[25]

（三）绘画收入。李方膺不像郑板桥那样张扬。明码标价，一张画卖多少多少银两。虽然李方膺当时的绘画润格，目前尚未发现，或许当时他就没有制订多少润格。因为他没有摆摊卖画，为不熟识之人画画的经历和意愿。一般而言，他是真正意义的文人画家，他画画之初，也不是为了卖钱糊口，即便到罢官以后，他也不是那种给钱就肯画的画家，许多他看不惯的官员，给钱请他画，他都拂手而去。他的画一般只给他的朋友或是合得来、谈得来的官吏与朋友，钱多钱少，看着给，往往这种情况下，反而给得较多，给少了一是轻视画家，二是也失了自己（官、商）的身份。例如：

左迁合肥令（指李方膺）。兴化顾君万锋，见公壁上所画梅兰松竹，纵横奇肆，妙轶古法，时有郁勃不平之气。乃叹曰："吾向疑才略如公，何以久抑下僚。今观公画画，始知于笔墨间发露殆尽矣。"公大喜。赠以千金。[26]此事的发生在乾隆十六年春节前后，李方膺在合肥知县任上，兴化名士顾于观来访时，为幸得顾的知音之遇，李方膺破天荒地为顾画《梅仙图》册三十六开。顾于乾隆十六年正月初七，为每开梅花配诗一首。[27]并将李画收藏下来。一千两银子在当时是一笔不菲的数目。郑板桥 67 岁时自定润格："大幅六（两），中幅四（两），小幅二（两），书条对联一，扇子斗方五钱。"对比一下，李方膺的画，多数为人预订而作，虽不标价，但其在合肥、金陵画名及画的实际价位远高于郑板桥，其画画的收入，也就可想而知。所以，别的画家靠卖画难以为生时，李方膺罢官住金陵借园时，家中仍然能用得四个仆人（李文元、鲁竹村、何蒙泉、郝香山）。[28]

25　管劲丞．《李方膺叙传》，扬州八怪评论集，江苏美术出版社，1989 年 6 月第一版，第 136–148 页。

26　袁景星、刘长华编．《崇川书香录》（卷四）第 8 页，同治丁卯本。

27　《李方膺梅仙图册》，天津人民美术出版社，2009 年 6 月。

28　王同书．《郑板桥详传》，南京大学出版社，2011 年，第 60 页。

据钱泳《履园丛话·旧闻·田价》载："至本朝顺治初，良田不过二三两。康熙年间，长至四五两不等。雍正间，仍复顺治初价位。至乾隆初年，田价渐长，然余五六岁时，亦不过七八两，上者十余两。"当时李方膺的一幅大画，价值约近一亩良田。乾隆初年，郑板桥在潍县任上，为了家中房屋改建，给他弟弟写信时，提到自己的润笔收入，"我每年笔润，就最近十年平均计算，最少年有三千金，则总数已有三万。"上博藏《郑板桥偶记》更称扬州画家收入常为"岁获千金，少亦获百金"。[29] 由此可知，李方膺、郑板桥等画家当时虽已不做官，但画画的收入仍然十分可观。所谓"穷"，那是跟扬州盐商相比而言（百万以下谓"小商"）。

29　李向民著《中国美术经济史》2013年3月一版人民出版社第473–474页。

第八章　为艺与创新

　　李方膺在艺术方面的造诣还是比较广博而精深的。封建时代士大夫知识分子应该具有的艺术修养他基本都已掌握，琴棋书画印五艺皆会。李方膺会弹古琴人多不知，袁枚在诗中多次提及。乾隆二十年（1755）夏，于李方膺的借园题李方膺《梅花图》手卷云："我学弹琴君饮酒。"跟谁学琴呢？很可能是李方膺。乾隆二十年秋日，作《夜过借园，见主人月下吹笛》有"三更挥手别，心与七弦期"。乾隆二十年（1755）《送李晴江还通州》其三云："鸿飞影隔江山外，琴断音留松石间。莫忘借园亲种树，年年花发待君还。"李方膺的棋艺应该不低，从其与庐州知府下棋的表现即可得知。书法、绘画、篆刻更不在话下。其乾隆二十年（1755）三月《梅花长卷》题记中"无聊之际，命李文元吹箫，梅花楼侍者鲁竹村、何蒙泉度曲，郝香山伸纸研墨，画梅花长卷数十株，兴之所至，一气呵成。客来一乐也，客不来又一乐也。可见天地间原有乐境，视人之寻与不寻耳。"由此段记载，可以证明李方膺在音乐戏曲方面的修养，非一般人所及，他自己还会吹笛，家中仆人亦会各种乐器，俨然有一帮戏乐班子。较为全面的艺术修养，对于李方膺的书法、绘画、篆刻艺术来说更是锦上添花。以下将从李方膺的绘画艺术进行深入研究。

第一节　直气横行的艺术思想

　　有道是：书如其人，画为心声。刘熙载云："书者，如也。"如什么？"如其学，如其才，如其志，总之曰，如其人而已。"这样的要求和境界很高，但却是中国人的审美文化追求。"字如其人"。最早源于西汉文学家扬雄讲的一句名言："书，心画也。"意思是说书法是人的心理描绘，是以线条来表达的抒发作者情感心绪变化的。"字如其人"，意谓人与字，字与人，二而一，一而二，如鱼水相融，见字如见人。清周星莲《临池管见》对"字如其人"表述得非常具体。他说："余谓笔、墨之间，本足觇人气象，书法亦然。"宋朱长文在《续书断》中特别推崇颜真卿人品同他的字的一致，说："予谓颜鲁公书如忠臣烈士，道德君子"，"其发于笔翰，则刚毅雄伟，体严法备，如忠臣义士，正色立朝，临大节而不可夺也。"从对颜真卿书法的评述让我们联想到李方膺的书法和绘画艺术。理解一个人的艺术思想，就要把他放到他所处的时代背景中去，从他的人生际遇中获得理解。一个人所处的环境和他接受的教育对其思想产生直接影响，随之也会形成相应的艺术主张。

一、思想源泉

从李方膺所受教育方面，可以知道其接受孟子思想尤深（详见本书第十章第一节有关内容）。"至大至刚，以直养而无害。""直"字是关键。如果要像孟子那样"善养吾浩然之气"，一定要"直"。"直"代表真诚而正直。为人要真诚正直，为艺术同样要真诚。一个人真诚，才能够让生命的力量由内到外像一条直线那样表现出内心的意念，以"直"来养气，就会充满天地之间，"气"可与万物相通，与一切相顺而不相逆，包括书法、绘画艺术在内。李方膺没有专门的书论画论，其"直气横行"的艺术主张在他的题画诗中多达十余处反复提及和强调。

二、画论表述

有学者对李方膺的"直笔"做过研究，对李方膺"秉直笔"笔法做过解读。[1]其绘画用笔乃其人格迹化。如在绘画上通过直笔笔法独特运用，从而形成自己的画风。"直干壮川岳，秀气无等伦。""最爱新枝长且直，不知屈曲向东风。""此幅春梅另一般，并无曲笔要人看。画家不解随时俗，直气横行笔墨端。""多谢画家秉直笔，先春烂漫后春无。""直气横行另一般，画无曲笔为谁看。""铁干盘根碧玉枝，天地浩荡是吾师。"如上述题款中画家彰显流露的艺术思想，无不彰显其"直气横行"的艺术主张，直抒胸臆于笔端的浩然之气。其合肥居取名"五柳轩"，应是源于不为五斗米而折腰的陶渊明（陶渊明作自传文取名《五柳先生传》），"宁向直中取，不向曲里求"的思想指向及精神旨趣。其好友袁枚在《秋夜杂诗》中形容道："我爱李晴江，鲁国一男子。梅花虽倔强，恰在春风里。超越言锯屑，落落直如矢。"李方膺"直气横行翰墨端"的气概，固然与其孟子"直养""浩然之气"的思想密切相关，也与其好友袁枚主张艺术应直接抒发人的性

---

1 谢青，吴越滨．《怪才李方膺的"直笔"研究》，《奇郁晴江梅》，广陵书社，第164–18 页。

情不无关系。吴旭春曾以"直气横行翰墨端"为题，对李方膺书法及书学思想做过研究，深入阐述了李方膺由董其昌、赵孟頫书风演变为颜体楷书及碑刻雄强、姿肆的蜕变过程与原因。[2] 概言之，直笔横写浩然之气是李方膺艺术思想的核心。一个"直"字贯穿了画家的一生。是其人格取向在书画创作用笔上的投射。观李方膺作品，多用直笔乃其最明显的特征。这一定程度上与其耿直不屈的性格有关，但更多方面是其文化性格、艺术思想，是其理念主张在作品上的表现。喜用直笔也间接地形成了李方膺的绘画风格。所以，观其画，多数是一种硬气、憨气、不屈之气，大丈夫豪气弥散在作品之上，这在"扬州八怪"中独有，在中国画史上也是比较罕见。

第二节　简练雄肆的美学风格

谈到风格，总会想到法国启蒙时期著名博物学家、作家布封的那句名言："风格即（其）人。"实际上它与我国古代的"字如其人""文如其人""画如其人"同理。此言方之李方膺身上，更是恰如其分，因为他不会装，他也不想装。此正合艺术之真谛：艺术之难，在不粉饰，不卖弄，而显本真天性。

风格在艺术家而言，指其人及作品的外在风度，神采与内在品格、气质的和谐统一。风格的形成，标志着一个画家艺术生命的成熟，对风格的追求、探究，是每个画家终生奋斗的目标。然而风格的形成，是一个长期的不断吐故纳新的渐变过程，只有自然形成的风格才能保持其相对的稳定性。风格形成有内外因、主客观等因素。主要有两大因素，一是画家的立意，二是画家所掌握的笔墨技巧。立意从个性、气质、修养、学问、识见中来；笔墨技巧从继承、法度、形质、功力中来。绘画风格论的主要含义有：（1）指画家的风度品格；（2）指绘画作品的风骨格力；（3）指绘画作品从内容到形式上所表现出来的总特色，是画家的创作个性在作品中的具体表现。中国画最讲究有自己的面目、精神、风采，最贬斥那些亦步亦趋的"匠画"。因此，画家讲究融合前人而变化，表现出独特的美学风格。

2　吴旭春.《直气横行翰墨端》，载于《奇郁晴江梅——李方膺诞辰 320 周年学术研讨会论文集》，广陵出版社，2016 年 9 月，第 186–191 页。

只有使绘画艺术具有鲜明的艺术个性，具有独创的风格，才算得上一位真正的画家。

李方膺是什么样的人？他的好友袁枚在赠李方膺诗《秋庭杂诗并序》中有过描述："我爱李晴江，鲁国一男子。梅花虽倔强，恰在春风里。超越言锯屑，落落如直矢。偶逢不平鸣，手作磨刀水。两搏扶摇风，掉头归田矣。偶看白下山，借园来居此。大水照窗前，新花插屋底。君言我爱听，我言君亦喜。陈遵为客贫，羲之以乐死。人生得朋友，何必思乡里。"[3]"晴江有士气，能吏术，岸然露圭角，于心生休戚、国家利病，先臣遗老之嘉言善政，津津言之，若根于天性者然。性好画，画松、竹、兰、菊，咸精其能，而尤长于梅。作大幅丈许，蟠塞夭矫，于古法未有。识者谓李公为自家写生，晴江微笑而已。"[4]李方膺一生中一直致力于"画家门户终须立"努力之中，我们概括他的绘画上美学风格主要为"简练"和"雄肆"。

一、简练

大道至简。"为道日损，损之又损"。清刘大魁《论文偶论》："凡文笔老则简，意真则简，辞切则简，理当则简，味饶则简，气蕴则简，品贵则简，神远而含藏不尽则简，故简为文章尽境。"苏季子："简练以为揣摩。"文章绘事，岂有二道？所以在中国文人画美学传统中，空灵、简约是中国艺术史上偏于抽象的艺术品的两个基本点。简约是说寥寥数笔而意趣盎然，笔简而意饶。即以极其简约的线条传达极其丰富的意蕴，从而使人想象无穷。从美观经验的角度说，空灵和简约是指简化的外形中，蕴含着丰盛的美感发生之力，每一意象，每一线条、色彩都凝聚着旺盛的生生不息的美感张力。

在风格上，纯化画面，使用单元墨彩，迥形而略色，表现上力求精练简约；精神上追求笔线水墨的律动和画面的神韵，以及诗歌的意蕴。徐渭的大写意，追求"不求形似求其韵"，清代石涛追求"不似之似"；八大山人借象征手法寄寓对国破家亡的仇恨，其画笔墨异常简省，物体也有较大变形。正如李苦禅所言"既不杜撰非目所知的'抽象'，也不甘写极目所见的'具象'，只倾心于以意为之的'意象'"（《八大山人画册（序言）》）。

---

3 袁枚.《小仓山房诗集》卷九，《秋夜杂诗并序》。

4 袁枚.《李晴江墓志铭》，《小仓山房文集》卷五。

"18 世纪扬州八怪——李方膺梅干画得盘屈曲折，黄慎以狂草作画、罗聘疾愤画鬼等，都有着分离、错乱、变形等抽象因素，但都没有发展到西方现代表现主义那种符号抽象，而是对形体作大胆的简化、变形，以突出精神世界的空灵。"[5] 这种中国式抽象表现，主要是受中国古代天人合一哲学传统制约。它不像西方人走极端，仍在儒家"中正"畛域之中，未出"中正协和"畛域。

简，是形式，而"练"就不易。"练"的含义，蕴含在"简"的形式中，如何做到"凝练""老练""练达"。就绘画而言，在立意上有一个"洗练"，笔墨上有一个"锻炼"，构图上有一个"提炼"的历程，这些在李方膺的作品中，尤其是"梅""竹"中经常见到。正如其题画诗中所言"触目横斜千万朵，赏心只有两三枝"。李方膺的画多数是以简制胜，尤其是梅花，与汪士慎、金农之梅相比，他的梅花是以简驭繁。他对于"简练"之道的深刻领会与熟练运用，已达到炉火纯青之境界。其在《玉兰花图》册题"玉树迎风占早春，良工不肯画全身。谢家子弟知多少，只数当头一两人"。李方膺画梅几乎未见过梅树全身入画，一直以"折枝"入画，且构图洗练，枝中瘦硬似铁，寥寥几笔，疏疏几枝，但精炼无比，这种高度简练、以偏概全的表现形式，给人留下无穷的遐想空间，他很善于利用空白制造画面意境。

二、雄肆

所谓雄肆，即雄强、恣肆。绘画笔法上表现出肆意放浪、纵横不拘、犷野超迈、飞逸流动、酣畅淋漓、豪放奇伟的气象，是一种雄强、奔放、刚毅的阳刚之美，体现出画家激越的心态和情感。

李方膺这种风格，多在其"风画"（风竹、风松、风兰、风梅、风荷）中有充分的表现。这里举其《兰石图》为例，山石坡地上，几丛幽兰，花叶纷披，纠缠错结。以焦墨写兰叶，运笔如飞，纵横豪放。乱中有致，似在狂风中飞舞，粗犷不羁之气充满画面。其《风竹图》《风松图》与风梅的例证相关章节中会有介绍，此处不赘述。这类"风画"风格，与他多舛的命运，憨直刚毅的性格密切相关，这种性格、气质直接影响着他的绘画，可以说是其"人

---

5 彭修银、刘建蓉. 《中国画美学探骊》，第 66–67 页。

格迹化”。颜真卿的浩然节义之气，自然形成雄刚的风格，李方膺的书法呈现颜字的风骨，与其雄肆的绘画正相和谐，是其作品风貌的重要组成部分。

作品的风格决定于人的性情。人之性情，各有定分，性情不同，所适宜之画种，亦有差异。人的性情决定其喜好何种风格。以李方膺为例。其秉性就“憨”，直性子。后来以孟子的思想作为修身的准则，更是直气横行笔墨端，其大丈夫气概，威武不屈的态度，借物喻情，写其胸怀之磊落，舒解不平之冤气，在其代表作中均有充分表现。

以其《潇湘风竹图》（图 8-1）为例。狂风中主竹挺拔屹立，不弯不揖，有参天凌云之气概；竹叶秃笔横扫，方笔横行稍上扬，尽管风势极强，枝叶飞扬而不折，透出一种镇静与傲慢。右下方的顽强的石头极力抗拒，岿然不动。画中狂风舞竹之势，极具视觉冲击力。通篇笔墨酣畅淋漓，用笔任意率真，迅疾狂放，作者好似写出胸中之怨气、怒气。李方膺借竹喻己，它不惧怕宦海官场中狂风邪气，毅然傲岸不屈，坚韧不拔。联系画家的一生遭际及绘制本图时的处境，可知风竹的艺术形象中，注进了画家敢于直言的品格和不畏强权的精神，是他倔强兀傲的人格精神的自然流露。画家这种“风画”模式已然形成了自己的风格，其后他以同样的风格画过两幅《风竹图》，

图 8-1《潇湘风竹图》 南京博物院藏

他成功地使不可见的风有了可视的艺术形象。如果从美学上给予定义，可以归入"暴力美学"的范畴。这种矛盾撞击强度越大，所带来的审美张力和刺激也就越大。有专家认为："这样，李方膺绘画就将儒家的'温柔敦厚'推向'兴、观、群、怨'。因此，人们在欣赏李方膺晚年的风梅、风兰、风竹、风松时，在感染他诗画中正大气象和人格魅力之时，也会不知不觉地、有意无意地、隐隐约约地感觉到这个'吾死不足惜，吾惜吾手'殉道者心中的挣扎、阵痛；同时也会不知不觉地、有意无意地、隐隐约约地感觉到那个时代的裂痕，江河日下的趋势。"黑格尔《美学》："艺者，仆也；事二主，一曰崇高之目的，二曰闲散之心情。"李方膺的绘画丰富了清代"扬州八怪"画派花卉创作，推出了一个壮美、崇高的层次。[6]

第三节　清代文人画的典型代表

著名美术史论家卢辅圣在其《中国文人画史》中评价"李方膺的画是典型的文人画"。蒋宝龄在《墨林今话》中谓其"善松、竹、梅、兰及诸小品，纵横跌宕，意在青藤白阳（误为石）之间，而尤长于梅，作大幅丈许，蟠塞夭矫，于古法未有"。李玉棻在《瓯钵罗室书画过目考》评述他的画是"脱略纵恣，目空古人，纯以疏老取胜"，"自率胸臆，真沉着痛快作也"。卢辅圣接着这样写道："纵姿跌宕，疏老苍浑，有乱头粗服之致，兀傲不平之气。"作为李氏画风基调，在崇新偕俗、张扬异端色彩的扬州画坛上，显然是得势而突出的。可惜天不假年，在他寓借园三年后，便因噎疾加剧，怀着"吾死不足惜，吾惜吾手"的遗憾离开了人世。

从上述对李方膺的评价中，至少有两点值得总结与探究：一是典型的文人画；二是得势而突出。

一、典型的文人画

陈师曾给出文人画之四要素：第一人品，第二学问，第三才情，第四思想。具此四者，

6　张郁明.《胸有方心 气自浩然——李方膺绘画艺术论》，载于《艺术百家》总第 149 期，175 页。

乃能完善。陈师曾在《文人画之价值》中云："旷观古今文人之画，其格局何等谨严，意匠何等精密，下笔何等矜慎，立论何等幽微，学养何等深醇，岂粗心浮气轻妄之辈所能望其项背哉！但文人画首重精神，不贵形式，故形式有所欠缺而精神优美者，仍不失为文人画。"那么李方膺何以被称为文人画中之典型呢？

首先是人品。李方膺之人品（详见第十章第一节），不仅在"八怪"中出类拔萃，即便置于整个清代，能出其右者亦很少。人格高标，爱民如子，勤政清廉，威武不屈，政绩斐然，疾恶如仇，等等。其公德私德均是令人敬佩的。对画家而言，人们往往有人品与画品相连锁的思维方式，是文人画区别于非文人画的重要表征之一。宋代郭若虚以"人品既已高矣，气韵不得不高"立论，随着人画合一的思维定式，人品画品关系论也就顺理成章地作为文人画价值观的体现，而发挥其规约与拓展的双重作用。明清时，人品被更多地落实为"胸次"。"胸次"是天赋和学养的整合，因而画品的高雅与否往往关乎"士夫气"的有无，而李方膺于此可得满分。

其次是学问与才情。从本书第五章李方膺诗文与著述中，可以了解李方膺虽未中进士，但其学问与才智堪称优异，不是诗人却作诗三百余首，以骈体文写就的《乐安县志》序，文采焕然。主编两部地方志，出版过一部水利学术专著，并被发行作为治水范本，其德识才学俱矣。

最后是思想。此为文人画与工匠作家画的最大分水岭。文人画往往集诗文书画印于一体，使以语言为工具与以书法为表达形式的思想现实得到超越于绘画语义的发挥，延伸和丰富了艺术表现力。如李方膺的《柿枣》册页，《钟馗图》《墨梅图》等配上题画诗后，思想性尤为深刻，让人读后隽永难忘。过去仅仅在"畅神""适意""自娱"的封闭境界已被打破，文化意味的增值和提高，使欣赏者更多。一直专注于山水和"四君子"等容易表达清高绝俗情感意识的少数题材，也被扩充。随着清中期商品画发展，文人画非功利性也在蜕变。扬州八怪中绝大多数画家卷入商品市场中，他们以画为业，难免考虑供求关系，曲意阿世，丧失自我，流于俗滥，以致降格以求，降低艺术品格画了不少的商品画。沦为卖画为生的职业画师，为满足顾主需要，不惜放下身段，个性便被世俗的爱好所左右，画些本不愿意的世俗化的商品画。正如"途穷卖画的"李鱓曾感慨万千地说："以画为娱则高，以画为业则陋。"最不堪忍受的是"画索其值，随人指点，或不出题目，索人高价，只得多费功夫，以逢迎索画者之心，匹之百工交易"。此即涉及画家的态度了。[7]而李方膺却一直坚持一己个性，他没有降格以求，尽管罢官后在南京秦淮河亭上设有画室，但其画多以亲朋好友推介预订为主，并未沦落到"和葱和蒜一起卖"的境地。其不少作品更多更自觉地转向了对时事和政治的关切，对贪官污吏的讽刺与揭露，对民本思想和人本主义思潮的感应，对民间疾苦的同情。从他的作品中可以清晰地窥见到一个富有政治抱负、敢于担当、威武不屈与悲悯情怀的血性灵魂，从而构成了对中正平和、温文尔雅的传统儒学思想、虚静无为及隐忍超脱的道释观念的冲击。正基于此，我们从他的名号与闲章中发现呐喊愤懑之情与不平之气。例如，"木头老子""画平肝气""画医目疾""五柳轩""啸尊者""古之狂也""仆本恨人""口只堪吃饭""嗰"（叫一）、"世狂"，等等。李方膺的许多作品，如《风竹图》《风松图》，以及各式各样的《梅花图》，均是古法未有的。

二、得势而突出

所谓得势而突出，是指扬州新兴商品经济的滋养与商贾阶层好尚的认同，不受古法牢笼而勇于标新立异的思想与艺术趣味，使扬州八怪有了用武之地和发育空间。实际上李方膺只是多次客旅扬州并在旅舍画过几次画，真正在扬州卖画的证据几乎没有，其画市场在金陵。若说突出，确非溢美之词。在扬州八怪中，风格个性各不相同，其作品美学追求与旨趣亦互不相同。金农阴柔之美，郑燮清健之美，李鱓苍润之美，难有李方膺为雄肆之壮美，其构图不落俗套，充满阳刚之气，大丈夫不屈之气，所以，显得尤为突出，甚至崇高。但是，他的画在传统审美习惯上难被接纳，这就涉及画品议题。

以往对李方膺的画评价不甚高，只给能品，但著名评论家薛永年也认为应该对李方膺的评价提高。[8]我们知道李方膺是典型的文人画家。文人画的特点大都借画言情，以画自况，以画言志，抒发自己所思所感，起到精神舒络的作用。不为物役，不被法拘，以最概括的绘画语言传达最深切的感受。主张逸笔草草，不求形似，"聊写胸中逸气"。"逸"

7 李向民．《中国美术经济史》第 476 页。

8 薛永年．《序》，载于《扬州画派书画全集·李方膺》，天津人民出版社，2000 年 7 月。

是一种精神超越,对世俗、物质与有限超越。同时意味着脱离精神之逸。所以,文人画对"逸格"地位的推崇。体现了与重"意"思想的关联。最早把绘画分品的是南朝谢赫。他在《古画品录》中,将二十七位画家分为六品。唐张怀瑾在《画断》中,将画分为"神""妙""能"三品。朱景玄在《唐朝名画录》中,在张怀瑾三品之外,增加了"逸品"。到了北宋黄休复在《益州名画录》中,把画分为"逸""神""妙""能"四格。并说:"画之逸格,最难其俦。拙规矩于方圆,鄙精研于彩绘,笔简形具,得之自然,莫可楷模,出于意表,故目之曰逸格尔。"绘画之中逸格是最难达到的。"不拘常法""笔简形具,得之自然"系逸格的特征。黄休复将"逸格"居首,反映了艺术精神的转折,体现了对艺术家的情感、性灵的强调上。正如苏格拉底所言:"艺术的任务恐怕还是表现心灵吧!"他认为逸品境界的获得,不仅仅在于作画技能的高超,更是画家"情高"才能达到的。"情高"即画家精神境界的高韬。艺术作品所能达到的境界,完全取决于艺术家的主体精神所能达到的境界。黄休复对各品解释如下:神格,大凡画艺,应物象形,其天机迥高,思与神合。创意立全,妙合化权,非谓开厨已走,拔壁西飞,故目之曰神格尔。妙格,画之于人,各有本性,笔精墨妙,不知所然。若投刃于解牛,类运斤于斫鼻。自心付手,曲尽玄微,故目之曰妙格尔。能格,画有性周动植,学侔天功,乃至结岳融川,潜鳞翔羽,形象生动者,故目之曰能格尔。[9]逸品的创作,是以画家拔俗的精神为前提。可以说,从能格到逸格,是由客观迫向主观,由物形迫向精神的升进。反映了艺术精神与形态的转折;从造化自然生命的描绘,转向主体精神的写意性抒发。我们认为,画品的分类在宋及宋以前的标准,当时以院体工笔写实为主,它是供人观赏的,从属于视觉唯美。而写意人物南宋才开始,所以古代画品分级对后代不一定合适。再说,以画家定品归档也粗糙而不切实际。应以作品艺术含金量为标准,而不是看画家名头大小定高低。大画家也有应酬及不尽如人意的作品,名头小的画家一生之中也有妙品,唯有如此才能令人心服口服信服。

对照上述标准,以李方膺为例,我们认为他的《潇湘风竹图》应在逸格,而他的某些《墨梅图》可算神格之中,尤其是他的一些《墨竹》册页,李鱓、郑板桥等著名画家均给过很高的评价(详见第十三章第一节)。还有一点,评价标准往往随着时代美学追

---

9 北宋 黄休复《益州名画录》。

求的变化而变化。一种特定的审美，总属于一个特定的历史时期，特别是当这一时期一批光照千古大师把他们技术发挥到极致时，这种审美形式被程式化僵化而面临改朝换代。封建社会士大夫贯以儒家"中正平和""淡雅清逸"为标杆，所以对李方膺这种雄强壮烈的作品，往往斥之为"狂肆"，他们没有也不会从美术发展史上去考虑，更未考虑到首创的艺术价值。美学有数十种，阴柔是柔美，中和是优美；雄强、阳刚是壮美，而且是充满正能量、振奋人心、催人上进的。

为何说李方膺作品非能品呢？清盛大士《溪山卧游录》："得其工者至能品"。清代松年《颐园论画》："画工笔墨专工精细，处处到家，此谓之能品。"以此标准衡李方膺作品，显然不符。逸格，大抵是出于自然，不拘形似，笔简意繁，有意外之趣，不可模仿的作品。逸虽近于奇。而实非有意为奇，虽不离丰韵，而更有迈于韵。真正的逸品充分体现着对现实强烈的批判为其内核——愤世嫉俗、桀骜不驯、狂放不羁、悲凉孤寂、巨大的静穆、超验的空无，它是一种人格境界、伟大心灵的生命状态的外化。若以此对号入座的话，李方膺其人其画（部分典型作品）无疑堪称逸格或逸品。

第四节　承古开新的写意大家

中国画传统是一条历史长河，每一位有志于中国画创作者，或沿河溯源跋涉而过；或顺流而下探骊取宝；中国画有五千多年的优秀传统，有取之不尽用之不竭的历史源泉，"努力作画"的李方膺自然也会涵泳其中，汲取前贤的精华。

一、继承传统

李方膺在其《凤尾紫燕图册》题款中曾云："画竹之法须画个，画个之法须画破，单披凤尾，双飞紫燕，穿插只经营，位置求生新，二皆唯矣。余读《离骚》之余，实无常师，稍得生气便止，非娱时人之耳目也。"这段话有两层意思：一是道破了画竹之诀窍，本身就是从传统中来；二是"实无常师"。李方膺并非虚言。自古文人画无师，他们没有宫廷画师、作家画家那种拜师学艺的仪式与过程，如苏轼、文同等文人画家虽然无师实有师，他们是师法传统，正如李方膺所言，不是无师而是无常师，是转益多师，与古为徒。

根据已有的资料，没有发现李方膺拜何人为师。但是他周围不乏能书会画的老师，如其父兄皆能画，亦师亦友的丁有煜，还有"五山画社"父执的李堂等长辈，都可能对李方膺学画有过传授与指点，但皆不是常规意义上的师傅。李方膺在继承绘画传统上，确实下过相当的功夫，他的师法对象较多，主要者有以下几位：

（一）画竹

文同（1018—1079），字与可，梓州永泰（今四川盐亭）人。自号笑笑先生，人称石室先生等。善诗文书画，能画竹石枯木及山水，尤长于墨竹。画竹叶创造墨深为面，淡为背，技法有自家的创新，其画竹成就超过前代与当代诸家。元丰初年，任湖州知州，世人称文湖州。他与苏轼是表兄弟，以学名世，深为文彦博、司马光等人赞许，尤受其从表弟苏轼敬重。

南通博物苑藏李方膺画《松竹梅兰图》册（十二开），其一题画诗中提到文湖州："湖州昔在陵州日，日日逢人画竹枝。一段枯梢作三折，分明雪后上窗时。"上海博物馆藏《三清图》册（十二开）题《竹》画亦有"晴江学湖州法"。说明李方膺画竹曾师法过文同。

夏昶（1388—1470），字仲昭，号自在居士，江苏昆山人。永乐十三年（1415）进士，正统中（1436—1449）官至太常寺卿。工诗书画，擅长墨竹。时云："夏卿一个竹，西凉十锭金。"可见夏昶画竹之贵，时望之隆，是明代继王绂之后的一位写竹大家。美国私人收藏李方膺《画竹》册（八开），其一题有"晴江学仲昭"。

赵孟頫（1254—1322），字子昂，号松雪道人，水晶宫道人、欧波，浙江吴兴人。善画山水、人物、鞍马，亦工墨竹与花鸟，以笔墨圆润苍秀见长，以飞白法画石，以书法笔法写竹。

天津市艺术博物馆藏李方膺画《竹石》册页上题有"慈竹以赵吴兴为第一，偶仿其意。乾隆戊年三月也，抑园"。

（二）画花卉

陈淳（1483—1544），字道复，别号白阳山人，曾从文征明学画，后不拘师法，自创一格。工山水，擅长水墨写意花卉，淡墨浅色，简洁凝练，风格疏爽。陈淳的写意花卉对后世影响很大。后人常将他与徐渭相提并论，名曰"青藤（徐渭号）白阳"。

上海博物馆藏李方膺《水墨花卉册》，其一画荔枝，上题曰："甲寅夏五，仿白阳山人墨笔荔枝，时读唐史偶题三绝。"又，乾隆十七年画的四条屏之一的《葵石图》上题"摹白阳山人笔法"，从上述两幅画款中可以看到，李方膺从早期到后期，一直临摹学习陈淳，可见其对白阳风格相当喜欢并颇有心得。

李方膺的其他花卉图册中，还提及有"仿陈道山笔意，晴江"。乾隆十六年作的《墨菊图》册（四开），亦有"辛未仿伯纪笔，晴江"。乾隆十八年《花卉杂画》册（美国最元斋藏）亦有题"摹北宋人笔"，等等。

（三）画梅花

李方膺是画梅大家，其画梅师法古人中有华光、杨补之、王冕等（详见本章第五节）。总而言之，李方膺在师法传统，师法古人上下过不少功夫，绝非蜻蜓点水，浅尝辄止。经常题以某某笔意入画，实乃写生当中对于传统视觉语汇的选择与重组，绝非一成不变的临摹。他在题款中的所仿绝"非世俗所谓效仿某者也"（梁同书《频罗庵书画跋》），实际上他并非固定师法某一家，而是博采众长，熔于一炉，融古开今，进而独树一帜。继承是手段，不是目的。转益多师，兼收并蓄，为的是创新，独立门户，自成一家。

二、师法造化

李方膺在继承传统上除了师古人之外，他很早就意识到"存我""画家门户终须立"等自成一家的理念。所以，"师造化"，师法自然成为他承古开新的一座桥梁。其乾隆丙寅（1746）中秋《墨梅图》的题画诗是最好的诠释。"不学无章与补之，庭前老干是吾师。写完瞪目支颐坐，门外雨雾陨雪时。"同一年其《秋艳图》题句中又有"晓起临池画菊花"。乾隆十三年《墨梅图》题画诗云："雪晴三日未全消，独自寻梅过板桥。造化亦能工笔墨，断崖斑白点疏条。"乾隆十六年他画的《墨梅图》上又题道："东枝西干复愁斜，章法全无笑画家。我有乡思来笔下，小楼四面看梅花。"再有《牡丹图》上题诗"三春富贵散人家，锦绿韶华雨露赊。天地无权凭造化，绍兴镡插牡丹花"。从上述题画诗中不难看出，李方膺十分重视师法自然造化，对自然界中景物观察非常细致，并在创作中很懂得取舍与剪裁，而不是全盘照搬自然主义。《唐朝名画录》说边鸾的"折枝花居第一"。中唐诗人吴融题《折枝》有诗曰："不是从来无本根，画工取势教摧折。"是赞美边鸾将花枝剪裁取势之后，自然花卉的美感更加集中，更加生动感人。花儿不是越多越好，花农有疏花，盆景师有修剪枝造景色。李方膺深谙此道。他认为"赏心只有两三枝"，这就是其不同于一般画家的高明之处。他的画多以简驭繁，简而不薄，"少则得，多则惑"，以少胜多。正如董其昌所言"山不必多，以简为贵"，李方膺的"两三枝"的折枝表现恰如其分。

三、绘画特色

（一）文章五色贵清真

据不完全统计，李方膺传世并确认为真迹的作品约270幅左右，其中设色作品仅20余幅。从雍正二年（1724），到乾隆十四（1749）年所见设色作14件左右，乾隆十六年至二十年（1751—1755）是其创作旺期，5年中留存作品80多幅，而所见设色作品仅4件左右；另有年代不详的设色作品约5件，从作品风格来分析基本属早中期作品。从这样的统计情况来分析，李方膺早期、中期创作设色作品较多，而随着自身绘画水平的提高、艺术思想的成熟，李方膺还是偏爱水墨画。

从李方膺存世的大量水墨作品来看，他对墨色的运用纯熟精到，浓、淡墨表现花叶的向背；干、湿笔写出枝叶的老嫩；淡墨渲染、重墨提醒，墨分多彩，明暗起伏相生，将水墨的变化表现得淋漓尽致。从李方膺设色作品来看，也主要是水墨淡设色作品，清新、淡雅、质朴，如上海博物馆藏雍正二年（1724）所作《花卉册》；其中一页为设色牡丹，无富丽俗艳之姿色，而是清丽雅致；南通博物苑藏《翠竹牡丹》轴（年代未详，从用笔、题款来分析属早期作品）色彩清新脱俗。[10]美国加利福尼亚大学美术馆藏李方膺乾隆十九年（1754）所作《梅花图》轴上题："轻烟淡墨玉精神，洗尽繁华不染尘。岂是梅花偏矫俗，文章五色贵清真。"这件作品创作时画家已是晚年，我们可以将其视为李方膺对其一生作品用色的总结，也反映了李方膺的审美倾向，"轻烟淡墨""洗尽繁华"，画家追求简淡的格调，"文章五色贵清真"，在作家心中，即使是用色，也当清雅、率真，力避矫俗，比之"五色文章类彩鸾"般的华丽，李方膺的设色作品保持了文人画家清雅的审美情趣。

10　南通博物苑《南通博物苑文物精华》，文物出版社，2005年9月，第99页。

（二）良工不肯画全身

所谓构图，用现代绘画理论概括就是把表现对象恰如其分地组织起来，构成一个协调完整的画面。用中国画传统理论来阐述则称为章法，东晋顾恺之称为"置陈布势"，南齐谢赫称为"经营位置"。中国画构图历来讲究宾主、大小、多少、轻重、疏密、虚实、隐显、偃仰、层次、参差等关系，李方膺也认为此不是易事，如南京博物院藏其作《凤尾紫燕图》册题："画竹之法须画个，画个之法须画破，单披凤尾，双飞紫燕，穿插只经营，位置求生新，二皆难矣。"纵观李方膺的作品，无论是用现代构图理论来看，还是从中国画传统章法来考察，其作品构图别致、个性鲜明，尤为独特之处主要表现在以下几方面：

1、剪裁有度

李方膺擅于剪裁物象，正如其在雍正十三年（1735）作《玉兰花图》题诗所云："玉树迎风占早春，良工不肯画全身。"因此，他的作品都是经过自己的心、眼、手裁剪的画面，这里反映了李方膺"别出心裁"的审美趣味。乾隆六年（1741）所作《松枝图》，一松枝横空而出占满画幅上部，画面左边一松梢断折低垂，倒三角构图首先给人以视觉冲击，进而带来对观者的震动。画家自题："尺寸枝头著墨痕，全身不见白云封。画家何苦劳心力，指点工人涧底松。"（南通博物苑藏）画家以尺寸枝头演绎了一株涧底古松。

梅花则是画家最常裁剪的对象，看李方膺题梅花诗："江南春信早，先寄一枝来。""微雪初消月半池，篱边遥见两三枝。""一枝斜挂一枝垂，莫怨丹青手段卑。"入画家法眼最多的始终是二三枝；再看其梅花图，无论是数尺的立幅，还是尺幅的册页，都经过剪裁才入画，有的一枝旁斜而出，有的半株凭空下挂，有的二三枝乘势上拔，即如长卷，如南通博物苑藏乾隆二十年（1755）所作《梅花图》长卷，画家也只取盘错老根，纷披梅枝入画，李方膺的每一幅梅花构图自有格调。李方膺的知己至友袁枚对其取舍剪裁也是非常了解，说他："触目横斜千万朵，赏心只有两三枝。"[11] "春风开一树，山人画一枝。"[12] 李方膺不用常规全景式构图入画，而是采用主观截景方式，省简一切繁文缛节，提炼造化、

11　袁枚.《题画梅》，收录于《随园诗话》卷七。

12　袁枚.《白衣山人画梅歌赠李晴江》，收录于《小仓山房诗集》卷十·甲戌。

妙造自然，可见画家手段高明之处。

2、简繁有道

"谁言一点红，解寄无边春。"这是苏轼在《书鄢陵王主簿所画折枝二首》中所言且流传至今的二佳句，此处非似一叶障目，而是一花连起无边春色。李方膺一定是非常赞赏此种意境，并将这种喜爱融入笔端。他画玉兰，比作"谢家子弟知多少，只数当头一两人"。梅花也不同于"扬州八怪"金农的千树万蕊，他只画点得清的数朵，中国历史博物馆藏乾隆十八年（1753）所作《梅花册》（九开）之第八页，画梅一枝自天而下，六七梅朵缀于枝头，题款曰："从来不见梅花谱，信手拈来自有神。不信请看千万树，东风吹着便成春。"李方膺借徐渭题梅诗，表达了作品立意。李方膺传世作品中类似这样构图的梅花图比比皆是，这是画家将眼中的"千万树"，只化作笔下的一枝疏梅，而这一二梅枝、六七梅朵让观者看到了千树万蕊。诚如黄宾虹曾言：繁简在意，不徒在貌；貌之简者，其意贵繁。[13] 与上述简逸画风相反，安徽省博物馆藏李方膺乾隆十九年（1754）所作《梅竹》轴，半株梅树凭空而起，树干枝节纵横向上，一树梅花竞相怒放，一枝修篁自天而落，与梅枝上下交错；梅树以淡墨勾勒渲染，竹枝叶以重墨利落着笔，梅竹纷繁，显然，此图又不同于画家平常清简的风格，但画面浓淡辉映、繁而不乱。无论是以简删繁，还是画繁为简，李方膺都游刃有余，繁简之间流露各自不同的意味。

四、逆向思维出奇制胜

"扬州八怪"之中，以李方膺、郑板桥的思维最为出奇，不约而同又与众不同。李方膺最反对让自己的思想感情屈从于世俗之见。以李方膺为例，他的逆向思维体现在画学理论方面。比如"胸无成竹"。与苏轼等名家大唱反调，"胸有成竹"几乎成为历代画家千古不传语。但李方膺却反其道而用之。我们发现至迟在乾隆十一年他的墨竹图上就钤有"胸无成竹"一印，这分明是其绘画观的一种姿态。而郑板桥在其《竹石图》题款中也亮出同样的态度，时间在乾隆二十七年，其题款曰："文与可画竹，胸有成竹；郑板桥画竹，胸无成竹。浓淡疏密，短长肥瘦，随手写去，自尔成局，其神理具足也。……

---

13 周积寅.《中国历代画论》，江苏美术出版社，2013年5月，第417页。

然有成竹无成竹,其实只是一个道理。"我们认为并非一个道理,而是一个事物的两个方面,"胸无成竹"丰富并发展了"胸有成竹"的理论。"胸有成竹"指幻象在先,胸中有数。而"胸无成竹",也非胸中无数,而是在胸中有数的基础上,随机生发显性灵,可以带来诸多快感。随着作画过程的进展,原先设想的都可能会发生改变。根据画面需要或画家灵感的降临而随机生发,不是一成不变,而是随机应变,提出"胸无成竹"这一重要理论,不仅适用于画竹,可以举一反三,这一理论在画学理论发展史上算得上一次首创。崔利萍比较过方膺与板桥,到底二人谁先提出"胸无成竹"这一理论。根据所引资料显示,至少在有年款的作品上,方膺是早于板桥提出的,方膺的首倡功不可没。[14]

　　无独有偶。李方膺的逆向思维的另一例,就是"以画作书"。众所皆知,画史上"以书作画"已成定则。赵孟頫诗云:"石如飞白木如籀,写竹还应八法通;若也有人能会此,须知书画本来同。"作画以书法用笔是古来画家一直推崇的画好中国画的不二法门。而李方膺提出"以画作书"的艺术主张,最晚也在雍正十二年(1734),较之提出"胸无成竹"理论早12年。其雍正甲寅(雍正十二年)《梅册》就钤有"以画作书"之印。有人认为"以画作书"与"以书作画"是一个道理。我们认为不是,"以书作画"是以书法的笔法代入绘画线条的一种技法,这样能提高画面的线质感。而"以画作书",则是以绘画的空间感来经营文字书写上的位置经营与结构,或是说"计白当黑"相同理。但是许多书家或画家未能彻底明白个中奥妙,只有既精通书法又精通绘画的书画家,如苏轼这样的书画大家才兼而有之。李方膺早年就开始启用这方"以画作书"印,可见他始终所追求的是书画同臻其妙的境界。

　　逆向思维第三例。李方膺在继承前人技艺的基础上,常会反其道而行之,历来画家笔下的钟馗,总是一个刚正不阿、铲除人间妖魔的捉鬼高手,代表着正能量。然而李方膺笔下的钟馗,宛然是一个搜刮民财的吸血鬼,这种借鬼骂贪官的隐喻手法,是清代漫画的先声。

14　崔莉萍.《李方膺的绘画思想》,载于《扬州八怪艺术国际研讨会论文集》,吉林人民出版社,2003年3月,第327页。

五、开创狂风入画之先河

艺术的本质在于创新，创开新境永远是艺术家梦寐以求之事。机遇对于个人而言有时幸运，有时为不幸，对于李方膺而言，不幸反而造就了他的书画艺术，罢官后的李方膺作画更加恣肆。

今天，人们对李方膺绘画最深刻的印象，大多来自他的《风竹图》。这幅《潇湘风竹图》（图8-1），应该是李方膺最有创新特点的代表作之一，它被多次作为图书封面。令人印象深刻的并有争议的，还有那首题画诗："画史从来不画风，我于难处夺天工。请看尺幅潇湘竹，满耳丁东尤玉空。"围绕李方膺的《风竹图》，学者们进行过不少考辨，认为画风竹图，历史早就有，李方膺不是第一人。是的，自宋朝《宣和画谱》记载"水墨湖滩风竹图"起，经元明，写风竹者如元顾安，明夏昶、归昌世、姚绶，清华嵒、傅山等，不一而足。[15] 但是，综合而论，画史上这些画家画的清风、微风、大风，无一人画过狂风暴雨的竹子，尤其是竹叶在风中形态，唯有李方膺用的是方笔，并飞动上扬。此即是李方膺的创举，此后许多画家都学过，很少有得其中三昧者（此在后文讨论）。李方膺之所以被称为承古开新的写意画大家，是有依据的。研究表明，李方膺方笔竹叶的用笔方式是有笔墨渊源的。晚明陈淳的墨竹作品中偶然有一二笔方笔竹叶，而李方膺的竹叶则是大多数以方笔为主；前者是随意偶发，后者是主动追求。如果说陈淳开启了大写意墨竹的先声，那么李方膺则将大写意墨竹推向顶峰，本质上就是将"书写"和"宣泄"强化到极致。请注意，李方膺这种泄愤笔墨方式，可能受到徐渭的影响，他的方笔竹叶，近似狂涂的竹叶形态，还在师"南风之薰兮"竹册页中出现过，相比较而言，更为狂放、变形（图8-2）。李方膺的"风"画，除了风竹之外，还有早在乾隆十年（1745）的《风松图》，在其他《墨梅图》《兰石图》图中也能感受到这种风势。

最后必须强调的一点，李方膺之所以如此狂写风竹，了解其背景，你才能理解其画。他是在当时受诬罢官、满腹愤懑的情境下产生的，是其跌宕命运强烈反射下的生命结晶。其不平之气，浩然之气，裹带着笔墨，一股脑宣泄到画纸之上，如同颜真卿的《祭侄稿》

15　见于王汉撰写《李方膺〈潇湘风竹图〉散识》，罗加岭撰《竹松迎风动 性情随画扬——李方膺的风竹，风松》，分别载于《奇郁晴江梅——李方膺诞辰320周年学术研讨会论文集》，广陵出版社，2016年9月，第118–125页，第148–163页。

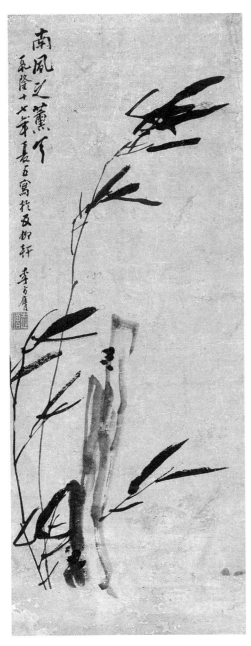

图8-2《南风之薰兮》 故宫博物院藏

那样，愤怒出诗人，愤怒出名书，愤怒出名画。离开那种特殊的情境再也出不了那种作品。而没有那种生命体验者是断然无法理解也无法效仿出来的。比较而言，同是风竹图，1753年所作（荣宝斋藏）、1754年所作（上海博物馆藏）的两件均不及1751年受诬解职事发当时所作（南京博物院藏）的精彩。这是当时重压之下激情迸发时的艺术升华，无心于佳而佳。有人批评说该幅作者随意性太大，最后的题款没有事先设计好。艺术需要激情，这种在激奋之下即兴而作的作品，往往更具创造性。颜真卿的《祭侄稿》涂涂改改，改了又改，悲愤之下，唯有尽快倾吐露出来，不吐不快！《潇湘风竹图》的创作正是这样。画家在合肥知县任上勤正廉明，当年年初与上司、同人接驾、送驾，还沉浸在“南风之薰兮”的喜悦中，忽来祸事如劈头浇下一盆冷水，银库核查多出五百两银子没有入账，说他贪赃枉法，立即停职查办，两个仆人为之入狱接收审讯。不久被知府弹劾、罢官。失了官职李方膺不会非常计较，但以贪赃而遭罢官毁一世的清名，这是李方膺这样耿直个性的人不能容忍的。他家两代人做官，都是清官，不义之财决不拿，这是太夫人临终嘱咐过的。就在遭诬陷事发前不久，儿子李霞探望他时还说孙儿读书如何聪明，李方膺不无自豪地说，这是他清白为官老天爷的回报。以这样的方式结束仕途，李方膺是不能接受的。此事如晴天辟雳，毫无防备，又无可奈何。试想一下，一辈子清廉为官、清白做人的李方膺蒙受如此大冤屈，如何能平心中之愤懑？唯有拿起画笔把所有的冤枉闷气宣泄到宣纸之上，由此成就了一位中国画史上"愤怒"出名画的著名画家，同时他也把"怒写竹"发挥到了极致。

第五节 实至名归的画梅大家

中国人对梅花的喜爱似乎是与生俱来的。中国最早的诗歌总篇《诗经》就多处提到梅。经过汉晋南北朝梅花欣赏的兴起，隋唐五代梅花审美欣赏的发展，再通过北宋对梅文化象征的兴起，到南宋梅花审美文化达到鼎盛，此后历代一直传承发展。梅花成为中国历代文人、士大夫最高情致的审美文化。此间林逋（967—1028）以其"疏影横斜水清浅，暗香浮动月黄昏"的千古名句成为梅诗鼻祖。而与此同时，华光老人也成为所有画梅人的精神领袖。一千多年来，历史上产生过不少画梅大师，他们都曾经是李方膺学习或崇拜的大师，也是横亘于李方膺面前的一座座高山。

一、历代画梅大师

仲仁（生卒年不详），字超然，越州会稽（今浙江绍兴）人。北宋元祐年间（1086—1093）来到衡州，寄居于潇湘门外华光寺，"因住华光，人以为号"（《清泉县志》卷·寺观华光寺）。后移居衡州南郊花光山花光寺，终老于梅林之中。元代赵孟𫖯墨梅题跋中称"世之论墨梅者，皆以华光为称首"。他始创了岁寒三友图。最爱画梅，花放时移床于花下，每于月下见梅疏影横斜，即以笔墨摹其状，颇得梅之神韵，终于突破前人技法，创水墨晕写梅花而自成一格，自此墨梅遂成花鸟画领域中的新品种，对中国绘画题材与技法的开掘具有十分重要的意义。著有《华光梅谱》传世，对宋代画梅理论有突出贡献，后世杨无咎、王冕皆源于此。

杨无咎（1097—1169）字补之，号逃禅老人，清江（今属江西）人，寓豫章（今江西南昌）。

绍兴间（1131—1162）因不满赵构、秦桧的对外妥协苟安，朝廷屡征不仕。善书，师法欧阳询，小字清劲。能画水墨人物，学李公麟；尤擅水墨梅、竹、松、石、水仙，以画梅为最著。家有老梅，花开时常对之写生，创用墨线圈出花瓣，一变以彩色或墨晕作画之法。对后世画梅影响很大。存世作品有《四梅图卷》（画未开、欲开、盛开、将残四种）、《雪梅图卷》（以上故宫博物院藏）、《墨梅图页》（天津市艺术博物馆藏）。亦工词，有《逃禅词》一卷。

汤正仲（生卒不详）字叔雅，号闲庵，江西人，后居黄岩。杨补之甥。善画梅、竹、松、石，清雅如传粉之色，水仙、兰亦佳。自来墨梅尖以白黑相形，正仲始出新意，为倒晕素质以反之，得舅氏遗法。蕴藉敷腴，青出于蓝。传世作品有《霜入千林图》《梅鹊图》等。

王冕（1287—1359），字元章，号煮石山农、饭牛翁、会稽外史、梅花屋主等，诸暨（今浙江）人。出身农家，白天放牛，晚至佛寺长明灯下读书。后从韩性学，试进士不第，即弃去，读古兵法。曾游大都（今北京市），泰不花荐以翰林院官职，不就。归隐九里山，卖画为生。工画墨梅，学杨无咎，花密枝繁，生意盎然，劲健有力，或用胭脂作没骨梅；亦擅竹石，兼能刻印。相传以花乳石（青田石一类）作印材，自他创始。作诗多描写隐逸生活，部分作品也能反映民间疾苦，语言质朴，不拘常格。有《竹斋集》。王冕的传世墨梅，约有十余幅，分别藏于北京、台北故宫博物院，上海博物馆等处。

吴太素（晚元人，生卒年不详），字季章，一称"大素"，号松斋。精鉴赏，善山水，"四君子"，尤以墨梅为佳，是一位学者型画家，其画梅远师宋人杨补之，近学王冕，所写野梅，枝生如棘，花开自然，骨秀神寒，清气盎然。传世作品有《墨梅图》《雪梅图》《松梅图》等，惜已流入日本。吴太素于至正十一年（1351），将其有关咏梅诗文，画梅理法及画梅各家的传记，集成《松斋梅谱》印行，画坛影响深广。

陈录（明人，生卒不详）字宪章，以字行，号如隐居士，浙江会稽（今绍兴）人。善墨梅、松、竹、兰蕙，笔意儒雅，画梅功力浑厚，与钱塘王谦齐名。其墨梅取自王冕传统，多以清刚挺秀之格写千条万玉的繁茂景象。传世作品有《万玉图》等。台北故宫博物院藏。

刘世儒，字继相，号雪湖，约生于1465年，90岁时尚在世，山阴人。是一位专工画梅的名家。据明代山阴进士王思任《雪湖梅谱序》云："雪湖叟自言与梅花有夙缘，行年九十，画梅八十年。"明焦竑盛赞刘世儒墨梅为华光之后"第一枝"。其作品《梅花图》《晓梅图》为故宫博物院藏；《月梅图》为日本东京国立博物馆藏。

徐渭（1521—1593），字文长，号天池山人、田水月、青藤老人等。少时天才超逸，文思敏捷，"指掌之间，万言可就"。乡试八次未中举。后为浙闽总督胡宗宪慕僚。晚年穷困潦倒，依然正气凛然，蔑视权贵，疾恶如仇。徐渭对王冕的人品和画品极为推崇。尽管其在学习王冕墨梅技法上下了不少功夫，但依然我行我素，无拘无束，其笔下的墨梅，汲取前人精华而脱胎换骨，水墨淋漓，笔简意浓，狂放恣肆，出奇制胜；既着眼于生韵的体现，又抒发"英雄失路，托足无门"的悲愤情感，展现了历劫不磨的旺盛生命力。其《溪梅图》（为《泼墨十二段》长卷之一段）北京故宫博物院藏。此图创意别致，前无古人，右侧题画诗云："梅花浸水处，无影但涵痕。虽能避雪压，恐未免鱼吞。"以梅花喻品高才优之人，并借以揭露当时社会的黑暗与险诈。

二、李方膺的艺术修养

有人曾说，人类的历史如果没有了大师的创造，文明将会枯竭，历史将会凝固。以中国画而言，顾恺之、吴道子、王维、阎立本、荆浩、关全、顾宏中、董源、巨然、范宽、郭熙、张择端、梁楷、赵孟頫、黄公望、沈周、董其昌、石涛、八大山人等，这些大师的名字就像点点繁星辉映着中国画发展的进程。在这些堪称大师的人物身上，总会具备有异于常人的综合修养，如此才能无愧于这个称号。清代早中期，绘画艺术界出现过"画圣"王翚，"画佛"金农，"画仙"李鱓。作为同时代画家，李方膺是"画梅大家"，也可称为"梅仙"，在他身上又具备了哪些修养与修为，从而获得大家的认可呢？

（一）人品和人文修养

大师的品格，应该是一杆标尺，必须有一流的人格操守和高尚的人格魅力。在艺术层面而言，人品高下往往决定其创作格调的高低。北宋郭若虚说："人品既高矣，气韵不得不高；气韵既已高矣，生动不得不至，所谓神之又神而能精焉。"历史上长留青史的大师们，感动和影响后人的不仅仅是他们精湛的艺术，更重要的是他们那种高贵的人格魅力和道德操守，在他们的艺术精品里都存在一个"气"，是气节与操守。李方膺视民如子，救民于水火之中的仁义道德；为民抗上拒垦、不怕坐牢、不怕杀头、敢于担当的勇气，威武不屈的浩然之气与大丈夫气概，又是何等的令人肃然起敬。其人格品格魅力，不仅让百姓循环视狱，投食瓦沟为满，更令所有人景仰而叹服。

古人云："工夫在诗外。"这句话不仅用于文学创作，对于绘画艺术而言，同样需要综合的人文素养。李方膺不仅是一位画家，还是诗人，精于文章之道，先后编纂、编著方志等著作4部；目前发现的存世诗作有300多首，仅题梅诗就有100多首，梅画图近百幅（含册页），作品格调之高，在古往今来的画梅大家中，能出其右者甚少。李方膺亦擅长书法、篆刻，像他这样集诗、文、书、画、印五艺于一身，既专精又广博，其在综合修养方面达到的高度和广度，不是一般画家都能到达的。

历代艺术大师的思想对人类文化的传承发展肯定有重要的影响，这是不容置疑的。如徐渭、石涛等人的艺术思想，一直滋养着后来的画家，在李方膺身上我们可以看到大师们的身影。此外，李方膺的品格、思想主要源自孟子，他将孟子的"中骨挺立，一身傲气"的风骨，融化于其绘画艺术之中，"直气横行翰墨端"，至大至刚，威武不屈的大丈夫兀傲之气，贯穿于作品始终，笔墨老辣苍劲，直笔恣肆纵横，笔力坚硬如铁。其梅画折枝构图打破传统的"S"形套路，采取"古法未有"的闪电形布局。其"风画"，如暴风骤雨、雷霆霹雳，如金刚瞋目、力士挥拳，令人惊愕。简练而雄肆的绘画风格与壮美、崇高的美学追求，为我国文人画史发展增添了一股阳刚之气和雄肆之风，这种绘画风格和艺术思想在其时尚未为秉持"内敛文雅""中正平和"的绘画观者所完全接受和理解，但随着时代的发展，李方膺的艺术思想和作品被越来越多的人所理解和喜爱。独特的艺术思想，对于一个堪称艺术大师的人来说更是至关重要。大师需要时间来成就，同样，对于大师的解读也需要时间，李方膺就是一个典型范例。

（二）技艺修养

形而上者谓之道，形而下者谓之器。成就一位大师，既要有道的统治，也要有器的修炼。"技进乎道"，技不进则无法论道。"艺中有技，艺不同技。"书法的线条质量，绘画的造型能力，笔法、墨法、水法等，都有相当的技术要求，没有千锤百炼，数十载的寒暑，想一蹴而就决无可能。李方膺对于画梅图中的构图，从自然造化之中精心遴选，打破古人"S"形结构。笔者研究过，从元吴太素开始，元王冕、明陈录、陈宪章、刘世儒、沈襄，直至清汪士慎均为"S"形，徐渭为横"S"形；而李方膺标新立异，取"闪电形"，上、下、左、右，随意成形，毫无规律又成自家规律。笔墨功力深厚与否，不仅在练，还要在悟。

既师古人，又要师造化。"庭前老干是吾师。"他在对景写生中，有意识地选择了"艺术的真实"，"触目横斜千万朵，赏心只有两三枝"。其写梅老干，曲中取直，块面结体，用笔转折刚硬，将其铮铮铁骨和傲然正气，通过两三枝老梅全然呈现于纸上（此块面结体，在当时很前卫）。其超越古人的"闪电形"构图式大胆而险绝，是李方膺画梅一大特色与贡献。（图8-3、4）"简"为文章之尽境，亦为绘画之尽境，其以简驭繁的艺术思想，是体现在对自然对象的艺术提炼。是"简炼"而不"简练"。李方膺这种惜墨如金的艺术态度，是其艺术思维在精湛的技术的支撑下，才成就了有灵魂的艺术品。

有学者认为李方膺画风的最高境界是画风中梅花。[16]

乾隆十九年十月的《墨梅图》轴（故宫博物院藏）便是一幅具有强烈动感的梅花图。粗看似乎画面有一种不平稳的梅花图。这是画家有意运用视觉上的不平稳性来增强与制造画面的动感。不同是小碎花，紧贴于枝干上，以梅花朵朵来表现风的难度极大，画家力求通过枝干来体现风的存在，看得出，李方膺是在通过深入观察，在画风松、风竹的基础上，寻找风中梅树的变化规律，根据人们视觉审美习惯巧妙而生动地表现出动态的梅花。现藏于日本根津美术馆的《墨梅图》轴，也是李方膺表现梅花富有旋律舞动的（乾隆十七年作）（图8-5）梅花佳作。画家并没有在主干上去追求一种动势，平静地由地面一干独出，画家把梅花采用拟人化的手法，使树枝如同舞蹈之中，原地旋转，看似平静而律动，韵味十足，耐人寻味。两幅《墨梅图》相比较，后者在画面上显得含蓄，但画面的动感、节奏、韵律却胜过前者，尤其是梅树中央部分前后出枝形成"S"旋转线，既优美好看，又对立统一，生动自然，没有一丝人为斧凿痕迹。李方膺的"风梅"，不似风竹、风松里的那种狂风，而是一种增强画面律动的和煦之风，是李方膺特有的风梅表现，富于律动，具备生命活力。非画梅大家不能为矣。

总而言之，李方膺的梅花作品所表现的独特的个人风貌，正是画家在创作思想与审美理念传达方面异于传统"经验范式"的突破。其在画梅上的成就，并非凭空而来，它有一个承古开今的心路历程，有一段接受—改变—重建的演变过程。可以说是站在前辈

---

16 钱志扬.《李方膺梅艺术研究》，载于《奇郁晴江梅——李方膺诞辰320周年学术研讨会论文集》，广陵出版社，2016年9月，第128–129页。

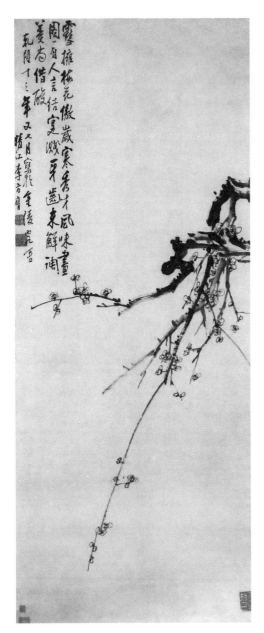

图 8-3 《墨梅图》 故宫博物院藏

图 8-4 《墨梅图》 故宫博物院藏

画梅大师肩上的一次腾跃,他合理吸收了前贤有价值的精髓,并在此基础上大胆创新,通过"自我形塑",建立起李氏梅花的孤傲天地,为18世纪以来至今中国写意画多元化发展提供了示范与借鉴价值。他是中国清代不折不扣、实至名归的"画梅大家"。

图 8-5《墨梅图》轴 日本根津美术馆藏

第九章　评价与研究

第一节　名家对李方膺及其艺术之评价

一、同时代名家评价

与李方膺同时代画家、书画史论家对李方膺多有评述，常见于书画作品题跋、赠诗、著述、书画史论等，现摘要如下。

（一）李鱓

1、李鱓在乾隆六年七月于历下自己所作《喜上眉梢图》（镇江博物馆藏）跋语中题：

滕阳解组，寓居历下四百余日矣。……禁庭侍直不画喜鹊，性爱写梅花，心恶时流庸俗，眼高手生，又不能及古人。近见家晴江梅花，纯乎天趣，元章、补之一辈高品。老夫当退避三舍矣。乾隆六年七月，历山顶寓斋记。李鱓。

2、乾隆十七年腊月，李鱓题李方膺《竹梅画册》（故宫博物院藏）：

……余不晤晴江八年矣。（郝）香山持裱《梅花竹子》二画册，请余赏玩。笔歌墨舞，惊魂动魄，反复谛观，癖尽寻常蹊径，簿书鞅掌中，乃有此间幽奥。

所谓自写其胸中之逸气者非耶。仲圭为古泉作竹自题有云，与可画竹不见竹，东坡赋诗忘此诗二语，可为晴江画赞。余亦好写梅竹。今见晴江笔墨，懊道人于梅花竹子从兹搁笔。乾隆十七年腊月复堂鱓题。

3、李方膺《竹石图》（镇江博物馆藏）中有李鱓题跋：

余不晤晴江十余年矣。见其所画梅竹，匪夷所思，笔笔精彩夺目，自写胸中逸气，如仲圭为百泉作竹自题有云："与可画竹不见竹，东坡赋诗忘此诗"是也。余最喜画梅，于今见晴江，从此搁笔。

（二）郑燮

1、题李方膺《墨竹图》轴（故宫博物院藏）：

此二竿者可以为箫，可以为笛，必须凿出孔窍，然世间之物，与其有孔窍，不若没孔窍之为妙也。晴江道人画数片叶以遮之，亦曰免其穿凿。

2、题李方膺《墨竹图》册（八开）（故宫博物院藏）：

再减减不去，欲添添不能。酷似霜雪中一把剪刀，剪出春风万里。只此二叶已具天地间一片太和景象也。板桥郑燮。

此是他家竹，如何过我墙。比邻情好在，相与共清光。

板桥。

划地东风倒卷来，羞从地上拂青苔。南箕北斗排霄汉，扫尽天边涨雾开。

板桥。

3、题李方膺《墨竹》册页（上海朵云轩木版水印）：

东坡、与可畏之。晴江兄墨竹册，弟郑板桥题六个字。

4、乾隆二十五年（1760），题李方膺乾隆二十年（1755）初夏所作《墨梅图》手卷（见《中国南画大成》第三卷）：

兰竹画，人人所为，不得好。梅花，举世所不为，更不得好。惟俗工俗僧为之，每见其几段大炭，撑拄吾目，其恶秽欲呕也。晴江李四哥独为于举世不为之时，以难见奇，以孤见实，故其画梅，为天下先。日则凝视，夜则构思，身忘于衣，口忘于味，然后领梅之神，达梅之性、抱梅之韵、吐梅之情，梅迹俯首就范，入其剪裁刻划之中而不能出。夫所谓剪裁者，绝不剪裁，乃真剪裁也。所谓刻划者，绝不刻划，乃真刻划也。岂止神行人画，天复有莫知其然而然看，问之晴江，亦不自知，亦不能告人也。愚来通州，得睹此卷，精神发，兴致淋漓。此卷新枝古干，夹杂飞舞，令人莫得寻其起落。吾欲坐卧其下，作十日工课而后去耳。乾隆二十五年五月十三日，板桥郑燮漫题。梅根啮啮，梅苔烨烨，几瓣冰块，千秋古雪。板桥又题。

5、乾隆二十五年（1760），题李方膺《梅仙图》册三十六开（《李方膺梅仙图册》）[1]：

七分道复，半料文长，仙多佛少，以不足为至足也。乾隆二十五年四月，板桥道人弟郑燮题晴江兄墨梅。

（三）丁有煜

1、乾隆二十年（1755），作《哭晴江文》（丁有煜《个道人遗墨》）：

李晴江少余十五岁，交四十五年，秩然无衅隙序。自补邑弟子员，即思奋志为官，努力作画，以保举授山东乐安令。丁艰终养服阕，补江右潜山，调合肥，赤心为民。暇则购画，故箧无化蓄，座无俗客。与浙水袁子才、沈凡民甚善，论文把酒，竟日终夜弗倦。性最敏，眼最慧，而气最盛。……谢事以后，其画益肆，为官之力而用之于画，故画无忌惮，悉如其气。归里十日殁。殁之日，自铭其棺曰："吾死不足惜，吾惜吾手。"余哭之曰："吾爱而性矜持而目用降而气。"

2、李方膺乾隆十八年作《墨竹》册页（八开）（故宫博物院藏），个道人题其中三页：

六七叶耳，尺许枝耳，是文与可苏坡公合作之绝技也。欲拟句题之，大费周折，得九字以正。渔蓑职圭壁节平安日。个道人时年七十又二。

孙与祖，淇园舞。少有所长，老有所终，曰太平，曰太古。久不见晴江画竹，读此册，知其游游于皓荡外也。神与俱移者终日。癸酉正月廿又三日。个道人题。

整齐者竿，凌乱者叶。墨汁翻江，砚池铸铁，是此册之第三页。米袖第三石，何如石也，更不知一二，何如石也。特以拟之。个道人。

（四）袁枚

1、乾隆十九年（1754）二月，李方膺在袁枚随园画梅，袁枚作《白衣山人画梅歌赠

---

1 李方膺《李方膺梅仙图册》，天津人民美术出版社，2009 年 6 月。

李晴江》诗（《小仓山房诗集》卷十·甲戌）：

山人着衣好著白，衣裳也学梅花色。人夸山人七品官，天与山人一枝笔。笔花墨浪层层起，摇动春光千万里。……春风不如两手速，万树不如一纸奇。风残花落春已去，山人腕力犹淋漓。……傲骨郁作梅树根，奇力散作梅树花。自然龙蛇拗怒风雨走，要与笔势争槎。山人闻之笑口哆，不觉解衣磅礴赢，更画一张来赠我。

2、乾隆十九年（1759）八月九日，作《秋夜杂诗并序》（《小仓山房诗集》卷九）：

我爱李晴江，鲁国一男子。梅花虽崛强，恰在春风里。超越言锯屑，落落如直矢。偶遇不平鸣，乎作磨刀水。两抟扶摇风，掉头归田矣……

3、乾隆二十年（1760）夏，于李方膺借园题李方膺《梅花图》手卷：

李侯画梅梅不奇，不敢来求袁子诗。袁子题诗诗不好，先被梅花要笑倒。他侯此画真奇哉，请客不来梅花来。吹箫唱曲鼓舞之，乐莫乐兮画梅时。开头一株疑老龙，剪云作甲翔东风。二株花，分槎桠，水仙玉女披袈裳。三株四株如朋友，我学弹琴君饮酒。到头涌出昆仑山，无人敢当梅花香。此诗此画终如何，请君再问沈补萝。

4、乾隆二十年李方膺离世后为其作《李晴江墓志铭》（《小仓山房文集》卷五）：

……晴江有士气，能吏术，岸然露圭角，于民生休戚、国家利病，先臣遗老之嘉言善政，津津言之，若根于天性者然。性好画，画松、竹、兰、菊，咸精其能，而尤长于梅。作大幅丈许，蟠塞夭矫，于古法未有。识者谓李公为自家写生，晴江微笑而已。……

5、《题故人画有序》（袁枚《小仓山房诗集》卷十三）：

晴江明府画梅绝奇，恒化后，人藏者辄属予加墨，以晴江之好予也。……今年夏五，展卷见梅花，如见宿草，与其上求巫阳，不若招魂于纸上，为书一律，质生者，质死者，并质之梅花！

几番怕见晴江画，今日重看泪又倾。十四幅梅春万点，一千年事鹤三更。

高人魂过山河冷，上界花输笔墨情。听说根盘共仙李，暗香疏影尽交情。

（五）金农

乾隆二十年（1755）夏，题李方膺《梅花图》卷：

人生天地乃借镜，即事抒怀本无定。……风雨声中杂管弦，清华才调孤高格。淋漓泼墨写横斜，老干新枝共几丫。吁嗟乎！天不雨，客不阻，宴会欢呼何所取？铁骨冰魂寄此心，人与梅花共千古。杭郡金农题此志谢，时年六十有九。

（六）丁敬

丁敬，西泠八家之首、著名篆刻家，在《七家印跋》所录丁敬《印跋》（续集第三集）（见五–17、18）中这样写道：

问梅清息：

通州李方膺晴江，工画梅，傲岸不羁，罢官寓金陵项氏园，日与沈补萝、袁子才游。有句云：写梅未必合时宜，莫怪花前落墨迟。触目横斜千万朵，赏心只有两三枝。予爱其诗，为作数印寄之，聊赠一枝春意。梅农，丁敬。

傲骨热肠：

钝丁仿汉人印法，运刀如雪渔，仍不落明人蹊径，识者知予用心之苦也。丁丑夏日并记。

按：在本印跋前面，亦有丁敬为好友金农治印印跋。丁敬之所以为未曾谋面的李方膺治印相赠，除了爱李方膺那首"梅诗"之外，可能与金农的推介也有关系。

（七）顾于观

在李方膺《梅仙图》册（三十六开）引首有顾于观（清兴化诗人）行楷书题"梅仙"二字，各开画心均题七绝诗一首。现将有关评品类诗句摘录如下：

寒枝玉筋：

笔来如马不可驭，横扫寒枝桂玉筋。老梅原是不凡才，仙李相欢在春曙。

老干双清：

辣于老姜清比玉，此画当场让阿谁？要与真梅为敌手，两株同是万年枝。

澹入春烟：

澹入春烟势欲无，画家摹拟费工夫。寒香半落青云外，鹤唳月明清梦孤。

欲逢高简之笔，予笔又因之一敛。

非关游戏：

非关游戏便通神，作者于兹费苦辛。到得无心成变化，不知培植几多辛。

木头老子：

木头老子偏好奇，十幅九幅作回枝。文章贵老贵生趣，直遂平铺是俗师。

清癯骨相：

清癯不为愁春老，却是冰霜练得坚。我有苦吟真骨相，被君拈出墨池边。

最是使君神来之作，予撰之以为小像。

顾于观行书题记。

晴江使君画梅欲仙，予谓非仙不能为此梅。观此梅亦足以仙，故题其池曰："梅仙"。

澥陆。

（八）张庚

张庚（1685—1760）原名焘，字溥三，后改名庚，字浦山、公之干，号瓜田逸史，又号弥伽居士，白苎村桑者。秀水（今嘉兴）人。长古文词，精鉴别，绘事工山水，出入董源、巨然、黄公望。著《国朝画征录》《浦山论画》等。张庚在《国朝画征续录》记述：

李方膺，字虬仲，号晴江，南通州人，善松竹梅兰及诸小品。纵横排奡、不守矩矱，笔意在青藤竹憨之间。雍正间以诸生保举为合肥令有惠政人德之。去官后穷老无依，益肆力于画以资衣食，寓金陵最久。

二、晚清、民国名家评价

（一）梁同书

梁同书（1723—1815）字元颖，号山舟，钱塘（今杭州）人。梁诗正子。乾隆十七年（1752）特赐进士，官侍讲。博学多才，善鉴别古法书。尤工于书，初法颜、柳，中年用米法，七十后愈臻变化，自成一家。著《频罗庵书画跋》。该书在谈及李方膺画时言："非世俗所谓效仿某者也。"在《跋李晴江画册》云：

"平生工画梅，大幅及小笔全以胸中灵气行之，此册虽随意之作，十指间拂拂有生气"[2]。

（二）蒋士铨

蒋士铨（1725—1784），字心馀，苕生，号藏园，又号清容居士，晚号定甫。江西铅山人。乾隆二十二年进士，官翰林院编修。诗与袁枚、赵翼合称江右三大家。清代戏曲家、文学家。著有《忠雅堂诗集》。乾隆三十七年，他应扬州运使郑大进之聘，主持扬州安定书院。在这里结识了"扬州八怪"中之罗聘。他们谈诗论画、交流艺术思想。其（《忠雅堂诗集》卷二十三）其五中，有诗评及李方膺：

嶔崎历落李晴江，努力撑眉气力强。

画比诗书觉儒雅，不成菩萨亦金刚。

（三）蒋宝龄

蒋宝龄（1781—1841），字子延，雪竹，号琴东逸史，江苏昭文（今常熟）人。后寓上海。布衣，清代画家、诗人。著有《墨林今话》《墨林今话续编》。《墨林今话》云：

通州李晴江方膺……善松竹梅兰及诸小品，纵横跌宕，意在青藤（徐渭）白阳（陈淳）之间，而尤长于梅作大幅文许，蟠塞夭矫于古法未所用……

李方膺……善松竹梅兰及小品，不守矩镬，意在青藤竹憨之间，尤长大幅，有士气。居仕途，明吏术，凡休戚国计民生，遗老嘉言，俱津津言之，居官有惠声。

（四）吴鸿纶

吴鸿纶（1817—1902），字儒卿，儒钦，号知稼、无竞、昭文，江苏常熟人。诸生，

2　薛永年.《扬州八怪考辨集》，江苏美术出版社，1992年3月，第一版，第478-481页。

工书画，与翁同龢相友善。题李晴江方膺《画梅册》：[3]

香味清于佛手柑，寻梅十里憩茆庵。老书生有高僧气，脱尽尘心不脱憨。

细朵珠英明月胎，清馨寒照夜光杯。少年自喜红裙醉，看玉梅花来未来。

（五）李玉棻

李玉棻（1842—1844~1904—1906）字真木，一作贞蕤，亦号均湖、韵湖、昀瓠、蕴壶，自称虹月传师。颜所居曰传鉴堂，又曰褪衬馆，北通州（今北京通州区）人。幼耽书、画。自谓：每逍遥于古肆，讨论于老成，尝就景其濬、曾协均、僧明基三家秘籍，以及平日所见，辑《瓯钵罗室书画过目考》四卷，附录一卷（1997年刊本）始于同治四年（1865），至光绪二十三年（1897年刊本），始于同治四年（1865），至光绪二十三年（1897）成书。该书首次提出"扬州八怪"姓名为"罗聘、李方膺、李鱓、金农、黄慎、郑燮、高翔、汪士慎"八人一说，后来美术史论家一般公认此说。李玉棻有李方膺作品，并对李方膺有所研究，他在书中评述李方膺的画：

"余藏有墨梅横册，脱略纵恣，目空古人，纯以疏老取胜。""自率胸臆，真沉着痛快作也。"[4]

（六）叶德辉

叶德辉（1864—1927）字奂彬，号直山，别号郋园，湖南湘潭人。被湖南农民协会误杀（毛泽东曾为之鸣不平），近代藏书家。叶德辉生平长于经学，尤精通目录版本，所著及校书达百数十种，著有《书林清活》《六书古微》等，汇编校刻有《郋园丛书》《六书古微》等，汇编校刻有《郋园丛书》《观古堂汇刻书》《双梅景暗丛书》等。叶德辉曾撰诗题《李晴江方膺风竹》：

休官应悔入山迟，到处留题有去思。笔亦如人自强颈，霜筠原不畏风吹。

（七）其他

窦镇辑《国朝书画家笔录》卷一录：

南通州人李方膺字晴江，号虬仲，又号秋池，雍正时以诸生保举合肥县令，有慧政。

3　吴鸿纶.《无竟先生诗》卷三。

4　李玉棻.《欧钵罗室书画过目考》卷二。

善松兰竹诸小品，纵横排放，不守矩镬 笔意在青藤竹憨之间，尤长大幅。

三、现当代名家评价

（一）潘天寿

潘天寿在其《听天阁画谈随笔》中借用李方膺题梅诗句说：

"'赏心只有两三枝'（笔者注：李方膺题梅诗句），辄写两三枝可也。盖自然形象，为实有之形象，非画中之形象，故必需舍其所可舍，取其所可取。"

从此段论述中，可以看出潘天寿对李方膺绘画艺术的肯定和赞赏。

（二）黄胄

黄胄(1925—1997)原名梁黄胄，室名雨石居、雨石堂，河北蠡县人。画家、社会活动家、收藏家。其在《黄胄谈艺术》中，对李方膺作过专门研究。他曾临摹李方膺的《风竹图》，题跋云：

"李晴江题《风竹图》……可贵者李氏能有自家狂态。"

他在《竹石图》中题跋云：

"李晴江作《风竹图》，以情趣写意一气呵成，似信笔拈来，亦绝唱也。"

他在《竹》中题跋云：

"李晴江不时有警人笔墨。"[5]

黄胄在其《黄胄书画论》中对李方膺的诗画均有评价：

"三十六鳞一出渊，雨师风伯总无权。南阡北陌槔声远，喷味崇朝遍绿田。"（笔者注：李方膺题《游鱼图》诗）李方膺《游鱼图》，笔墨荒率，画无奇处而诗极好，天真可爱使画意盎然，此当是文人画一绝。

李方膺题梅花诗云："铁干铜皮碧玉枝，庭前老树是吾师。画家门户需自立，不学元章与补之。"此言画家应重写生也，此诗本于青藤、石涛，而晴江有此论亦属可贵。外师造化，中法心源。唐人即已悟得，扬州八怪知之二三而已。在实践中即见效果。

"画梅未必合时宜，莫怪画家下笔迟，触目横斜千万朵，赏心只有两三枝。"李方

---

5 贺万里主编.《奇郁晴江梅——李方膺诞辰320周年学术研讨会论文集》，广陵出版社，2016年9月，第163页。

膺诗意，此诗可见李方膺画梅自写生入手。

李方膺题梅句云："梅花有品格性情必尽得其旨趣，然后可以传神，否则无盐子学美人也。"此论尚可取，但其作品却只能见其品格之一。[6]

（三）吴昌硕

吴昌硕（1844—1927），初名俊，又名俊卿，字昌硕，又署仓石、苍石，多别号，常见者有仓硕、老苍、老缶、苦铁、大聋、缶道人、石尊者等。浙江安吉人。晚清民国时期著名国画家、书法家、篆刻家，"后海派"代表。杭州西泠印社首任社长，与任伯年、蒲华、虚谷合称"清末海派四大家"。他集"诗、书、画、印"于一身，被誉为"文人画的最后的高峰"。系中国近代书画界的旗帜性人物。吴昌硕在七十二岁重读李方膺画时，依然"神往"不已。他说，李方膺"笔下有千钧力，胸中无一点尘"。其画是"不涛不个二而一。""泼翻墨汁如雨注，有时惜墨如惜金。""古趣挽住人难寻，知其古者知难尽。"[7]吴昌硕题李方膺《墨梅图》：

地怪天惊见落笔，晴江画法古所无。老梅认得华光衲，嚼花喷雪如堕珠。

偶然宰苴身一现，梅边归去还踂跌。耆梅我亦抱奇癖，苦无来历吟呜呜。

按：此原文为李晴江（方膺）《墨梅》。

李晴江画，商笙伯藏：

开天一画雪个驴，推十合一涛能渔。直从书法演画法，绝艺未敢谈其余。

晴江毋固亦毋必，洒落如泉声汩汩。道在读书无他求，不涛不个二而一。

泼翻墨汁如雨注，有时惜墨如惜金。画成随手不用意，古趣挽住人难寻。

知其古者知难尽，笙伯约我画中隐。隐非衣葛而食薇，求己之法天曰宜。

天曰宜，笔无堕，晴江晴江奈何我？

按：抄本目作《李晴江画册，笙伯属题》。

---

6 黄胄.《黄胄书画论》，荣宝斋出版社，2004 年 6 月第 1 版，第 18、86 页。

7 张松林.《李方膺》，苏州大学出版社，2017 年 6 月第 1 版，第 176 页。

李晴江画册：

似大敌勇军一麾，似四野旷星横飞。一花一叶寒不垂，锋铓手触钔利锥。

挐龙雷惊石立夒，山鬼烟视湘谁累。更谁采蕨还烹葵，朝天执笏唯老馗。

晴江谁等差，古仙今安期，嗟我大枣入手难疗饥。

不输人力输天机，出生入死微乎微。

诗才格不羁，我独攻天维。书法蟠蛟虯，我亦追素师。

何以骨髓难吸徒尔争毛皮，思之思之犹攒眉。

几时大丑大好如昌黎，譬之对食占朵颐。食贪下咽仇肝脾，晴江大嚼我且餐蛤蜊。[8]

（四）其他

1922年文明书局出版李方膺《墨兰册》，凡十二页，纸本，影印本"本册提要"写道：

　　是册晴江老年之笔，苍劲中饶浑穆之气，抗手板桥殆有过之，板桥之笔无如此豪迈古朴也。都十二叶，笔歌墨舞，写尽楚畹清风，自题尤隽永骚雅。[9]

第二节　李方膺绘画艺术影响

一、对同时期画家绘画影响

在"扬州八怪"中，李方膺出生较晚，但出仕较早。他比郑板桥小三岁，出任知县却比郑早13年，故郑对李方膺十分敬重，称其"李四阿哥"。在绘画上，李方膺的一些观点，郑板桥也很认同。李鱓与李方膺之间的交谊深厚。李鱓与李方膺父李玉铉交善，年龄也较方膺大近10岁，故常称方膺为侄，称方膺侄李霁为再侄。[10]在绘画上，李鱓无疑称得上是李方膺的老师，乾隆元年后一段时间内，李方膺的画（甚至包括书法）受李鱓的影响很大。但自乾隆五年以后，李方膺开始独立发展，至乾隆十年时个人风格逐渐呈现，不但与李鱓拉开距离，反过来还曾影响过李鱓。

8　朱关田校辑.《吴昌硕题画诗》，西泠印社出版社，2016年8月第一版，第24–26页。

9　郑奇、黄俶成.《扬州八怪评论集》，江苏美术出版社，1989年，第762页。

10　李鱓.《梦滇道人印谱序》，载于《南通印痕》，南通市文学艺术界联合会编，第151页。

（一）《风松图》与《松风水月图》

李方膺于乾隆十年（1745）作的《风
松图》轴（南通博物苑藏），（见图4–5）
该图可算得上是李方膺早期"风画"之作，
尤其是那松针被风吹得横向排列的图式，
应是李方膺的首创，画史上从未见过这
等《风松图》。众所周知，李鱓是画松
的高手，其一生中画过的《五松图》存
世本就有20幅。[11] 其反复画《五松图》，
意在讴歌忠臣名将，吐胸中块垒，立天
地宏大气势，气度非凡。然而，他也曾
尝试过画"风松"图，名为《松风水月》（图
9–3），那是在李方膺《风竹图》问世后
的第七年，即乾隆十七（1752）年仲春
创作的。该图与李方膺的《风松图》有
诸多相同和相似之处：

图9–3 李鱓《松风水月图》

一是均取"明月松间照，清泉石上流"
诗意，上有明月下有流水，月色溶溶，
松风呼啸。

二是均取两棵松，交叉构图，前淡后浓，唯一不同是风向。

三是风树针叶的画法，二人完全一样。

故此，我们认为，李鱓这张《松风水月图》很大程度上受到李方膺《风
松图》的影响。观李鱓以往的松叶从未如此描写过，在画这张《松风水月图》时，李鱓可能见过李方膺的《风
松图》并借鉴其画法，否则两位画家的作品不可能有如此多的相似之处。

11　尹文.《李鱓〈五松图〉的传世画本与家国情怀》，载于《蛟然五松啸——李鱓诞辰370周年学术研讨会
论文集》，第11–12页。

（二）"胸无成竹"与"以画作书"

通过对李方膺艺术观研究，就会发现与其人生观一样，许多观点都是逆向思维、反向行为。大多数官员过年都送礼给上级，逢迎拍马，他就是不肯送；王士俊下令开垦，别人均照办，就他不办，硬是顶着上，"明知不可为而为之"，此乃担当。在艺术观上，前人如苏轼等历代名贤都反复强调过的"胸有成竹"，他偏偏刻一枚"胸无成竹"印，并屡屡钤在自己的作品上，以标新立异、独己之见。他的这种艺术观也影响到郑板桥。郑在十六年后（乾隆二十七年）对"胸无成竹"的理论进行了阐述，所以崔莉萍博士认为"胸无成竹"理论，是李方膺首功不可灭，而郑板桥受到李的影响，于十六年后从理论上予以阐述。无疑李方膺的影响在前，郑板桥的发展在后。[12]与此相类似的艺术观，"以画作书"这是李方膺另一枚印章的印语，此印钤用得更早，在李方膺甲寅（1734）《梅册》上就曾见到。

李方膺的叛逆性格、逆向思维，与郑板桥"怒不同人"的性格互为合拍。所以郑板桥对李方膺的艺术观乃至人生观都非常认同，这种性格在官场上永远行不通，但在艺术上却是最具创新活力的思路。郑板桥的"板桥体"以绘画的空间布局（如乱石铺街）来安排书法的"计白当墨"的图式构成，"用作画的方法去写"[13]应该是"以画作书"最好的注解和演绎。唯有如此，才有独立性，才能别开生面，自成一家。

二、对后世画家绘画影响

李方膺绘画，尤其是梅、竹对后世的影响，并不是其名列"扬州八怪"之因素，因为在这一概念提出之前，李方膺就引起了画界关注。李方膺谢世后不久，就开始有画家仿其画梅，其题画诗也被沿用。

汤贻汾（1778—1853），字岩仪，居雨生、晚号粥翁，武进（今江苏常州）人。世袭云骑尉，为三江守备，后擢温州副总兵，太平天国时自杀。禀质颖异，书画诗文并臻精妙。画无不能，与钱塘戴熙并重，时称"汤戴"。此件《铁石肝肠》墨梅册页（十一开）（图9-4）系汤贻汾仿李方膺《梅花》册之作。可以说李方膺梅花对其影响颇深，不仅

12 崔莉萍.博士论文《李方膺研究》，南京艺术学院，2002年，第80页。

13 傅抱石.《郑板桥试论》，载于《扬州八怪评论集》，江苏美术出版社，1989年，第86页。

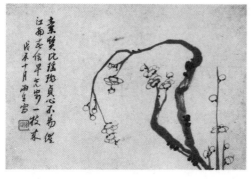

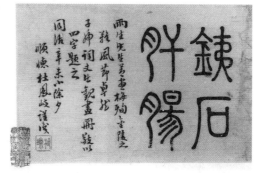

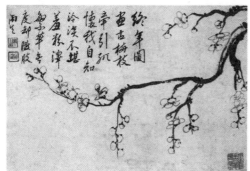

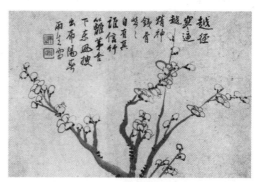

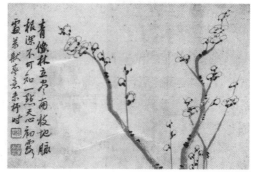

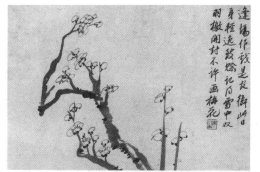
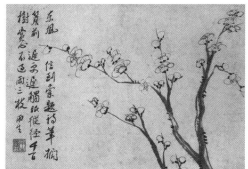

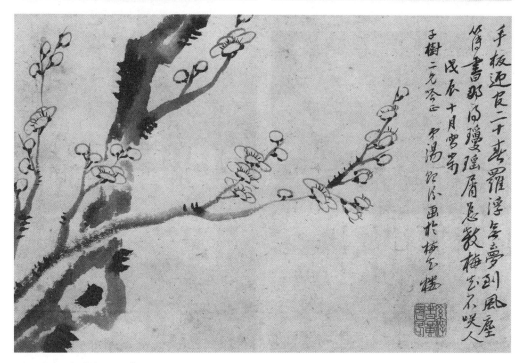

图 9-4 汤贻汾《铁石肝肠》册页

构图相似，而且连题画诗文均照抄无误。唯梅干的笔墨不如李方膺老辣，疏朗布势极似。其中一页"梅古半无花"；又"借园"雪霁之作；如"化工错落好风殊，南北枝分共一株，多谢画家秉直笔，先春烂熳后春无""触眼纵经千百树，赏心不过两三枝"，最后一页"手板迎官二十春，罗浮无梦到风尘。薄书那得琼瑶屑，怎教梅花不笑人……汤贻汾画于梅花楼。"从汤贻汾创作的这件《墨梅》册页看，诗文有近半抄录李方膺的，"爱梅而人清"，汤贻汾无疑是李方膺的拥趸，连李方膺的斋号"借园"和"梅花楼"他都全盘继承下来。[14]

居廉（1828—1904），字士刚，号古泉、隔山樵子、罗湖散人。中国近代岭南派著名画家。善用撞水和撞粉法。高剑父谈到居廉画作时曾说："师间作墨梅，颇近李晴江，疏花冷朵，为简淡一派，但不常作。"[15]

赵之谦（1829—1884），初字益甫，号冷君；后改字㧑叔，号悲庵、梅庵、无闷等。会稽（今浙江绍兴）人。赵之谦的篆刻成就最大，近代吴昌硕、齐白石等画家都从他处获益良多。在绘画上，他是"海上画派"的先驱人物，其以书、印入画所开创的"金石画风"对近代写意花卉的发展产生了巨大影响。赵之谦的"梅""竹"也曾学过李方膺。赵之谦所作《墨梅朱竹图》（图9-5），此图为《花卉册》之一（北京故宫博物院藏）。款题"冷淡自足，赫弈亦可，打破圈子，就是这个"。此处的"圈子"和"这个"，隐喻画梅（圈瓣）和画竹（写"个"字），以风趣俗语诠释精深画理，堪称妙题。赵之谦敏思好学，善于融汇诸师，锻造自家风格，此图署"英叔索画，学李虬仲，㧑叔"，说明赵之谦是曾学过李方膺的梅、竹，虽然已具赵氏风格，但仍能见到李方膺"风竹""风梅"的影子。

吴昌硕（1844—1927），字昌硕，擅长写意花卉，受徐渭和八大山人影响最大，也受到石涛及扬州八怪诸家的影响，其竹偶学郑板桥，但所绘"风竹"最受李方膺"风竹图"的影响。吴昌硕多幅《墨竹》中普遍使用的秃头秃尾

图9-5 赵之谦《墨梅朱竹图》《收藏界》2013年11月，第78页。

---

14 汤贻汾《墨梅》，西泠印社"首届大型艺术品拍卖会"，中国书画古代作品专场第391号。

15 高剑父《高剑父新国画要义》，上海人民美术出版社，2016年4月1版，第90页。

的竹叶画法，用浓墨横向写出，雄浑老辣、豪迈跌宕，颇有金错刀古拙苍茫之气，明显可以看出有李方膺方笔竹叶的画法（图9-6），吴昌硕在李方膺风竹形态上，又锻造出属于自己的审美风格。

齐白石（1863—1957），原名纯芝，后名璜，字渭清，又字兰亭，号濒生，别号白石山人、寄园、寄萍等，湖南湘潭人。中国近现代著名国画家、篆刻家。1917年为避土匪赴京定居，结识陈师曾、姚茫父、陈半丁等，得陈师曾点拨，衰年变法，创红花墨叶法，技艺大进，画卖日本，声誉隆起。一般认为，齐白石画风受"扬州八怪"的金农、黄慎、郑板桥影响比较大，但从齐白石的竹图，我们可以看到李方膺"风竹"的影子。此齐白石《风竹图》（图9-7）。图绘劲风中三四翠竹，"个"字形、"介"字形竹叶全被吹向一个方向，紧密而劲挺，画幅左侧一支竹竿拔地而起，将飘散的竹叶一杆子串起，极具生动自然之

图9-6 吴昌硕《墨竹图》

意趣，而且营造出区别于传统形态的现代造型意境。用秃笔绘就的竹叶与李方膺的风竹极为相似，竹叶的动势构成画面的气势，画面大气磅礴，从中可透视出李方膺狂风竹图之意味。

陈师曾（1876—1923），又名衡恪，号朽道人、槐堂，江西义宁（今江西修水）人。著名美术家、艺术教育家。其出身名门，祖父湖南巡抚陈宝箴，父亲是著名诗人陈三立。1902年东渡日本留学，1909年回国任江西教育司长，1911年至1913年受南通张謇之邀，

任教南通师范博物课，后至北京教育部任编审，先后兼任北京女子高等师范学校、北京高等师范、北京美术专门学校教授。陈师曾诗、书、画、印全能，写意花鸟近学吴昌硕，远宗明人徐渭、陈淳等大写意笔法，画风雄厚爽健，富有情趣，其画风也曾受到李方膺的影响。陈师曾对梅花创作提出过"奇不伤正，怪不伤雅"的原则，他认为画得太过粗野则不能表现梅花的高洁清雅，而太过柔媚又不能展现梅花冲寒傲雪的风神，两者都背离了梅花的品格。用陈师曾的创作原则来看李方膺的梅花再恰当不过。俞剑华在《陈师曾》一书中说：他（陈师曾）的梅花是学金冬心、李晴江的，枝干挺拔而萧疏，花朵圆润而潇洒。暗香疏影，别有一番孤高冷峻的风度。[16] 从陈师曾的梅花作品中也可读到李方膺的笔意。另陈师曾还有仿李晴江的兰花扇页，在落款中写道："……拟甡（古字，同晴）江为宴池仁兄雅赏，衡恪。"（图 9-8）

李苦禅（1899—1983），原名李英杰、李英，字超三、励公。山东高唐人。现代大写意花鸟画家。1923 年拜齐白石为师，曾任杭州艺专教授、中央美术学院教授。擅画花鸟和鹰，晚年常作巨幅通屏。其墨竹拙钝浓厚，从笔墨上看，受过李方膺的影响。特别是他为人民大会堂画的巨幅《墨竹图》中的竹叶用笔拙、钝、厚、重的特点，与李方膺墨竹用笔

图 9-7 齐白石《风竹图》

16　俞剑华《陈师曾》，上海人民美术出版社，1981 年。

图 9-8 陈师曾仿李晴江画兰扇面

很是相通。[17]

　　唐云《墨梅图》，编者评云："以折枝法写梅，似古非古，自成一格，颇得徐渭、李方膺遗风。"[18]

　　董寿平（1904—1997），原名揆，字谐伯，后慕恽寿平，改名寿平，山西洪洞人，以画松、竹、梅、兰著称，在画界享有"董梅""寿平竹"雅誉，系中国当代写意画家。他的墨竹形态受李方膺影响更明显。从《何可一日无此君》（图 9-9）可以看出，董寿平的方笔竹叶直接来源于李方膺的用笔，顿起顿收，干脆利落、沉着痛快。

　　本章列举了一些评价李方膺艺术及其影响的证据，有画家之间的，有评论家，有美术史论家的，角度不同，结论也不尽相同。时代不同，审美观可能迥然不同，特殊年代（如"文化大革命"）的评论，有极"左"因素掺入其中，更不可信。一个画家在画史上的地位及影响，要放在整个美术发展史中去衡量，方能相对公允。我们认为，李方膺作为一位清代的大写意花鸟画家，他的画是典型的文人画，他是一位个性强烈、敢于创新的

17　王云亮《李方膺墨竹形态研究》，载于《奇郁晴江梅——李方膺诞辰 320 周年学术研讨会论文集》，广陵出版社，2016 年 9 月，第 146 页。

18　贾关法《丹青风雅颂——中国历代名画鉴赏》，浙江工商大学出版社，2015 年 10 月 1 日，第 187 页。

图 9-9 董寿平《何可一日无此君》

写意画大家，其《风竹图》为代表的"风画"（"风竹""风松""风梅""风兰""风荷"）系列，开创了"狂风"入画的壮美风格之先河。其"闪电形"构图，"铁干铜皮"式的笔墨，方笔块状结构的李氏墨梅图式，打破墨梅史上"S"形构图陈式，是我国 18 世纪实至名归的画梅大师，其影响已经超越时空，并且还将延续下去。

第三节　李方膺研究概况

20 世纪 50 年代以后，特别是 70 年代中叶以来，对"扬州八怪"的研究日渐展开。其中，对李方膺的研究，大约始于 60 年代，学者们十分注意收集、整理李方膺流布于各种史传、各家诗文集、地方志及有关笔记杂著中史料。"文革"结束后，美术史界在学术思想的拨乱反正中，对"扬州八怪"的研究开始阔步前进。在李方膺研究方面，起初从文史研究开始，后来美术史论与美术评论家相继介入。经过近半个世纪的努力，李方膺研究获得丰硕的成果。2015 年 8 月"奇郁晴江梅——李方膺诞辰 320 周年"学术研讨会于南通召开。会议征集到新近撰写的有关李方膺研究论文二十多篇,内容涉及李方膺与"扬州八怪"的关系、李方膺的交往、李方膺的书法及绘画艺术、李方膺作品鉴赏及李方膺书画市场研究等多方面的最近研究成果。为了能够及时地反映出当代中国对于"扬州八怪"之李方膺研究的学术现状,笔者对李方膺的诸多文献的重新整理辑录,则希望能够为诸位读者提供最新的学术研究文献。毕竟李方膺研究文献,如其题画诗文已经是 1993 年蒋华女士所收集与编选;而李方膺年谱,亦在 1992 年由清代扬州画派研究会参与主持编写的《扬州八怪年谱》一书中刊行;另外,2000 年上海人民美术出版社的崔莉萍《李方膺传》一书再附录有李方膺年谱,迄今皆已十余年。二十余年光阴流过,许多李方膺研究的新资料新文献被发现,使得我们需要重新辑录资料,为广大读者和研究者提供最新的李方膺文献结集。这一点,也许正是本书的学术价值的重要体现。

一、李方膺研究文献目录

(一)李方膺自著文献资料

1. 李方膺著 梅花楼诗抄,载录于王藻辑、崇川各家诗抄汇存五十二卷补遗六十一卷八,南通州王氏,清咸丰七年(1857)。

2. 李方膺撰 山东水利管窥略,南通市图书馆(珍藏本)

3. 小清河议

4. 民瘼要览

5. 李方膺撰 重修莒州志,乾隆七年(1742)刻本

6. 李方膺撰 乐安县志,雍正十一年(1733)刻本

(二)近现代李方膺诗文汇编

1. 扬州八怪题画录——李方膺题画录 [M] . 载:蒋华编 扬州八怪研究资料丛书 江苏美术出版社,1992.2

2. 黄俶成 . 扬州八怪诗歌三百首 [M] . 上海人民出版社, 2003。

3. 曹惠民、陈伉主编 . 扬州八怪全书(第一卷):郑板桥、李方膺诗文书画全集 [M] . 中国言实出版社,2008。

（三）近现代李方膺绘画集录

1. 李晴江花卉册 珂罗版 [M]. 上海有正书局。

2. 李晴江墨兰册 [M]. 上海文明书局，1936 年 3 月六版。

3. 李方膺墨竹册 [M]. 荣宝斋，1960。

4. 吴仲圭墨竹谱、李方膺墨兰册、金冬心墨梅册合册 成都古籍书店 1989。

5. 巫晓文. 中国古代绘画大师画风系列：李鱓·高凤翰·李方膺画风 [M]. 紫禁城出版社，1995。

6. 巫晓文、田军、彭科. 李鱓·高凤翰·李方膺画风 [M]. 重庆出版社，1995。

7. 周积寅. 李方膺书画集 [M] 人民美术出版社，1996。

9. 扬州八怪绘画精品录 载薛锋、周积寅主编 扬州八怪研究资料丛书 [M]. 江苏美术出版社，1996。

10. 汪士慎等绘. 扬州八家画集：汪士慎·李鱓·黄慎·金农·高翔·郑燮·李方膺·罗聘 [M] 天津人民美术出版社，1997。

11. 君匋艺术院藏 李方膺册页 [M]. 山东美术出版社，1999。

12. 李方膺绘. 扬州画派书画全集·李方膺 [M]. 天津人民美术出版社，2000。

13. 高翔等绘. 扬州八家画集下卷，高翔·郑板桥·李方膺·罗聘·汪士慎·李鱓·黄慎·金农书画集 [M]. 中国民族摄影艺术出版社，2001。

14. 荣宝斋画谱：古代部分（51）清·李方膺绘 花卉 [M]. 荣宝斋出版社，2002。

15. 李方膺绘. 李方膺，中国古代名家作品丛书 [M]. 人民美术出版社，2004。

16. 李方膺绘，何平华编. 扬州画派精品选·李方膺 [M]. 江西美术出版社，2004。

17. 陈明刚、林木. 李鱓·李方膺 [M]. 载：中国名画家全集，河北教育出版社，2006。

18. 李方膺绘. 梅仙图册 [M]. 天津人民美术出版社，2009。

19. 牛志高. 中国历代名家作品精选：李方膺 [M]. 安徽美术出版社，2015。

20. 曹彦伟主编. 中国画大师经典系列丛书 李方膺 [M]. 江西美术出版社，2015。

（四）现当代李方膺研究专著

1. 崔莉萍. 江左狂生——李方膺传，扬州八怪传记丛书 [M]. 上海人民出版社，2001。

2. 张松林 . 李方膺 [M]. 苏州大学出版社，2017 年 6 月第 1 版

（五）现当代李方膺研究论文等

1. 管劲丞 . 李方膺叙传，载《中华文史论丛》1980 年第三辑（总第十五辑）[M]. 上海古籍出版社，1980（1）。

2. 管劲丞 . 李方膺资料，南通博物苑藏。

3. 管劲丞 . 有关李方膺的零碎资料，南通博物苑藏。

4. 管劲丞 . 李晴江题画记与李晴江年谱，南通博物苑藏。

5. 陈念培 . 河鱼穿穗图——李方膺的绘画艺术 [J]. 中国烹饪研究，1980 年（1）。

6. 南通博物苑藏 李方膺史料考，载扬州市文联编 清代扬州画派研究集（第二辑）1981（11）。

7. 胡艺 . 读《李方膺叙传》质疑，载中华文史论丛 1982 年第一辑 [M]. 上海古籍出版社，1982。

10. 赵鹏、梁战 . 李方膺，载扬州市文联编 清代扬州画派研究集（第三辑）1982（1）。

11. 赵鹏 . 对于《读〈李方膺叙传〉质疑》的商榷，载扬州市文联编 清代扬州画派研究集（第四辑）。

12. 周积寅 . 不逢摧折不离奇——李方膺及其绘画艺术 [J]. 南京艺术学院美报（美术与设计版），1983（2）。

13. 徐志楠、赵鹏 . 李方膺故居梅花楼调查 [J]. 文博通讯 1983（5）。

14. 金重 . 李方膺的绘画成就 [J]. 扬州师院学报（社会科学版式），1985（4）。

15. 周积寅 . 李方膺的生平和家世 [J]. 故宫学术季刊，1986（4）。

17. 李华、陈明 . 关于李方膺生年问题 [J]. 扬州师院学报（社会科学版），1987（4）。

18. 王克春 . 李方膺《乐安县志》评介 [J]. 史志文萃，1989（4）。

19. 李湜 . 画梅充饥——李方膺和他的《墨梅图》[J]. 紫禁城，1990（6）。

20. 庄素娥 . 李方膺和李鱓的关系 [J]. 故宫学术季刊，1993（2）。

21. 陈秉坤 . 李方膺仕莒州 [J]. 临沂师专学报，1993（2）。

22. 赵鹏 . 李方膺年谱 载：扬州八怪年谱（下）[M]. 江苏美术出版社，1993（5）。

23. 戴聪生、王利民 . 李方膺论，载扬州八怪艺术国际研讨会论文集 [M]. 吉林人民出

版社，2003。

24. 崔莉萍. 李方膺的绘画思想，载扬州八怪艺术国际研讨会论文集 [M]. 吉林人民出版社，2003。

25. 崔莉萍. 从"胸有成竹"到"胸无成竹"——对李方膺"胸无成竹"绘画理论的初探 [J]. 艺术教育，2003（6）。

26. 崔莉萍. 李方膺画兰 [J]. 艺术百家，2003（2）。

27. 卞孝萱. "扬州八怪"之——李方膺 [J]. 文史知识，2003（8）。

28. 崔莉萍. 风翻雷吼动乾坤——略论李方膺画走兽游鱼 [J]. 艺术百家，2004（5）。

29. 钱志扬. 李方膺的画梅艺术研究 [J]. 南通职业大学学报（综合版），2005（1）。

30. 何循真. 李方膺绘画的收藏与鉴识 [J]. 收藏界，2007（9）。

31. 木耳. 李方膺 [J]. 扬子江诗刊，2007（11）。

32. 何循真. 李方膺绘画艺术赏鉴 [J]. 荣宝斋，2009（2）。

33. 薛永年. 关于传李方膺《鲶鱼图》作者的商榷 [J]. 荣宝斋，2009（6）。

34. 李方膺十年修莒志 [J]. 春秋，2011（3）。

35. 徐艳磊. 简述李方膺及其雍正本《乐安县志》[J]. 牡丹江师范学院学报（哲学社会科学版），2012（4）。

36. 崔兰珍. 李方膺绘画艺术浅析 [J]. 美术教育研究，2013（22）。

37. 林琰. 李方膺花鸟赏析 [J]. 书画艺术，2013（4）。

38. 卢昱、臧德三. 李方膺：书画携还当俸钱 [J]. 老年教育：书画艺术，2014（9）。

39. 潘珺. "扬州八怪"之一李方膺的艺术成就 [J]. 兰台世界，2014（36）。

40. 马晓斌. 憨官李方膺，戏剧之家（上半月）[J]. 2014（5）。

41. 李方膺竹画法 [J]. 老年教育：书画艺术，2014（2）。

42. 李旸、李晖. 简逸传神 古趣盎然——李方膺珍品画作赏 [J]. 收藏界，2014（4）。

43. 王晓媛. 盈尺之间 意趣无穷——南通博物苑藏《李方膺杂画图册》赏读 [J]. 书画世界，2014（5）。

44. 仇国梁. 分裂的时代与艺术的"怪人"——浅析李方膺走向"扬州的几个因素 [J]. 大众文艺，2015（22）。

45. 钱念孙. 傲岸不羁，妙手丹青——李方膺的为官从艺之路 [J]. 江淮文史，2015（2）。

46. 倪悦. 胸怀君国 忠贞滂沛 笔发天机 简净充和——我说扬州八怪之李方膺 [J]. 天工，2015（7）。

47. 吴旭春. 直气横行翰墨端——李方膺书法及书学思想述评 [J]. 书法赏评，2015（4）。

48. 吴耀华，贺万里. 奇郁晴江梅——李方膺诞辰 320 周年学术研讨会论文集 [C]. 扬州大学人文社科处、扬州八怪研究所所编印，2015。

49. 吴娟. 奇郁晴江梅 梦绕梅花楼——南通博物苑馆藏李方膺作品选 N. 扬州晚报，2015-9-12。

50. 张郁明. 胸有方心 气自浩然——李方膺绘画艺术论 [J]. 艺术百家，2016（2）。

51. 陈金屏. 纵横奇倔 门户自立——李方膺绘画艺术评述 中国美术南通现象研究文集，2019（11）。

（六）现当代李方膺研究学位论文

崔莉萍. 李方膺研究 [D]. 南京艺术学院，2002（5）。

二、部分代表性著作述略

（一）管劲丞的《李方膺叙传》

该文原载《中华文史论丛》1981 年第 3 辑。其实该文是一篇遗作，作品发表时，作者已于"文革"中被迫害致死。从管劲丞先生遗作整理中不难发现，先生对李方膺的研究可能始于 20 世纪 50 年代，"文革"中其论文的复写本已经定型（见图 9-9），包括其"李方膺史料杂考六题"在内，管先生早就整理成文，并以"南通博物苑"名义发表过。

该文从袁枚作《李晴江墓志铭》引述李方膺的家世与出身，然后考证其于山东、安徽两地六任州县的经历；接着叙述李方膺合肥罢官后寓居金陵努力作画及其与袁枚、沈凤交游的情节，顺带交代了李方膺逝世后儿孙情况。最后部分重点介绍了李方膺学习绘画的环境与背景，论述了李方膺绘画上继承与创新的发展历程。结尾时强调了李方膺列入八怪的理由：人品及画品。

管劲丞先生此篇论文，是全国李方膺研究领域里的开篇之作，具有开拓意义。管先生是第一位对李方膺进行全面系统研究并作传的拓荒者。文章字数虽不过万，但思虑周全，

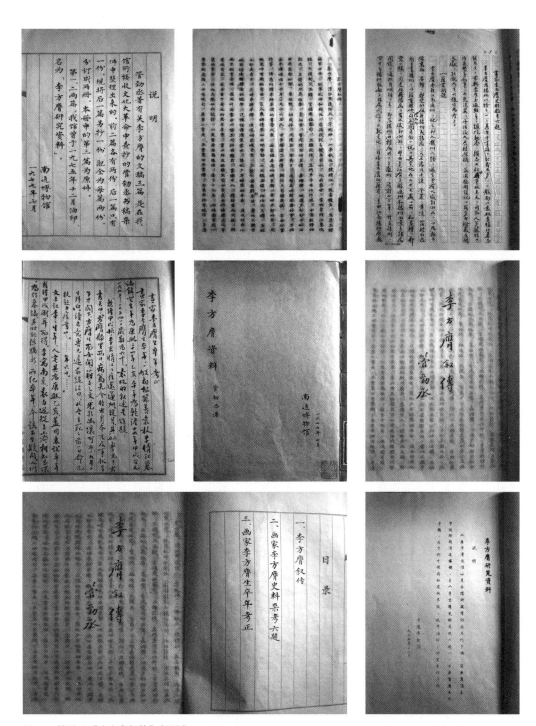

图 9–9　管劲丞《李方膺叙传》复写本

考证精密，论述有理有据，他为后来人的研究做了较好的铺垫与示范。

（二）胡艺的《读〈李方膺叙传〉质疑》

该文原载《中华文史论丛》1982 年第 1 辑。胡先生开篇即指出管劲丞《李方膺叙传》的重要性，因为从 1949 年到 1979 年三十年来，从未有人专文研究过李方膺。管劲丞遗稿《李方膺叙传》的发表，为人们提供了较多资料。同时胡先生就该文若干问题提出质疑。

《读〈李方膺叙传〉质疑》的结构与内容

1、李方膺之父玉鋐生卒年

2、李方膺的生卒年

3、李方膺的家世

胡文对管文中李玉鋐和李方膺生卒年提出质疑，并就李方膺的家世，首次以世系表方式予以说明。

南通博物苑赵鹏就胡艺"质疑"一文，写了《对于〈读李方膺叙传〉质疑的商榷》。其结构基本相同。

1、李玉鋐的卒年

2、李方膺的生卒年

3、李方膺的家世

赵文以《个道人遗墨》里收录的《哭晴江文》为依据，推算李方膺生于 1697 年，卒于 1756 年，并对胡文所列李氏世系表予以肯定。

由于管劲丞已经过世，管文中李玉鋐及李方膺的生卒年的来历未标注出处，胡艺与赵鹏双方本着求是的学术精神，质疑与答辩，显得十分正常，问题越辩越明，显然有利于李方膺学术研究的开展。

（三）赵鹏《李方膺年谱》

赵鹏撰《李方膺年谱》见于《扬州八怪年谱（下）》（江苏美术出版社 1993 年 5 月第一版）。

该年谱前有撰写者序，扼要地概括了李方膺的一生，并就年谱中李方膺生卒年问题及李方膺列入"扬州八怪"问题，发表了自己的看法。

　　年谱按"公元纪年、朝代纪年、干支岁数"格式，逐年（岁）展开。每年除李方膺本身纪事外，其父兄、友朋重要事件一并列入。各年记事有详有略，并对李方膺与李鱓、郑燮合作《三友图》提出疑为赝品。

　　人物年谱对人物研究的重要性不言而喻。由于李方膺除了自己撰写的《山东水利管窥略》及《乐安县志》等少数著述外，他基本没有留下日记及信札，唯有画作及其上的题画诗有年款依据外，其余可直接参考的证据很少。该年谱撰成，对系统研究李方膺提供了较好的帮助，也为后来李方膺年谱编写者奠定了基础。

　　（四）周积寅《李方膺及其绘画艺术》

　　该文原载《艺苑》1983年第2期。该文分为三部分。

　　第一部分，从"扬州八怪"的缘起说到李方膺之所以最终列入"八怪"之中的理由。

　　第二部分，对李方膺生卒年的五种说法逐一评述。作者倾向于李方膺生年为康熙三十四年乙亥（1695），而卒年乾隆二十一年丙子（1756）九月初三，证据不足，尚需作进一步考证。并对李方膺履政与艺事活动作了大略考证。

　　第三部分，重点考证了李方膺绘画上如何继承传统，敢于求新的艺术历程，并对李方膺的书法，用印作了简要评述。

　　该文是较早对李方膺诗、书、画、印艺术全方位研究的文章。周先生肯定了李方膺诗书画印四美合一的艺术精萃，认为其对清中叶之后水墨写意、花鸟画有很大影响，乃至对今天的中国画创作仍有借鉴意义。

　　另，周积寅还有《李方膺的绘画成就》于1985年04期在扬州大学学报（人文社会科学版）上发表，编著有《李方膺书画集》，人民美术出版社，1996。

　　（四）薛永年编《扬州画派书画全集·李方膺》

　　该画集于1999年2月由薛永年先生编，天津人民美术出版社，组织协调全国20多家博物馆提供作品图片，2000年7月由天津人民美术出版社出版。另编写《中国古代名家作品丛书——李方膺》，北京人民美术出版社2004出版。

　　《扬州画派书画全集·李方膺》画集由三部分组成：

　　前言为薛永年所作"李方膺其人其画"，重点介绍了李方膺生平事迹和艺术道路。

　　正文为李方膺作品集。160多幅作品分别来自北京、上海、安徽、南京、南通等20

多家博物馆藏，作品涵盖李方膺早、中、晚不同时期的创作。

第三部分　为李方膺年表。

该画集是迄今为止收集李方膺作品最多的画册，不仅作品多，图片质量也好。李方膺主要代表作基本齐全。除了原作之外，该书是目前研究李方膺绘画艺术最重要的参考图本。书后"李方膺年表"在赵鹏《李方膺年谱》基础上有所充实，尤其是绘画作品上有不少补充。

（五）庄素娥（台湾）撰《李方膺的生平和家世》等

台湾学者对李方膺的研究，主要是庄素娥，其《李方膺的生平和家世》载《故宫学术月刊》第四卷第一期，1986；《李方膺和李鱓的关系》载《故宫学术月刊》第八卷第二期，1991；《李方膺》，为1992年《中国巨匠美术周刊》，锦绣出版事业股份有限公司。《君子之交——李方膺与其友人》（《艺术与科学》卷十一）清华大学出版社2011。

（六）邱丰《画家李方膺》（内刊本）

邱丰先生于"文革"后期即着手搜集整理李方膺的史料，经过"二三十年来搜集资料，探录、读研其作品，走访调查追询其身世，写成此书"。该书于2008年8月印行。

《画家李方膺》结构与内容

前有曹从坡与范曾的序。

引文部分。康乾时代背景及"扬州八怪"的崛起。

家世部分。叙述了李方膺祖父辈身世与李方膺及其子孙们的诗书生活。

宦途部分。记载了李方膺自雍正七年任乐安知县、莒州知州、兰山知县以及安徽三任州县官的仕途概况。

交游部分。叙述了"五山画社"与"沧州会"，介绍了李方膺的文朋画友，如丁有煜、刘南庐、保培基、李鱓等。

画艺部分。重点描述了李方膺合肥罢官后努力作画的经过以及李鱓、郑板桥、袁枚、梁同书、赵之谦等书画家对李方膺绘画艺术的评价。

附录部分有：

《梅花楼诗抄》

李方膺题画诗

李方膺年谱

李方膺题画诗中的人物

李方膺诗画中地名

李方膺笔名

李方膺后裔访问小记

点评：邱丰是位老革命艺术家，出于对先辈乡贤李方膺的热爱，仰其高德，弘其人品、艺品，自 1973 年起四处走访，书中搜集的 200 多首诗是一大特色，大部分是邱先生从各博物馆李方膺原作抄录下来的。这也是所见李方膺研究文集中刊载李诗最多的著述。年谱后附"五世系"也相对较为详细。

（七）崔莉萍《李方膺研究》与《江东狂生——李方膺传》

崔莉萍的《李方膺研究》系作者 2002 年的博士论文，南京艺术学院及互联网上有载。其结构与内容如下：

引言

1. 李方膺生平

1.1 关于李方膺生卒年

1.2 李方膺的生平概述

1.2.1 清寒世家

1.2.2 初宦齐鲁

1.2.3 再宦皖省

1.2.4 借园主人

1.3 李方膺诗文书法概述

1.3.1 李方膺诗文

1.3.2 李方膺书法

2. 李方膺交游

2.1 板桥与方膺

2.2 李鱓与方膺

4.6 洗净铅华不染尘

4.7 赏心只有两三枝

4.8 自适其性

4.9 以画作书

4.10 多谢画家秉直笔

（附注：作者 2002 年以"李方膺的绘画思想"同名题论文入扬州八怪艺术国际研讨会）

5. 俗文化对李方膺艺术的影响

结束语

李方膺年表

李方膺汇传

（八）《李方膺梅仙阁册》

天津人民美术出版社，2009 年出版《李方膺梅仙阁册》将梅仙李方膺画梅三十六开册页作品作了一次集中出版。此画梅册页为李方膺一生中开数最多的一部作品，由李方膺的好友顾于观收藏并配诗。

（九）张松林《梅花楼主人李方膺》（文学传记）

该书先由《江海晚报》连载发表（2016 年 1 月 17 日至 2016 年 3 月 3 日），后由苏州大学出版社于 2017 年 6 月出版发行。

《梅花楼主人李方膺》的结构与内容

引言

第一章　腹有诗书气自华

第二章　不尽春光在眼前

第三章　初入仕途"谈笑轻王侯"

第四章　从今不薄风尘吏

第五章　画家门户终须立

第六章　收拾春光又重来

第七章　转从三黜任逍遥

第八章　独以诗画荐轩辕

尾声

该书虽为人物传记，但考证周详，语言流畅，属于"有深度的通俗"作品。该书以下几项值得点赞：一是对李方膺诗文及语录进行编年编辑；二是同乡治水能人陈鹤龄的入幕的研究；三是对安庆客舍李方膺与同僚两次笔会的发掘；四是对李方膺诗中用典及诗意诠绎很清晰。纵观该书不失为一本寓研究与欣赏于一体的、雅俗共赏的李方膺传。

第十章　作品收藏与鉴赏

第一节　作品收藏

书画收藏属于传统收藏中，对收藏者智商、财力、眼力要求最高的收藏项目之一。任何机构或个人都不可尽藏古今中外的绘画。所以，书画收藏专题中还有专题收藏，其特点一是可以减省精力财力，二是可以深入研究。例如有专事梅花或兰竹图收藏者，那藏家对古今名家所画梅花或兰竹，特色得失，就自然是成竹在胸，了如指掌，犹如心中藏有梅花、兰竹画谱，或梅花画史、兰竹画史，这样经年累月鉴藏研究的结果，就理所当然地成了一个方面的专家，而别人万难与之匹敌了。

李方膺的作品尚未发现或自我公开专门收藏的藏家。根据我们研究的结果，李方膺存世作品，在"扬州八怪"中可算是最少的，据不完全统计，目前面世和公开的作品约270余件。其作品少的原因有二：一是在世时间短，是"扬州八怪"中寿命最短者；二是前半生主要精力在做官上，作品最多的时期是1739年至1754年这最后的15年中。

一、李方膺作品收藏概况

一是国内公立机构收藏，如博物馆、美术馆、美术学院等。约占李方膺作品全部收藏的百分之八十以上。其中以北京故宫博物馆、南通博物苑、南京博物院、上海博物馆、安徽省博物馆、山东省辖博物馆收藏稍多。

二是国内私人收藏。粗略统计约50多件。其来源有二：一部分是新中国成立前就收藏的老藏家，"文革"中未被抄家没收，或是被抄家"文革"结束后又发还其主，至今仍然藏在手上，这是些铁杆藏家；另一部分是改革开放以后的新藏家。他们或是真正热心李方膺作品的收藏，或是从投资升值的方面考虑，进入拍卖市场较早，得到他们想收藏的东西。而进入拍卖市场流通领域的李方膺作品，大抵来自两方面：一是原各地文物商店的藏品，改制时进入拍卖市场；一是私人藏家送拍的藏品。最终进入流通领域，主要是国内各大拍卖公司，有些作品曾在拍卖市场中反复多次出现，被多次逐步加价变换藏家。

三是国外收藏。李方膺作品在国外也颇受青睐。主要被日本、美国收藏。目前公开的总数约 10 余件，且公私收藏皆有，公立收藏略少于私人收藏。其私人藏品不时出现于佳士得、苏富比等拍卖会上。

四是下落不明的作品，有 10 多件左右。它们见于著录，但现踪迹不明。

二、李方膺作品收藏的注意事项

1. 要对李方膺艺术经历比较熟悉，对其各个时期作品特点有所掌握，决心收藏之前，要做足相关方面的功课。最好请研究李方膺艺术的专家帮助把关，以确保万无一失，若吃不准，宁可不买。多看多比较是必须的。

2. 谨防赝品。做李方膺赝品主要在清末民国时期，算是老仿。改革开放以后也有新仿。由于李方膺个人风格比较突出，无论是绘画用笔或是款书特征，一般难以乱真，有经验的藏家基本上能看出来。另外要防止下真迹一等印刷品，很易迷惑人。

3. 研究著录。李方膺一生作品就 200 余件，且大部分在公立收藏机构里，真正能在市场上流动及私人藏家手中的作品，多说不超过 80 件。这些作品绝大多数都有过著录。或是拍卖记录，可以核查比对。一般而言均传承有序。对从未面世的作品，且穷款，无年款及无作画地点的，尤应小心，谨防上当。

4. 不可贪便宜。李方膺作品由于存世量少，流动量更少，所以价格一直较高，且升值不断，一路看好。所以，新仿赝品不少，往往价格在几千元左右。只要查看李方膺作品成交记录就可以看清，那些低价位成交或流拍的作品，往往绝大多数皆赝品。

5. 有钱难买心头好。只有爱其人品高，爱其画品好，才可能决心收藏，而不是为投资而买。如此，即便不赚钱，也是心安理得，不致患得患失。

第二节　作品鉴识

所谓鉴识，是指在欣赏书画作品艺术的同时，为作品的真伪及其艺术价值作出合乎事实的判断。古代书画流传已久，历代多有书画作伪风气，书画作品中真真假假的现象十分复杂。有些作品，尽管前代鉴赏家看真，但往往受到某些因素的制约，并非没有错误，与之相反情况也存在。李方膺书画作品鉴识亦然，所以，鉴定（识）必须具备综合艺术素养。

一、书画鉴定通识

第一，充分熟悉传统书画艺术的发展历史。中国书画艺术，是在不断继承前代优秀传统的基础上，融合了当时的社会、文化背景以及书画家个人的艺术修养特点发展而成的。尽管一个时代的书画艺术有着共同的时代面目，但同一时期的书画家又各自具有其创作上的独特风格。所以，纵向看，是为了厘清书画艺术的演变脉络；横向看，把握某个时期不同风格不同倾向的书画艺术特点，也就有助于对这一时期的书画艺术发展加深了解。具体到李方膺而言，就必须对"扬州八怪""扬州画派"有一个整体的了解。

第二，掌握书画艺术各种表现技法和特征，为鉴识书画积累理论和实践经验。以书法为例，书法比之绘画，更讲究线条和笔墨的表现力。因此，在技法上重视执笔、用笔、用墨，讲究点画、结构、行次、章法及各种不同字体的书写特点。如果要弄清李方膺的书法特征，就必须了解李方膺各个时期都习过哪些字帖，知道他的演变过程，除了专门的书法作品外，画上的题诗、题款都要深入分析研究，找出规律与特征，才不至于误判。再说绘画，主要通过笔墨色彩的运用及其变化，以及取景布局、经营位置和构图特点。尤其是用笔、用墨的习惯，简洁有力的线条，若隐若现的墨晕，乃至飞白的自然呈现，正是中国绘画特别强调的特征之一。以李方膺为例，其成熟期笔墨酣畅淋漓，构图上别具一格，皆在考量之中。

第三，练习书画技艺，提高对各种风格和技法的感性认识。许多有经验的鉴赏家都曾经不同程度地学习过传统的书画艺术，以此来熟记不同时代的代表性书画家们的创作特点。大量临习前人的作品，并进行详细深入的分析研究，做到烂熟于心。如果遇到自己非常熟悉的书画家的作品，其真假优劣当然能够分辨出来了。

第四，尽可能地扩大自己的知识面，多看作品的同时，还须利用文献加以考证，熟记画家的艺术经历、风格变化时段、创作背景，乃至当时的语言文字、职官制度、字号称呼等。

总而言之，鉴识字画，主要靠多看，靠经验与感觉，自己能写能画，当然更好。看得多了就必然熟悉，如同辨识人一样，很熟悉的人，远望身影，说话听音，就会很快判断是谁，隔行不隔理。如果你看过李方膺上百幅的作品（当然必须是真迹），自然你鉴识他的书画就比较容易。诚然，悟性高、记忆力强更能快速入门。

二、李方膺书法绘画特征

李方膺书法的演变过程及个性特征。李方膺书法有三变：

第一阶段，馆阁体。这是封建社会科举制的基本要求。从明初沈度开始，直到宣统帝制结束，举子们无一不在小楷上下足功夫。李方膺青少年正处于康雍时期，康熙提倡董其昌，一时间天下文人举子大都习董字。从李方膺雍正十年《牡丹图》可以证明，此体书风一直写到乾隆三年左右。

第二阶段，王羲之兰亭体。国家图书馆古籍部藏《乐安县志》，是李方膺于雍正十一年（1733）时年38岁修成，其序为李方膺亲笔撰书，此版本序即根据李方膺手书刻成印行，为典型的王羲之兰亭体。（见图5-1、2）

第三阶段，从乾隆四年起，书风突变，其颜体成分开始浓厚。此时一方面受李鱓书画风格的影响，另一方面"两弹（劾）一入狱"对其人生遭际的打击，使其性格发生了很大变化。人变，字也随之变。实际上其绘画此时也发生重大变化，原先的兼工带写、小写意嬗变为大写意。书画必须和谐统一。所以，此时画上的题诗、题款均发生了变化。李方膺时年44岁。从此之后，此种颜体书风基本上确定了下来，最后形成李方膺典型书风。

李方膺字如其人，宁断不弯，方正刚烈，与颜平原同。因之，其写颜体，人字合一，性格使然。其结字多为方形，折笔处外方内圆，间作行草仍有王字痕迹。时见杨凝式行书《卢鸿草堂十志图题跋》的影子。其字起笔、折弯处均为方笔，结字很稳重，时有灵活，中心很正，中锋运笔，行笔稳中带变，外形多正方，有韵味。如果题款中结字呈长形，直行无顿挫，油滑率直无韵者，应属可疑。作伪画，书法是最难过的一关，所以掌握李方膺书法演变过程及其典型特征之后，鉴识其作品真伪就相对容易一些，甚至可以说是掌握了鉴识李方膺作品的一把钥匙。李方膺独立书法作品很少，但通过其绘画作品题款仍能大致掌握其书法嬗变。

三、李方膺的印鉴款识

中国书画，除了通过笔墨、敷色和结体等技法来传情达意之外，作品上的款书、题跋以及印章，也是增添作品趣味，抒发作者情怀的手段。无论是欣赏或是鉴定，都值得重视，印章是鉴定的辅助手段之一。

李方膺的印鉴款识，收集比较多的是上海博物馆编《中国书画印鉴款识》，其上册第342-351页中（除李方邹印、款，见"李方邹考"），收有李方膺书画用印103枚，名号款17款。（图10-1）基本可供鉴定李方膺作品使用。在我们的研究中，又发现一批李方膺书画用印（详见本书第九章用印与篆刻）。

现在就李方膺书画作品上的印鉴款识，在鉴定时须注意几方面分述如下：

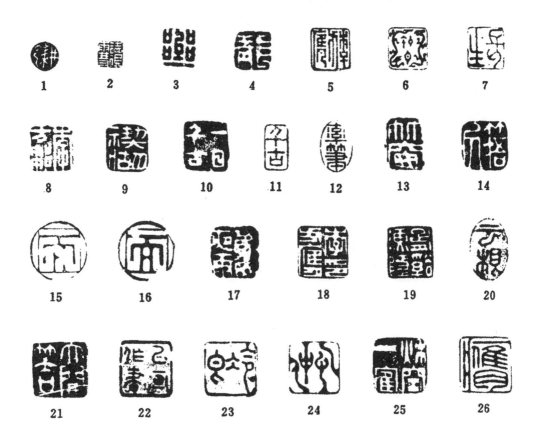

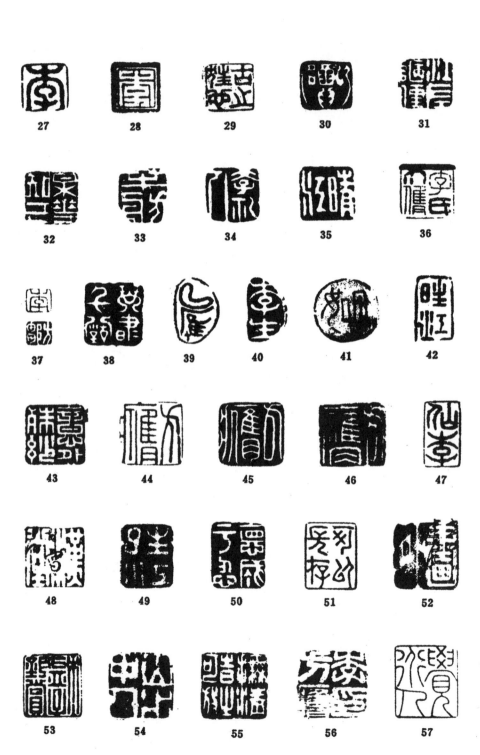

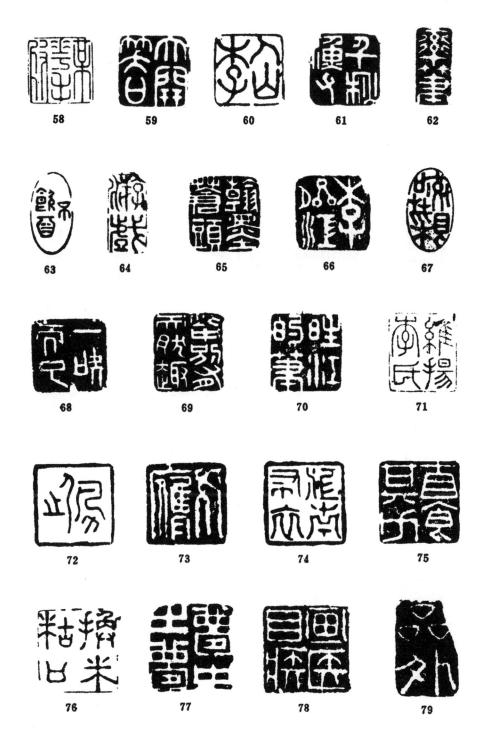

58　　　59　　　60　　　61　　　62

63　　　64　　　65　　　66　　　67

68　　　69　　　70　　　71

72　　　73　　　74　　　75

76　　　77　　　78　　　79

80　　　81　　　　82　　　　　83　　　　　　84

85　　　　86　　　　　87　　　　　88

89　　　90　　　　91　　　　92　　　　93

94　　　　　95　　　　　96　　　　97

98　　　　99　　　　100　　　　101

102　　　　103　　　　104

105　　　　106　　　　107

108　　　　　　109　　　　　　　110

111　　　　112　　　　　　113

李方膺一字晴江

晴江李方膺

李方膺

李方膺二字画

晴村

114　　　115　　　116　　　117　　　118

晴江李方膺
115

李方膺
116

李方膺
书
117

虬村
118

李方膺
119

晴江李方膺
120

晴江李方膺
121

李方膺
122

李方膺
123

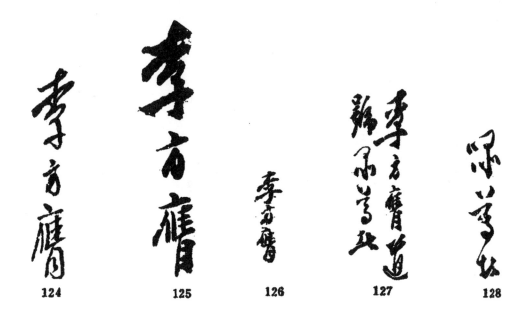

124   125   126   127   128

图 10-1 李方膺用印与款识

（一）李方膺本人的款书题跋

李方膺画作上的款书题跋，可以说囊括了画家款式的各种类型：

1.单款。也称名款，或称"穷款"。这是最简单、最普通的款书形式。一般仅题如"晴江李方膺"，有时加上年号或干支以及月、日表明创作时间。这种"穷款"，李方膺作品中反而不多，有时册页中有。

2.双款。因为它主要用于应酬、赠送以至买卖关系的画作中，所以除了作者落款外，还要写上受件者的名字或其他称呼。如《芭蕉竹石图》，题"乾隆三年夏日写奉□庵学长兄清玩。李方膺"。

3.画意款。即在单款或双款前，再加上与画面内容相关的语句，也就是为画作拟一标题。如李方膺的"一百乙十有零图。写于古柏山房，晴江李方膺"。

4.诗款。即题诗与落款合为一体。这种形式起于宋元，明清盛行。特别是康熙以后，几乎无画不题诗。且几乎全部题的自作诗。这种款式，李方膺最多。如《墨梅图》轴中："十日厨烟断未炊，古梅几笔便舒眉。冰花雪蕊家常饭，满肚春风总不饥。乾隆十有九年十月，写于金陵借园，李方膺。"

5. 长款。有两类，一是因文字多而使款书长，一是由于字体大而使款书在画面上所占面积大。如《苍松怪石图》题"君不见岁之寒……"有字近百。

6. 夹画款。一种将款书夹杂于画面中的样式，以花鸟画为最常见，表达一种随意发挥的闲情逸趣。清代"扬州八怪"绘画中较常见。李方膺也有不少这种款题。如乾隆七年所作《竹石图》（上海文物商店藏）。李方膺在其作品《渭川千亩》中"种竹养鱼"的题款更为特殊，沿着竹子兜弯题写。此款式在当时可谓罕见。名为随形款。

7. 落花款，也叫铺地款。指在同一幅画面上，由画家本人一题再题，以至填满了画面的所有空白，甚至占了画位，犹如花落遍地。或因一时兴起，意犹未尽，题了又题，或因画件辗转流传，又到了画家手里，感慨又题。石涛作品中有，李方膺画作中也有，但较少。

明以前一般而言款书比较清整，至徐文长诗歌奇横，陈白阳题志精卓，每有侵位，颇多奇趣。此风延至扬州八怪尤炽。李方膺的许多花卉册页中题款形式丰富多彩，耐人寻味。

（二）李方膺常用印鉴款识

根据上海博物馆编《中国书画印鉴款识》收录李方膺用印与款识（图10-1），可以大致了解李方膺在其书画作品中用印与款识情况。

印章作为书画作品中的一部分，在使用时有其一定的规范。如"起首印"钤在书款首行头一二字处。绘画中下两角留空，俗称"透气处"，为呼应起见，往往盖上"押角印"。姓名字号印往往钤在名款下方或左旁。讲究者，朱文、白文印还须交替，以增画面美感。册页中以"姓氏名号印"代替款书，也叫"印章款"。李方膺的册页中常有此类情况。这些规则，画家与鉴赏家等内行人都懂。如果背离规则或太不靠谱的钤印，鉴定人应引起怀疑。

印章具有"取信于人"的基本功能。将书画家本人用印作为鉴识的依据，有一定的可信度。但也有例外。书画家过世后，印章容易流出，若被惯做伪画者得到，常易蒙骗一些只认印不认笔墨的鉴定人士。

李方膺书画用印，据不完全统计，至少在120方以上。李方膺本人也能治印。怎样通过书画家作品上钤印来帮助鉴定呢？一般而言，明清以来稍有声望的书画家，时人或后人一般都编有他们的年谱，其中必然著录其作品情况，根据这些记载，就可以整理出一份作品钤印（排序）情况表，从而具体地了解他们在什么场合、什么情况下使用什么印章。比如李方膺"换米糊口"印应在乾隆十六年（1751）被罢官之后，以卖画维持生活时才启用。"啸尊者"印也大致是此后才启用。明确用印规律，可以帮助判断作品产生时间。掌握用印时序情况，可以证前、不能证后。如李方膺的"莒州刺史"印，肯定为其任莒州知州时所刻使用，若此前作品就钤用此印作品就有问题，此后用到何时为止则须考证。

李方膺用印情况有些复杂。如一方"受孔子戒"白文印，1751 年所刻，却在 1747 年作品上出现。再如，"大开笑口"印，绝大多数专家均认为是李方膺的用印。但就是这方相同的印也出现在李鱓的几件作品上。当然，如果原印保存至今，若刻有年款，则大抵知道开始钤用时间。但是没有边款可作资证的情况下，就要全面系统地在其所有作品上找证据，然后形成证据链。但是难度极大。可以说，没有谁亲眼看过李方膺所有作品，所以正如许多鉴定大家所言，鉴定有一定的"模糊度"。

再说李方膺姓名字号款书变化。如果对李方膺书法有深入研究，这就不是问题。《中国书画印鉴款识》（上）第 347–349 页中（图 10-1），有李方膺各个时期名款样式，如果将其按年代先后重新排列出来，对鉴定李方膺各个时期的作品有参考作用。这种名款在鉴定中的作用，有时胜过印章。印章易仿，尤其是现代电脑制版更易仿制，但签名难仿，所以，西方国家往往以亲手签名手迹为信用依据，而不是印章。如果鉴定人懂得笔迹学与笔墨痕迹鉴定，对中国书画真伪的鉴定则更有帮助。

明清以来，许多书画家都将所用印章的优劣，作为显示其书画艺术水平的一个方面。因此，一般说来，声望较大、艺术成就较高的书画家，不大可能使用刻制拙劣的印章。（注意，此条不一定适用于李方膺、李鱓，因为他俩有部分用印可能出自本人之手，显得粗糙、荒率。如果你认为这正是他们风格所在，那就另当别论）。把握这个特点，常常可以从那些假冒的名家书画中找出作伪者的蛛丝马迹。这类例子在鉴定实践中可以经常碰得到。

附录：

1."耕云"李方膺花卉册　甲辰（1724）

2."读雪"李方膺花卉册　甲辰（1724）

3. "睛一"李方膺花鸟册　丁卯（1747）

4. "长青"李方膺梅册

5. "李方膺"清人花卉集册　甲寅（1734）

6. "虬仲"清人花卉集册　甲寅（1734）

7. "长生"李方膺三清图册　乾隆十八年（1753）

8. "李方邻"李方膺花卉册　甲辰（1724）

9. "禊湖"李方膺梅花集册　戊午（1738）

10. "一日千古"李方膺水墨花卉册　甲寅（1734）

11. "千古"李方膺花卉册　甲辰（1724）

12. "率笔"李方膺花卉册　甲辰（1724）

13. "竹窗"李方膺水墨花卉册　甲寅（1734）

14. "竹梧居"李方膺梅花集册　戊午（1738）

15. "天"李方膺三清图册　乾隆十八年（1753）

16. "天"李方膺花卉册　乾隆十八年（1753）

17. "蕉窗夜雨"清人杂画集册

18. "李方膺印"李方膺花卉册　雍正十二年（1734）

19. "胥溪渔隐"李方膺梅册

20. "云根"李方膺梅册　甲寅（1734）

21. "大开笑口"李方膺梅册

22. "以画作书"李方膺梅册　甲寅（1734）

23. "冷香"李方膺梅册

24. "虬仲"李方膺花卉册　雍正十二年（1734）

25. "秋空一鹤"李方膺墨竹图轴　乾隆十七年（1752）

26. "膺"李方膺花卉册　乾隆九年（1744）

27. "李"李方膺花卉册　乾隆九年（1744）

28. "李"李方膺花卉册　壬申（1752）

29. "古之狂也"李方膺梅花图册　乾隆四年（1739）

30."以酒为名"李方膺花鸟册 乾隆十二年（1747）

31."江左陋儒"李方膺三清图册 乾隆十八年（1753）

32."梅花知己"李方膺墨竹图轴 乾隆十七年（1752）

33."半舫"李方膺三清图册

34."学礼人"李方膺花卉册 甲辰（1724）

35."晴江"李方膺梅轴 甲戌（1754）

36."李氏方膺"李方膺梅轴 甲戌（1754）

37."李""方邻"李方膺花卉册 甲辰（1724）

38."琴书千古"李方膺水墨花卉册 甲寅（1734）

39."方膺"李方膺花卉横幅

40."李生"李方膺梅花图册 乾隆四年（1739）

41."日如"李方膺梅轴 甲戌（1754）

42."晴江"李方膺梅花图册 乾隆四年（1739）

43."意外殊妙"李方膺梅花图册 乾隆四年（1739）

44."方膺"李方膺三清图册 乾隆十八年（1753）

45."方膺"李方膺花卉册 乾隆九年（1744）

46."方膺"李方膺花卉屏 乾隆辛未（1751）

47."仙李"李方膺花卉册 乾隆九年（1744）

48."汉堂"李方膺梅册 甲寅（1734）

49."晴江"李方膺花卉屏 乾隆辛未（1751）

50."德成于忍"李方膺花卉册 甲辰（1724）

51."可以长存"李方膺花卉册 甲辰（1724）

52."画外"李方膺花卉册 雍正十二年（1734）

53."木子鉴赏"李方膺梅册 甲寅（1734）

54."山水中人"李方膺梅册

55."抚清时之可放"李方膺水墨花卉册 甲寅（1734）

56."李方膺印"李方膺松树图轴

57.“觉道人”李方膺花卉册　雍正十二年（1734）

58.“梅花手段”李方膺梅花图册　乾隆四年（1739）

59.“大开笑口”李方膺梅花散页　丙寅（1746）

60.“仙李”李方膺花卉册　乾隆九年（1744）

61.“千秋渔父”李方膺花卉册　雍正十二年（1734）

62.“率笔”李方膺花卉册　丁卯（1747年）

63.“不饮酒”李方膺三清图册　乾隆十八年（1753）

64.“游戏”李方膺三清图册　乾隆十八年（1753）

65.“翰墨仓头”李方膺花卉册　丁卯（1747）

66.“李晴江”李方膺花卉横幅

67.“咬菜根”李方膺梅花图册　乾隆四年（1739）

68.“一映而已”李方膺松树图轴　乾隆十四年（1749）

69.“此中别有天然趣”李方膺梅花图册　乾隆四年（1739）

70.“晴江的笔”李方膺花卉册　雍正十二年（1734）

71.“维扬李氏”李方膺花卉册　甲辰（1724）

72.“佩之”李方膺兰石图卷　壬申（1752）

73.“方膺”李方膺为师南写梅轴　壬申（1752）

74.“江南布衣”李方膺三清图册　乾隆十八年（1753）

75.“自食其力”李方膺松树散页

76.“换米糊口”李方膺梅册

77.“梦中之梦”李方膺梅册

78.“画醫目疾”李方膺花卉册　乾隆九年（1744）

79.“品外”李方膺竹石图轴

80.“上下千古”李方膺三清图册　乾隆十八年（1753）

81.“李方膺”“虬仲”李方膺水墨花卉册　甲寅（1734）

82.“一点浮云过太虚”清人花卉集册　甲寅（1734）

83.“晴江书画”李方膺梅花图卷　乾隆八年（1743）

84. "雕虫館"李方膺松梅图轴　乾隆六年（1741）

85. "晴江"李方膺花卉屏　乾隆辛未（1751）

86. "晴江"李方膺兰石图卷　壬申（1752）

87. "晴江"李方膺三清图册　乾隆十八年（1753）

88. "游方之外"李方膺三清图册　乾隆十八年（1753）

89. "小李"李方膺花卉册　雍正十二年（1734）

90. "口只堪吃饭"李方膺水墨花卉册　甲寅（1734）

91. "路旁井上"李方膺花卉册　雍正十二年（1734）

92. "画平肝气"李方膺花卉屏　乾隆辛未（1751）

93. "深心托毫素"李方膺梅轴　甲戌（1754）

94. "飞华入砚田"李方膺梅花图册　乾隆四年（1739）

95. "胸无成竹"李方膺墨竹图轴　乾隆十一年（1746）

96. "小窗夜雨"李方膺花卉册　丁卯（1747）

97. "臣非老画师"李方膺花卉册　丁卯（1747）

98. "世狂"李方膺花卉屏　乾隆辛未（1751）

99. "八千岁春"李方膺花卉册　乾隆九年（1744）

100. "云飘中流"李方膺花卉册　丁卯（1747）

101. "山水小居"李方膺梅册

102. "莒州刺史"李方膺花卉册　乾隆九年（1744）

103. "平生知己"李方膺花鸟册　乾隆十二年（1747）

104. "仆本恨人"李方膺花卉册　丁卯（1747）

105. "受孔子戒"李方膺花卉册　丁卯（1747）

106. "何妨百不能"李方膺梅花图册　乾隆四年（1739）

107. "存我"李方膺三清图册　乾隆十八年（1753）

108. "云外一声鹤"李方膺梅册

109. "一片野云心"李方膺梅册

110. "木头老子"李方膺花卉屏　乾隆辛未（1751）

111."木头老子"李方膺兰石图卷　壬申（1752）

112."井观"李方膺梅册

113."衣白山人"李方膺兰石图卷　壬申（1752）

114."李方邹一字晴江"李方膺花卉册　丙辰（1724）

115."晴江李方邹"李方膺花卉册　甲辰（1724）

116."李方膺"李方膺墨梅图扇页　雍正十一年（1733）

117."李方膺一字木田"李方膺花卉册　雍正十二年（1734）

118."成村"李方膺水墨花卉册　甲寅（1734）

119."李方膺"李方膺梅花图册　乾隆五年（1740）

120."晴江李方膺"李方膺梅花图册　乾隆五年（1740）

121."晴江李方膺"李方膺梅花图册　乾隆八年（1743）

122."李方膺"李方膺荷花图轴　乾隆八年（1743）

123."李方膺"李方膺花卉册　乾隆九年（1744）

124."李方膺"李方膺花鸟册　丁卯（1747）

125."李方膺"李方膺兰石图卷　壬申（1752）

126."李方膺"李方膺花卉册　癸酉（1753）

127."李方膺道号啸尊者"李方膺三清图册　乾隆十八年（1753）

128."啸尊者"李方膺三清图册　乾隆十八年（1753）

129."晴江"李方膺紫藤图轴　乾隆七年（1742）

130."晴江"李方膺花卉册　丁卯（1747）

131."晴江"李方膺花卉屏　乾隆辛未（1751）

132."晴江"李方膺三清图册　乾隆十八年（1753）

四、李方膺作品真伪鉴识

按书画鉴定常规，鉴定一件作品首先要有主要依据。一是时代风格。理论上讲是指某个时代政治、经济、文化、风俗和工具等对这个时代书画作品所产生的影响（或称在书画作品上留下的痕迹）。如山水画与人物画，历代作品中显示出的人物服饰、风土人情、建筑式样和崇尚的审美倾向都有时代印迹，但对花鸟画来说则不明显。扬州八怪因他们的艺术思想、创作方法与当时保守的正统派均不合拍，异于主流审美而被视为"异端"而称为"怪物"。所以就李方膺绘画而言，在时代风格上主要依据提供的信息不够，那就在"扬州八怪"画风中有些许参考价值。二是书画家的个人风格。系指书画家在书画创作过程中，自然流露出的长年形成的用笔习惯（也称笔性）或署款中所形成的独特的书写方式。这一点上，正是鉴定李方膺作品真伪的最为关键之所在。举例如下：

（一）《梅兰图》

这幅画曾被多本李方膺画册中印用。（图10-2）从画风而言，应属晚清民国期间所作。恰巧此一时期，扬州八怪刚被美术界推崇，此时也正是书画作伪一个高潮时期。但作伪者画惯了清末民初寒酸气的画，在做李方膺这件伪作时仅凭臆想而为。此作的丑陋之处：1.在气息上讲，一股粗鄙、寒酸气跃然纸上，与李方膺自云的"叮咛莫写寒酸态"的画格迥然不同。2.画面琐碎，五件盆罐零乱一堆；用笔扭捏，梅枝、兰叶如蛇行，与李方膺简约的构图风格、俏拔利

图10-2 《梅兰图》立轴（伪）

落的用笔习惯相悖。3. 款书更是离谱出格。这种硬笔书法，直来直去。与李方膺方笔颜体字笔迹笔性大相径庭。4. 作画时间地点不对。此作伪者落款"乾隆十六年写于八闽"，乾隆十六年（1751），这一年李方膺正在合肥知县任上，开春之后为乾隆南巡做各项现场准备，查看湖堤工程，沿途经安徽泗州蒋家坝、高梁涧至江苏山阳（淮安）迎驾送驾，最后回汝阴。七八月间一回合肥，便遭知府以贪赃名参劾，停职、候审，8月解职。何来闲空与心情到八闽（福建）为大方伯作画。5. 用"比较分析法"来比对一下 1751 年这一年的所有作品，目前所见的李方膺作品共 18 件，没有一件作品与这幅《梅兰图》相仿。《潇湘风竹图》（南京博物院藏）正是此年所作，无论风格、创作水平，此《梅兰图》都无法相提并论，因此可以断定完全是一种臆造品。

（二）《兰花牡丹图》

此作为 2007 年春季某艺术品拍卖公司拍品。（图 10-3）创作年代标为 1755 年，而李方膺题款首句"买块兰花要整根，神完气足长儿孙"。乾隆二十年冬月李方膺。

此画属于"一眼假"。画假，字假，年代假。

画假。李方膺画牡丹、兰花，从未有过如此笔墨。构图壅塞，琐碎，精致的盆画图案，上书不伦不类诗款，又是佛手，又是天竹，还有梨或苹果，纵观李方膺的作品，从未有

图 10-3《图》立轴 水墨纸本 李方膺 陈佩秋（伪）

过如此低级庸俗的画作。

字假。右上方诗款，转录自李方膺盆兰图。此书法水平离李方膺真迹十万八千里，尖削无肉，恶俗无此，模仿得完全不像。

年代假。乾隆二十年冬，李方膺已成古人。该年 8 月初作品笔力已呈衰相。9 月 3 日离世，何来冬日作画？概言之，此作品上无一笔是李方膺所为。

最后，还拉个名人狐假虎威。陈佩秋，当代鉴定大家谢稚柳夫人，再怎么年老眼衰，断不至于如此眼浊，可视为拉个名人作帮衬，以伪名家题款蒙人之疑。

（三）《墨梅图》

《墨梅图》轴（图 10-4）纸本，水墨，某拍卖网上作品。无底价起拍。该图为完整克隆上海博物馆藏《梅花图》的赝品。我们可以用上博藏原作（图 10-5）与此伪作，两相比较。乍一看，以为是"双胞胎"。至少说明作伪者还是下过一番功夫的。但是经不住细看与比对。

一是纸张做旧。做旧时染色遗留的折痕相当明显。

二是长题书款与原作对比，伪作用笔侧锋偏锋太多，缺了李方膺中锋颜字的功力。

三是梅花主干行笔断气，花蕊、花瓣软弱无力。该作品多次出现于拍卖场却无人问津。

之所以举此例鉴别。因为目前市场"双胞胎"的发生率很高。此例系人为仿作，尚有可疑之处可揭。由于高科技在作伪领域里的应用，有相比于国内外顶尖机构复制的"下真迹一等品"水平的赝品，也欺骗了几多行家，这些货大多打着海外回流招牌，让那些不够细心的投资人上当。识破此类伪品有三招：

一是看作品背面，是否原装老裱，老裱背与新裱是看得出来的。这种伪作是印刷品，墨迹不可能力透纸背，所以卖家都裱背，让买家无法看出。

二是高倍镜（100 倍以上）看飞白部。毛笔飞白处印刷很难做到丝毫不差。且多在过渡部位呆滞。高倍镜下也看到印刷品的网状结构。

三是查考文献。绝大多名人佳作都曾经被国内外美术文献著录过，从未露面或被漏记的少之又少。查到文献，甚至查此作为某文博机构收藏，大多有图录，再比对图录。那么作伪者的原形毕露就不是难事。这就要求收藏家与投资人及其把关的专家，必须对被仿书画家的艺术生平、作品收藏情况熟稔在心。

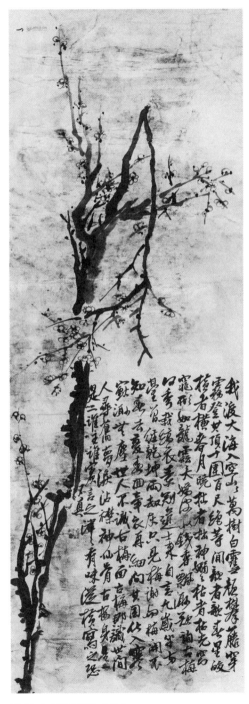

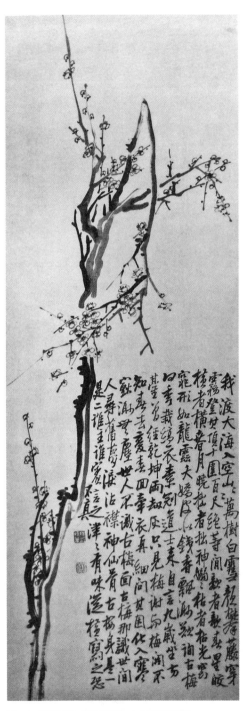

图 10–4《墨梅图》（伪）　　　　　　图 10–5 李方膺《墨梅图》上海博物馆藏

（四）《兰花图》

《兰花图》（图 10-6），某博物馆藏品。这幅墨兰图粗看易被蒙混过关。泼墨悬崖下两丛兰花，生气勃勃。画面上方题画诗一首，用笔厚重老道，且落有乾隆癸酉十月写于金陵借园款，似乎无可疑之处。但是，只要与乾隆十八年十月同期作品作一比较，还是看出不少端倪的（见故宫博物院藏《兰石图》）。

一、看兰花姿态，如同编织的篱笆，网格化太过明显，"忌格眼"系古代画家绘兰竹等的基本常识。李方膺的兰花作品绝不可能有如此低劣之作。李方膺所绘兰叶很有其独特个性，不似如此韭菜叶状。李方膺的兰叶多为波折，如风吹雨打后的零乱修长，行笔持重多变。从笔性上看，此作与李方膺兰花相去太远。

二、款书。此作款书也有颜体的姿势，但书写时迟重而不灵动。尤其是"无"字，画蛇添足，显然不是出自李方膺的手笔。"无"字，与同是乾隆十八年所作、广州市美术馆藏李方膺《苍松怪石图》题款中的"无"字相比，用笔大相径庭。整个题画诗款字形方正呆滞，没有节奏，显然是小心翼翼地做出来的。

三、李方膺，名款，太生硬，不圆润，不自然。

四、由此类推还有一幅《兰竹石》（图 10-7），为某美术机构所藏。这两幅画皆为"老冲"，后者画中竹叶尤差，

图 10-6《兰花图》（伪）

竹竿交代不清，草率了事，水平之低劣，
不堪入目。

　　实际上，乾隆十八年，李方膺在这
一年里，寓金陵借园画了数十幅画，同
月画作也有，只要排列对比，还是不难
辨识的。

　　当然，还有一些存疑的李方膺作品，
比如郑燮题画《盆兰图轴》（烟台市博
物馆藏）与李方膺题画《盆兰图轴》（扬
州市博物馆藏）二人的诗只差五个字不
同，但李画中无年庚，且书法非李之手笔，
李不可能拾郑牙慧！恐系射利之徒所为。
类似模棱两可的作品还有一些，限于篇
幅，不再展开。概言之，对李方膺作品
的真伪鉴识有一定的难度，但又不是十
分困难，原因如下：

　　一是老仿不太多。李方膺不像郑板桥
在世时就很闻名，所以，相对而言，乾隆
时期仿李方膺的伪品不多。多数李画作的

图 10-7《兰竹石》（伪）

老仿多系晚清民国时，"扬州八怪"被美术界炒得很热时才出现仿作，且作伪水平不高。

　　二是新仿水平差。李方膺的画作，尤其是后期作品，是其生命体验的体现，一般人
既无其感受，又无其笔墨功力，所以，即便作伪，很容易露破绽。笔者曾见新仿李方膺
的四条屏，气息一看就不对。一些作伪者，根本就没弄懂李方膺是何许人也，乱仿臆造，
屡见不鲜。时代风格、个人风格皆不对，很容易辨别。

　　三是提防"下真迹一等品"。高科技复制书画已成当下以伪充真的寻常现象。因为
李方膺并非热门画家，了解他的人不是很多，其作品散藏世界各地，公私藏皆有。以冷
僻的藏品复制售假，很容易让一般投资人上当。还是那句老话，投资需谨慎，收藏应当心。

真正热爱李方膺作品者，无论收藏抑或投资，应多请教相关专家把关为妥。

第三节　市场交易

一、拍卖市场

中国改革开放后经济复苏，书画等艺术品市场也越发活跃，真正有艺术价值的作品，不断受到藏家和投资者的关注和追捧。作为"扬州八怪"主干画家，李方膺的作品不但得到市场认可，而且可谓古代书画中"绩优股"。年年攀升，最高单件拍卖价已接近千万元。现将雅昌艺术网上李方膺作品多年来的市场成交情况列表如下：

李方膺字画部分拍卖成交额记录表

序号	拍卖名称	成交价（万）	拍卖日期	拍卖公司
1	墨竹册 册页（八开）	95.2	2009-12-15	北京匡时
2	辛酉（1741）作晴江墨妙	728	2010-5-15	中国嘉德
3	1748 年作墨梅册 册页	448	2010-6-5	北京匡时
4	乾隆四年（1739）作花卉册	123.2	2010-11-21	中国嘉德
5	花果册（四开）	943	2011-5-19	北京翰海
6	墨梅册页	414	2011-5-21	中国嘉德
7	1753 年作梅兰菊竹松册页	586.5	2011-11-17	北京翰海
8	虬松奇石图 立轴	59.8	2011-12-30	西泠印社
9	鸡冠花 立轴	218.5	2012-5-14	中国嘉德
10	凤仙秋葵图 立轴	18.75（美元）	2013-3-21	纽约苏富比
11	墨梅图 册页（十开）	31.7（美元）	2013-3-21	纽约苏富比
12	墨竹图 立轴	56.25（港元）	2013-5-27	香港佳士得
13	虬松奇石图 立轴	63.25	2013-6-1	北京翰海
14	1747 年作竹石图 立轴	103.5	2013-6-5	北京保利
15	乾隆十八年（1753）作幽谷国香	184	2013-11-19	中国嘉德

续表

序号	拍卖名称	成交价（万）	拍卖日期	拍卖公司
16	虬松奇石图 立轴	66.7	2014-4-20	上海明轩
17	故园秋色 立轴	149.5	2014-5-20	东方大观
18	松苍图 镜片	92	2014-6-22	上海嘉禾
19	花卉画册 册页（十二开）	41.1（美元）	2014-9-18	纽约苏富比
20	1739 年作渭川千亩 册页	78.2	2014-12-2	北京保利
21	1752 年作松石图 立轴	80.5	2014-12-2	北京匡时
22	墨竹图（乾隆十一年）	92	2014-12-14	西泠印社

以上表格列举了李方膺作品自 1996—2014 年进入拍卖市场以来，列次拍卖成交情况。除去与李方膺作品无关的（或带李方膺"款"字的作品）工艺品，近现代人的赝品，伪作之外，基本上真实反映了李方膺书画作品的实际成交状况。由此，可以得出两点结论。

（一）李方膺作品的艺术价值得到海内外普遍认可。从参与拍卖的各大拍卖行就能看出，世界著名拍卖行苏富比、佳士得，国内如中国嘉德，北京翰海、保利，杭州西泠等均有上佳表现。1993 年至 1995 年国际艺术品市场上，李方膺《竹石图》立轴 1.38 万美元。《兰花》立轴 24.2 万人民币，《紫藤玫瑰》立轴 1.2 万美元。如今 20 多年过去了，价格已经翻升近十倍。[1]

（二）稳中有升，一直看好。李方膺作品中最高成交价为花果册页（四开）943 万，是 2011 年于北京翰海创造的，平均每平尺近 200 万元。从 2013 年下半年开始，艺术品市场逐步回归理性，进入调整阶段。即便如此，李方膺的作品仍然稳中见升。以其《虬松奇石图》为例，从 2011 年 59.8 万到 2013 年 63.25 万，再到 2014 年 66.7 万，三年中年年增值，步步为赢。事实证明，只要是李方膺的真品力作，依然是收藏投资的不二选择。

二、场外交易

在古代，画家鬻画是十分常见的现象。当年兴化顾万峰十分欣赏李方膺的梅花，曾

1　许志浩编《中国书画拍卖行情》，文汇出版社，1996 年 5 月第 1 版，第 27—28 页。

出 1000 两银子买下。李方膺合肥罢官之后，被逼以画"换米糊口"，卖画为生之路，以画作换银子是再正常不过的谋生手段。

1924 年左右，李方膺 8 尺屏老梅，满纸题字，定价 40 元，一幅兰轴 20 元。同年中，赵云壑的一件枇杷条屏定价 15 元，其女元贞的一幅牡丹定价 8 元。由此看来，各个时代都有"老画卖不过新画"的现象。但是，时间是最公正的评判者，真正好的艺术品是经得起时间考验的。

2000 年左右，南方某市欲建博物馆，从南通某私人手中以每帧约 10 万元的价格，购走李方膺十开杂花册页。

私下交易往往不为外人所知，不如公开拍卖有记录，难以列入统计。李方膺的作品本就存世不多，且绝大多数被海内外博物馆及美术机构所收藏，能够进入流通领域的真品也就数十件。至今仍保存在私人藏家手中的李方膺作品，未曾著录或未曾露面的少之又少。这些私下交易的作品真伪难说。因为卖方多不愿让人知晓，显得隐蔽和神秘。越是神秘往往越能激起买家的占有之心，也往往越容易上当受骗。所以，无论是公开拍卖抑或私下交易，收藏家与投资者，始终必须坚持的原则，不是真品不动心，不是精品不动情。

附录一　李方膺年谱新编

李方膺年谱新编

康熙三十五年 丙子 1696 1 岁

姓李，乳名龙角，名方膺，号晴江，字虬仲。南通州人。先世居江西省新淦县。随明太祖平定吴地，始迁通州。祖父达生，字子上，诸生，赠通议大夫。父玉铉，字贡南，号但山。达生季子。康熙丙戌进士，累官福建按察使。母姚氏。长兄方曹；二兄彩升；三兄方龙；方膺最小。

【时事】

是年，丁有煜 15 岁，

沈凤 12 岁。

李鱓 10 岁。

金农 9 岁。

郑板桥 4 岁。

保培基 4 岁。

张雨森 4 岁。

康熙三十七年 戊寅 1698 3 岁

父友李堂（字心构，号草亭）父李黄在通州城内筑借水园，创立五山画社。社员雅集历十五年。

《崇川咫闻录》胜迹录·第十四·画中有载："借水园，李草亭父筑；联五山画社。李父性耽泉石，好笔墨之侣。下榻此园中三年者，陈菊村也。时凌镜庵、吴西庐、马药山恒与来往。又招张研夫、保庵、王买山、李顽石入社。未几，菊村、买山逝，诸人多远游，社几废，适镜庵、顽石至园，续旧社。益以陈揖石、蒋开士，每月一集。自戊寅举社后十四年，药山、开士又逝，镜庵、西庐俱八十。馀独健，研夫、缃庵，七十，揖石六十，顽石五十，草亭亦四十有八，十四年来积画社笔墨为人窃去，存者仅十二小页，每页草亭题墨数行，汇一册，时出玩之，并为之记。"方膺早年学画，受此画社影响较大。

康熙四十四年 乙酉 1745 10 岁

父乡试中试（举人），距其入学已二十三年。

方膺开蒙学。

【时事】

十月九日，王原祁等奉旨纂修《佩文斋书画谱》，王为书画谱馆总裁。

朱耷（八大山人）卒，年80。

王概（安节）卒。

康熙四十五年 丙戌 1706 11 岁

父联捷二甲进士，旋官中书舍人。

康熙四十六年 丁亥 1707 12 岁

从兄方燕入学。

【时事】

石涛年七十八岁，约于是年七月后卒于扬州。

朗世宁入耶稣会。

金农读书于何义门家塾。

康熙四十七年 戊子 1708 13 岁

长兄方曹入学。

康熙四十九年 庚寅 1710 15 岁

父因其母乞养归，旋母卒。遂丁艰家居。

康熙五十年 辛卯 1711 16 岁

始与海门丁有煜交。

丁有煜传，有《崇川咫闻录》卷九；光绪《通州直隶州志》卷 13·人物志下·文苑传。

丁有煜《个道人遗墨》：记有《哭晴江文》《沧州会说》《薄粥楼说》。诗：寄李晴江二首。

李堂五山画社解散。

玉铉与丁有煜之父丁腹松有过从。

【时事】

是年，李鱓（26 岁），卢见曾中举人，高凤翰中秀才。

张经 70 岁。

王士禛（渔洋）卒。

康熙五十二年 癸巳 1713 18 岁

父服阕，入京，授广东西宁知县。

康熙五十三年 甲午 1714 19 岁

【时事】

郑板桥开始画画。

九月，李鱓在热河把翠山房作《花卉册》，至冬续完。

沈凤（凡民）《谦斋印谱》二卷成。

康熙五十四年 乙未 1715 20 岁

【时事】

郎世宁 27 岁来北京。

是年，王原祁卒。

康熙五十五年 丙申 1716 21 岁

【时事】

袁枚生。

郑板桥寓居扬州。

金农三十岁，江上病疟。

康熙五十六年 丁酉 1717 22 岁

入州学。丁有煜《哭晴江文》云："（方膺）自补邑弟子员，即思奋志为官，努力作画。"据此可知，方膺此时已定人生方向，并已有作画基础。

【时事】

李鱓供奉内廷。蒋廷锡升内阁学士。

康熙五十七年 戊戌 1718 23 岁

三兄方龙入学。

【时事】

是年九月，李鱓（33 岁）离开宫廷。

吴历八十七岁，病逝于上海。

康熙五十八年 己亥 1719 24 岁

玉铉解西宁知县任，应召入京，补授户部贵州司主事，随升兵部郎中，顺道回通州。

玉铉有诗《己亥行取同人告归》，诗云：进难退易此风稀，谁识江头有钓矶。外吏十年趋輂毂，分曹三月解朝衣。青云迢递情何限，夜雨萧条梦已非。回首烟梦寻旧路，春山处处蕨根肥。

是年秋，李鱓从兴化来通州，玉铉约李堂，三李同游黄泥山，同登狼山支云塔。李鱓作诗纪念："矮矮山坡短竹扉，黄泥精舍是耶非，神游海峤盟初践，路入松筠兴已飞。凤有禅缘三日榻，绝无乡梦九秋归，只愁我去山犹在，今古苍茫冷翠微。宿黄泥山书为吹，老学长先生政。"李堂有宿黄泥山僧舍诗："粤东五载隔蛮天，携手还同登塔巅。山意萧森秋气别，水光摩荡月轮悬。昭阳（兴化古称）兄弟来天外，江国沧桑感目前。料得酒酣歌又起，莫将离曲入繁弦。"（按此时李方膺应在现场，并因此结识了李鱓，因系晚辈未提及而已。）

康熙五十九年 庚子 1720 25 岁

【时事】

是年，王石谷卒。

康熙六十一年 壬寅 1722 27 岁

【时事】

是年，郑板桥父去世，居乡教书。

雍正元年 癸卯 1723 28 岁

玉铉外升云南楚雄知府。有诗《癸卯赴滇》云：夜郎西去是滇城，旧史曾传金马名。万叠青山何日到，六旬白发向前行。雁过峰外秋无迹，革长天南缘有情。自问衰躯多健骨，且随明月听芦笙。（《但山诗抄》）

九月，二兄彩升以禀贡生保举分发云南，遂随父赴滇候补。

十二月，彩升次子雾（字望云门，别字铁垣，晚号铁道人）生于家中。

【时事】

蒋廷锡任礼部侍郎。

约于是年，郑板桥卖画于扬州，前后经十年左右。

黄慎初到扬州。

雍正二年 甲辰 1724 29 岁

是年通州为直隶州，与扬州府脱离隶属关系。

堂兄方邹京城入太学。作《花卉册》（六开），纸本，著色，33.9×54.1cm 上海博物馆藏。载《中国古代书画图目》第五册。沪 1-3901。

十月十九日，彩升卒于滇。

【时事】

郑板桥出游江西。

保培基以中书任职河工。

雍正三年 乙巳 1725　30 岁

【时事】

李鱓与郑板桥、黄慎同寓扬州天宁寺。

郑板桥游京城，与禅宗尊宿及子弟游。日放高论，臧否人物，无所忌讳，坐得狂名；始与慎郡王允禧交。

金农北游，转道山西，客泽州陈幼安家三年。

雍正四年 丙午 1726　31 岁

父应召赴京。雍正帝召见养心殿，赐御书及瀚海石砚等物，特简福建粮储驿传道。赴任前过通州。方膺随父入闽。

父有《自滇赴召》诗：少年早已不如人，叠被温言愧此身。侍女焚香添永夜，椒儿舞马祝长春。边方直指丹霄路，御笔亲题白发臣。耿耿寸心才智短，北辰遥望几劳神。

【时事】

七月，李鱓从赵家舍过草马庄，晚过日永庵止宿，腊月客扬州竹西僧舍。

郑板桥客南通州。（《清代徽宗印风》第 232 页）

雍正五年 丁未 1727　32 岁

在闽协助父亲处理杂务之余，读书画画。后被延津邵道魏壮看中，或聘为幕属，协助魏治水。

【时事】

郑板桥客于通州。游狼山，作《游白狼山》诗，首句：积雨空山草木多……（《郑板桥集·诗抄》）

袁枚为县学生。

黄慎奉母游扬州。

高凤翰举孝友端方，为歙县县丞。

正月，李鱓过湖州，路过通州。八月，与郑板桥、黄慎同客天宁寺。秋，寓都门定性庵，书题画截句二十一首。

雍正六年 戊申 1728 33 岁

被福建延津邵道魏壮保举贤良方正。

方膺作画1——《三代耕田图》。现原作不见。此图在漳州奉父命而作。（《清代扬州画派研究集》第四辑著录）

冬，父应召入京，经通州，偕父入京。父有《戊申冬因公旋里，喜晤草亭弟，随渡江北上》诗："忆昔霜清九月时，轻舟夜并晓分离。洞云出海踪难定，笼鸟还巢数亦奇。千盏醉歌情脉脉，一帆愁挂雪澌澌，弟兄不老天涯近，寄与他年花月知。"（《但山诗抄》）

【时事】

春，郑板桥读书于扬州天宁寺。

八月，李鱓与郑板桥、黄慎同寓天宁寺，品诗论画。

高凤翰秋到北京，见雍正于圆明园，授职郎，除歙县丞，继赴皖南。

沈凤重辑自刻《谦斋印谱》一卷。

雍正七年 己酉 1729 34 岁

雍正帝于勤政殿召见方膺父，赐御书、貂皮等物，特简贵州按察使，调福建按察使。询及后人，以方膺偕行对，即命引见。

雍正帝召见方膺，以山东知县用。

出京。与父于涿州分手。父往闽。有《赴臬司任》诗。诗云："竹杖扶持病鹤行，明刑诏下五云廷。绣衣一着容先瘦，铁案将成笔又停。坐月无声怜鬼哭，相衾有梦见天青。自惭折狱才原短，切记钦哉石屏。"

按嘉庆、民国《乐安县志》作七年知乐安。袁枚《李晴江墓志铭》与《崇川各家诗抄汇存·李方膺传》误为雍正八年知乐安县。

【时事】

郑板桥作《田家四时行乐歌》《道情》十首。

十一月，李鱓旅食吴陵。

雍正八年 庚戌 1730 35 岁

是年秋，乐安水灾。方膺带人察看灾情，并呈文青州府开仓赈灾。见灾民嗷嗷，等不及批复即擅自开仓赈民。青州知府上弹劾。（此《乐安县志》有详细记载。）

雍正帝谕修小清河。

【时事】

郑板桥、李鱓、黄慎同寄扬州天宁寺作画。郑准备参加乡试。

闵贞（正斋）生。

雍正九年 辛亥 1731 36 岁

春，乐安春荒，发仓栗平粜，再被劾。而粮价跌平，百姓度过春荒。总督田文镜壮之。

奉巡抚岳浚命查小清河水利。过任城，作《登任城酒楼放歌》，歌首句云："驱车往任成，言登太白楼。"

自此至乾隆三年，以知县事河工。常往来河上勘察，治理，陆续达五年。著《小清河》，论疏河法。

【时事】

李堂在金陵参与《江南通志》修纂。

曹星谷（竹人）生。

高凤翰任安徽绩溪知县。

雍正十年 壬子 1732 37 岁

转任莒州知州。作《赴莒州任作》诗，首句云："匹马登城仔细看，敢云愫陋竟偷安。"

捐俸修莒州学宫。（此事嘉庆《莒州志·学校》，民国《重修莒州志·李方膺传》，均有记载。）

聘同里陈鹤龄至莒州协助治水。（陈鹤龄生平《崇川咫闻录》有载）

方膺作《牡丹》轴，绢本，设色，90.3×54.3cm，题款：雍正十年，仿北宋人笔，呈迥

楼三兄清玩。晴江李方膺。南通博物苑藏。（《扬州八怪书画年表》）

父告病：得旨改任，回籍调理。

【时事】

闰五月，李鱓作《松萱瓜瓞图》，华新罗跋画。是年蒋廷锡卒。

郑板桥赴金陵乡试，顺道游杭州西湖，观潮于钱塘江。

保培基作《井谷记》。

雍正十一年 癸丑 1733　38 岁

莒州学宫修成。作《题莒州学宫》诗两首。首句："数仞宫墙接斗牛，圜桥泮水淡烟浮。"

修《乐安县志》20 卷，刊行。亲笔作序其上。

莒俗健讼，治理谕之以理，动之以情，讼民皆顿首泣谢，相戒勿敢再犯。又胥吏素狡滑狂悍，至是亦胆落不敢玩法。故民戴之若父母。

方膺作画 1——《五鱼图》轴，（《扬州八怪书画年表》）题画诗首句"三十六鳞一出渊"。

方膺作画 2——《墨梅图》扇页

父蒙雍正帝特旨召见，赐御制诗文、端砚等物，复任福建按察使。

【时事】

罗聘（1733—1799）生。

郑板桥得友人程子骏以千金为寿，一洗穷愁，乃赴焦山专心读书，准备应试。

金农自序《冬心斋砚铭》一卷刊行。著《冬心先生集》四卷。

高凤翰任泰州盐司坝长。著《砚史》初成稿。

雍正十二年 甲寅 1734　39 岁

回乐安县任，携《莒州志》稿。

十月，治乐安福民河。自石村镇经三里庄至龙门口共五十六里有奇。初一开工，阅一月至十一月初十告竣。其余章邱、邹平、高苑、长山、新城、博兴六邑，并有水利计划。总督王士俊喜言开垦，梗未能行。

秋，兰山新置县，奉委任知县。

十二月二十二日，赴兰山县，宿城北白塔，于土窗得石砚一，自为砚铭记。

方膺作画1——《水墨花卉册》，又名《墨花册》（八开），纸本，水墨。30.2×42.3cm。上海博物馆藏。《中国古代书画目录》第五册著录，沪1-3903。

其一，荔枝　题"甲寅夏五，仿白阳山人墨笔荔枝时，读唐史偶题三绝。首句："海南七月彩金銮，博得昭阳一笑看。"

其二，牡丹　题诗首句："随意写名花，不染胭脂气。"雍正十二年夏五，写于嚼菜轩·南通州李木田。

其三，蕉竹　题："蕉窗夜雨点，木田学画时，甲寅年二月二日也。"

方膺作画2——《花卉册》页，《中国书画家所鉴款识》（上）著录。（与《花卉》册或为同一作品册）

方膺作画3——《梅花图》册（八开），纸本，水墨。上海博物馆藏。（与《梅》册或为同一作品册）《中国古代书画目录》第三册著录。沪1-3902。

方膺作画——《梅》册，《中国书画家印鉴》（上）著录。（同上或为一件）

方膺作画4——《杂画》（十二开），纸本，水墨。故宫博物院藏。《中国古代书画目录》第二册著录。

方膺作画5——《花卉》册。《中国书画家印鉴款识》（上）著录。

据邱丰《画家李方膺》第76页记，该年有写竹作品两件："拟苏文忠笔意"，"李晴江法老可"俟考。同书第65、66页还记有几件作品的题跋（昔未记出处）如："曾向丰台阶下过，一技能值几文钱。含春俱绰约，缀雪转清妍。甲寅元旦拟苏文宗笔。""新构小楼偏有韵，移来几树欲成荫。甲寅正月""花含小雨胭脂湿，枝绕春风绛雪凉。甲寅年写于穆陵关道中公车经山东临朐县穆陵关）。"《梅花图》题诗二首，第一首首句"香雪凝花冷淡生"，后一首录王安石《梅》诗。雍正十二年于梅花书屋。（源自邱丰《画家李方膺》第59页）

【时事】

李鱓春日于兴化僧舍作《雁来红》。

是年，金农客扬州，始留髯，人称"髯金"。

高其佩卒，年七十五。

高凤翰辑古印及自刻印成《西园印谱》四册。《砚史》初稿成，集砚三百方。

雍正十三年 乙卯 1735 40 岁

河东总督王士俊下令属县垦荒，以此事与民无益而阻之。约于八月底被罢官两月，约于十一月入狱。

秋，于山东兰山县任上。方膺作画 1——《花卉杂画》册（十二开），纸本，水墨，31.3×47.5cm（1）《玉兰花图》，题诗，首句云："玉树迎风占早春，良工不肯画全身。"雍正十三年八月，写于古琅琊，李方膺。另一首：劝农不知路迢遥，曾见乡村玉树条。官罢到今才两月，家家斧劈当柴烧。雍正十三年乙卯十月二十一日发于琅琊。(2)《篱菊图》题诗，首句云："画家门户何人破，偏竹为篱种菊花。"乙卯秋日客琅琊写，晴江。(3)《水仙图》，作于兰陵寓斋。(4)《梅枝图》，作于王元辅碧梧居。

（5）《桐图》

（6）《菊图》

（7）《芭蕉图》

（8）《牡丹图》

（9）《连根图》

（10）《梅花图》，题诗首句："相君之面清人骨，不是梅花不许论。"雍正十三年客兰陵写赠元辅学长兄清玩并题。

（11）《丛竹图》

（12）《竹枝图》

（1）~（2）《文人画粹编》卷九第75页影印。（5）~（12）《文人画粮粹编》卷九著录。十月二十二日，于琅琊呡闻斋，碧梧居作。

方膺作画 2——《花卉》册（十二开），纸本，水墨。

（1）《牡丹》题诗，首句："紫紫黄黄色色多，三春花市闹如何。"乙卯十月廿二日写，晴江木子。

（2）《萝卜蒜头》，题诗，首句："十载匆匆薄宦游，个中滋味复何求。"乙卯十月，写于琅琊呡闻斋，晴江木子。

（3）《柿枣》仿未孩子笔法，题诗首句："冻枣垂垂映柿红，来春买米做农工。"

（4）《秋葵》，题诗首句："萧瑟风吹永巷长，采衣非复归时黄。"乙卯十月写于碧梧居。

（5）《菊花》题诗首句："陶潜种菊碎星星，屋后门前小草亭。"

（6）《梅花》题诗首句："十月阳春初动时，勾昔有治岭南枝。"

故宫博物院藏。1982年12月该院《清代扬州画家作品陈列》展出六开。《中国古代书画图目》京1-5619。

方膺作画3——《疏菊含秀》立轴，题诗首句："味苦谁能爱，含秀只自珍。"乙卯秋写，晴江。源自北京保利拍卖公司，2006，06，16.

父乞骸归籍，杜门课子。

【时事】

李鱓于扬州，数作《五松图》。冬，郑板桥赴京，准备会试。

乾隆元年 丙辰 1736 41 岁

王士俊所辖某为开垦事驰檄督促，方膺乃力陈开垦之弊，并云不敢肺附粉饰以遗地方忧。士俊闻而大怒，劾以他事，因系方膺于青州狱。百姓哗然，纷纷请探狱。不允，则将各自所携钱物自墙外投入，以至沟瓦为满。

乾隆帝下诏罪王士俊，凡为开垦罢官者悉召见。元月乃得出狱，复原职。

按方膺入狱时间约在雍正十三年十一月。因前玉兰题画诗有言"罢官才两月"，故认为李方膺于雍正十三年八月底先被罢官，而后再投入监狱。因是年十月及次年乾隆元年春方膺均有画作，出狱时间约在乾隆元年年初。

方膺作画1——《菊石图》轴，纸本，设色，171.5×44cm，题："秋花最是迟开好，且可东篱护晓霜。"乾隆丙辰春日，李方膺 安徽省博物馆藏，《扬州八怪》第137页影印。《中国古代书画图目》卷十一，皖1-580。

方膺作画2——《花卉》轴，绢本，水墨。题诗首句："陶潜官罢酒瓶空，雨水清清菊一丛。"乾隆元年，重阳前一日，写于历下之碧梧居，（顾）均湖年兄清玩，晴江李方膺。南京市博物馆藏。

方膺作画3——《桃李春风图》，又名《桃花杨柳图》，轴，绢本，设色。

160.7×45.2cm，款："丙辰十月，写于寿萱堂，抑园李方膺。"江苏省美术馆藏。《中国古代书画目录》第五著录。苏 19-38。

方膺作画 4——《枇杷图》，又名《枇杷晚翠图》，绢本，设色，161.6×45cm，款："乾隆元年十月写此，李柳园。"南京博物院藏。《中国古代书画目录》第五册著录，《中国古代书画图目》卷七，苏 24-0947。

方膺作画 5——《百花呈瑞图》轴，绢本，设色，162.5×43.1cm。题诗，首句："不写冰桃与雪藕，百花呈瑞意深长。"乾隆元年写于历下碧梧居，抑园李方膺。南京博物院藏。《中国古代书画图目》卷七，苏 24-0948。《中国古代书画目录》第五册著录。

方膺作画 6——《墨梅图》卷，作于琅琊古梅花亭。此图上并录王冕《梅花传》。许莘农藏。

方膺作画 7——《瓶梅图》题诗首句："东风有意觉诗人，吹绽枝头数点春。"丙辰秋。
（引自张松林《李方膺》第 191 页）

【时事】

八月，保和殿举行博学鸿词特科考试，与试者二百余人，取 15 人。金农、张庚、丁敬应举到北京。袁枚、厉鹗、沈德潜等落选。

郑板桥殿试中二甲第 88 名进士，一时授官无望。

李鱓正月赴京谒选，过古琅琊，晤李方膺，作《年年顺遂图》。沈凤授江宁南浦通判。

乾隆二年 丁巳 1737 42 岁

方膺作画 1——《枇杷》册页，题诗首句："四十无闻误是吾，春花秋月酒家沽。"乾隆二年十月，写于半壁楼，抑园。天津市艺术博物馆藏。《扬州八家画选》，《扬州画派》第 161 页影印。

方膺作画 2——《花果》册（四开），纸本，设色，28.6×26.5cm。

（1）《柿枣》，题诗，首句"冻枣垂垂映柿红，来年买米做农工"。乾隆二年秋日画题，抑园。

（2）《梅竹》题诗，首句"竹有清风梅味酸，画家镇日与盘桓"。乾隆二年写此，李方膺自号木田。

（3）《梅》题诗，首句"画笔纵横不肯庸，凭空梅花挂重重"。乾隆二年，写于历下碧梧居，李抑园。

（4）《春菜》题诗，首句"菜把甘肥色更鲜，劝农曾见口流涎"。乾隆二年秋日，写于古历下亭，仿未孩子笔意也，李方膺。

北京市文物商店藏。《中国古代书画图目》第一册 202 页，京 12-329.（按 2011 年 5 月 19 日，瀚海春拍 943 万元，附二十家跋）

十二月，以兰山知县身份会同曹县县丞、博兴典吏朱鸣歧，乐安典吏张廷相往海边勘察水情。

子霞（字示中，号静之）入通州学。

【时事】

两淮都转运使见曾案发被放。高凤翰牵连系狱，抗词不屈。因风湿病废右臂，自号"丁巳残人""尚左生"，罢官，寓扬州长寿庵。

郑板桥南归扬州，得程羽宸资助五百金，与铙五姑娘成婚。

秋，李鱓赴山东任临淄知县。是年于京城扬州会馆作四言联："为官已老，续画何人。"

乾隆三年 戊午 1738 43 岁

乾隆帝谕修小清河，奉巡抚法敏命复勘。方膺于小清河流域（含临淄）查勘，有机会与李鱓交流。

方膺作画 1——《竹石》册页。题："慈竹以赵吴兴为第一，偶仿其意。乾隆戊午三月也，抑园。"天津市艺术博物馆藏，《扬州八家画选》，《扬州画派》第 160 页影印。

方膺作画 2——《菊花》册页，题诗，首句："羞与青花艳冶秋，殷勤培溉待西风。"天津市艺术博物馆藏。

方膺作画 3——《鲂鲤贯抑图》轴，纸本，水墨，125.3×56.9cm，题诗首句："客来向我索鱼羹，口渴无聊解酒醒。"乾隆三年夏日写奉，李方膺。

南京博物院藏。《关于清代扬州画派学术研究参考资料》著录。

方膺作画 4——《梅花集》册。高野侯藏。《明清画家印鉴》著录。

方膺作画 5——《芭蕉竹石图》轴，纸本，水墨，134×62cm，题："听雨听风听不得，道人何苦画芭蕉。"乾隆三年夏日写奉□庵学长兄清玩，李方膺。源自：2004 年 11 月 18 日，天津市文物公司。

方膺作画5——《三鱼图》，题诗首句："半宅江湖里，如旁云水居。"乾隆三年春日写于历下碧捂居。（边有萧平鉴定跋）

三兄方龙与其子霖（字飞石）乡试中试。

从子观（字素田，长兄方曹子）入州学。

【时事】

郑板桥与金农游扬州，甚得山水之趣。

十月，李鱓调署滕县知县。十二月，于都门卧佛寺写《杏花春燕图》。

乾隆四年己未 1739 44 岁

方膺继续勘察河道，（五、六月），经清河县等地，自临清巡遭返济南。

方膺作画1——《瓶梅》册页，纸本，水墨，尺寸不详，题诗首句："四升三合茅柴酒，按得歪瓶邻舍家。"乾隆四年夏五，仿伯纪笔法于临清板闸。李方膺自号抑园居士。

方膺作画2——《梅花》册页，题诗首句："一枝斜挂一枝垂，莫怨丹青手段卑。"乾隆四年六月，仿伯纪笔法于东大楼，晴江。南京许莘农藏。重庆出版社《李鱓·高凤翰·李方膺画风》之李方膺作品·16。

方膺作画3——《菊石图》轴，纸本，设色。60.35×36.05cm。《中国古代书画图目》卷十一，浙1-487。浙江省博物馆藏。

方膺作画4——《梅花》册（三开）纸本，水墨，28.3×36.5cm。

（1）题："乾隆四年六月一日，仿元章笔意于碧梧居，李方膺。"

（2）题诗，首句："挥毫落纸墨痕新，几点梅花最可人。"乾隆四年六月，晴江。

（3）题诗，首句："行役匆匆日欲斜，车停茅店画梅花。"乾隆四年六月，贝州道中写此。李方膺又字木李，第二行遗一斜字。"浙江省博物馆藏。《夏衍藏书画选集》第32页。

方膺作画5——《渭川千亩》册页（十二开）纸本，水墨，25×32cm，北京保利2014秋拍。题端：渭川千亩，晴江。钤印：大开笑口，题识：（1）朝阳鸣凤。写于四隅颐，晴江。（2）题诗首句："夏雨连朝不出门，淋漓墨竹两三根。"乾隆四年六月写于济南雨窗，晴江。

（3）题诗首句："三径千竿竹，青门一亩瓜。"晴江题。

（4）种竹养鱼。晴江题。

（5）题诗首句："伶伦伐竹到昆仑，西使张骞得蒜根。"

（6）题诗首句："暑气薰薰不可遮，偶然画出野人家。"

方膺作画6——《牡丹图》轴，纸本，水墨，90×64cm，题诗，首句："市上胭脂贱似泥，一文钱买一筐提。"乾隆四年十月，写于青州之千乘，晴江李方膺。重庆市博物馆藏。《李初梨理藏书画选》第79页。

方膺作画7——《天台第三株》，纸本，水墨。款识："此天台第三株也。乾隆四年十月，写于琅琊。抑园木李。铃印：大开笑口（白）、木头老子（朱）。

诗堂：不奇松苍，扬州一怪。此李方膺四十五岁真笔。苍松一株，顶天立地，刚直而挺拔，即其自我秉性之写照也。以浓黑写奇石，衬托其后，愈显苍松之高洁。笔爽而畅，墨鲜而润。二百七十年后之今日观之，其淋漓墨气，似犹未干也。辛卯孟冬，萧平识于金陵。铃印：萧平（朱）爱莲居（白）。

方膺作画8——《菊石图》卷，题："家龙眠《松石图》，二苏题咏，至今七百余年，传为世宝。予作《菊石图》，亦不敢并驱中原，但有好事者借观，须得米五石、酒十斗，方许之。时乾隆四年十月十一日也，示霁儿，晴江。"《扬州八怪》第138-139页。

《中国古代书画图目》卷十六，辽2-324。沈阳故宫藏。

方膺作画9——《竹石图》轴，题"乾隆四年十月仿与可笔法，于半壁楼。李方膺"私人收藏。附萧平鉴定跋。（见于2019年"扬州书画三百年"作品展）

父于十一月卒于家，终年八十一岁。见《五山耆旧今集》李玉铉先生行状。阮元《淮海英灵集》丁集卷一，李玉铉小传节录陈北伦所作《李玉铉先生行状》时，误"乾隆四年十一月某日卒"为"乾隆十一年卒"，此后《历代名人生卒年表》等皆承其误。

丁父艰回通州，此后又丁母艰，故延至乾隆十一年春方入京谒选。按方膺母卒年未详。《李玉铉先生行状》中，以"配姚太淑人，恩贡生姚公翱女"，与其子孙同叙，未云前卒。可知其父卒时，母仍在世。至乾隆十一年再度出仕，母则已卒。

此年是其人生轨迹和绘画风格转折点。始渐脱前人规制，自出一格。

【时事】

四月，袁枚为二甲第五名进士，五月选庶吉士。

张雨森（字作霖，号苍垫）入宫，以画供奉宫廷，拜唐岱为师。

卢见曾复为淮南都转运使，郑板桥作诗赠之。

汪士慎春游浙江，访丁敬。

乾隆五年 庚申 1740 45 岁

通州丁艰在家。

二月，撰《山东水利管窥略》成，凡四卷，共十四篇。为识序言于卷首。书于是年刊行。

方膺作画 1——《梅花图》轴，纸本、水墨。题诗，首句："梦度大海入空山，空山万树白雪颜。"乾隆五年六月，写于半壁楼。上海博物馆藏。《中国古代书画目录》第五册著录。沪 1–3904。

方膺作画 2——《松石图》轴，纸本，水墨，210×110cm，题："乾隆五年写于半壁楼，奉哲翁老叔岳清玩。晴江李方膺。钤朱文"梅影楼"，《古砚堂书画集》第 34 页。

方膺作画 3——《蕉石图》轴，纸本，设色，乾隆五年嘉平月，仿未孩子笔于半壁楼 晴江。

方膺作画 4——《庭院秋景》轴，纸本，设色，157.5×42.40cm，乾隆五年，李方膺。源自中国嘉德拍卖公司，2005 年 11 月 7 日。

【时事】

李鲤因忤大吏罢官，为政清简，士民怀之。

郑板桥与沈心定交于金农寓楼。

朗士宁作写生册。

高凤翰游苏州寓北固僧舍，返扬州寓董子祠。

乾隆六年 辛酉 1741 46 岁

方膺作画（三月十五日）1——《梅花》册页、题"逃禅老人画梅，真有疏影横斜之致，偶仿其意"扬州沈华藏。

方膺作画 2——《盆菊图》轴，纸本，设色，139×48cm，题诗，首句："莫笑田家老瓦盆，也分秋色到柴门。"乾隆六年九月，写于半壁楼，晴江李方膺。无锡市博物馆藏。《中国古代书画图目》第六册 208 页，《中国古代书画目录》第五册著录。

方膺作画 3——《牡丹图》轴（十月）纸本，90×39.8cm，南通博物苑藏。《中国古代书画图目》苏 8-151。

方膺作画 4——《兰石》卷，纸本，水墨，故宫博物院藏。《中国古代书画目录》第一册著录。京 1-5620。

方膺作画 5——《兰竹》卷。故宫博物院藏。《历代流传书画作品编年表》著录。

方膺作画 6——《竹石图》轴，绢本，水墨。上海朵云轩藏。《中国古代书画目录》第四册著录。《中国古代书画图目》卷十二，沪 1-0526

方膺作画 7——《涧底松树图》轴，纸本，水墨，110×45cm，（又名《墨笔松枝图》）题诗，首句："尺寸枝头着墨浓，全身不见白云封。"乾隆六年写，晴江李方膺，朱文印："何妨百不能。"南通博物苑藏。

方膺作画 8——《梅石图》轴，纸本，水墨，137.5×36cm，乾隆六年六月写于梅花楼，钤印："仙李""画外"，嘉德 2012 春拍（74.35 万元成交）。

方膺作画 9——《花卉图》册（又名《晴江墨妙》）（四开）纸本，水墨。

（1）《梅》题诗，首句："天生懒骨无如我，画到梅花兴不同。"晴江。

（2）《兰》款署："晴江写意。"

（3）《菊》题："秋花最是迟开好，且可东篱护晓霜。辛酉十月仿未孩子笔法，晴江。"

（4）《竹》题："满谷春风。"

《扬州八怪》第 140 页。

按补另 六开，合计十开，名为《仿白阳山人花卉》册页，24×29cm。

（5）《梅》题诗，首句："只有梅花刺眼新，终年涂抹最精神。"辛酉中冬，写于梅花楼，晴江。

（6）《菊》，题："乾隆六年十月仿白阳山人笔法于半壁楼，晴江。"

（7）《牡丹》题诗，首句："不是逢时好，闲来画牡丹。"李晴江。

（8）《竹》题："学画作者，取一枝竹，因月夜照其影于素壁上，则竹之真影出矣。晴江。"

（9）《菊》题诗，首句："味苦谁能爱，含香只自珍。"晴江李抑园。

（10）《梅花》题诗，首句："万树梅花万树春，一年涂抹一年亲。"晴江李方膺。2016 年 12 月 27 日，北京荣宝拍卖公司。（此册页原名"晴江墨妙"（十开）中国嘉德

2012 年春拍 728 万元成交。原为文化部副部长徐平羽收藏。）

方膺作画 10——《兰竹图》轴，140×46.5cm，题："乾隆六年写贺元度世长兄先望七十大寿。晴江李方膺。"1996 年 6 月 1 日，上海朵云轩拍卖。

【时事】

七月，李鱓于历下作《喜上眉梢图》，题记中对方膺画梅大为首肯。题云："滕阳解组，寓居历下四百余日矣。红日当空，清风忽至，秋气爽垲，作喜上眉梢图以自贺。禁庭侍直不画喜鹊，性爱写梅花，心恶时流庸俗，眼高手生，又不能及古人。近见家晴江梅花，纯乎天趣、补之一辈高品。老夫当退避三舍矣。乾隆六年七月，历山顶寓斋记。李鱓。"崔按乾隆二年方膺在山东时，有于半壁楼之画作，此年九月又于半壁楼画，而李鱓七月又云"近见家晴江梅花"云云，疑此时方膺曾到山东。

九月，郑板桥入京候补，得慎郡王允禧礼遇。

是年，同乡父执画家李堂卒。李堂（1664—1741），字心构，号草亭，工诗，善山水，著《一草亭诗文集》。

姜恭寿（静宰）登辛酉贤书。

高凤翰由扬州北归。手制《砚史》四册。汇集汉印约五千方，自制及近代名印数千方。

注：崔，即崔莉萍。

乾隆七年 壬戌 1742 47 岁

六月，修订《莒州志》成，为之序，一并遣人送至莒州知州彭甲声。

同月，与友人丁有煜等乘舟作通州城北之游，访其友保培基（歧庵），保培源兄弟。丁有煜有《薄粥楼说》记其事。

十月，与丁有煜谋举"沧州画会"，未果。丁有煜有《沧州会说》记之。

从子湘皋（字南轩，三伯玉镛之孙）入州学。

方膺作画 1——《竹石图》纸本，水墨，款："仿与可笔于梅花楼，在乾隆七年三月也。"浙江省博物馆藏。

方膺作画 2——《竹石图》轴，纸本，117.6×35.8cm。镇江市博物馆藏。《中国古代书画目录》第六册著录。苏 13-099。

方膺作画 3——《竹石》轴，题款："古人谓竹为写，以其通于书也。故石室先生以书法作画，空谷道人以画法作书；东坡居士则云兼而有之。乾隆七年五月写于梅花楼，晴江李方膺。南通博物苑藏。

方膺作画 4——《孤岑虬枝图》轴，纸本，水墨，122×59cm。题诗，首句："写此虬松感触深，六朝遗树隐孤臣。"乾隆七年十一月写于梅花楼。南通博物苑藏。《中华文史论丛》1981 年第 3 期影印。

方膺作画 5——《朱藤图》轴，纸本，设色。上海博物馆藏。《中国古代书画目录》第五册著录。沪 1-3905。

方膺作画 6——《竹石图》轴，纸本，水墨，125×61.6cm。题诗，首句："西垣井谷一经过，万玉琼云入梦多。"款："乾隆七年秋日西垣二兄，邀游井谷园，园之北隅种竹万竿，青葱峭茜，与天并色，濯入心腑。岂渭川千亩为户侯计哉！归卧梅花楼，偶写数个不语，果得风味一二也。晴江李方膺。"上海文物商店藏。《中国古代书画图目》第十二册第 160 页沪 11-322。《中国古代书画目录》第十二册著录。

方膺作画 7——《盆菊图》，《艺林月刊》第 57 期影印。

方膺作画 8——《墨梅图册》（二开），纸本，水墨，各 24.7×31.7cm。

（1）题诗，首句："幽芳独秀在山林，密雪无端苦见侵。"乾隆七年八月五日，写于梅花楼，晴江李方膺。

（2）题诗，首句："梅花一夜遍南枝，销得骚人几许诗。"《海外藏中国历代名画》第八卷·清·（下）第 70-71 页。

方膺作画 9——《花卉》册页，（六开）纸本，设色、水墨。36×26cm。题诗：

（1）惜人画梅，双手齐下，一写生枝，一写枯枝。生者荣润春泽，枯者凛冽秋霜。壬戌秋日写于梅花楼，晴江。

（2）仿禹尚基笔。晴江。

（3）诗首，首句："九日东篱采菊英，白衣遥见眼见明。"晴江。

（4）题诗，首句："无价名花种砚田，天然富贵四时鲜。"壬戌秋日写于恒轩。晴江。

（5）题诗，首句："瘦岭开时媚雪霜，一枝和粉弄残阳。"

（6）家龙眠不爱花卉，世传甚少。大约古人画山水者十之八九，而梅花一二，予勉为其少者，或可见长云。晴江。源自：北京翰海拍卖公司，2005 年 6 月 19 日。

【时事】

正月，李鱓往返于弯德、滕县、泰安、崮山。

春，郑板桥铨选得范县令。

乾隆八年 癸亥 1743 48 岁

居乡通州。

方膺作画 1——《梅花图》卷，又名《墨梅图》，纸本，水墨，46×49.5cm。上海博物馆藏。《中国古代书画目录》第五册，沪 1-3906。《历代流传书画作品编年表》著录。

方膺作画 2——《竹石图》轴，纸本，墨笔。117.6×52.1cm。《中国古代书画图目》卷十一，浙 1-488。浙江省博物馆藏。

方膺作画 3——《双鹿齐鸣》轴，纸本，水墨，133.5×59.3cm。题："双鹿齐鸣。乾隆八年前四月写于南通州，晴江李方膺。"天津市艺术博物馆藏。《中国古代书画目录》第七册著录。《李鱓·高凤翰·李方膺画风》之李方膺作品·8 影印。

方膺作画 4——《竹石梅花图》轴，纸本，设色，113×59.3cm。题诗，首句："烟锁空山晓未开，暗中顾影自怜才。"乾隆八年前四月，写于梅花楼，晴江李方膺。美国大都会美术馆藏。《中国绘画总合图录》卷一影印。

方膺作画 5——《鲋鱼贯柳图》轴，纸本，水墨。南通博物苑藏。《中国古代书画目录》第六册著录。苏 8-152。

方膺作画 6——《竹鹤图》轴，纸本，水墨，176×93cm。西南师范大学历史系藏。

方膺作画 7——《荷花图》轴，133.5×44.8cm。《中国书画家印鉴款识》（上）著录。

方膺作画 8——《墨梅图》，题："乾隆八年正月写于梅花楼，晴江李方膺。"《梅兰竹菊画谱》第 80 页影印。

方膺作画 9——《梅花图》轴，纸本，水墨。诗款，首句"空庭一树景横斜，玉度香寒领岁华。"乾隆八年春三月，写于梅花楼。《中国古代书画图目》卷六，苏 13-100。镇江市博物馆藏。

方膺作画 10——《寿萱图》轴，纸本。水墨。108.5×48.5cm。题诗："寿萱乙百一十有零图。

乾隆八年四月写奉玉老道长先生雅鉴。李方膺。源自中国嘉德国际拍卖有限公司，2004 年 11 月 7 日。

方膺作画 11——《松石图》镜心，纸本水墨，129×33cm，题诗，首句："十月风和作小春，拈笔涂墨最怡神。"乾隆八年四月写于南通州。晴江李方膺。源自：北京荣宝拍卖公司，2004 年 6 月 2 日。边跋为单国强鉴题。

方膺作画 12——《桃花嘉鲔图》（又名双鱼图）题诗，首句："此图莫认武陵溪。"乾隆八年写此，晴江李方膺。

【时事】

高凤翰六十一岁，自撰生圹志。

李鱓离滕南归。

是年，郑板桥与金农、杭世骏、丁敬等于杭州结诗社。

潘西凤（桐冈）刻"风流肯落他人后"印。

乾隆九年 甲子 1744 49 岁

于十七年前画作《三代耕田图》上题诗四首。云："是图先大夫课耕，膺则耕者，牧牛童子则儿子霞也。"题诗，首句："披开不禁泪痕枯，辗转伤心辗转孤。"

方膺作画 1——《花卉》卷，纸本，水墨，32.6×734.6cm。题："乾隆九年写梅花楼，晴江李方膺。"天津市艺术博物馆藏。《中国古代书画目录》第七册著录。《中国古代书画图目》卷十，津 7-1375。

方膺作画 2——《竹石图》轴，纸本，墨笔。109×62cm。《中国古代书画图目》卷十六，辽 1-554。辽宁省博物馆藏。

方膺作画 3——《花卉》册，《中国书画家印鉴款识》（上）著录，第 350 页。

方膺作画 4——《荷花图》轴，纸本，水墨。135.8×65.9cm。苏州博物馆藏。《苏州博物馆藏画集》《中国古代书画图目》第六册影印。

方膺作画 5——《竹石图》轴，纸本，水墨，124.5×57.6cm。题诗，首句："老老苍苍竹一竿，长年风雨不知寒。"乾隆甲子秋日，写于梅花楼，并书周忠介句。晴江李方膺。源自：2006 年 11 月 20 日，中国嘉德秋季拍卖会，602 号。

方膺作画 6——《幽篁独立图》轴，纸本，水墨。题诗，首句："平生好友惟修竹，瘦骨峥嵘惯欲寄。"乾隆甲子，晴江李方膺。商笙伯甲申年边跋，俞吟秋藏。

方膺作画 7——《竹石图》轴，纸本，水墨，题诗，首句："学画琅轩二十年。"乾隆九年三月写于梅花楼。吴湖帆旧藏。保利 2008 年春拍。

方膺作画 8——花卉册页（八开），云南博物馆藏。款：乾隆九年二月写于扬州天宁寺。（菊页有"路旁井上"印"问花"白文印）

别据邱丰《画家李方膺》第76页记，乾隆九年三月写（竹石图）于枝上村。南风之熏兮。因未注明作品出处，俟考。若属实，则证明李方膺该年二三月均在扬州。

【时事】

十月，李鱓于崇川寓斋作《红儿映雪图》。

冬，袁枚三妹机归如皋高氏。

十二月八日汪士慎、丁敬会于扬州。

乾隆十年 乙丑 1745 50 岁

方膺作画 1——《风松图》轴，纸本，设色，159.5×59.2cm。题："乾隆十年四月十五日，晴江李方膺。"南通博物苑藏。《中国古代书画目录》第五册著录。苏 8-153。

方膺作画 2——《风雨钟馗》轴，题诗，首句："节近端阳大雨风，登场二麦卧泥中。"乾隆十年端阳节前二日，写于梅花楼雨窗，晴江居士。浙江省博物馆藏。《夏衍珍藏书画选集》《扬州八怪全集》《历代流传书画作品编年表》著录。

方膺作画 3——《钟馗图》轴，纸本，设色，91×43.2cm。题："晴江居士写于乙丑端阳。"浙江省博物馆藏。《夏衍珍藏书画选集》。

方膺作画 4——《仿郭熙松石图》轴，纸本，水墨。中国历史博物馆藏。《中国古代书画图目》第一册著录。京 2-574。

方膺作画 5——《梅花图》轴，纸本，墨笔。170.5×44.1cm。《中国古代书画图目》卷十一浙 1-489。浙江省博物馆藏。

方膺作画 6——《竹石图》轴，纸本，水墨。镇江市博物馆藏。《中国古代书画目录》第六册著录。苏 13-101。

方膺作画 7——《梅》轴。高野侯藏。《明清画家印鉴》著录。

方膺作画 8——《花卉》四条屏，纸本，设色，《中国古代书画图目》卷十一，皖 1-581，安徽省博物馆藏。

方膺作画 9——《梅》轴，题诗，首句："逢人道我是狂夫，成得狂夫便是吾。"乾隆十年正月写于梅花楼。浙江省博物馆藏。源自邓明编《百梅图说》。

方膺作画 10——《松石图》轴，纸本，设色。122×45.7cm。《中国古代书画图目》卷十，浙 3-45。浙江美术学院藏。

方膺作画 11——《松图》轴，纸本，设色。款："乾隆十年岁除前 2 日写于梅花楼，雷老学长兄雅鉴。"《南通书画大观》第二十页著录。

方膺作画 12——《花鸟屏》四屏，广西壮族自治区博物馆藏。有款："乾隆十年岁除前二日写于梅花楼。"仙李"（朱）印。（有鸟图）《桂花》题诗首句：桂树团团翠欲流，灵根原自月中求。款：李晴江写于乙丑嘉平月。（收藏同上）《梅花》屏，款：学元章补之二老之间。李方膺无年款。（云博藏）

从子（字望云，号铁庵）入通州学。

【时事】

是年，袁枚自沐阳移任江宁。据袁枚《送李晴江还通州序》云："吾友李晴江，初见吾于江宁官署，吾喜；及之官滁州，吾悲。"如此，李方膺约于是年交袁枚。

乾隆十一年 丙寅 1746 51 岁

方膺作书——1，赴京前日，再和原韵三章录呈子持年兄。首句"途逢借宅便安身"，书法中堂，故官博物院藏，京 1-5626。

三月，赴京谒选。丁有煜为之饯行。有《送李晴江谒选都门》诗二首。

方膺作画 1——《竹石图》轴，又名《拳石晴梢图》。纸本，水墨。119.5×45.1cm。题："乾隆十一年二月，写于梅花楼，晴江李方膺。"南京博物院藏。《中国古代书画目录》第五册。苏 24-0949。

方膺作画 2——《风翻雷吼图》轴。（又名《双鱼图》轴）纸本，水墨，79.2×45.2cm。题诗，首句："风翻雷吼动乾坤，直上天河到九阊。"乾隆十一年四月，公车北上，写于扬州杏园，李方膺。故宫博物院藏。《历代流传书画作品编年表》《清代扬州画家作品》第 245 页。

方膺作画 3——《五鱼图》轴。题长诗，首句："赠我黄河二尺鱼，情怀胜读十年书。"泰山残石楼藏。《泰山残石楼藏画集锦》《中国南画大成》卷六影印。

方膺作画 4——《墨梅图》轴，纸本，水墨，135.9×59.3cm。题诗，首句："不学元章与补之，庭前老干是吾师。"乾隆丙寅中秋，写于米市梧桐（胡同），晴江李方膺。日本山口良夫藏。《中国绘画总合图录》卷四、《文人画粹编》卷九、《扬州画派》影印。

方膺作画 5——《梅花》册（十开）纸本，水墨。

（1）题诗，首句："瘦蕊寒枝远俗尘，终朝图画最怡神。"

（2）题诗，首句："知己难逢自古来，雕虫小技应尘埃。"

（3）题诗，首句："墨痕浓淡总风流，玉质冰肌莫与俦。"

（4）题诗，首句："官阁成尘事已凋，我来僧舍画梅条。"

（5）题诗，首句："此幅春梅另一般，并无曲笔要人看。"

（6）题诗，首句："梅花此日未生芽，旋转乾坤属画家。"

（7）题诗，首句："相门才子清人骨，索与梅花意气雄。"乾隆十一年九月六日，李方膺。

（8）题诗，首句："江南燕北路参差，好友难堪话别时。"

（9）题诗，首句："微雪初消月半池，篱边遥边两三枝。"

（10）题诗，首句："偶想无章换米时，五都世上亦矜持奇。"晴江李方膺。

南通博物苑藏。《古缘萃录》卷十二著录。

方膺作书 2——《行书七律诗》轴，纸本，139×28.5cm。故宫博物院藏。《中国古代书画目录》第二册著录。京 1-5621。

方膺作画 6——《梅石》轴，纸本，水墨。中国美术馆藏。《中国古代书画目录》第一册著录。京 3-129。

方膺作画 7——《秋艳图》轴，（又名《菊石图》轴）纸本，设色，197×58cm。题诗，首句："浓艳秋芳色色华，新霜一夜落平沙。"乾隆丙寅，晴江李方膺。同样尺寸，同时所作的另三幅分别为 8——《芍药花图》；9——《蜀葵图》；10——《牡丹图》均为中央美术学院藏。《中国古代书画目录》第一册著录。京 7-077~080。

方膺作画 11——《墨梅》轴，纸本，水墨，中央工艺美术学院藏。《中国古代书画目录》

第一册著录。京 8-118。

　　方膺作画 12——《花卉》三条屏，纸本，设色，93×43cm。乾隆十一年。《中国古代书画图目》卷十，皖 1-582，安徽省博物馆藏。

　　方膺作画 13——《梅花图》轴，题："买山须访林君后，借宅何妨学子猷。乾隆十一年写于历下城西如意馆，晴江李方膺。北京邓拓藏。《艺苑掇英》第二十八期影印。

　　方膺作画 14-《竹石图》轴，纸本，水墨。镇江市博物馆藏。《中国古代书画目录》第六册著录。苏 13-102。

　　方膺作画 15——《墨竹图》轴。《中国书画家印鉴款识》（上）著录。

　　方膺作画 16——《五鱼图》轴，题诗，首句："溪底鳖鱼满尺无，涓涓滴水易成枯。"乾隆丙寅夏五写于曹州旧治，晴江。山东莒县博物馆藏。

　　方膺作画 17——《墨竹图》扇页，题："乾隆十一年四月，李方膺。"《季修甫文集》第 250 页。

　　方膺作画 18——《玉兰》屏，题诗首句"廿四花风以早春，良工不肯画全身"。款：乾隆丙寅写于竹西，广西博物馆藏。

　　方膺作画 19——《梅》轴，纸本，水墨，题诗，首句"昨向孤山脚下来，南枝开遍北枝开"。乾隆十一年三月写于梅花楼。《南通书画大观》第 18 页。

　　方膺作画 20——《墨竹扇面》首句"一日思君十二时"，乾隆十一年后三月召车北上舟次竹西寄怀编袭姻侄。

　　方膺作画 21——《梅花图轴》首句"谁把江南万斛春"，乾隆十一年夏日写于车停馆。

　　方膺作画 22——《芭蕉图》首句"偶写芭蕉三两窝"，乾隆十一年二月写于梅花楼。

　　孙耀曾（字季潜，号红桥）生。

【时事】

　　按初夏（约四月间），袁枚与尹继善、许惟枚等南郊劝农，彼此诗歌赓和。其时同宦者，则商盘、沈凤、李方膺等人也，子才俱与之交。（见《袁枚年谱新编》郑幸著，第 162 页）

　　本年，郑板桥自范县调署潍县。山东大饥，人相食。开仓赈贷，活饥民无数。

　　李鱓作指墨《蕉鹅图》于平山堂。

　　汪士慎 61 岁，左目失明，自号左盲生。

乾隆十二年 丁卯 1747 52 岁

往安徽潜山县署知县任。后权署滁州知州任。醉翁亭拜梅。

按方膺服阙后再入仕途，多家均认为首任潜山，次滁州，终合肥。然道光《安徽通志》列其任滁州为乾隆十二年，其后任温必联亦为此年接任。又列其任潜山知县为乾隆十三年。此十三年当为其复归本任之时。袁枚《李晴江墓志铭》作"权署滁州"，又叙及"服阙，补为潜山令，调合肥，被劾去官"，未提署滁州事，不是未去上任，实为在滁时间短暂。否则，"未见客，先拜欧阳公手植梅花下"，无从谈起。由此看来，方膺再入仕途，首为潜山，同年权署滁州，约于年底复归潜山本任。（详见杨廷撰《一经堂诗话》）

方膺作画1——《菊图》轴，纸本，水墨，79.5×40cm。题："乾隆十二年写于皖江万寿庵，晴江李方膺。"日本桥本大乙藏。《中国绘画总合图录》卷四影印。

方膺作画2——《花卉》册（十二开）纸本。水墨。上海博物馆藏。《中国古代书画目录》第五册沪1–3907。

方膺作画3——《花鸟》册（十二开）纸本，水墨。上海博物馆藏。《中国古代书画目录》第五册沪1—3908。

方膺作画4——《竹石图》轴，170×81cm。题诗，首句："大节峥嵘小节疏，依山负郭等于樗。"写奉松崖□老先生雅鉴。时在丁卯秋日，晴江李方膺。源自1998年10月28日中国嘉德拍卖。

方膺作画5——《墨梅图》题诗首句："画家胆大便成才"，乾隆十二年（源自邱丰《画家李方膺》第58页）

方膺作画6——《墨菊》题诗首句："江南九月晚霜浓"，乾隆十二年于滁阳西庐梅花楼。（同上第58页）

方膺作画7——《墨竹》题"文忠干、老可叶最难学也，李晴江放胆学之"。乾隆丁卯十月二十二日。（源自张松林《李方膺》第201页）

方膺作画8——《竹石图》轴，纸本，墨笔。142×78.5cm。《中国古代书画图目》卷一，京2-575。中国历史博物馆藏。

按传秋日与汪士慎、李鱓合作花卉图轴，郑燮题诗其上。经考《汪士慎的交游》《汪士慎年谱》《李鱓年谱》该年均未见三人合作记录。李鱓乾隆十七年秋直言"余不晤晴江八年矣。"（《中国古代书画图目》京 1—5624）孤证不立，故除外。

【时事】

十月，高宗依户部奏，袁枚钱粮未收满，照例停子才升转，罚俸一年，并戴罪征收。袁郁郁不乐，有辞官乞归之意。

乾隆十三年 戊辰 1748 53 岁

复潜山知县本任。皖江交游，与友雅集。

方膺作画 1——《墨松图》轴，纸本，墨笔，114×49cm。题诗，首句："一年一年复一年，根盘节错锁疏烟。"乾隆十三年夏日写，晴江李方膺。山东省博物馆藏。《扬州画派》第 145 页。《艺苑掇英》第十二期。《中国古代书画图目》卷十六，鲁 1—342。

方膺作画 2——《兰竹图》轴，题诗，首句："翠带新翻墨汁痕，依稀招得楚忠魂。"乾隆十三年小春写于皖江旅次，晴江李方膺。《扬州画派》第 154 页（疑伪）。

方膺作画 3——《墨梅图》册（十二开）纸本，水墨，22.5×27.2cm。题识：

（1）题诗，首句："素质比瑶瑰，贞心不易催。"晴江李方膺。

（2）"逃禅老人画梅，真有疏影横斜之致，偶仿其意。"

（3）题诗，首句："冷淡生涯画作殊，春光一半走江湖。"

（4）"乾隆十三年小春月，写于皖江山谷祠，晴江。"

（5）"晴江写意。"

（6）题诗，首句："十月风和作小春，闲拈笔墨最怡神。"

（7）题诗，首句："化工错落好风殊，南北枝分共一株。"戊辰冬日，李方膺写。

（8）题诗，首句："古干盘根碧玉枝，天地浩荡是吾师。"晴江。

（9）"戊辰冬日。"

（10）题诗，首句："雪片千层彻夜敲，挑灯研墨画梅梢。"李方膺自号晴江。

（11）"古梅半无花。"

（12）题诗，首句："手扳迎官二十春，罗浮今梦到风尘。"乾隆戊辰冬日写于安庆郡。

美国景无斋藏。《中国绘画总合图录》卷一、《海外中国名画精选》Ⅵ·清代 112—

113 页影印。

方膺作画 4——《梅花》册（十开）纸本，水墨。故宫博物院藏。《中国古代书画目录》第一册著录。《中国古代书画图目》卷 23，京 1-5622。

方膺作画 5——《墨梅图》轴，纸本，123×45cm。题诗，首句："雪晴三日未全消，独自采梅过板桥。"戊辰冬日，写于皖江，李方膺。

南通博物苑藏。《中国古代书画图目》第六册，苏 8-154。《扬州八怪画集》第 65 页。

方膺作画 6——《梅花图》册（十开），纸本，墨笔。27.5×22.5cm。《中国古代书画图目》卷八，津 1-23。天津文化局文物处藏。

方膺作画 7——《墨竹兰石》卷，《历代流传书画作品编年表》著录。

方膺作画 8——《墨梅图》轴，137×60cm。题诗，首句："雪拥梅花傲岁寒，秀才风味画图看。"乾隆十三年又七月，写于金陵客舍。晴江李方膺。南通博物苑藏。"琼枝小雪天，分外精神好。"乾隆十三年小春写于皖江山谷祠。晴江。见《画家李方膺》第 66 页。未注作品出处，俟考。

方膺作画 9——《杂花》册页（八开）画有松、柏、扁豆、芍药、紫藤、玉兰、山桃和墨竹。同僚好友张开士、王名标、装经畲分别于松、芍药、竹、柏、紫藤册页上题诗。（见张松林《李方膺》第 201、202 页）

方膺作画 10——《墨梅图》轴，题诗首句"天生懒骨无如我"，乾隆十三年冬日写于皖城山谷祠。（同上第 202 页）

方膺作画 11——《墨梅图》轴，题诗首句"雪拥梅花傲岁寒"，乾隆十三年又七月写于金陵客舍。（同上第 204 页）

方膺作画 12——《墨兰图》册题诗首句"飞琼散天葩"，作于安庆山谷祠。（同上第 204 页）

【时事】

六月，袁枚以三百金购江宁隋氏废园，易名随园。

十二月，袁枚辞官，归杭。

金农为《飞鸿堂印谱》题"偶爱闲静"。

清代官印始采用篆化满文入印。

乾隆十四年己巳 1749 54 岁

是年调任合肥知县。春三月,授潜山乡饮大宾王承孤"燕山一老"匾。

方膺作画 1——《菊石图》轴,纸本,水墨,89.8×31.6cm。题诗,首句:"味苦谁能爱,含香只自珍。"乾隆十四年正月写,李方膺。香港中文大学中国文化研究所藏。《中国绘画总合图录》卷二。

方膺作画 2——《墨笔杂画》(十二开),纸本,水墨,23.5×32.5cm。

(1)《竹》题:"满谷春风。己巳正月初六,李方膺。"

(2)《菊》题诗,首句:"苦味谁能爱,含香只自珍。"晴江写。

(3)《兰》题:"于安庆山谷祠作兰。"

(4)《梅》题诗,首句:"铁干盘根碧玉枝,天地浩荡是吾师。"

(5)《竹》题:"南通州李方膺写。"

(6)《鱼》题诗,首句:"雕虫小技墨痕枯,万里长风兴不孤。"己巳正月。

(7)《兰》题:"飞□散天苑。"

(8)《竹》题诗,首句:"湖州昔在陵州日,日日逢人画竹枝。"晴江。

(9)《梅竹》题:"梅竹双清。"

(10)《芍药》。

(11)《松》题诗,首句:"尺寸枝头著墨痕,全身不见白云封。"乾隆己巳,晴江。

(12)《松》题诗,首句:"苍髯铁爪欲飞扬,肯与人家作栋梁。"晴江李方膺。

南通博物苑藏。《中国古代书画图目》第六册 233 页。苏 8-155。《中国古代书画目录》第五册著录。

方膺作画 3——《虬松奇石图》轴,题诗,首句:"磈砢千万层,矗矗出云表。"乾隆十四年夏五写。(赫舍里如山补石并题。源自匡时 201 春拍)

方膺作画 4——《墨竹》题诗首句"画竹只画个",乾隆十四年正月廿六日。(源自邱丰《画家李方膺》第 73 页)

方膺作画 5——《竹院僧房图》题诗首句"借榻僧房竹院西",乾隆己巳夏五月写于金陵活佛殿雨窗晴江李方膺南通州人。(源自张松林《李方膺》第 205 页)

【时事】

高凤翰（西园）卒。

乾隆十五年 庚午 1750 55 岁

合肥任上。查水情，忙迎銮。初夏子侄探亲。

年底以盐斋两瓮送太守作"馈岁礼"，不欢而散。

方膺作画1——《梅花》轴，纸本，水墨，131.8×46.5cm。题诗，首句："梅花楼上几经春，对榻吟诗句有神。"乾隆庚午正月，晤南庐兄于金陵石庄精禅。写此奉鉴。晴江李方膺。源自中国嘉德国际拍卖公司，2003年11月26日，山东天承拍卖2012年9月26日。

方膺作画2——《松石图》轴，纸本，墨笔 182.6×91.6cm。鲁3-20，山东省文物商店藏。

乾隆十六年 辛未 1751 56 岁

为乾隆南巡做准备，查看湖堤工程，迎驾送驾，沿途经泗州蒋家坝、高粱涧至山阳，回汝阴。

方膺作画1——《梅仙图》册 正月，为顾于观绘《梅仙图》册三十六开。七八月间遭知府以贪赃名参劾。停职，候审，八月解职。两老仆因牵累入狱。

丁有煜作《寄李晴江》诗慰之。

方膺作画2——《梅花》册，题诗，首句："直气横行另一般，画无曲笔为谁看。"乾隆十六年二月写于合肥五柳轩。《扬州八怪全集》第279页。

方膺作画3——《花卉图》册（又名梅花图）（十八开），纸本，水墨，28×48.6cm。

（1）《回廊梅影图》，题诗，首句："玉笛何人隔院吹，回廊风过影参差。"乾隆辛未夏五，写于高粱涧，李方膺。

（2）《一枝冰雪图》，题诗，首句："每从江北望江南，万迭青云暗远岚。"辛未夏五，写于盱眙之蒋家坝。李方膺。

（3）《春风万里图》，题："春风万里，晴江。"

（4）《碎玉珊瑚图》，题："碎玉珊瑚，辛未夏日，晴江。"

（5）《官舍新香图》，题诗，首句："大地春风总不殊，家山官舍两堪娱。"仿华光老人笔，于山阳之越城，晴江。"

（6）《竹外斜枝图》，题："竹外斜枝，晴江写。"

（7）《疏影横斜图》，题："疏影横斜之致，晴江写此。"

（8）《春城夜梦图》，题诗，首句："半弯新月漾银钩，瘦尽春城十二楼。"

（9）《高枝新蕾图》，题："高枝新蕊，乾隆十六年夏五，写于梅花楼。"

（10）《兰菊风致图》，题诗，首句："冠世精神分外幽，此般风致笔难收。"晴江。

（11）《瑞雪缤纷图》，题："瑞雪缤纷。"

（12）《六月冰寒图》，题："六月冰寒战齿牙，晴江写于淮安山阳客舍。"

（13）《冰骨玉神图》，题诗，首句："洗净铅华不染尘，冰为骨格玉为神。"辛未初夏，写于泗洲蒋家坝。"

（14）《一角横枝图》，题："乾隆十六年夏五，写于梅花楼。"

（15）《花解调羹图》，题诗，首句："墨泼毫端点玉芽，肯同凡卉斗奇葩。"晴江李方膺。

（16）《梦入罗浮图》，题诗，首句："记取风流姑射山，却随明月到人间。"李方膺自号晴江。

（17）《岭上春风图》，题："描写岭上。"

（18）《玉栏晴雪图》，题诗，首句："一夜山头雪正晴，玉栏干外月弓明。"晴江李方膺。故宫博物院藏。《中国古代书画图目》。京1—5623。

方膺作画4——《梅兰竹菊图》册，（四开）

（1）《梅》，题诗，首句："不管春归未归，联圈密点雪飞飞。"辛未六月写于汝阴，晴江。

（2）《兰花》，题："晴江写于梅花楼。"

（3）《墨竹》，题诗，首句："墨竹淋漓翠璋开，清风高节出尘埃。"乾隆辛未后五月写万玉堂，李方膺，第四行遗愁字。

（4）《墨菊》，题诗，首句："疏枝密蕊晓霜封，此种秋容不可宗。"辛未夏夕写于汝阴，李晴江。亦欢室藏。

方膺作画5——《兰石图》轴，绢本，墨笔。款：辛未八月二十日写于五柳轩中。《中国古代书画图目》卷十六，辽2—325。沈阳故宫藏。

方膺作画6——《画竹》册（八开）纸本，水墨，37.2×46.9cm。

（1）题："晴江画雨竹。"

（2）题："南风之熏兮。"

（3）题："晴江学仲昭。"

（4）署："晴江。"

（5）题诗，首句："奋雷初出地，承露已凌烟。"

（6）题诗，首句："为凤沐瑶池，毛羽空翠滴。"

（7）题诗，首句："不是求名学画工，爱他高节复心空。"

（8）题诗，首句："风梢露叶映疏根，潇洒丰神见性情。"

美国私人藏。《中国绘画总合图录》卷一。

方膺作画 9——《墨梅图》轴，题诗，首句："东枝西干复愁斜，章法全无笑画家。"乾隆十六年七月二日写于合肥之五柳轩，为艺园大兄作。晴江李方膺。

故宫博物院藏。《历代流传书画作品编年表》著录。

方膺作画 10——《梅花图》轴，纸本，水墨。题诗，首句："霜添丰韵雪添神，冠却群芳自有真。"乾隆十六年七月写于合肥之五柳轩，寄大年二兄清玩，晴江李方膺。南通博物苑藏。

方膺作画 11——《墨菊图》册（四开）

（1）题诗，首句："星星霜蕊簇枝头，雨打风吹老未休。"辛未仿伯纪笔，晴江。

（2）题诗，首句："淡到黄花淡更奇，淡中滋味少人知。"写于五柳轩，晴江。

（3）题诗，首句："味苦谁能爱，含香只自珍。"晴江写。

（4）题诗，首句："东篱八月尚嫌迟，意绪情怀我自知。"李方膺写于辛未八月一日。

《梅兰竹菊画谱》影印。

方膺作画 12——《墨兰图》轴，又名《沅江烟雨图》，纸本，水墨，110.5×48.4cm。题诗，首句："露坠回风下笔时，沅江烟雨影参差。"乾隆十六年八月李方膺。

故宫博物院藏。《扬州八怪》影印。

方膺作画 13——《锦鬣图》轴，纸本，水墨，104×45cm。上海朵云轩藏。《朵云轩藏画选》影印。

方膺作画 14——《四君子图》册，（十开），纸本，水墨。

南通博物苑藏。《中国古代书画目录》第六册著录。苏 8-756。

方膺作画 15——《墨兰》册（四开）

（1）题诗，首句："玉露金风九畹殊，托根当户奈何如。"晴江写意。

（2）署："李晴江写于安庆山谷祠。"

（3）题诗，首句："楚用灵均一个臣，揭车蕙蒬捴轻秦。"辛未九月李方膺。

（4）题诗，首句："飞琼散天苑，因依空岩侧。"晴江。

《梅兰竹菊画谱》影印。

方膺作画 16——《潇湘风竹图》轴，纸本，水墨，168.3×67.7cm。题诗，首句："画史从来不画风，我于难处夺天工。"乾隆十六年写于合肥五柳轩，李方膺。

南京博物院藏。《南京博物院藏画集》下册、《中国古代书画目录》第五册著录。苏 24-0950。

方膺作画 17——《梅兰竹菊图》屏（四条），纸本、水墨。上海博物馆藏。《中国古代书画目录》第五册著录。沪 1-3909。傅熹年认为"伪"。

方膺作画 18——《菊》册页。

南通孙氏藏，季修甫提供。

方膺作画 19——《梅兰图》轴，纸本，水墨，127.2×46.7cm。题："峒山秋片茶烹惠泉砂壶中……"按：疑伪。

浙江省博物馆藏。《夏衍珍藏书画选集》影印。

方膺作画 20——《得利图》轴，纸本，墨笔。113×44cm。《中国古代书画图目》卷十二，沪 7-0527。上海朵云轩藏。（与《锦鳢图》疑为一画）

方膺作画 21——《老柏图》轴，纸本，设色，133.2×60.9cm。题："武侯柏，少陵诗，鲁公书，千古三绝，惜无画之者，予何人，斯敢随其后，存其意耳。乾隆辛未，李晴江。"

日本东京私人藏。《海外藏中国名画》·拾，《扬州画派》影印。

方膺作画 22——《墨梅》册（十六开）

《历代流传书画作品编年表》著录。

方膺作画 23——《瘦骨冰心》镜心，纸本、水墨，124×66.5cm。题诗，首句："精神满腹何妨瘦，冰玉为心不厌寒。"乾隆十六年嘉平，写于合肥五柳轩，李方膺。

源自北京翰海拍卖有限公司，2005年6月19日。

方膺作画24——《竹石图》轴，纸本，墨笔。140×66.3cm，题诗，首句："渭水千竿翠欲迷，此中通达甚灵犀。"乾隆十六年嘉平月写于合肥五柳轩。《中国古代书画图目》卷十六，辽1-555。辽宁省博物馆藏。

方膺作画25——《梅》册南通孙氏藏。

方膺作画26——《墨梅轴》。

方膺作画27——《兰石图》以上两画皆为故宫博物苑藏。

方膺作画28——《梅花图》卷，南通博物苑藏。

【时事】

正月，乾隆首次南巡，驾抵江南诸府，袁枚有诗迎驾。

郑板桥潍县勘灾，遭遇困难。

11月，沈凤自建德来江宁，携所藏《兰亭》画卷，嘱袁枚题诗其上。

李鱓往来于兴化扬州作画。

华喦（秋岳）年七十在扬州。

乾隆十七年 壬申 1752 57岁

至金陵，寄寓城内淮清桥北项氏花园，后自名借园。此后与袁枚、沈凤常三人同行交游，时人称"三仙出洞"。往来合肥与金陵间，边画画边打官司。

方膺作画1——《兰石图》卷，纸本，水墨，22×312.1cm。题："壬申正月写于合肥五柳轩，南通州李方膺。"上海博物馆藏。《中国古代书画图目》第五册，《中国古代书画目录》第三册著录。沪1-3911。

方膺作画2——《兰竹石图》轴，纸本，水墨，款："乾隆壬申二月写于合肥梅花楼。"青岛博物馆藏。

方膺作画3——《梅花图》册（八开），纸本，水墨。

上海博物馆藏。《中国古代书画目录》第五册著录。沪1-3910。

方膺作画4——《墨梅》轴，纸本，水墨，110.5×54.5cm。题诗，首句："索梅无厌是王生，节到端阳索更横。"乾隆十七年端阳写于合肥五柳轩，啸尊者李方膺。源自北京翰海拍卖公司，2005 年 12 月 10 日。

方膺作画 5——《朱竹石图》轴，纸本，设色。《中国古代书画图目》卷 21。湘 1-074。湖南省博物馆藏。

方膺作画 6——《梅花图》轴，纸本，水墨，题诗，首句："我与梅花信得真，梅花命我一传神。"

无锡市惠山街道提供。

《墨梅图》轴，纸本，水墨，121.5×44.5cm，题诗同上图。乾隆十七年秋八月晴江李方膺。

源自上海朵云轩艺术品拍卖公司。2004 年 7 月 1 日。（疑此画与 6 画为同一幅画）

方膺作画 7——《故园秋色图》纸本，水墨，题诗，首句："今年秋色更芳菲。"壬申秋八月写于五柳轩。

源自东方大观 2014 春拍。

方膺作画 8——《兰石》轴，题诗，首句："迷离萧艾露风寒，千古英雄泪不干。"

《中国南画大成》卷一，有正书局版《李晴江花卉册》影印。

方膺作画 9——《墨梅图》轴，纸本、水墨，192.8×56.5cm。题诗，首句："笔底梅花镇日开，庭除尘埃一时回。"乾隆十七年秋仲，写于合肥五抑轩之扁豆棚。

日本根津美术馆藏。《中国绘画总合图录》卷三影印。

方膺作画 10——《花卉图》屏（二条）

（1）《葵石》，题诗，首句："篱边窗外抱秋光，小草英英色色黄。"摹白阳山人笔法。

（2）《荷花》，题诗，首句："芰荷图就雪濛空，叶翠无论花更红。"壬申十一月写。

《中国南画大成》卷五，《扬州八怪》《李晴江花卉册》影印。

方膺作画 11——《菊石》镜心，82×45cm，题诗，首句："黄花簇簇旧柴门，风送秋色动客魂。"壬申秋八月写于合肥扁豆棚李方膺。源自上海国际商品拍卖公司，2002 年 12 月 8 日。

方膺作画 12——《梅花》轴，纸本，水墨。

中国美术馆藏。《中国古代书画目录》第一册著录。京 3—130。

方膺作画 13——《松石幽□图》轴。

《知鱼堂书画录》著录。

方膺作画 14——《花卉》屏（八条）。

《历代流传书画作品编年表》著录。

方膺作画 15——《梅》轴，为师南作。

韵古堂藏。《中国书画家印鉴款识》（上）、《明清画家印鉴》著录。

方膺作画 16——《墨竹图》轴。

《中国书画家印鉴款识》（上）著录。第 349 页 25 号。

方膺作画 17——《花卉》册。

《中国书画家印鉴款识》（上）著录。

方膺作画 18——《游鱼图》轴，纸本，水墨，题："春满桃花浪，乘时跃禹门。乾隆壬申秋八月借于借园，晴江李方膺。"南通博物苑藏。

方膺作画 19——《松芝图》，138×70cm。题："乾隆十七年写于五柳轩之松棚。啸尊者李方膺。"

源自 2014 年上海嘉禾春秋。2016 嘉德香港春拍。

方膺作画 20——《松石图》轴 162×90cm。题："乾隆壬申嘉平月写于菊山，为朗亭世兄清玩。晴江。

源自匡时 2014 年秋拍。

方膺作画 21——《兰石图》，题诗，首句："露坠回风下笔时，沅江烟雨彰参差。"壬申冬日写为白耶学长兄雅玩。李方膺。古研堂藏。《古砚堂藏书画集》第 33 页。

方膺作画 22——《南风之薰兮》（又名竹石图），纸本、水墨，款："乾隆十七年夏五写于五柳轩。"

方膺作画 23——《墨梅图》题诗，首句："炎炎夏日不须愁，我有梅花暑气收。"壬申六月写于合肥五柳轩之瘦玉泉。

【时事】

袁枚于暑日作《释官一篇送李晴江》文。

是年底郑板桥卸任。

冬至后一日，李鱓客崇川精舍，行书"修临淄官舍诗，请念翁学长教政"。

十二月，李鱓寓崇川西寺。《养拙斋书画记》，壬申嘉平廿有二日……邀楚阳李复堂小

集，座中艺园于道及余五人。（《个道人遗墨》）

李鱓序李霈《梦滇道人印谱》。

汪启淑辑《汉铜印丛》十二卷。

边寿民（熙公）卒。

厉鹗（樊榭）卒。

乾隆十八年 癸酉 1753 58 岁

春末，合肥事了。时两老仆出狱，作"出合肥别诸父老"诗二首，作《卢郡对簿》诗四首。继寓金陵借园。

八月，与袁枚、沈凤等游金陵楼隐仙庵，夜宿古林寺。

同乡友人保培基，侄李霈等来访。同游秦淮河。保有纪游诗。李霈有"同人集金陵借园"五律纪事诗。（《牧牛村舍诗集》）

方膺作画 1——《墨竹图》轴，纸本，水墨，174.6×86cm。题："乾隆十八年二月李方膺写。"《文人画粹编》卷九、《扬州画派》影印。

方膺作画 2——《烟月数竿图》轴，纸本、水墨，147.3×74.7cm。

故宫博物院藏。《关于"清代扬州画派"学术研究参考资料》著录。

方膺作画 3——《苍松怪石图》轴。题诗，首句："君不见岁之寒，何处求芳草。"乾隆十八年三月写于合肥五柳轩，晴江李方膺。

广州美术馆藏。《艺苑掇英》第十六期影印。

方膺作画 4——《兰石图》轴，纸本，墨笔。144.8×83.2cm。《中国古代书画图目》卷十，皖 1-583。安徽省博物馆藏。

方膺作画 5——《竹石图》轴，纸本，墨笔，139.2×74.4cm。《中国古代书画图目》卷十七，川 2-106。

方膺作画 6——《竹石图》轴，纸本，墨笔，110×61cm。《中国古代书画图目》卷十七，川 2-107。以上两图，均为四川大学藏。

方膺作画 7——《梅兰竹菊松》册（八开）

（1）题诗，首句："墨有烟霞笔有风，苍松面目得真容。"菊山偶作。

（2）题："摹老可法。"

（3）题诗，首句："无端修竹若驰神，要与梅花作比邻。"晴江写于菊山。

（4）题诗，首句："画不离奇彻骨庸，凭空天上挂星星。"五柳轩作此。

（5）题诗，首句："莫嫌兰少与花稀，一部离骚一笔挥。"钤印：方膺。

（6）题："颠倒春风。"

（7）题诗，首句："光风转蕙便成春，培养殷勤寔有人。"癸酉春日。

（8）题："法白阳山人于菊山之五柳轩。"

方膺作画8——《花卉杂画》册，纸本，水墨，28.2×41cm。

（1）《牡丹》，题诗，首句："不是逢时好，年年画牡丹。"

（2）《兰花》，题："颠倒春风。"

（3）《菊石》，题："摹北宋人笔。"

（4）《梅花》，题诗，首句："老干如何似柳悬，起人疑窦问春天。"癸酉春日写于金陵借园。晴江。

美国景元斋藏。《中国绘画总合图录》卷一、《扬州八怪全集》影印。

方膺作画9——《兰花》轴，（又名盆兰图）113.5×55.5cm。题诗，首句："造化昏昏不足论，幽兰何处可容根。"乾隆十八年五月写于金陵秦淮河水亭，为淡园学长兄雅玩，李方膺法名啸尊者。源自中国嘉德国际拍卖公司，1994年11月7日。

方膺作画10——《三清图》册（十二开），纸本，水墨，23.5×32.5cm。

（1）《竹》，题："怀古扬州于采菊山房。"铁君先生，乾隆十八年夏五写于金陵，李方膺道号啸尊者。

（2）《梅》，题："万里春光，晴江题画。"

（3）《兰》，题诗，首句："镂琼结佩露风清，千古痴人一屈平。"写于秦淮河之石家亭。

（4）《竹》，题："南风之熏兮。"

（5）《蕙》，题诗，首句："光风转蕙便成春，培养殷勤实可人。"

（6）《梅》，题诗，首句："五月梅花浓墨池，孤标别韵不逢时。"晴江题于石家河亭。

（7）《梅》，题诗，首句："雪晴月上晚风香，屋后梅花次第芳。"癸酉夏五。

（8）《梅》，题："晴江写于秦淮河处。"

（9）《兰》，题："兰花有笑意。"

（10）《竹》，题："晴江学湖州法。"

（11）《竹》，题诗，首句："凯之竹谱不离身，到处挥毫便赠人。"啸尊者。

（12）《梅》，题诗，首句："梅花与我本□□，别后年年入梦长。"五月十二日。

上海博物馆藏。《中国古代书画图目》第五册，沪1-3912。

方膺作画11——《荷花图》轴，纸本，设色，111.5×46.6cm。题诗，首句："荷渠图罢雪濛空，叶翠无伦花更红。"乾隆十八年五月写于金陵之借园，晴江李方膺。无锡市博物馆藏。《周培源王蒂澂收藏古代书画选》影印。

方膺作画12——《牡丹图》轴，

题诗，首句："三春富贵散人家，锦禄韶华雨露赊。"

故官博物院藏。

方膺作画13——《花卉》（十二开）册，纸本，墨笔。《中国古代书画图目》卷一，京2-576。中国历史博物馆藏。

方膺作画14——《竹石图》轴，纸本，水墨，139.5×54.5cm。题诗，首句："有肉之家竹石知，何堪淡墨一枝枝。"乾隆十八年六月写于金陵望鹤岗深巷，李方膺。

故官博物院藏。《清代扬州画家作品》影印。

方膺作画15——《松石图》轴，又名《乔松倚石图》。纸本，水墨，148.8×80.4cm。题："乾隆十八年六月，写于金陵淮清桥北之借园，李方膺。"《中国古代书画图目》卷六，苏1-381，苏州博物馆藏。

方膺作画16——《花卉画》册，（十二开）源自纽约苏富比2014年拍卖。

题款：（1）首句："归去来，"乾隆十八年夏日写于借园松棚。

（2）题诗，首句："笑杀东风压卧梅。"

（3）题："桃花春风。"

（4）题："罗浮山腰。"

（5）题："晴江醉笔。"

（6）题："梅古半无花。"

（7）题诗，首句："疏枝密蕊晓霜封。"

（8）题诗，首句："挥毫落纸静无尘。"

（9）题："摹朱晦翁笔。"

（10）题："乾隆十八年写于金陵借园河亭。"（注：缺者原件未标出）

方膺作画 17——《竹石图》轴，纸本，水墨，90×50.6cm。题诗，首句。"渭水琅轩翠欲迷，虚心直节与之齐。"乾隆十八年秋日，写于金陵借园之梅花楼，李方膺。

日本桥本太乙藏。《中国绘画总合图录》卷三。《八大山人扬州八怪》影印。

方膺作画 18——《墨竹》轴，纸本，水墨。

《宝迂阁书画录》卷二著录。

方膺作画 19——《梅花》轴。纸本。

南通尤氏藏。季修甫提供。

方膺作画 20——《梅花》轴，纸本，水墨，题："逃禅老人画梅，真有疏影横斜之致，偶仿其意。"

武汉文物商店藏。（此画中有沈凤等人题）后入藏湖北省博物馆。

方膺作画 21——《梅花》册（八开），纸本，水墨，24.8×40.7cm。

故宫博物院藏。《中国古代书画目录》第二册著录。京 1-5624。

方膺作画 22——《荷花》轴，纸本，水墨。

中国美术馆藏。《中国古代书画目录》第一册著录。京 3-131。

方膺作画 23——《墨梅图》轴，纸本，水墨，146×45cm。（又有注：164×54cm）

广东省博物馆藏。《广东省博物馆藏画集》影印。《中国古代书画图目》卷十二，粤 1-0779。

方膺作画 24——《墨梅图》轴，纸本，水墨，181×94.5cm。

广东省博物馆藏。《艺苑掇英》第 33 期影印。

方膺作画 25——《墨竹》堂幅，纸本。

四川大学博物馆藏。

方膺作画 26——《松石图》轴，纸本，设色，140×74cm，《中国古代书画图目》卷十二，粤 2-403。

方膺作画 27——《兰竹石图》轴，纸本，墨笔。133×70cm。《中国古代书画图目》卷十二，粤 2-404。以上二图均为广东美术馆藏。

方膺作画 28——《双松图》轴，144.8×83.2cm，题："临青藤老人双松图，乾隆十八年写于金陵，南通州晴江李方膺。"

《扬州画派》《艺苑掇英》第 33 期影印。

方膺作画 29——《双松图》轴，纸本，水墨，133.6×91.5cm。《中国古代书画图目》，卷十，皖 1-584。安徽省博物馆藏。

方膺作画 30——《墨竹》轴，《宝迂阁书画录》卷三，《历代流传书画作品编年表》著录。

方膺作画 31——《梅花》册，《明清画家印鉴》著录。

方膺作画 32——《兰石图》，93×43cm。题诗，首句："深山峻茂自年年，清品无伦信是仙。"乾隆癸酉十月写于金陵借园，李方膺。安徽省博物馆藏。

《中国古代书画图目》第十二册影印。

方膺作画 33——《竹石图》，题："乾隆癸酉。"

《徐悲鸿藏画选集》影印。

方膺作画 34——《风竹图》，纸本，135.4×56.2cm。题诗，首句："波涛宦海几飘蓬，种竹关门学画工。"乾隆十八金陵，晴江李方膺。

荣宝斋藏。《扬州八怪画集》影印。

方膺作画 35——《兰石图》，纸本，110.8×48cm。题："乾隆十有八年写于金陵借园之梅花楼，李方膺自号啸尊者。"

《扬州八家画集》影印。

方膺作画 36——《梅兰松菊图》册，（八开）纸本，24×31.4cm。

（1）《梅》，题诗，首句："香雪凝笔冷淡生，并无浓艳动人情。"李方膺又字晴江。

（2）《兰》，题诗，首句："光风转蕙便成春，峻茂敷繁实可人。"河亭偶作。

（3）《梅》，题诗，首句："雪意风情逸韵增，淡于秋水洁于冰。"晴江。

（4）《梅》，题诗，首句："绿萼朱砂刺眼明，巡檐索句最多情。"乾隆十八年写于金陵河亭。

（5）《梅》，题诗，首句："雪晴月上晚风香，屋后梅花次第芳。"李方膺。

（6）《菊》，题诗，首句："最爱东篱菊，闲来笔底开。"癸酉夏日写于利沫桥，李方膺。

（7）《梅》，题诗，首句："静坐河亭四十天，梅花涂抹两三千。"

（8）《松》，题诗，首句："千枝万千翠云交，一片浓华耐雪□。"晴江意仿。

《中国民间秘藏绘画珍品》（一）

邱丰《画家李方膺》第65页记："古梅半无花，岭上看春光。"乾隆十八年六月写于金陵淮清桥直北之借园。此作未标出处，俟考。

【时事】

二月李鱓寓白蒲郑家梅熟庵作《花卉十二屏》。

保培基作《金陵别李晴江，即用题集原韵》诗。

李霁作《同人集金陵借园》诗。

是年，罗聘与方婉仪喜结良缘。

郑板桥山东罢官，春二月返回扬州。

沈凤重辑《谦斋印谱》。

卢见曾（雅雨）重返扬州，再任两淮盐运使。

高翔（凤冈）卒。

乾隆十九年 甲戌 1754 59岁

金陵借园、河房作画。斯年中秋节左右似回通州一趟。（引自张松林《李方膺》第151-152页）

方膺作画1——《墨兰图》册（十二开），纸本，水墨。

（1）题诗，首句："楚畹清风涌笔端，廿年作客与盘桓。"

（2）题诗，首句："问天莫笑总无知。"

（3）题诗，首句："画兰何必太矜奇，信手拈来自得宜。"

（4）题："花歌叶舞。"

（5）署款："啸尊者。"

（6）题："花开市上掬盈筐……"

（7）题诗，首句："秋士愁落叶，秋兰耐早霜。"

（8）题诗，首句："兰有芳心我有心，相同臭味泪沾襟。"

（9）题："颠倒春风。"

（10）题诗，首句："平生交友数兰亲，潦倒风尘情更真。"

（11）题诗，首句："爱栽滋兰入我门，商量花叶且休论。"

泰兴葛醒楼藏。《中国南画大成》卷一，1992年文明书局版《李晴江墨兰画册》影印。

方膺作画2——《竹石图》轴，纸本，墨笔。118×57cm。题诗，首句："波涛宦海几飘蓬，种竹关门学画工。"乾隆十有九年春日写于金陵借园，晴江李方膺。天津市文物公司藏。《中国古代书画图目》第五册。

方膺作画3——《风竹图》轴，纸本，水墨，118×57cm。《中国古代书画图目》卷八，津6-130，天津文物公司藏。

方膺作画4——《古梅图》。二月，李方膺于袁枚随园为子才画《古梅图》。（已佚）袁枚作《白衣山人画梅歌赠李晴江》诗。（《小仓山房诗集》卷十甲戌）

方膺作画5——《梅花图》轴，纸本，水墨，160.7×70.4cm。题诗，首句："轻烟淡墨玉精神，洗尽繁华不染尘。"乾隆十有九年前四月，写于白下借园梅花楼，晴江李方膺。

美国加利福尼亚大学美术馆藏。《中国绘画总合图录》卷一，《扬州画派》影印。

方膺作画6——《墨梅图》轴纸本，水墨，121.5×42.9cm。题诗，首句："元章炊断古今夸，天道如弓到画家。"乾隆十九年秋日，写于金陵借园，李方膺。

香港虚白斋藏。《艺苑掇英》第32期影印。

方膺作画7——《悬崖幽兰图》轴，120.7×42.2cm。题诗，首句："画兰何必太矜奇，信手拈来自得宜。"乾隆十有九年十月写于金陵借园。晴江李方膺。

源自嘉德2011年春拍此图，更名为《兰石图》。

方膺作画8——《墨梅图》轴，题诗，首句："十日厨烟断米炊，古梅几笔便舒胃。"乾隆十有九年十月写于金陵借园，李方膺。

故宫博物院藏。《清代扬州画家作品》影印。《历代流传书画作品编年表》著录。

方膺作画9——《墨梅图》卷，纸本，水墨，25.7×178.6cm。（25.8×179cm）题款："梅花有品格性情，必画得其旨趣，然后可以传神，不则无盐子学美人也。乾隆十有九年十月，写于金陵借园，李方膺，字晴江，号虬仲，南通州人。"前有张睿引首，后有潘振翼等人跋。

"文革"中曾于南通博物苑收藏。《中国古代书画图目》第六册、《艺苑掇英》第八期影印。《中国古代书画目录》第五册著录。苏8-157。

方膺作画10——《古松图》轴，纸本，水墨，123×43.6cm。题款："云影流无定，涛声落半天。乾隆十有九年十一月写，李方膺。"

故宫博物院藏。《清代扬州画家作品》影印。

方膺作画11——《梅花图》卷。又名《玉魄冰魂》卷。

《百梅集》《梅兰竹菊画谱》影印。

方膺作画12——《兰花》册（十二开），纸本，水墨。

北京市文物局藏。《中国古代书画目录》第一册（卷）著录。京4-36。

方膺作画13——《竹石图》轴，纸本，水墨，118×57cm。天津市文物公司藏。《中国古代书画图目》第七册著录。

方膺作画14——《风竹图》轴，纸本，水墨，147.4×55.5cm。上海博物馆藏。《中国古代书画图目》第五册，沪1-3913。《中国古代书画目录》第三册著录。

方膺作画15——《梅》轴。

上海博物馆藏。《明清画家印鉴》著录。

方膺作画16——《墨梅》册。

《明清画家印鉴》著录。

方膺作画17-——《仿老可兰石》轴。

《历代流传书画作品编年表》著录。

方膺作画18——《梅竹图》，133.6×91.5cm。题款："摹朱晦翁笔意，时十九年之冬仲，晴江李方膺。"安徽省博物馆藏。《中国古代书画图目》第十二册影印。

方膺作画19——《梅花图》册（十四开），纸本，水墨，36.3×21.9cm。其中，（1）题诗，首句："任经冻雨任严霜，物外闲情世外装。"

（1）题诗，首句："铁干冰花雪里开，精神满腹自天来。"乾隆甲戌写，李方膺。

（2）题诗，首句："玉骨冰枝本不凡，东皇位置在层蛮。"晴江。

（3）题诗，首句："生憎施粉与施朱，高挂青天明月珠。"

（4）题诗，首句："十三楼畔邗江东，闲阁清标韵不同。"（余未标出）

日本京都国立博物馆藏。《海外中国名画精选》Ⅵ·清代（1）—（2），《文人画粹编》卷（3）—（4）。

方膺作画 20——《梅竹图》轴，纸本，墨笔。133.6×91.5cm。《中国古代书画图目》卷十一，皖 1-585。安徽省博物馆藏。

方膺作画 21——《墨梅图》轴，题诗，首句"元章炊断古今，天道如弓到画家。我是无田常乞米，借园终日卖梅花。"乾隆十有年车秋日写于借园。承名世、承正载《中国书画鉴定与欣赏》上海古籍版 第 54 页。

【时事】

袁枚于八月九日为怀沈凤、李方膺而作《秋夜杂诗》，同年另有《庄念农明府就按白下，与晴江、介庵往讯平安，赋诗奉慰》诗。

十月，李鱓客吴陵（泰州），在缪公祠作《城南春色图》。

乾隆二十年 乙亥 1755 60 岁

正月，为《梅花图》卷补题。（见去年此图）有"李方膺乾隆二十年乙亥正月补题十章奉贺凡简老先生七十大寿"。其首句："万树梅花供寿筵……"

（见崔莉萍《李方膺年谱》甲戌条）

春日，有还乡意。（此时或已生病先兆）袁枚作《送李方膺还通州诗》诗三首。（见《小仓山房诗集》卷十一·乙亥）

三月，方膺作画 1——《松石图》，题款："为彤簪作松石图于借园。山东文物商店藏。《宋元明清书画家传世作品年表》著录。

三月，约沈凤、袁枚及金农集借园，因雨，诸友未至。

方膺作画 2——《梅花长卷》并记其事，沈凤、袁枚、金农后于卷上有题。李方膺题云："借园初夏，万绿迷离，池水盈岸，鸟语高低。约沈凡民、袁子才、金寿门共赏之。适大雨滂沱，诸客不至，无聊之际，命李文元吹箫，梅花楼侍者鲁竹村、何蒙泉度曲，郝香山伸纸研墨，画梅花长卷数十株，兴之所至，一气呵成。客来一乐也，客不来又一乐也。可见天地间原有乐境，视人之寻与不寻耳。时在乾隆二十年三月立夏后六日，李方膺字晴江，南通州人。"

沈凤题诗，首句："孟公爱客真成癖，风雨偏□展齿过。"

袁枚题诗，首句："李侯画梅梅不奇，不敢来求袁子诗。"

金农题诗，首句："人生天地乃借境，即事抒怀本无定。"

此卷画幅中有郑板桥题作两处，因系事后（乾隆二十五年）所为，故不录。

该作品初见于《沈水画报》，后收于日本《中国南画大成》第三卷。

黄般若1928年曾见"李方膺画梅轴，长四尺一寸三分，阔一尺二寸七分。章法奇绝，上画梅头二株，下一老干，横撑而出，旁多小枝，繁花如簇。自题云："借园初夏，万绿迷离，约沈凡民、袁子才、金寿门共赏之，适大雨滂沱，诸客一至，无聊之际，命李文元吹箫，梅花楼侍者曾竹村、何蒙泉度曲，郝香山伸纸，研墨画梅，兴之所至，一气呵成。客来一乐也，客不来亦一乐也。可见天地间原有乐境，视人之寻与不寻耳。并有金冬心、袁子才、郑板桥题诗其上。"（黄般若《黄般若美术文集》人民美术出版社1997年6月第1版第26页）此画已火毁（留照片），真伪俟考。

方膺作画3——《梅花图》卷，纸本，水墨，49.2×167.8cm。题款："余性爱梅。即无梅自可见，而所见无非梅。日月星辰，梅也；山河川岳，亦梅也；硕德宏才，梅也；歌童舞女，亦梅也。触于目而运于心，借笔，借墨，借天时晴和，借地利幽僻，无心挥之，而适合乎目之所触，又不失梅之本来面目。苦心于斯三十年，言以惑世诬民。知我者，梅也；罪我者，亦梅也。乾隆二十年四月初六日，写于金陵借园虎溪桥。李方膺字晴江，南通州人。"

南通博物苑藏。《中国古代书画目录》第六册著录。苏8-158。

方膺作画4——《梅花》轴，纸本，水墨，137×47cm。崔按此幅为《梅兰》屏（十二条）之一。

江苏省美术馆藏。《夏同浩藏画展览图录》。

方膺作画5——《梅花》册，绢本，墨笔。《中国古代书画图目》卷一，京2-577。中国历史博物馆藏。

方膺作画6——《竹》轴，纸本，水墨。题诗，首句："有肉之家竹不知，何堪淡墨一枝枝。"乾隆二十年夏五写此，李方膺。

南通博物苑藏。《中国古代书画目录》第六册著录。苏8-159。

方膺作画7——《柏石图》轴（又名长春图），纸本、设色，159.5×82.5cm。题："壹百乙十长春图。乾隆二十年长夏写于金陵梅花楼，啸尊者李方膺。"

山东省博物馆藏。山东美术出版社1985年《山东省博物馆藏画》挂历影印。《中国古代书画图目》卷十六，鲁1-343。

方膺作画 8——《竹·兰》轴，纸本，水墨。

（1）题诗，首句："人逢俗病最难医，画史良方竹便宜。"乙亥七月，借园。

（2）题诗，首句："玉露金风九畹殊，托根当户奈何如。"乙亥秋日，写于借园种菜亭。

源自中国嘉德 2006 秋季拍卖会 703 号。

方膺作画 9——《墨竹兰石》册页合装轴，纸本，水墨，各 29×50cm。

（1）《墨竹图》，题诗，首句："学画琅轩二十年，风晴雨露带疏烟。"李方膺。

（2）《兰石图》，题诗，首句："楚畹辛苦倍悄然，紫茎膏润绿水鲜。"乾隆乙亥秋日写于金陵，晴江。

重庆市博物馆藏。《李初梨珍藏书画选》。

方膺作画 10——《竹石》轴，天津市艺术博物馆。

方膺作画 11——《墨梅图》卷。兰州顾子惠藏。（以上两项源自《奇郁晴江梅——2015·李方膺诞辰 320 周年学术专辑》第 290 页。）

方膺作画 12——《梅花》轴，绢本，水墨。

中国历史博物馆藏。《中国古代书画图目》著录。

方膺作画 13——《梅花》卷，纸本，水墨。题诗，首句："铁干铜皮碧玉枝，庭前老干是吾师。"乾隆二十年八月二之日写于金陵借园之虎溪桥，晴江李方膺，南通州布衣。"

按此作从款书笔迹看人已元气大伤，笔力衰弱，或为绝笔之作。

日本东京国立博物馆藏。《扬州八怪全集》影印。

至于所谓李鱓、李方膺、郑板桥合作《三友图》，目前仅有《郑板桥集·补遗》诗为据，且该诗粗鄙，与板桥诗风迥异。有人断为赝品，（赵鹏《李方膺年谱》）至今未见真迹面目，综合诸多因素考量，疑伪，不录。

八月，据《崇川咫闻录》中袁枚《送李晴江还通州序》云："又闻李晴江先往合肥，后还通州。"正与其《戏招李晴江》之"合肥可有诗人否……压之行李担中"相合，故推测，方膺约于本月或稍前去过合肥一趟。

八月上旬，以噎症剧而归通州。

九月二日，函告袁枚，嘱作墓志。

九月三日，病卒。卒前回光返照，尝手书其棺曰："吾死不足惜，吾惜吾手。"（见丁有煜《哭晴江文》）一代画坛狂夫画梅大师，才有未尽，赍志以殁，良可痛惜。

【时事】

秋日，袁枚作《夜过借园，见主人坐月下吹笛》诗。

是年，李鱓定居扬州，以"觯"代"鱓"。

沈凤卒。

另：李方膺无年款作品

方膺作画1——《梅花》扇页，题款："逃禅老人画梅，真有疏影横斜之致，偶仿其意，于梅花楼奉星翁老公祖清玩，晴江李方膺。

上海博物馆藏。《上海博物馆藏明清折扇书画集》第138页。

上海人民美术出版社1983年8月第一版。

方膺作画2——《墨梅图》，136×46cm。无款，有后人题识：

（1）吴昌硕题：涉笔成趣，意境自高，所谓金石气，兼而有之，然后者鲜矣，丁己（1917）年十月。

（2）晴江画佳品，虽无款记，望而知为真迹。岳翁先我有见，钦服，钦服。庚午（1990）四月，重付装池，即志数语。邦达。

方膺作画3——《墨梅》轴，纸本，设色，161×58cm。长款题跋（未详），落款：晴江李方膺作于五月，画上钤印九方，其中有一枚"五柳轩"。左下角有徐邦达跋文。私人收藏。源自央视国际，2007年3月23日，07：04，"鉴宝"节目。

方膺作画4——《墨竹图》册（八开）纸本，水墨，24.8×40.7cm。上有郑板桥、丁有煜、李鱓对题。《中国古代书画图目》，京1-5624。故宫博物院藏。

方膺作画5——《游鱼图》轴，123.5×60.3cm。未标年款。《中国古代书画图目》卷23，第173页，京1-5626，故宫博物院藏。

方膺作书6——《行书诗》轴，92.5×49.5cm。未标年款。《中国古代书画图目》，京1-5627。故宫博物院藏。

方膺作画7——《竹石图》轴，纸本，水墨，149×75.6cm。未标年款。《中国古代书画图目》卷十六，辽5-166，辽宁旅顺博物馆藏。

方膺作画 8——《梅花》卷，纸本，墨笔，46×641cm。未标年款。《中国古代书画图目》卷十六，鲁 1-344，山东省博物馆藏。

方膺作画 9——《墨竹》图轴，绫本，水墨，未标尺寸及年款。《中国古代书画图目》黔 1-33。贵州博物馆藏。

方膺作书 10——《行书论书》轴，纸本，墨笔。未标年款。《中国古代书画图目》卷十二，沪 11-323，上海文物商店藏。今查下落不明。

方膺作画 11——《芝兰双松图》轴，绢本，墨笔。未标年款。《中国古代书画图目》卷十一，皖 1-587，安徽省博物馆藏。

方膺作画 12——《竹石图》轴，纸本，墨笔，未标尺寸及年款。《中国书画古代图目》卷十，浙 4-121，西泠印社藏。

方膺作画 13——《菊石图》轴，绢本，墨笔。未标尺寸及年款。南阳郦县有甘谷，上有大□落水中，得其精液谷中，饮此水者上寿百二三十，中岁寿百余岁，抑园李方膺（应为乾隆三、四年前作）。《中国古代书画图目》卷六，苏 24-0951，南京博物院藏。

方膺作画 14——《墨竹图》页，纸本，墨笔，未标尺寸与年款，款：学胡州笔法。晴江。《中国古代书画图目》卷一，京 2-578。中国历史博物馆藏。

方膺作画 15——《盆兰图》轴，纸本，墨笔。题诗，首句："买块兰花要整根，神完气足长儿孙。"（疑伪）

未标尺寸及年款。《中国古代书画图目》卷六，苏 10-210，扬州博物馆藏。

《稻鱼图》轴，纸本，墨笔，未标尺寸及年款，《中国古代书画图目》卷六，苏 10-211。扬州博物馆藏。该画历来归在李方膺名下，因钤有李方膺闲章"大开笑口"而定。近年薛永年纠正为李鱓所作。（参见《荣宝斋》2009 年第 6 期）故本书不作数入编。

方膺作书 16——《行书》轴，纸本，85×35cm。首句："人传东岳之高峰上有参天双松。"《古砚堂藏书画集》，第 35 页。古研堂藏。

方膺作画 17——《翠竹牡丹图》屏，绢本，设色，147×44cm。未标年款。题诗，首句："画事推敲问画工，非关竹绿牡丹红。"晴江侄顿首再拜（双勾竹）《中国古代书画图目》卷六，苏 8-160。南通博物苑藏。

方膺作画 18——《竹石图》轴，纸本，墨笔。未标尺寸及年款。《中国古代书画图目》

第五卷，沪1-3914。上海博物馆藏。

方膺作画19——《山水》扇页。纸本，水墨。题："晴江李方膺拟北苑意。"《古砚堂藏书画集》第254页。古研堂藏。

方膺作画20——《梅花》轴。纸本，水墨。八尺屏"满纸题字"。来源《时贤尺牍》（下）第22页，西泠印社，2015年。

方膺作画21——《梅花》册（十开）原南通私人收藏后为南方某博物馆来人收购。卜元提供。

方膺作画22——《一百乙十有零图》纸本，着色，款：写于古柏山房。

方膺作画23——《花卉图》屏，未标年代，款：□膺写于广陵，□□印仙李（朱）安徽省博物馆藏。

方膺作画24——《梅花》页，纸本，水墨。无年代款：李方膺写此。"晴江的笔"印（白）。扬州市博物馆藏。

方膺作画25——《梅花》轴，纸本，水墨。款："我渡大海入空山，空山万树白雪颜……"纵横写之，恐不真。钤印"晴江的笔"，无年款及名款。上海博物馆藏。

方膺作画26——《水仙》页，纸本，水墨，无年款，款：晴江写意。钤印"一日千古"（白）。故宫博物院藏。

方膺作画27——《梅花》册（十一开），纸本，水墨，尺寸及年代不详。（从题款号啸尊者看，应为乾隆十八年（1753）及此后作品。）安徽省博物馆藏。

注：本年谱之编撰，系参考天津人民美术出版社《扬州画派书画全集之李方膺》（参考赵鹏《李方膺年谱》），画集所附年表，以及崔莉萍《李方膺研究》（博士论文）所附年表，结合我们近年研究所得。时事部分，主要参以张习孔、林岷主编《清朝大事本末》附录大事年表，《中国学术编年》（清代卷·上卷）以及扬州八怪等相关人物年表，综合编辑而成。

附录二：李方膺作品图录

李方膺有年款作品图录（按年代排序）

图 1 雍正十三年（1735） 墨菊（疏菊含秀）

图 2 乾隆元年（1736） 百花呈瑞
图 立轴绢本 南京博物院藏

图 3 乾隆元年（1736） 菊石图
安徽省博物馆藏

图 4 乾隆元年（1736） 枇杷图
南京博物院藏

图 5　乾隆三年（1738）　鲂鲤贯柳图轴　　　　　　图 6　乾隆三年（1738）　三鱼图

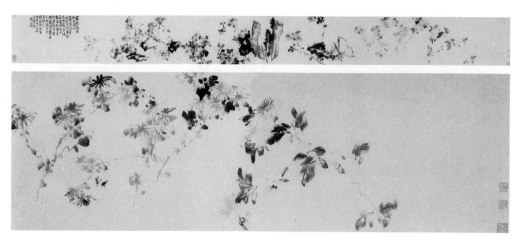

图 7 乾隆四年（1739） 菊石卷 沈阳故宫博物馆藏

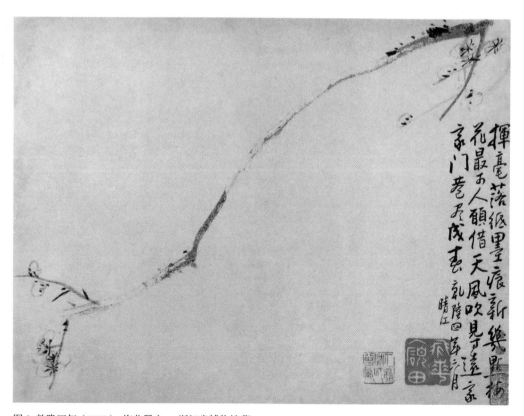

图 8 乾隆四年（1739） 梅花册之一 浙江省博物馆藏

图 9　乾隆四年（1739）　梅花册之二　浙江省博物馆藏

图 10　乾隆四年（1739）　梅花册之三　浙江省博物馆藏

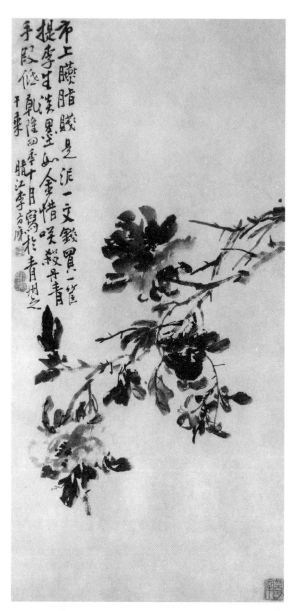

图 11　乾隆四年（1739）　牡丹图　重庆博物馆藏　　　　图 12　乾隆四年（1739）　天台第三株

图 13 乾隆五年（1740） 松石图

图 14 乾隆五年（1740）
庭院秋景图

图 15 乾隆六年（1741） 梅石图　　　　图 16 乾隆六年（1741） 盆菊图 无锡市博物馆藏

图 17　乾隆六年（1741）　兰竹图

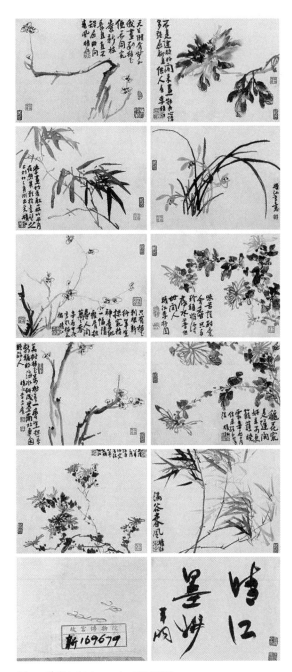

图 18　乾隆六年（1741）　晴江墨妙

图 19 乾隆六年（1741） 松枝图 南通博物苑藏　　图 20 乾隆七年（1742） 竹石图 上海文物商店藏

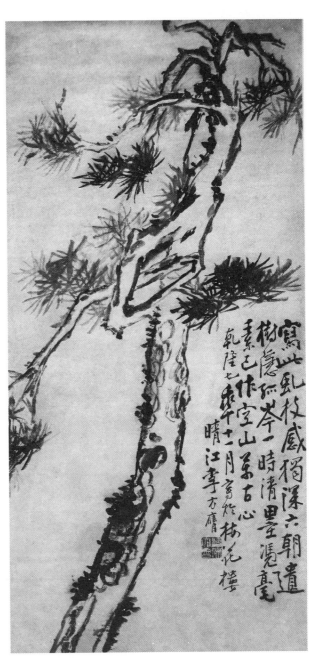

图 21　乾隆七年（1742）　竹石图　浙江省博物馆藏

图 22　乾隆七年（1742）　孤岑虬枝图　南通博物苑藏

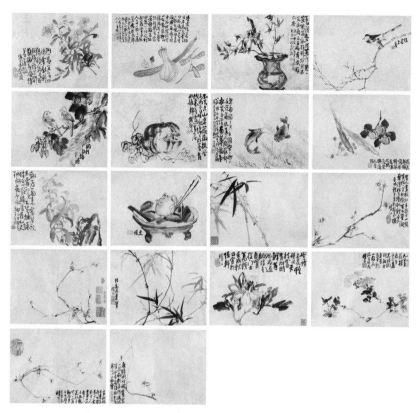

图 23　乾隆七年（1742）　花卉　（含李鱓作品）

图 24　乾隆七年（1742）墨梅图 1

图 25　乾隆七年（1742）墨梅图 2

图 26 乾隆七年（1742） 竹石图 南通博物苑藏　　　　图 27 乾隆七年（1742） 竹石图 上海宝善堂藏

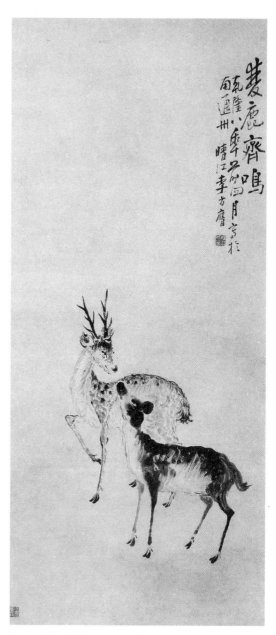

图 28　乾隆八年（1743）　梅花图　镇江市博物馆藏　　图 29　乾隆八年（1743）　双鹿图　天津市艺术博物馆藏

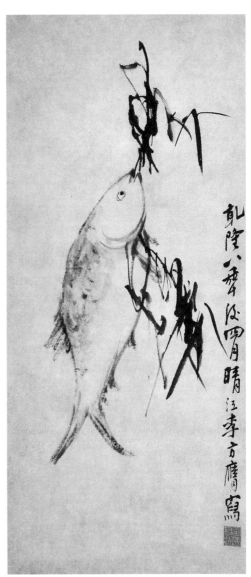

图30　乾隆八年（1743）　竹石图　浙江省博物馆藏　　图31　乾隆八年（1743）　鲥鱼贯柳图　南通博物苑藏

图 32 乾隆八年（1743） 双鱼图　　　　　　　图 33 乾隆九年（1744） 竹石图

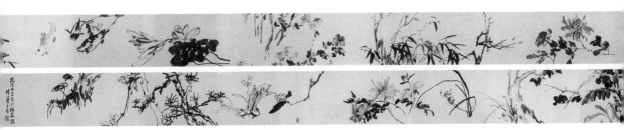

图 34 乾隆九年 (1744) 花卉卷 天津市艺术博物馆藏

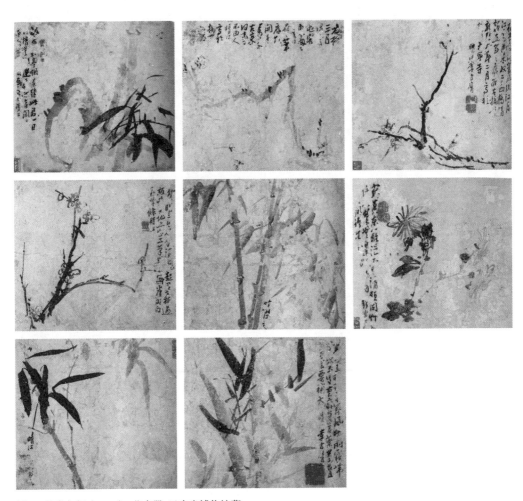

图 35 乾隆九年（1744）　花卉册 云南省博物馆藏

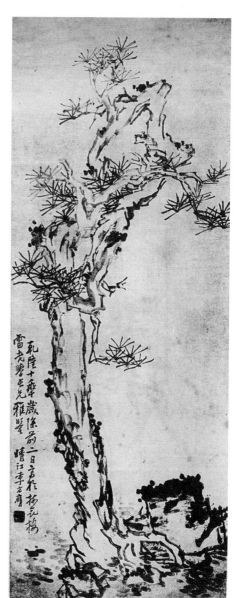

图 36　乾隆九年（1744）竹石图　　　　　　　图 37　乾隆十年（1745）松石图

图 38　乾隆十年（1745）　仿郭熙松石图　中国历史博物馆藏

图 39　乾隆十年（1745）　松石图

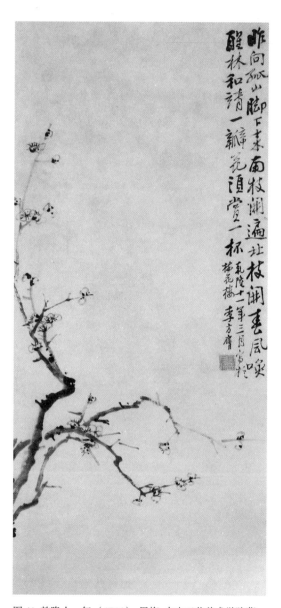

图 40 乾隆十年（1745） 风雨钟馗图 浙江省博物馆藏

图 41 乾隆十一年（1746） 墨梅 中央工艺美术学院藏

图42 乾隆十一年
（1746）竹石图 南
京博物院藏

图 43 乾隆十一年（1746） 花卉四条屏之一、二 中央美术学院藏

图44 乾隆十一年（1746） 花卉四条屏之三、四 中央美术学院藏

图 45　乾隆十一年（1746）　竹石图　镇江
市博物馆藏

图 46　乾隆十一年（1746）　墨梅图

图 47 乾隆十二年（1747） 竹石图 中国历史博物馆藏　　图 48 乾隆十二年（1747） 竹石图

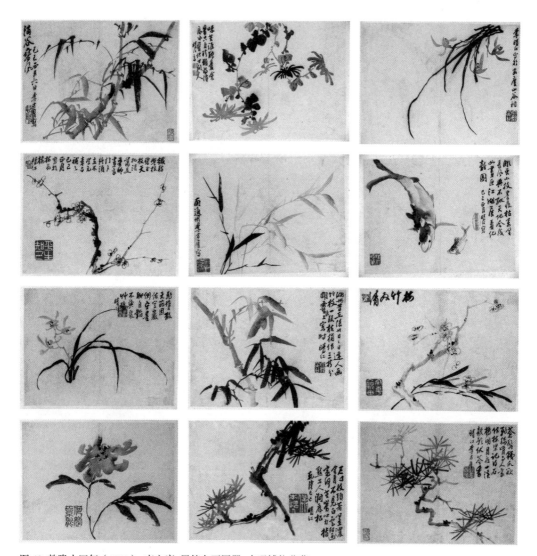

图 49　乾隆十四年（1749）　李方膺　墨笔杂画图册　南通博物苑藏

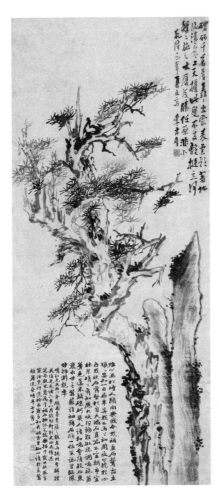

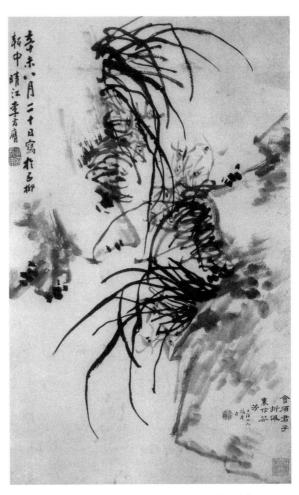

图 50 乾隆十四年（1749） 虬松奇石图　　　图 51 乾隆十六年（1751） 兰石图 沈阳故宫博物馆藏

图 52 乾隆十六年（1751） 瘦骨冰心　　　　　图 53 乾隆十六年（1751） 竹石图 辽宁省博物馆藏

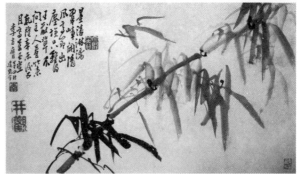

图 54　乾隆十六年
（1751）四君子图

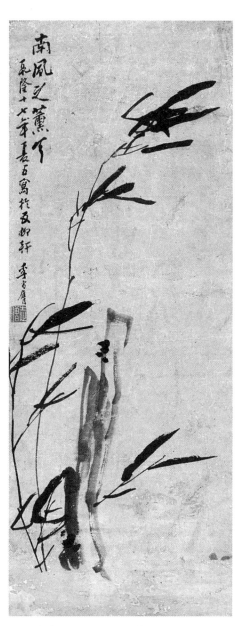

图 55 乾隆十七年（1752） 兰竹石图 青岛市博物馆藏　图 56 乾隆十七年（1752） 南风之薰兮

 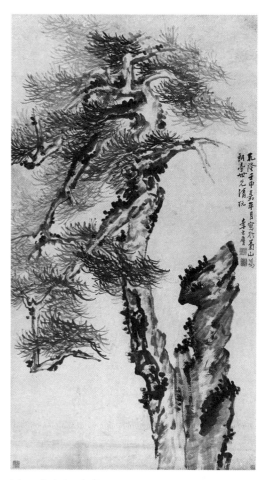

图 57 乾隆十七年（1752） 松芝图　　　　　图 58 乾隆十七年（1752） 松石图

图 59　乾隆十七年（1752）　兰石图　古砚堂藏　　　　图 60　乾隆十七年（1752）　墨梅

图 61　乾隆十七年（1752）　游鱼图　南通博物苑　　　　图 62　乾隆十七年（1752）　墨梅图

图 63 乾隆十八年（1753） 兰石图　　　　　　图 64 乾隆十八年（1753） 竹石图

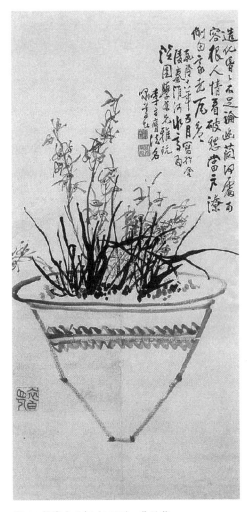

图 65　乾隆十八年（1753）　盆兰花　　　　　图 66　乾隆十八年（1753）　苍松怪石　广州市美术馆藏

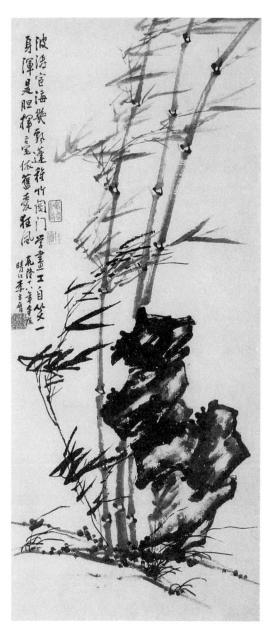

图 67　乾隆十八年（1753）　风竹图　荣宝斋藏　　　　图 68　乾隆十八年（1753）　荷花图　无锡市博物馆藏

图 69 乾隆十八年（1753）　兰石图　故宫博物院藏　　图 70 乾隆十八年（1753）　双松图　广西壮族自治区博物馆藏

图 71 乾隆十八年（1753） 松石图 苏州博物馆藏　　　　图 72 乾隆十八年（1753） 竹石图 故宫博
　　　　　　　　　　　　　　　　　　　　　　　　　　物院藏

图 73 乾隆十八年（1753） 竹石图 徐悲鸿纪念馆藏

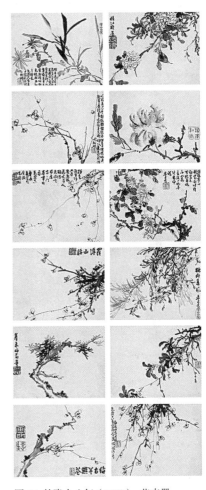

图 74 乾隆十八年（1753） 花卉册

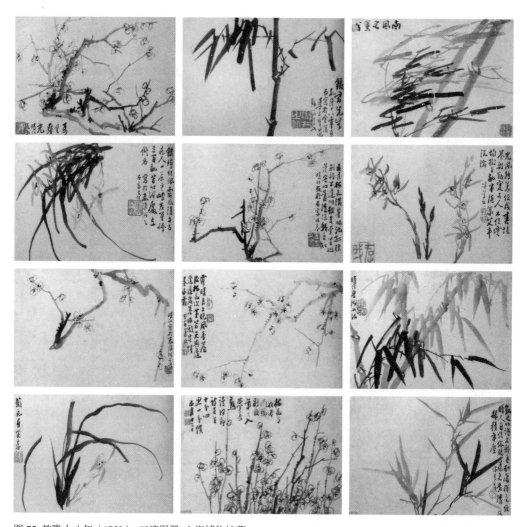

图 75 乾隆十八年（1753） 三清图册 上海博物馆藏

图 76　乾隆十八年（1753）　牡丹图　故宫博物院藏

图 77　乾隆十九年（1754）　梅竹　安徽省博物馆藏

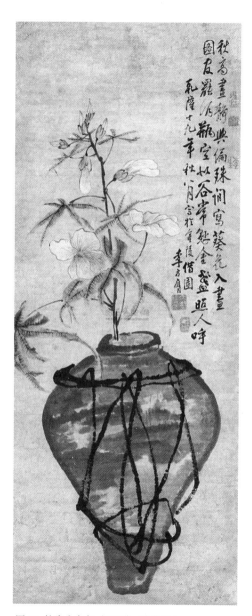

图 78 乾隆十九年（1754） 秋葵图

图 79 乾隆十九年（1754） 风竹图 上海博物馆藏

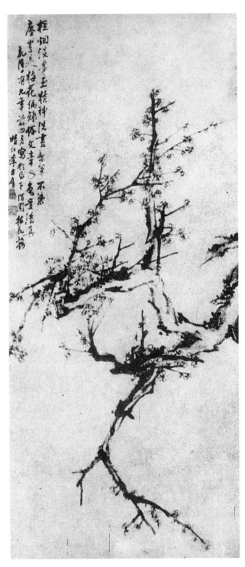

图 80 乾隆十九年（1754） 梅花图

图 81 乾隆十九年（1754） 兰石图

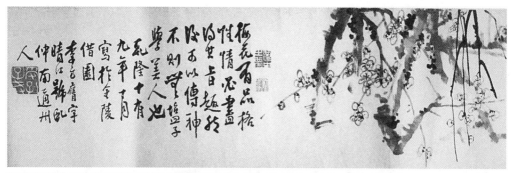

图82 乾隆十九年（1754） 古松图 故宫博物院藏

图 83　乾隆十九年（1754）　古松图　故宫博物院藏

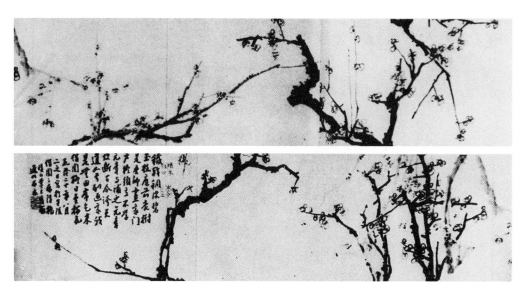

图 84 乾隆二十年（1755）梅花图卷

图 85 乾隆二十年（1755） 墨梅图卷 南通博物苑藏

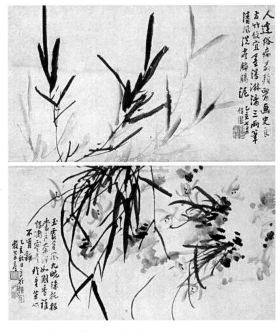

图 86 乾隆二十年（1755）　竹兰

图 87 乾隆二十年（1755）　一百一十图

李方膺无年款作品图录

图1 菊石图 南京博物院藏　　　图2 花卉屏 安徽省博物馆藏

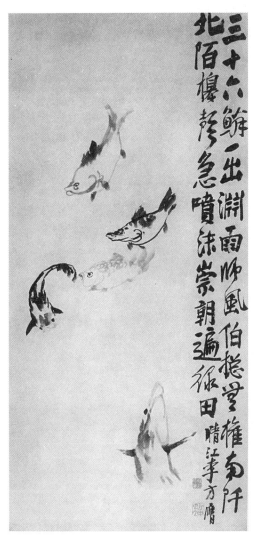

图 3　游鱼图　故宫博物院藏　　　　　　　　图 4　一百乙十有零图

图 5 梅花 安徽省博物馆藏

图 6 梅花 扬州市博物馆藏

图 7　梅花图　上海博物馆藏

图 8　墨竹　中国历史博物馆藏

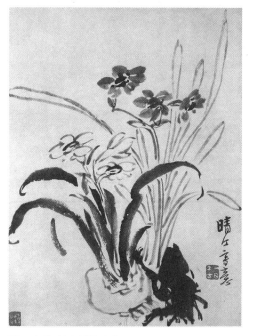

图 9　水仙　故宫博物院藏

图 10 《行书赴京前日再和原韵三章》 轴 故宫博物院藏

图 11 书法小品

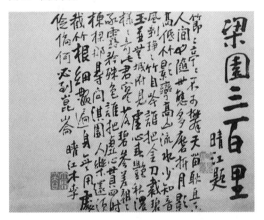

图 12 书法小品

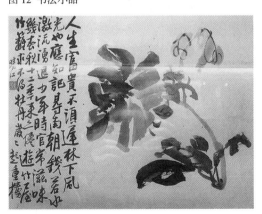

图 13 牡丹

图 14 墨梅图

图 15 山水扇面

图 16 梅花扇面

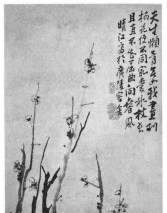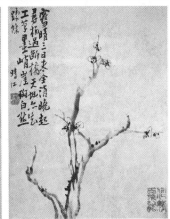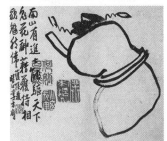
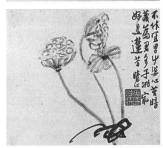

图 17 墨竹梅花册页 南通博物苑藏

图 18 花卉人物册页

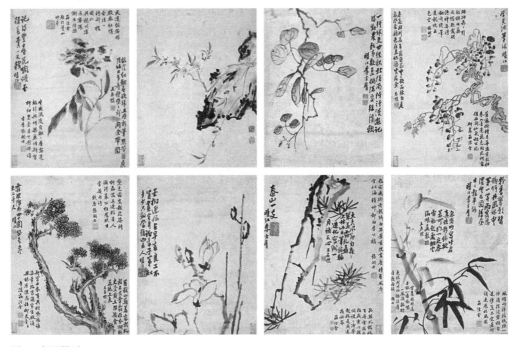

图 19　杂画册页

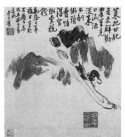

图 20　蔬果杂画册页

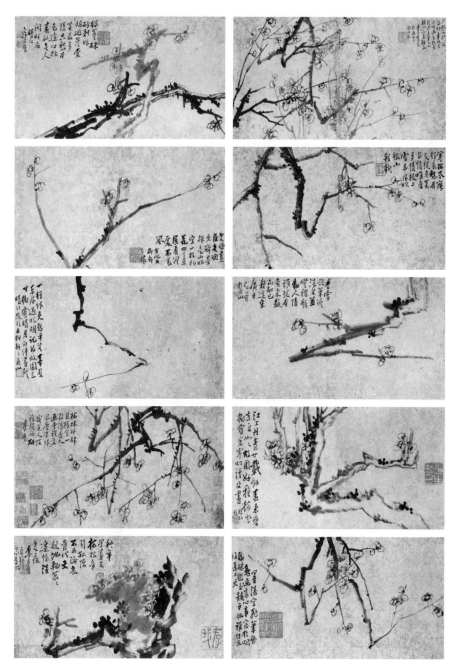

图 21　墨梅册　安徽省博物馆藏

附录三：李方膺作品编年表

表一：李方膺作品编年表

时间	作品	收藏或著录	备考	见本书页码
雍正二年（1724）甲辰	《花卉》册（六开）纸 设色 33.9×54.1cm 沪1-3901	上海博物馆藏	落款"李方邹"作品	35
雍正六年（1728）戊申	《三代耕田图》	已佚《清代扬州画派研究集》第四辑	于漳州奉父命而作	
雍正十年（1732）壬子	《牡丹图》轴 绢 设色 90.3×54.3cm	南通博物苑藏		36
雍正十一年（1733）癸丑	《五鱼图》轴	《扬州八怪书画年表》		
	《墨梅图》扇页	《中国书画家印鉴款识》P350，116号		
雍正十二年（1734）甲寅	《水墨花卉》册（八开）纸 水墨又名《墨花册》30.2×42.3cm 沪1-3903	上海博物馆藏		
	《梅花》册（八开）纸 水墨 沪1-3902	上海博物馆藏		
	《清人花卉》集册	《中国书画家印鉴款识》P349-350，5号，6号，82号		
	《花卉》册	《中国书画家印鉴款识》P349-350，18号，24号，52号，57号，61号，70号，89号		
	《杂画》册（十二开）纸 水墨	故宫博物院藏		
雍正十三年（1735）乙卯	《花卉杂画》册（十二开）纸 水墨 31.3×47.5 cm	《文人画粹编》卷九		
	《花卉》册（十二开）纸 水墨 京1-5619	故宫博物院藏		
	《疏菊含秀》轴	北京保利拍卖公司 2006.06.16		365
乾隆元年（1736）丙辰	《菊石图》纸 设色 171.5×44 cm 皖1-580	安徽省博物馆藏		366
	《枇杷图》轴 绢 水墨	南京市博物馆藏		366

续表

时间	作品	收藏或著录	备考	见本书页码
乾隆元年（1736）丙辰	《桃李春风图》轴 绢 设色 苏 19–38	江苏省美术馆藏		
	《桃李春风图》绢 设色 苏 24–0947 《百花呈瑞图》轴 绢 设色 162.5×43.1cm 苏 24–0948	南京博物院藏		366
	《墨梅图》卷 图上并录王冕《梅花传》	许莘农藏		
乾隆二年（1737）丁巳	《花果》册（四开）纸 设色 28.6×26.5cm 京 12–329	北京市文物商店藏		
	《枇杷》册	天津市艺术博物馆藏		
乾隆三年（1738）戊午	《竹石》册 《菊花》册	天津市艺术博物馆藏		
	《鲂鲤贯柳图》轴 纸 水墨 125.3×56.9cm	南京博物院藏		367
	《梅花集》册	高野侯藏		
	《芭蕉竹石图》轴 纸 水墨 134×62cm	天津市文物公司藏		
	《三鱼图》	《李方膺年谱新编》	萧平鉴定跋	367
乾隆四年（1739）己未	《瓶梅》册页 纸 水墨	中央工艺美术学院藏		128
	《梅花》册页	许莘农藏		369
	《菊石图》轴 纸 设色 60.35×36.05cm 浙 1–487 《梅花》册 三开	浙江省博物馆藏		368 369
	《渭川千亩》册（十二开）纸 水墨 25×32cm	北京保利 2014 秋拍		132 133
	《牡丹图》轴 纸 水墨 90×64cm	重庆市博物馆藏		370
	《天台第三株》纸 水墨	私人收藏	萧平鉴定跋	370
	《菊石》卷 纸 水墨 辽 2–324	沈阳故宫藏		368
乾隆五年（1740）庚申	《梅花图》轴 纸 水墨 沪 1–3904	上海博物馆藏		

续表

时间	作品	收藏或著录	备考	见本书页码
乾隆五年（1740）庚申	《松石图》轴 纸 水墨 210×110cm	《古砚堂书画集》		371
	《庭院秋景》轴 纸 设色 157.5×42.40cm	中国嘉德拍卖公司 2005年11月7日		371
乾隆六年（1741）辛酉	《梅花》册页	扬州沈华藏		
	《盆菊图》轴 纸 设色 139×48cm 苏 6-220	无锡市博物馆藏		372
	《牡丹图》轴 纸 设色 90×39.8cm 苏 8-151	南通博物苑藏		
	《兰石》卷 纸 水墨 京 1-5620	故宫博物苑藏		
	《兰竹》卷	故宫博物苑藏 《历代流传书画编年表》		
	《竹石图》轴 绢 水墨 沪 7-0526	上海朵云轩藏		
	《松枝图》轴 纸 水墨 110×45cm	南通博物苑藏		374
	《梅石图》轴 纸 水墨 137.5×36cm	中国嘉德 2012 春拍		372
	《晴江墨妙》册（十开）纸 水墨 24×29cm	徐平羽藏		373
	《兰竹图》轴 140×46.5cm	上海朵云轩拍卖 1996年6月1日		373
乾隆七年（1742）壬戌	《竹石图》纸 水墨	浙江省博物馆藏		375
	《竹石图》轴 纸 117.6×35.8cm 苏 13-099	镇江市博物馆藏		
	《竹石图》轴	南通博物苑藏		377
	《孤岑虬枝图》轴 纸 水墨 122×59cm	南通博物苑藏		375
	《朱藤图》轴 纸 设色 沪 1-3905	上海博物馆藏		
	《竹石图》轴 纸 水墨 125×61.6cm 沪 11-322	上海文物商店藏		374
	《盆菊图》	《艺林月刊》第 57 期		

续表

时间	作品	收藏或著录	备考	见本书页码
乾隆七年（1742）壬戌	《竹石图》	上海宝善堂藏		377
	《墨梅图》册（二开）纸 水墨 24.7×31.7cm	《海外藏中国历代名画》第八卷·清（下）[美]乐意斋藏		376
	《花卉》册（六开）纸 水墨 设色 36×26cm	北京翰海拍卖公司 2005 年 6 月 19 日		376
乾隆八年（1743）癸亥	《梅花图》卷 纸 水墨 46×495.1cm 沪 1–3906	上海博物馆藏		
	《竹石图》轴 纸 水墨 117.6×52.1cm 浙 1–488	浙江省博物馆藏		379
	《竹石梅花图》轴 纸 设色 113×59.5cm	美国大都会美术馆藏		
	《鲥鱼贯柳图》轴 纸 水墨 苏 8–152	南通博物苑藏		379
	《竹鹤图》轴 纸 水墨 176×93cm	西南师范大学历史系藏		
	《荷花图》轴 133.5×44.8cm	《中国书画家印鉴款识》第 351 页		
	《墨梅图》	《梅兰竹菊画谱》第 80 页		
	《梅花图》轴 纸 水墨 苏 13–100	镇江市博物馆藏		378
	《寿萱图》轴 纸 水墨 108.5×48.5cm	中国嘉德国际拍卖公司 2004 年 11 月 7 日		143
	《松石图》镜心 纸 水墨	北京荣宝拍卖公司 2004 年 6 月 2 日	单国强鉴题	
	《桃花嘉鲼图》（又名《双鱼图》）	南京市博物馆藏		380
	《双鹿图》轴 纸 水墨 133.5×59.3cm 津 7–1374	天津市艺术博物馆藏		378
乾隆九年（1744）甲子	《花卉》卷 纸 水墨 32.6×734.6cm 津 7–1375	天津市艺术博物馆藏		381
	《竹石图》轴 纸 水墨 109×62cm 辽 1–554	辽宁省博物馆藏		382
	《花卉》册	《中国书画家印鉴款识》第 350 页		382

续表

时间	作品	收藏或著录	备考	见本书页码
乾隆九年（1744）甲子	《荷花图》轴 纸 水墨 135.8×65.9cm	苏州博物馆藏		
	《竹石图》轴 纸 水墨 124.5×57.6cm	中国嘉德秋拍602号 2006年11月20日		380
	《幽篁独立图》轴 纸 水墨	南通俞吟秋藏	商笙伯边跋	
	《竹石图》轴 纸 水墨	吴湖帆旧藏 保利2008年秋拍		382
	《花卉》册（八开）	云南博物馆藏		381
乾隆十年（1745）乙丑	《风松图》轴 纸 设色 159.5×59.2cm 苏8-153	南通博物苑藏		134
	《风雨钟馗图》轴	浙江省博物馆藏		384
	《钟馗图》轴 纸 设色 91×43.2cm	浙江省博物馆藏		139
	《仿郭熙松石图》轴 纸 水墨 京2-574	中国历史博物馆藏		383
	《梅花图》轴 纸 水墨 170.5×44.1cm 浙1-489	浙江省博物馆藏		
	《竹石图》轴 纸 水墨 苏13-101	镇江市博物馆藏		383
	《梅》轴	高野侯藏		
	《花卉》四屏 纸 设色 皖1-581	安徽省博物馆藏		
	《梅》轴	浙江省博物馆藏		
	《松石图》轴 纸 设色 浙3-45	浙江美术学院藏		383
	《松图》轴 纸 设色	《南通书画大观》第20页		
	《花鸟》四屏	广西壮族自治区博物馆藏		
乾隆十一年（1746）丙寅	《三章·书法》中堂行书 京1-5626	故宫博物院藏		
	《竹石图》轴 纸 水墨 119.5×45.3cm 苏24-0949	南京博物院藏		385
	《风翻雷吼图》轴 纸 水墨 79.2×45.2cm	故宫博物院藏		

续表

时间	作品	收藏或著录	备考	见本书页码
乾隆十一年（1746）丙寅	《五鱼图》轴	泰山残石楼藏		
	《墨梅图》轴 纸 水墨 135.9×59.3cm	《文人画粹编》卷九 日本山口良夫藏		388
	《梅花》册（十开）纸 水墨	南通博物苑藏		
	《行书七律诗》轴 纸 139×28.5cm 京1-5621	故宫博物院藏		
	《梅石图》轴 纸 水墨 京3-129	中国美术馆藏		
	《花卉》四条屏 轴 京 7-077~080	中央美术学院藏		386 387
	《墨梅》轴 纸 水墨 京8-118	中央工艺美术学院藏		384
	《花卉》三屏 纸 设色 93×43cm 皖1-582	安徽省博物馆藏		
	《梅花图》轴	北京邓拓藏		
	《竹石图》轴 纸 水墨 苏13-102	镇江市博物馆藏		388
	《墨竹图》轴	《中国书画家印鉴款识》第350页		
	《五鱼图》轴	山东莒县博物馆藏		
	《墨竹图》扇页	《季修甫文集》第250页		
	《玉兰》屏	广西博物馆藏		
	《梅》轴 纸 水墨	《南通书画大观》第18页		
乾隆十二年（1747）丁卯	《松枝图》 《墨芍图》 《紫藤图》 《墨竹图》 《墨梅图》册（十开）	《梅花楼主人李方膺》		
	《菊》轴 纸 水墨 79.5×40cm	日本桥本太乙藏		
	《花卉》册（十二开）纸 水墨 沪1-3907 《花鸟》册（十二开）纸 水墨 沪1-3908	上海博物馆藏		

续表

时间	作品	收藏或著录	备考	见本书页码
乾隆十二年（1747）丁卯	《竹石图》轴 170×81cm	中国嘉德拍卖公司 1998 年 10 月 28 日		389
	《竹石图》轴 纸 水墨 142×78.5cm 京 2-575	中国历史博物馆藏		389
乾隆十三年（1748）戊辰	《兰竹图》轴	《扬州画派》第 154 页	疑伪	
	《墨松图》轴 纸 水墨 114×49cm 鲁 1-342	山东省博物馆藏		
	《墨梅图》册（十二开）纸 水墨 22.5×27.2cm	美国景元斋藏		
	《梅花》册（十开）纸 水墨 京 1-5622	故宫博物院藏		245
	《墨梅图》轴 纸 123×45cm 苏 8-154	南通博物苑藏		
	《梅花图》册（十开）纸 水墨 27.5×22.5cm 津 1-23	天津市文化局文物处藏		
	《墨竹兰石》卷	《历代流传书画作品编年表》		
	《墨梅图》轴 137×60cm	南通博物苑藏		
乾隆十四年（1749）己巳	《菊石图》轴 纸 水墨 89.9×31.6cm	香港中文大学 中国文化研究所藏		
	《墨笔杂画》册（十二开）纸 水墨 23.5×32.5cm 苏 8-155	南通博物苑藏		130 390
	《虬松奇石图》轴	匡时 2011 年春拍	赫舍里如山补石并题	391
乾隆十五年（1750）庚午	《梅花》轴 纸 水墨 131.8×46.5cm	中国嘉德国际拍卖 2003 年 11 月 26 日		
	《松石图》轴 纸 水墨 182.6×91.6cm 鲁 3-20	山东省文物商店藏		
乾隆十六年（1751）辛未	《梅仙图》册（三十六开）	天津人民美术出版社 2009 年 6 月版 《李方膺梅仙图册》		
	《梅花》册	《扬州八怪全集》第 279 页		
	《花卉图》册（十八开）纸 水墨 28×48.6cm 京 1-5623	故宫博物院藏		

续表

时间	作品	收藏或著录	备考	见本书页码
乾隆十六年（1751）辛未	《梅兰竹菊图》册（四开）	亦欢室藏		
	《兰石图》轴 绢 水墨 辽 2–325	沈阳故宫藏		391
	《画竹》册（八开）纸 水墨 37.2×46.9cm	美国私人藏		
	《墨梅图》轴	故宫博物院藏		
	《梅花图》轴 纸 水墨	南通博物苑藏		
	《墨菊图》册（四开）	《梅兰竹菊画谱》		
	《墨兰图》轴（又名《沅江烟雨图》）纸 水墨 110.5×48.4cm	故宫博物院藏		
	《锦鬣图》轴 纸 水墨 104×45cm	上海朵云轩藏		
	《四君子图》册（十开）纸水墨 苏 8–156	南通博物苑藏		393
	《墨兰》册（四开）	《梅兰竹菊画谱》		
	《潇湘风竹图》轴 纸 水墨 168.3×67.7cm 苏 24–0950	南京博物院藏		136
	《梅兰竹菊图》屏（四条） 纸 水墨 沪 1–3909	上海博物馆藏	傅熹年认为“伪”	
	《菊》册	南通孙氏藏		
	《梅兰图》轴 纸 水墨 127.4×46.7cm	浙江省博物馆藏	疑伪	
	《得利图》轴 纸 水墨 113×44cm 沪 7–0527	上海朵云轩藏	《锦鬣图》疑为一画	
	《老柏图》轴 纸 设色 133.2×60.9cm	日本东京私人藏		
	《墨梅》册（十六开）	《历代流传书画作品编年表》		
	《瘦骨冰心》镜心 纸 水墨 124×66.5cm	北京翰海拍卖公司 2005 年 6 月 19 日		392
	《竹石图》轴 纸 水墨 140×66.3cm 辽 1–555	辽宁省博物馆藏		392

续表

时间	作品	收藏或著录	备考	见本书页码
乾隆十六年 （1751）辛未	《梅》册	南通孙氏藏		
	《墨梅图》轴 《兰石图》轴 纸 水墨 110.8×48cm	故宫博物院藏		
	《梅花图》卷	南通博物苑藏		
乾隆十七年 （1752）壬申	《兰石图》卷 纸 水墨 22×312.1cm 沪 1-3911 《梅花图》册（八开）纸 水墨 沪 1-3910	上海博物馆藏		
	《兰竹石图》轴 纸 水墨	青岛市博物馆藏		394
	《墨梅》轴 纸 水墨 110.5×54.5cm	北京翰海拍卖公司 2005 年 12 月 10 日		396
	《朱竹石图》轴 纸 设色 湘 1-074	湖南省博物馆藏		
	《梅花图》轴 纸 水墨 121.5×44.5cm	上海朵云轩艺术品拍卖公司 2004 年 7 月 1 日	无锡市惠山街道曾有类似图，疑为一图	
	《故园秋色图》纸 水墨	东方大观 2014 年春拍		
	《兰石》轴	《中国南画大成》卷一		
	《墨梅图》轴 纸 水墨 192.8×56.5cm	日本根津美术馆藏		246
	《花卉图》屏（二）	《中国南画大成》卷五		
	《菊石》镜心 82×45cm	上海国际商品拍卖公司 2002 年 12 月 8 日		
	《梅花》轴 纸 水墨 京 3-130	中国美术馆藏		
	《松石幽□图》轴	《知鱼堂书画录》		
	《花卉》屏（八条）	《历代流传书画作品编年表》		
	《梅》轴（为师南写）	韵古堂藏		
	《墨竹图》轴 《花卉》册	《中国书画家印鉴款识》 第 349 页 25 号 28 号		
	《游鱼图》轴 纸 水墨	南通博物苑藏		397

时间	作品	收藏或著录	备考	见本书页码
乾隆十七年（1752）壬申	《松芝图》138×70cm	2016年嘉德香港春拍		395
	《松石图》	匡时2014秋拍		395
	《兰石图》轴	古研堂藏		396
	《南风之薰兮》（又名《竹石图》）纸 水墨	故宫博物院藏		239 394
	《墨梅图》			397
乾隆十八年（1753）癸酉	《墨竹图》轴 纸 水墨 174.6×86cm	《文人画粹编》卷九		
	《烟月数竿图》轴 纸 水墨 147.3×74.7cm	故宫博物院藏		
	《苍松怪石图》轴	广州美术馆藏		399
	《兰石图》轴 纸 水墨 144.8×83.2cm 皖1-583	安徽省博物馆藏		
	《竹石图》轴 纸 水墨 139.2×74.4cm 川2-106 《竹石图》轴 纸 水墨 110×61cm 川2-107	四川大学藏		
	《梅兰竹菊松》册（八开）			
	《花卉杂画》册纸 水墨 28.2×41cm	美国景元斋藏		
	《兰花》轴（又名《盆兰图》）113.5×55.5cm	中国嘉德国际拍卖公司 1994年11月7日		399
	《三清图》册（十二开）纸 水墨 23.5×32.5cm 沪1-3912	上海博物馆藏		404
	《荷花图》轴 纸 设色 111.5×46.6cm	无锡市博物馆藏		400
	《牡丹图》轴	故宫博物院藏		405
	《花卉》册（十二开）纸 水墨 京2-576	中国历史博物馆藏		403
	《竹石图》轴 纸 水墨 139.5×54.5cm	故宫博物院藏		402
	《松石图》轴 纸 水墨 148.8×80.4cm 苏1-381	苏州博物馆藏		402

续表

时间	作品	收藏或著录	备考	见本书页码
乾隆十八年（1753）癸酉	《花卉画》册（十二开）	纽约苏富比 2014 年拍卖		403
	《竹石图》轴 纸 水墨 90×50.6cm	日本桥本太乙藏	又"桥本末吉"	398
	《墨竹》轴 纸 水墨	《宝迂阁书画录》		
	《梅花》轴 纸	南通尤氏藏		
	《梅花》轴 纸 水墨	湖北博物馆藏		137
	《梅花》册（八开）纸 水墨 24.8×40.7cm 京 1–5624	故宫博物院藏		
	《荷花》轴 纸 水墨 京 3–131	中国美术馆藏		
	《墨梅图》轴 纸 水墨 146×45cm 粤 1–0779 《墨梅图》轴 纸 水墨 181×94.5cm	广东省博物馆藏		
	《墨竹》堂幅 纸	四川大学博物馆藏		
	《松石图》轴 纸 设色 140×74cm 粤 2–403 《兰竹石图》轴 纸 水墨 133×70cm 粤 2–404	广东美术馆藏		
	《双松图》轴 144.8×83.2cm	《艺苑掇英》第 33 期 广西壮族自治区博物馆藏		401
	《双松图》轴 纸 水墨 133.6×91.5cm 皖 1–584	安徽省博物馆藏		
	《墨竹》轴	《宝迂阁书画录》卷三		
	《梅花》册	《明清画家印鉴》		
	《兰石图》轴 93×43cm	安徽省博物馆藏		
	《竹石图》	《徐悲鸿藏画选集》 徐悲鸿纪念馆藏		403
	《风竹图》纸 135.6×56.2cm	荣宝斋藏		400
	《兰石图》纸 110.8×48cm	故宫博物院藏		401
	《梅兰松菊图》册（八开）纸 24×31.4cm	《中国民间秘藏绘画珍品》（一）		

续表

时间	作品	收藏或著录	备考	见本书页码
乾隆十九年（1754）甲戌	《墨兰图》册（十二开）纸水墨	泰兴葛醒楼藏		
	《竹石图》轴 纸 水墨 118×57cm 津 6–130 《风竹》轴 纸 水 118×57cm	天津文物公司藏		
	《古梅图》	《袁枚年谱新编》第 247 页	已佚	
	《梅花图》轴	美国加利福尼亚大学美术馆藏		407
	《墨梅图》轴 纸 水墨 121.5×42.9cm	香港虚白斋藏		
	《悬崖幽兰图》轴 120.7×42.2cm	嘉德 2011 年春拍更名为《兰石图》		407
	《墨梅图》轴	故宫博物院藏		
	《墨梅图》卷 纸 水墨 25.7×178.6cm 苏 8–157	南通博物苑藏		245
	《古松图》轴 纸 水墨 123×43.6cm	故宫博物院藏		408 409
	《梅花图》卷（又名《玉魄冰魂》卷）	《百梅集》		
	《兰花》册（十二开）纸 水墨 京 4–36	北京市文物局藏		
	《竹石图》轴 纸 水墨 118×57cm	天津市文物公司藏		
	《风竹图》轴 纸 水墨 147.4×55.5cm 沪 1–3913	上海博物馆藏		406
	《梅》轴	上海博物馆藏		
	《墨梅》册	《明清画家印鉴》		
	《仿老可兰石》轴	《历代流传书画作品编年表》		
	《梅竹图》轴 133.6×91.5cm	安徽省博物馆藏		405
	《梅花图》册（十四开）纸 水墨 36.6×21.9cm	日本京都国立博物馆藏		
	《梅竹图》轴 纸 水墨 133.6×91.5cm 皖 1–158	安徽省博物馆藏		

续表

时间	作品	收藏或著录	备考	见本书页码
乾隆十九年（1754）甲戌	《墨梅图》轴	《中国书画鉴定与欣赏》第 54 页		
	《秋葵图》轴			406
乾隆二十年（1755）乙亥	《松石图》	山东文物商店藏		
	《梅花》长卷	《中国南画大成》卷三		410
	《墨梅图卷》卷 纸 水墨 49.2×167.8cm 苏 8-158	南通博物苑藏		410
	《梅花》轴 纸 水墨 137×47cm	江苏省美术馆藏		
	《梅花》册 绢 水墨 京 2-577	中国历史博物馆藏		
	《竹》轴 纸 水墨 苏 8-159	南通博物苑藏		
	《一百一十图》轴 纸 设色 159.5×82.5cm 鲁 1-343	山东省博物馆藏		411
	《竹·兰》轴 纸 水墨	中国嘉德 2006 秋拍 703 号		
	《墨竹兰石》册页合装轴 纸 水墨 各 29×50cm	重庆市博物馆藏		411
	《梅花》轴 绢 水墨	中国历史博物馆藏		
	《梅花》卷 纸 水墨	日本东京国立博物馆藏		410
	《竹石》轴	天津市艺术博物馆藏		
	《墨梅图》卷	兰州顾于惠藏		

注：沪 1-3901，为《中国古代书画图目》各地书画编号，余类推。

表二：李方膺无年款作品表

时间	作品	收藏或著录	备考	见本书页码
	《梅花》扇页	上海博物馆藏《上海博物馆藏明清折扇书画集》第 138 页		417
	《墨梅图》136×46cm 无款 后人补题识	私人收藏	吴昌硕丁巳（1917）十月，徐那达庚午（1940）四月题识	417
	《墨梅》轴 纸 设色 161×58cm	央视国际 2007 年 3 月 23 日 "鉴定" 节目，私人收藏	徐邦达跋文单国强鉴定	
	《墨竹图》册（八开）纸 水墨 24.8×40.7cm 京 1–5624	故宫博物院藏	郑板桥等对题	
	《游鱼图》轴 123.5×60.3cm 京 1–5626	故宫博物院藏		413
	《行书七律诗》轴 139×28.5cm 京 1–5621	故宫博物院藏		
	《行书诗》轴 92.5×49.5cm 京 1–5627	故宫博物院藏		
	《行书赴京前日再和愿韵三章》轴 京 1–5626	故宫博物院藏		416
	《竹石图》轴 纸 水墨 149×75.6cm 辽 5–166	辽宁旅顺博物馆藏		
	《梅花》卷 纸 水墨 46×641cm 鲁 1–344	山东省博物馆藏		
	《墨竹图》轴 绫 水墨 黔 1–33	贵州省博物馆藏		
	《行书论书》轴 纸 沪 11–323	上海文物商店藏		
	《芝兰双松图》轴 绢 水墨 皖 1–587	安徽省博物馆藏		
	《竹石图》轴 纸 水墨 浙 4–121	西泠印社藏		
	《菊石图》轴 绢 水墨 苏 24–0951	南京博物院藏		412
	《墨竹图》页 纸 水墨 京 2–578	中国历史博物馆藏		415

续表

时间	作品	收藏或著录	备考	见本书页码
	《盆兰图》轴 纸 水墨 苏 10-210	扬州博物馆藏	疑伪	
	《行书人传东岳》轴	古砚堂藏		144
	《墨竹梅花》册页	南通博物苑藏		418
	《花卉人物》册页			418
	《杂画》册页			419
	《蔬果杂画》册页			419
	《翠竹牡丹图》屏 绢 设色 147×44cm 苏 8-160	南通博物苑藏		127
	《竹石图》轴 纸 水墨 沪 1-3914	上海博物馆藏		
	《山水》扇页 纸 水墨	古研堂藏		417
	《梅花》轴 纸 水墨 八尺屏	《时贤尺牍》（下）第 22 页		
	《梅花》册（十开）	南通私人收藏		
	《一百乙十有零图》纸 设色			413
	《花卉》屏	安徽省博物馆藏		412
	《梅花》页 纸 水墨	扬州市博物馆藏		414
	《梅花》轴（附长款）纸 水墨	上海博物馆藏		303
	《水仙》页 纸 水墨	故宫博物院藏		415
	《墨梅》册（十一开）纸 水墨	安徽省博物馆藏		420
	《梅花》	安徽省博物馆藏		414
	书法小品	私人收藏		416
	《牡丹》册页	私人收藏		416

注：沪 1-3901，为《中国古代书画图目》各地书画编号，余类推。

七家印跋　依稿本刊

古歙汪氏嘯雲樓主人珍藏夏商周金石文字秦漢官私印信唐宋

明人諸章歷代名人書畫尺牘之鈐記

昔蕭子良以刻符摹印合爲一體徐鍇議之謂符以取信印以記事判然爲
二若後世官私印章既以徵信復記姓名正合子良之製吾友秀峯博雅好
古凡秦漢金石及古人真蹟無不蒐羅今以舊作斗印索刻予應秀峯之請
者蓋冀其石之佳也　丁敬

藏之名山傳之其人

一硯集　第三集

尤物之留于人間世者得之固不易賞之良猶難非具隻眼者不足道也予
古緣頗深所得往往出人意表亦宿世奇情也作此印以誌快事　丁丑中和
記於無　節錢東并
所住菴

問梅消息　梅農

通州李方膺晴江工畫梅傲岸不羈罷官寓金陵項氏園日與沈補蘿袁子
才游有句云寫梅未必合時宜莫怪花前落墨酣目橫斜千萬朶賞心只
有兩三枝予愛其詩爲作數印寄之聊贈一枝春意　丁敬梅農

傲骨熱腸

鈍丁仿漢人印法運刀如雪漁仍不落明人蹊徑識者知予用心之苦也　丁
丑
夏日
并記

《七家印跋》书影（封、内页）

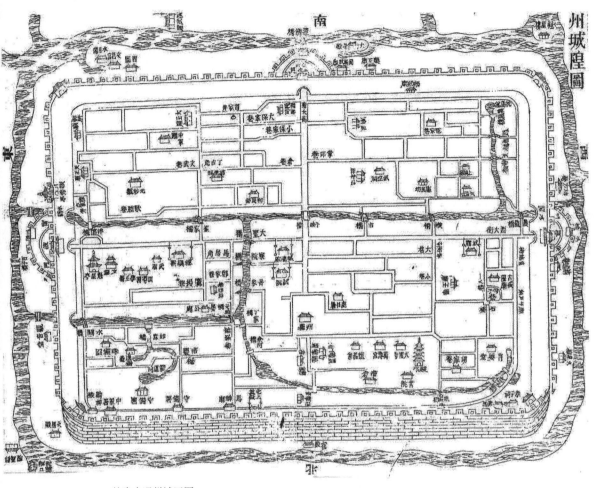

乾隆南通州城区图

参考书目

1. 王藻.《崇川各家诗抄汇存》收录清李方膺著《梅花楼诗抄》，清咸丰七年（1857）。

2. 李方膺.《山东水利管窥略》（珍藏本），南通市图书馆，清代。

3. 李方膺.《乐安县志》雍正十一年（1733）刻本，国图，清代。

4. 李方膺.《重修莒州志》，乾隆七年（1742）刻本，国图，清代。

5. 扬廷.《五山耆旧今集》，南通市图书馆，清代。

6. 光绪.《通州直隶州志》，南通市图书馆，清代。

7.《崇川咫闻录》，南通市图书馆，清代。

8.《个道人遗墨》，南通市图书馆，民国。

9.《袁枚文集》（卷五、卷十一），小仓山房诗文集。

10. 郑奇、黄俶成.《扬州八怪评论集》，江苏美术出版社，1989。

11. 薛永年.《扬州八怪考辨集》，江苏美术出版社，1992。

12. 卞孝萱.《扬州八怪年谱》（上、下），江苏美术出版社，1993。

13. 邱丰：《画家李方膺》

14. 崔莉萍：《江左狂生——李方膺》，上海人民出版社，1993。

15. 中医研究院、广东中医学院：《中医名词术语选释》人民卫生出版社，1973。

16.《乐安县志》，民国。

17.《重修莒州志》，民国。

18.《潜山县志》《中国地方志集成》，民国。

19. 张习孔.《清朝大事本末》，中国国际广播出版社，2007。

20. 刘建平.《扬州画派书画全集·李方膺》，天津人民美术出版社，2000。

21. 中国古代书画鉴定组：《中国古代书画图目》，文物出版社，1986。

22. 中国古代书画鉴定组：《中国古代书画目录》，文物出版社，1986。

23. 郑幸.《袁枚年谱新编》，上海古籍出版社，2012。

24. 上海博物馆.《中国书画家印鉴款识》（上、下），文物出版社，1987。

25.《海曲拾遗补续》，南通市图书馆藏。

26.《通庠题名录》，南通市图书馆藏。

27.《崇川书香录》，南通市图书馆藏。

28. 徐宗幹.《斯未信斋杂录·亚庐杂记》选摘（台湾文献）

29. 张松林.《"扬州八怪"中的南通人》，苏州大学出版社，2017。

30. 林秀薇.《扬州画派》，（台湾）艺术图书公司。

31. 丘石.《墨史文丛·南通地方书法史研究文集》，江苏美术出版社，2014。

32. 曹惠民.扬州八怪全书（第一卷）《郑板桥李方膺诗文书画全集》，中国言实出版社，2000。

33. 贺万里.《奇郁晴江梅》

34. 黄惇.《清代徽宗印风》（上、下），重庆出版社，2011。

35. 黄惇.《清初印风》，重庆出版社，2011。

36. 琅村.《南通印痕》

37. 邱丰.《紫琅印存》

38. 卢辅圣.《中国文人画史》，上海书画出版社，2012。

39. 杨树山.《漫画鉴赏与创作十四讲》，河南人民出版社，2005。

40. 冯元魁.《二十五史新编·清史》，上海古籍出版社，1997。

41. 吴根友.《孟子》（《四书五经》），中国友谊出版公司，1993。

42. 韦庆远、王德宝.《中国政治制度史》，中国人民大学出版社，1991。

43. 王同书.《郑板桥评传》，南京大学出版社，2011。

44. 李方膺、顾于观.《李方膺梅仙图册》，天津人民美术出版社，2009。

45. 葛剑雄.《大清王朝兴衰录》长春出版社，2010。

46. 黄强.《文人置业那些事》暨南大学出版社，2011。

47. 黄胄.《黄胄书画论》荣宝斋出版社，2004。

48. 洪丕谟.《墨池散记》学林出版社，1996。

49. 张焕瑞.《赵州揽胜》河北人民出版社，2008。

50. 丁敬.《七家印跋》，清代。

51. 黄苗子.《艺林一枝》生活·读书·新知三联书店出版，2011。

52. ［美］毕嘉珍著，陆敏珍译.《墨梅》江苏人民出版社，2012。

53. 重庆三峡博物馆.《扬州八怪书画精品》，西南师范大学出版社，2012。

54.《南通书画大观》，民国。

55. 南通博物苑.《南通博物苑文物精华》，文物出版社，2005。

56. 卜元.《古砚堂藏书画集》，中国科学艺术出版社，2014。

57. 贺万里、华干林.《扬州八怪研究概览》，东南大学出版社，2010。

58. 张岩.《绘事鉴余》，陕西师范大学出版社，2010。

59. 周积寅.《中国画论辑要》，江苏人民出版社，1985。

60. 管劲丞.《江淮集》

61. 金开诚.《文艺心理学概论》，北京大学出版社，1999。

62. 徐志楠.《南通州书画家资料选编》

63. 邱丰.《南通地方书画人名录》

64. 鲁力.《书画鉴真》，上海文化出版社，1998。

65. 徐建融.《清代书画鉴定与艺术市场》，上海书店出版社，1996。

66. 承名世、承载.《中国书画鉴定与欣赏》，上海古籍出版社，1996。

67. 中国历史地图集编辑组.《中国历史地图集》（八·清代），中华地图学社出版，1974。

68. 杨泽波.《孟子评传》，南京大学出版社，1998。

69. 傅佩荣.《傅佩荣细说孟子》，上海三联书店，2009。

70. 钱实甫.《清代职官年表》（第三册），中华书局出版社，2019。

71. 薛永年.《李方膺》，人民美术出版社，2004。

72. 徐邦达.《历代流传书画作品编年表》，人民美术出版社，1962。

73. 王鹤鸣.《中国家谱总目》（2），上海古籍出版社，2009。

74. 张慧剑.《明清江苏文人年表》，上海古籍出版社，2008。

75. 林树中.《海外藏中国历代名画》，湖南美术出版社，1998。

76. 陈传席.《海外中国名画精选》（清），第五册，天津人民美术出版社，2010。

77.《中国南画大成》（1-3卷）日本兴文社，1941。

78. 铃木敬 .《中国绘画总合图录》，（日本财团法人，东京大学出版会），1983。

79. 中央文史研究馆书画院：《中国书画讲座》人民美术出版社，2014。

80. 牟钟鉴、王志民 .《孟子公开课》，商务印书馆出版，2016。

81. 杜永刚 .《徐渭的写意花鸟画》，吉林出版集团，1970。

82. 谢稚柳 .《鉴余杂稿》（增订本），上海人民出版社，2008。

83. 王家诚 .《郑板桥传》百花文艺出版社，2008。

84. 刘中建、林存阳 .《郑板桥的"狂""怪"人生》，北京古籍出版社，2002。

85. 宋伯仁 .《梅花喜神谱》，西泠印社出版社，2017。

86. 干戈 .《官经》，北京燕山出版社，1993。

87. 薛峰、周积寅 .《扬州八怪绘画精品录》，江苏美术出版社，1996。

89. 贾关法 .《丹青风雅颂——中国历代名画鉴赏》，浙江工商大学出版社，2015。

90. 周积寅 .《李方膺书画集》，人民美术出版社，1996。

91. 江海文化研究会 .《南通市农村文化遗产目录》

后　记

　　清代"扬州八怪"之一的著名画家李方膺，是开创中国画新格局的重要干将之一。同时，李方膺也是南通画坛一位具有里程碑意义的重要人物，其艺术成就代表了清代南通书画艺术的高峰。李方膺和"扬州八怪"其他画家一样，突破窠臼、创新笔墨，以诗书画印抒发情志，同时他又具有特立独行的个人风貌。对于李方膺的研究，我和何循真老师分别在多年前就已有涉足，在"中国美术南通现象"第二期研究课题立项时，我们又不约而同地将李方膺作为研究选题，因为他对于现当代南通美术家来说是艺术标杆、精神榜样，李方膺自立门户的创新理念、纵横奇倔的笔墨技法，让南通美术家们都受到很大启发。同样，近现代中国画坛的潘天寿、黄胄、吴昌硕等多位名家对李方膺的绘画艺术赞赏有加，在吴昌硕、陈师曾、居廉、赵之谦等名家的松竹梅图上也可见李方膺遗风。

　　自清代以来，已有不少美术史论家、评论家对李方膺从家世生平、书法绘画、入仕为官等多个维度作过较为全面的研究，对其作品和画风作过评论与阐述，作为"扬州八怪"的一员，他在学界对这一群体的研究中也持续得到关注。因此，人们通过诸多研究成果可以将他的艺术形象描摹出来。但是，由于李方膺在60岁他的创作盛期即病逝，有十多年时间在山东、安徽担任知县忙于公务，因此他整体的传世作品并不多。同时，目前未发现李方膺的生活笔记和艺术著述，李氏族谱也散佚，可采信资料不多，研究和撰稿中我们时常捉襟见肘，陷于困惑。即便知道一些重要作品（如李方膺行书《论书》等），以往有过著录，但时过境迁作品至今没有追踪到。上述情况对于深入研究这位画家无疑是一种客观制约。例如，对李方膺的生卒年专家有多种推论但无定论，对李方膺重要存世作品的真伪也待研究甄别，其他还有一些值得深究的问题，因此，在本次立项的课题中，我们对李方膺展开了较为全面的研究。前人的学术成果为我们现今的工作提供了丰富而详实的史料和论据，现代网络技术的发展让我们有了更为广阔的信息来源，让我们看到更多以往在纸媒上未公开的李方膺作品图片，发现了一些在以往研究中没有出现过的珍贵资料和照片，我们尽量挖掘、用心研究，希望这本研究专著收录史料更为丰富、撰稿更臻完善。在这里特别提到的是在以下几个方面的研究中我们有所突破：

　　第一，根据新发现的史料，本书提出李方邹另有其人的论点。上海博物馆所藏落款李方邹的花卉册页一直以来被认为是目前所见李方膺最早的一幅画作，学术界一直认为方邹是李方膺早期的名字。根据最新发现史料记载，李方邹为李方膺的堂兄，但在这个结论中，我们发现还是有需要旁证的疑点，只能期待后续有新的史料面世来佐证结论。第二，在本书中，对于以往研究者各持观点的李方膺的生卒年问题，我们根据新旧史料、结合现代医学再作推断，提出了我们的观点并加以阐述，希望可以为这一问题的解决提供更多研究思路。第三，在此次研究撰稿中，我们发现并收录了此前未见公开过的李方膺早年的书法史料和印章，全书汇集了李方膺诗作300多首，作品图录270多幅，这是以往李方膺研究成果发表、出版以来收录最多的一次，同时，李方膺的作品在拍卖市场和民间还有零星发现，所以作品图录仍然有待学者和藏家补录。第四，随着书画拍卖的火爆，市场出现了一些民间收藏的李方膺作品，但鱼龙混杂，须细心鉴别，方能得以运用。我们在本书中增加了专门章节，对李方膺书画收藏与鉴赏作了阐述。但限于条件，我们不可能看到所有原作，尽管有电子图片为佐，但与真品上手仍有差距，所以鉴识真伪难免出现误判，诸如此类的遗憾，我们期待日后有更多详实资料面世予以弥补。

　　此外，李方膺以"扬州八怪"之一著称于世，因而其政声为画名所掩。人们都知道他在山东、安徽做过知县，但其政绩和官品不曾引起关注，事实上，李方膺是一位廉洁勤政的清官，是一位造福百姓的治水专家，所以在书中，我们将李方膺跌宕起伏的为官之路作了比较详尽的阐述。我们的研究成果也得以用艺术形式呈现，由南通市文化广电和旅游局出品、南通市文化艺术创作研究中心拍摄制作了微电影《清官李方膺》，展现他不畏强权、为民请命，刚正不阿、清正廉洁的清官形象。

　　李方膺是南通美术的一面旗帜、一个标杆，现当代"中国美术南通现象"所呈现的包容开放、继承创新并举的特点，南通美术家群体所具有的紧随时代、推陈出新、多元发展的艺术精神，在李方膺身上可以找到这样的文化传统，这就是现今我们把李方膺放在"中国美术南通现象"的视野中进行研究、考量的意义所在。

　　新著即将呈现在读者面前，肯定其中有不少谬误和疏漏，希望得到专家学者的指正和赐教。本课题是南通市文化广电和旅游局立项重点课题，同时也得到江苏省艺术基金资助，并已通过评审正式结项。在此，对省市文化部门给予本课题的重视和帮助致以衷心的感谢！在研究和撰稿过程中，我们分别得到南通博物苑，南通市图书馆等单位的大力支持。中国美术南通现象课题组专家顾问沈启鹏、尤世玮、丘石、张卫、吴耀华、徐卫等先生，诸多文史专家和收藏界的同道好友张松林、顾永祥、顾颛、周建锋、吴旭春、陆琴、王晓媛、何生亮等提供了很多帮助，在此，我们一并致以最诚挚的谢忱！

2022 年 10 月

陈金屏

南通市文化艺术创作研究中心主任　文博研究馆员

何循真

南通书法国画研究院特聘研究员

图书在版编目（CIP）数据

　李方膺研究 / 中国美术南通现象课题研究编委会编.
-- 南京: 江苏凤凰美术出版社, 2022.11
　　ISBN 978-7-5741-0282-8

　　Ⅰ. ①李… Ⅱ. ①中… Ⅲ. ①李方膺（1695-1755）
—人物研究 Ⅳ. ①K825.72

　　中国版本图书馆CIP数据核字（2022）第204200号

责任编辑　王左佐
责任校对　韩　冰
书籍设计　焦莽莽
责任监印　唐　虎

书　　　名	李方膺研究
编　　　者	中国美术南通现象课题研究编委会
出版发行	江苏凤凰美术出版社（南京市湖南路1号　邮编：210009）
制　　版	南京新华丰制版有限公司
印　　刷	盐城志坤印刷有限公司
开　　本	787mm×1092mm　1/16
印　　张	27.75
版　　次	2022年11月第1版　2022年11月第1次印刷
标准书号	ISBN 978-7-5741-0282-8
定　　价	186.00元

营销部电话　025-68155675　营销部地址　南京市湖南路1号
江苏凤凰美术出版社图书凡印装错误可向承印厂调换